€ 7,-

W0241436

Zu diesem Buch

Der griechische Maler Timanthes, der sich die Opferung der Iphigenie zum Thema gewählt hatte, erkannte während der Arbeit, daß es ihm nicht gelingen würde, die bewegende Situation und die Trauer im Gesicht Agamemnons, des Vaters, überzeugend widerzuspiegeln. Der Maler behalf sich, indem er das Gesicht Agamemnons mit einem Schleier *verhüllte*. Das aber hieß: Er setzte auf einen Betrachter, der bereit sein würde, das Sichtbare nicht als es selbst, sondern als Zeichen aufzunehmen und zu deuten. Auf diese Grundsituation bezieht sich die Arbeit der historischen Semantik – sie vermutet, daß es an einem Werk, einem Begriff, einem Bild mehr zu verstehen gibt, als dargestellt ist. Die historische Semantik sucht nicht nach Gesetzmäßigkeiten oder Prinzipien, sondern nach Bedeutungen. Bedeutungen jedoch antworten auf Erwartungen, die sich mit ihnen verändern.

Ralf Konersmann bedient sich dieses hermeneutischen Verfahrens, um an aufschlußreichen Beispielen der Ideen-, Literatur- und Kunstgeschichte (an Werken von Rousseau, Goethe, Kleist, Magritte u. a.) die Wege der »Übersetzung« von Unverfügbarem in Verfügbares, Unsichtbarem in Sichtbares aufzuzeigen. Er bestimmt den geschichtlichen Bedeutungswandel dieser »Übersetzung« als zentrales Merkmal kultureller Produktion und zugleich als Schlüssel zu deren Verständnis.

Der Autor

Ralf Konersmann (geb. 1955) lehrt Kulturphilosophie an der Universität Leipzig und ist Mitherausgeber des *Historischen Wörterbuchs der Philosophie*. Als Fischer Taschenbuch erschienen *René Magritte, Die verbotene Reproduktion. Über die Sichtbarkeit des Denkens* (Bd. 10299), *Lebendige Spiegel. Die Metapher des Subjekts* (Bd. 10726) sowie *Erstarrte Unruhe. Walter Benjamins Begriff der Geschichte* (Bd. 10962).

RALF KONERSMANN

Der Schleier des Timanthes

Perspektiven der historischen Semantik

FISCHER TASCHENBUCH VERLAG

FISCHER WISSENSCHAFT

Das Buch beruht auf der Habilitationsschrift des Verfassers, die 1993 vom Fachbereich Erziehungs-, Sozial- und Geisteswissenschaften der Fernuniversität Hagen angenommen wurde.

Originalausgabe
Veröffentlicht im Fischer Taschenbuch Verlag GmbH,
Frankfurt am Main, Mai 1994

© Fischer Taschenbuch Verlag GmbH, Frankfurt am Main 1994
Umschlaggestaltung: Buchholz / Hinsch / Hensinger
Gesamtherstellung: Clausen & Bosse, Leck
Printed in Germany
ISBN 3-596-11923-5

Gedruckt auf chlor- und säurefreiem Papier

Für Paula und Luise

INHALT

EINLEITUNG
ZUR SACHE DER HISTORISCHEN SEMANTIK

Je ne peints pas l'estre.
Je peints le passage.
Montaigne, *Les Essais* III, 2

Wir seien umgeben von Vorhängen, hat René Magritte 1964 in einem Interview erklärt, *nous sommes entourés de rideaux*. Die vorderhand verblüffende Feststellung war die Antwort auf eine nicht minder erstaunliche Frage, wie sie ein wißbegieriger Gesprächspartner wohl stellt, solange die Aussicht auf bündige Auskünfte aus erster Hand besteht: »Man sieht viele Vorhänge in Ihren Bildern. Warum?«

Die Regeln, die solche Fragen veranlassen, sind ebenso bemerkenswert wie das in ihnen ausgesprochene Auskunftsbegehren. Die Kommentarbedürftigkeit des modernen Bildes, die wie auch immer begründete Abweichung vom Üblichen, gebietet eine bestimmte Rhetorik des Fragens und des Antwortens. Die Aufgabe des Kunstkommentars besteht darin, dem offenkundig nicht Selbstverständlichen, bevor es sich endgültig der Mitteilbarkeit verschließt, nach Möglichkeit zu so etwas wie Verständlichkeit zu verhelfen, und sei es durch Werbung für die Grundsätze der Unverständlichkeit. Damit verschiebt sich die Aufmerksamkeit vom Dargestellten auf den Vorgang des Darstellens, das Kunstwerk wird zum Rätsel. Es will weniger etwas Gezeigtes deuten als seinerseits gedeutet sein. Dieser Umstellung entspricht auf kommunikativer Ebene die Normalisierung des Kommentars. Der öffentliche Gedankenaustausch mit dem Künstler ist ein Trost und ein Kompensationsangebot für das düpierte Betrachterpublikum. Wenn wir schon mit unverständlichen Produktionen konfrontiert werden, dann wollen wir wenigstens die Regeln dieser Unverständlichkeit und des Redens über Unverständliches kennenlernen, um für künftige Fälle gerüstet zu sein.

Die Verschiebung der Aufmerksamkeit auf die Hintergründe ist angesichts der Bedürfnislage nur konsequent, und deshalb hat eine Frage, die sich nach der Präferenz des Vorhangmotivs erkundigt, in dieser Umgebung ihren wohlbestimmten Ort. An den privaten Vorlieben vorbei zielt sie geradewegs auf die Bedeutungen, die dem Werk auch dann noch unterstellt werden, wenn es selbst sich für außerstande erklärt, sie unumwunden mitzuteilen. Das Verlangen nach Erläuterung und die damit verbundene Bekräftigung der Fragwürdigkeit wird zum Teil der Inszenierung des Werks. Das moderne Kunstwerk – so könnte seine idealtypisch vergröberte Beschreibung lauten – gibt keine Antworten, es stellt Fragen, und das öffentliche Gespräch ist der Ort, diesen Fragen die Richtung zu weisen.

Im Spiel mit solchen Erwartungen und Konventionen erzielt der *malende Philosoph* seinen Verblüffungserfolg. In den Kommentaren, die René Magritte seiner Malerei zeitlebens zur Seite gestellt hat, zeichnet sich eine Rhetorik ab, die bereits auf die Unausweichlichkeit solchen Kommentierens und auf seine habituelle Neigung zu krassen Ontologisierungen reagiert. Die Frage nach den Vorhängen, so gibt er zu bedenken, steht in der Gefahr, unerlaubte Voraussetzungen zu machen, denn ein gemalter Vorhang, ein Vorhang auf einem Bild, ist nun einmal kein Vorhang. Er ist es weder ikonologisch (denn niemand wird ihn jemals aufziehen) noch ikonographisch (denn da ist nichts, was er verbirgt). Mit dieser entwaffnenden Negation gewinnt der sprechende Maler freie Hand, um die Aufmerksamkeit auf das Unsichtbare zu lenken. Sein Thema entsteht aus der Frage, wie die Malerei als ein Medium des Sichtbaren das Unsichtbare darstellen kann.

Demnach ginge es also nicht um die Dinge und ihre Bedeutung, nicht um die »Wirklichkeit«? Bezeichnenderweise tauchen Magrittes Motivgegenstände unvermittelt wieder auf, sobald sich der kritische Betrachter sicher wähnt, soeben etwas begriffen und folgerichtig jeden Gedanken an gegenständlich Nachgeahmtes von sich gewiesen zu haben. Zwar ist Magritte weit davon entfernt, an den Prinzipien gegenständlicher Malerei festzuhalten, aber das Thema der *Sichtbarkeit* – das er im übrigen mit anderen Vertretern der künstlerischen Moderne teilt – hält doch die Vorstellung eines Vorhangs und damit die Assoziation des Verbergens und des Verborgenen mühelos gegenwärtig. Der Vorhang trennt Sichtbares und Unsichtbares, ja, man kann sagen, er stifte den imaginären Raum des Unsichtbaren als des im Grunde eigentlich Sehenswerten, jedoch den leiblichen Augen bedachtsam Vorenthaltenen.

Ganz in diesem Sinne hat Sören Kierkegaard auf den ersten Blättern seines *Tagebuchs des Verführers* die Vorstellung aufgenommen, daß hinter der Welt, in der wir leben, eine zweite liege, »die zu jener etwa im selben Verhältnis steht wie die Szene, die man im Theater bisweilen hinter der wirklichen Szene sieht, zu dieser. Man erblickt durch einen dünnen Flor gleichsam eine Welt aus Flor, leichter, ätherischer, von anderer Bonität als die wirkliche.« Die Emphatisierung einer zweiten Welt »hinter« der ersten stellt diese selbst, also die rhetorisch exponierte »wirkliche Szene«, als Schauplatz dar. Der Vergleich erinnert an eine ältere Praxis der Bühnengestaltung, die – anders als es heute üblich ist – nicht Zuschauerraum und Bühne, sondern Vor- und Hinterbühne durch einen Vorhang trennte. Die sichtbare Welt wird zur Spielfläche, aber sie ist immer auch Passage und erscheint im Wissen um die Hintergründe anderer möglicher Welten. Der Betrachter ist sich der Präsenz des Unsichtbaren gewiß: der Gegenwart des Himmels, wie es in Shakespeares *König Lear* heißt, »Durchschauend aus des Dunkels Vorhang« (I, 5).

Die von Kierkegaard erneuerte, auf eine weitläufig überlieferte Metapherntradition zurückgreifende Verschiebung der Aufmerksamkeit erweitert das Dasein um eine Sphäre, deren Eigenrecht noch eine Generation zuvor durch Hegel innerweltlich eingezogen und dialektisch mit der Welt der Erscheinungen verbunden worden war. Im Gegenzug betont Kierkegaards Vergleich nun erneut die Schwelle und die Differenz. Der Vorhang ist Saum und Durchlaß in einem – die Innenfläche der Wahrnehmungsgrenze und doch zugleich die Schauseite einer geahnten Sphäre von eigener »Bonität«. Von diesseits, aus der Perspektive der Endlichkeit gesehen, wird er als Passage zum Anspruchsbereich des Übersinnlichen faßbar, als Schranke des Uneinsehbaren, des Unerhörten und des Unableitbaren. Doch diese Grenze ist durchlässig, und eine Handbewegung genügt, um den Vorhang zu heben. Reiz und Herausforderung derart offener Grenzen beruhen auf der Unbestimmtheit der Übergänge, und diese Unbestimmtheit betrifft nicht nur den zeiträumlichen oder eben aller Zeiträumlichkeit überhobenen Ort, zu dem sie womöglich hinführen, sondern auch die Art und Weise des Übergangs selbst. Wer Vorhänge ins Bild bringt, zeigt Durchstiege, Passagen, Veränderungen, kurz: er stellt das ohne weiteres Sichtbare und Gegebene, seine Positivität und seine »Offensichtlichkeit« in Frage.

Die Szenerie hat verschiedene Aspekte, die in den nachstehenden Bemerkungen zur Sache der historischen Semantik im Blick auf die anschließenden Studien eingehender untersucht werden sollen. Es handelt sich um fünf Abschnitte zu folgenden Themen und Gegenständen: 1. Der Schleier des Timanthes; 2. Rhetorik der Begriffsform;

3. Gegenwartsverwiesenheit und Alteritätsbewußtsein; 4. Problempräparierung und Vielfaltsvermehrung; 5. Begriffsgeschichte und historische Semantik.

Der Schleier des Timanthes

Die frühesten Erfahrungen mit dem perspektivischen Illusionismus, von denen Vitruv im siebenten Buch seiner Schrift über die Architektur berichtet, wurden mit Theaterdekorationen gemacht. Der klare Eindruck der Kulissenhaftigkeit, den viele Studien zur Perspektivität und Raumaufteilung gerade auch in der Renaissance vermitteln, ist eine zeitversetzte Bestätigung dieser thematischen Verbindung. Davon ist der Bühnenmetapher bis heute etwas erhalten geblieben. Wo die Welt als Bühne oder, wie man noch im 18. Jahrhundert zu sagen pflegte, als Tableau und »Gemählde« erscheint, ist mit Hintergründen zu rechnen, und wo sich Hintergründe abzeichnen, verlieren Evidenzen an Überzeugungskraft.

Die Theatermetapher bleibt zweideutig, oder genauer: sie induziert Zweideutigkeit. Sie verbindet die Sanktion der Welt mit einer Pluralisierung, in der die Verhältnisbestimmung der erschlossenen Räume – um im Bild zu bleiben: des Zuschauerraums, des Proszeniums, der Bühne, der Kulissenwelt – verschiedenen Akzentsetzungen offensteht. Die Elementarität dieser »Übertragungen« macht die Welt der Bühne zu einer Welt von Welten, und diese Tendenz zur Abschattung und zur Vervielfältigung der Bedeutungsebenen teilt sie ganz allgemein mit dem rhetorischen Mittel der Metapher. Wie die Bühne ist auch die Metapher eine »Repräsentation«, die etwas anderes bedeutet als das, was jedermann vor Augen liegt. Sie dokumentiert die Nicht-Selbstverständlichkeit des Augenfälligen ebenso wie die Anfälligkeit dessen, was, auf einer anderen Ebene, Evidenzmängel auszugleichen hat: das *Verstehen.* Der Vorhang hebt sich, und wir blicken in eine neue, von weiteren und immer neuen Vorhängen umsäumte Welt.

Vorhänge sind Sichtblenden und -grenzen, die den Raum des sinnlich Wahrnehmbaren, den *kosmós aisthetós* umschließen. Eine tiefe und unaufgebbare Zweideutigkeit der evozierten Szenerie liegt indessen darin, daß die künstliche Umhüllung einerseits ganz aufgeklärt als Mittel zur Erzielung von Aufwertungen, als Effekthascherei begriffen und »entlarvt« werden kann, andererseits aber auch als die vollkommen angemessene, nämlich uneigentliche Darstellung des eigentlich Undarstellbaren. Die klassische Rhetorik hat in diesem Zusammenhang wiederholt auf das Beispiel des griechischen Malers Timanthes von Kythnos verwiesen, eines Zeitgenossen der aus der Kunstgeschichte ungleich bekannteren Zeuxis und Parrhasios, der sich die Opferung der Iphigenie zum Thema gewählt hatte. Wie Plinius und Cicero überliefern[1], nahm Timanthes sich vor, die bewegende Situation in den Gesichtern der Umstehenden – Kalchas, Odysseus, Menelaos – mit steigender Intensität zu spiegeln. Doch der Maler erkannte, daß ihm die Mittel versagen müßten, würde er versuchen, auch die Trauer des Agamemnon darzustellen. Die Herausforderung seiner Aufgabe war eine doppelte. Neben dem Schmerz über den Verlust des Kindes hatte sich, dem Mythos zufolge, der Vater auch die Schuld an seinem Tod zuzurechnen. Mit der Opferung seiner Tochter sollte er den Frevel sühnen, im heiligen Hain der Artemis einen Hirsch erlegt zu haben. All dies mußte nun in die Darstellung der Gebärde eingehen – eine Aufgabe, deren Umfang und Ausmaß die Möglichkeiten der Sichtbarmachung offensichtlich überschritt. So griff Timanthes zur List des Umwegs. Der Maler behalf sich, indem er das Gesicht des Vaters mit einem Schleier *verhüllte*. Mit dieser Substitution setzte er auf die Unterstützung eines Betrachters, der bereit sein würde, das Sichtbare nicht als es selbst, sondern als verweisendes *Zeichen* aufzunehmen und zu deuten.

Der Preis für diesen Kunstgriff war jenes dynamische Mißverhältnis von Sichtbarem und Bedeutetem, Gesagtem und Gemeintem, das den Verstehenslehren seither in dem Maße zur Herausforderung geworden ist, in dem vergessen wurde, worum es einmal hatte gehen sollen. Die Erinnerung an die Mittlerfunktion der Umwege ist konserviert in der Form, in Komposition, Stil und »Bildersprache«. Die Mittel der Darstellung, die flagrante Lücke oder Vorenthaltung, die jede Vorstellung von »Ähnlichkeit« und »Übereinstimmung« ausschließen, widersetzen sich der alles Verstehen erübrigenden Suggestion, die darin besteht, das Sichtbare schon für den thematischen Sachverhalt zu nehmen. Allein die Differenz ist der Anlaß des Verstehens.

Nun ließe sich einwenden, der Schleier des Timanthes sei nur Behelf, er drücke Verlegenheit aus und sei allenfalls eine »Übertragung« oder »Setzung«. Dieses Bedenken wird durch die Exposition der Fabel nahegelegt, doch ändert dies nichts an der Tatsache der Unüberbietbarkeit. Der Schleier – darauf zielt die Pointe der Geschichte – ist das

Äußerste dessen, was dem Darstellungsvermögen des Künstlers im Blick auf sein Thema erreichbar war. Mag deshalb der Status des Motivs gefährdet und sogar anfechtbar sein, wirklich zu ersetzen und zu übertreffen ist es nicht. Dieser Schleier ist nicht nur ein Zeichen, er ist ebenso das Dokument der menschlichen Leistungsgrenze und das Mittel einer listigen, das eingestandene Unvermögen ausgleichenden Improvisation. Die lehrstückhafte Paradoxie der Anekdote besteht in diesem Nebeneinander von Unvollkommenheit und Unüberbietbarkeit. Plinius charakterisiert das Gemälde des Timanthes im 35. Buch seiner *Naturgeschichte* ganz in diesem Sinne als ein Werk, in dem mehr zu *verstehen* als *dargestellt* sei: *intellegitur plus quam pingitur*.

Der Kunstgriff des Timanthes, der das eigentliche Traditionsgut dieser Fabel bildet, ist richtungweisend über den exemplarischen Fall hinaus. Das mit dem Abstand zu dieser hypothetischen Urszene des Verstehens wachsende Bedürfnis nach Interpretation ergibt sich aus einer Verweisung, in der das Undarstellbare durch das Zeichen ebenso ersetzt wie verdeckt wird. Die in der Timanthes-Anekdote implementierten und nicht von ungefähr gewählten Metaphern des Verschleierns, des Verhüllens und Verhängens machen diesen Vorgang sinnfällig. Indem sie performativ die Elementarität des Metaphorisierungsprozesses gegenwärtig halten, demonstrieren sie, daß »verstehen« keinesfalls heißen kann, Verhülltes zu »entschleiern«. Es gehört zu den Suggestionen des wohl nicht zuletzt um solcher Effekte willen gewählten Motivs, daß man den Schleier nur beiseite zu ziehen brauche, um zu *sehen*, worauf es ankomme. Zeigt man uns einen Teil eines Gemäldes, schreibt Montesquieu in seinem von d'Alembert und Diderot postum in die *Encyclopédie* aufgenommenen Essai über den Geschmack, dann wünschen wir auch jenen Teil zu sehen, den man uns vorenthält, und erhoffen von ihm ebensoviel Vergnügen, wie uns der Teil bereitet hat, den wir gesehen haben.[2] Doch die Entlarvungsgeste ignoriert den Zeichencharakter des Zeichens und damit jene Übertragungsleistung, die darin besteht, Undarstellbares in ein Darstellbares, Unverfügbares in ein Verfügbares, Unsichtbares in ein Sichtbares zu übersetzen. Die Leistung des Timanthes, dies werden Montaigne und Lessing zu rühmen wissen, besteht gerade darin, sich mit dem Schleier begnügt zu haben. Hier gibt es nichts Provisorisches, das in der Zukunft einmal überboten und vollendet werden soll. Die Arbeit des Malers ist abgeschlossen und bleibt, wie man es auch wendet, die Darstellung eines Schleiers und sonst nichts.

Dennoch – und diese Feststellung ist nicht minder bemerkenswert – bestand die Aufgabe keineswegs darin, einen Schleier zu malen. Diese Pointe der *Geschichte* widerstreitet der Schauseite der *Darstellung*, die sich wiederum nur vor dem Hintergrund der Fabel entschlüsseln läßt. Der Medienwechsel zwischen Text und Bild und seine Bedingungen sind das Hintergrundthema der Timanthes-Anekdote. Obwohl augenscheinlich divergent, bilden *Erzählung* und *Darstellung* eine widersprüchliche und eben darum nicht auf Einheitlichkeit reduzierbare Einheit.

Auf eindrucksvolle Weise hat Friedrich Schlegel das Motiv der Übersetzung namhaft gemacht. Das Höchste, erläutert er in seinen Kölner Vorlesungen von 1804/05[3], lasse sich nur darstellen, indem man es »in ein andres Gewand« einkleide und es so »der menschlichen Fassungskraft« näher bringe. Die mit dem Bild des Schleiers wahlverwandte Metaphorik des Einkleidens setzt wie jene auf die Künste des Ausweichens und des Umwegs. Die Verhüllung und nicht der Anblick einer von maßlosem Schmerz gezeichneten Physiognomie ist das Gemäße und Tunliche – so lautet das Argument der Rhetorik. In dem damit sanktionierten Akt der Humanisierung sind zwei Übermittlungsvorgänge zusammengefaßt. Zum einen nimmt die durch die Metapher geleistete Übertragung *produktiv* eine Deutung vor, zum anderen und zugleich fordert sie zu ihrer eigenen Interpretation auf, das heißt zur *Rezeption*. Dem Ungesagten, das sie bezeichnet, entspricht das Unfertige, das sie ist. Beides gehört zusammen. Die Metapher wäre sinnlos, würde sie nicht auf die Aktivität des Verstehens vertrauen und ihre eigene Produktionsleistung durch den Appell zur Interpretation ihrer selbst ergänzen. Das bedeutet aber, daß das Ideal der Interpretation nicht darin bestehen kann, die Übersetzung auf ihrer eigenen Spur zurückzuverfolgen: vom Schleier des Timanthes zur Trauer des Agamemnon. In Wirklichkeit bleibt die Wahrheit auch der »Rückübersetzung« unerreichbar, und zwar insbesondere deshalb, weil die Interpretation – und sei es die divinatorische – selbst in ihren kühnsten Augenblicken auf den Raum des Sichtbaren als des Verfügbaren beschränkt bleibt. Der bedeutete »Ursprung«, dessen Ungreifbarkeit die Metapher kompensiert, bleibt abwesend, und insofern fragt die Analyse nicht nach dem, was sich verbirgt, sondern nach dem, was erscheint. Gleichwohl ist die Trauer des Agamemnon durch die Verhüllung nicht ausgelöscht, sondern umgangen, nämlich in ein ihr unähnliches Sichtbares »übersetzt«. Sie selbst ist ausdruckslos.

Der Kunstgriff des Timanthes besteht im Einschlagen eines Umwegs, in einer sichtbaren Darstellung des Unsichtbaren, die gerade auch in ihrer Abweichung, in der Differenz von Zeichen und Bezeichnetem, von *designans* und *designatum*, im Prinzip für jedermann verständlich ist. Dies setzt die stillschweigende Anerkenntnis des Verweisungszusammenhangs ebenso voraus wie die Nichtübereinstimmung von Gezeigtem und Gemeintem: das Wissen darum, daß das Objekt des Verstehens »mehr weiß als es sagt, und mehr will als es weiß«[4]. Dementsprechend besteht die Aufgabe des *interpres* seit alters in der um Auslegung der dunklen Rede und Sinnesweisung bemühten *Übersetzung*. Die Metaphorisierung, also die Repräsentation des Unausgesprochenen in der Sprache, und die Interpretation, also der Nachvollzug der Übertragung und ihres Anlasses, sind wahlverwandt, denn beide helfen aus, wo Evidenzen fehlen. Sie verfahren auch darin vergleichbar, daß sie nicht *er*setzen, sondern *über*setzen. Der Kunstgriff des Timanthes kann nur gelingen, solange seine Appellfunktion wahrgenommen und seinem Vertrauen in die Aufnahmebereitschaft des Betrachters entsprochen wird. Die Wertschätzung der künstlerischen Leistung und ihres »Ingeniums«[5] ergibt sich aus einem Mangel der Darbietung, aus der bloß angedeuteten, aber nicht und niemals erreichten Vollendung. Der Aufruf zur Ergänzung des Fehlenden, mithin die Rezeption, wird damit zum unveräußerlichen Teil der künstlerischen Hervorbringung selbst. Was in der Timanthes-Szene noch als Kompensation eines durch die Gegenwärtigkeit des anekdotischen Hintergrundes erträglich gehaltenen Verzichts angelegt sein mochte – die Wahl des Sujets, die Verlegenheit des Malers usw. –, gewinnt mit wachsendem zeitlichem Abstand an Vieldeutigkeit. Metaphern machen nicht nur verfügbar, sie aktualisieren auch Unverfügbares, indem sie es mit Hilfe des Verfügbaren, und das heißt: eines Nichtidentischen zu verstehen geben.

Somit bleibt stets ein Rest. Die Trauer des Agamemnon bildet den immer neu zu vergegenwärtigenden und doch immer wieder verfehlten Gegenstand der Aufmerksamkeit. Sie markiert eine Grenze, die durch das auf sie hin orientierte Verstehen verschoben, doch niemals wirklich erreicht wird. Auf den Stellenwert dieser Richtungsvorgabe spielt die Bemerkung an, die Paul Valéry im dritten Akt von *Mon Faust* Mephisto in den Mund legt: Was nicht unaussprechlich ist, sei ohne Belang – *Ce qui n'est pas ineffable n'a aucune importance.*[6] Das zweideutige Wort bringt die Anlässe des Verstehens auf die kürzeste Formel, aber es berührt auch die Bewandtnisse eines Programms, das sich von der Rhetorik des Unausgesprochenen und des Unbenennbaren zu der Frage herausfordern läßt, was es mit jener »der Geschichte unseres Bewußtseins zugehörigen Anstrengung« auf sich habe, »die Unsagbarkeit selbst sprachlich darzustellen«[7]. Offenbar tut die Vergeblichkeit dieses Bemühens seiner Anziehungskraft keinerlei Abbruch. Die in den Metaphern des Verschleierns prototypisch aufgewiesenen Effekte der Metapher geben ihm Gestalt. Die Verhüllung, von der hier gesprochen wird, *ist* Metapher, aber sie *beschreibt* auch paradigmatisch jenen Prozeß der Metaphorisierung, jenes *metapherein*, das selber eine Metapher ist und, folgt man der Etymologie, ursprünglich »überstülpen« und – im buchstäblichen Sinne – »befördern« bedeutete. Derart ist das Verfahren nicht nur auf Wirkung bedacht, es hält auch die Mittel bewußt, vermöge deren sie sie erzielt.

Dennoch ist der durch diesen Brückenschlag erzeugte Bedeutungsüberschuß auch im nachhinein durch keine rationale Beweisführung voll und ganz zu erschöpfen. Bedeutungshistoriker sind deshalb Skeptiker. Daß alles Verstehen unendlich sei und es daher seine Ansprüche beschränkt halten müsse, ist weit mehr als die Rückversicherung einer endlichen Vernunft, die allmählich einzusehen gelernt hat, wie leicht und mühelos sie durch nachfolgende Endlichkeiten übertroffen und verdrängt werden kann. Der Anlaß des Verstehens selbst setzt ihm seine Grenzen. Es ist und bleibt Vermittlungsgeschehen. In vergleichbarem Zusammenhang spricht Hans Blumenberg von einer Hermeneutik, »aber in umgekehrter Richtung: nicht die Ausdeutung bereichert den Text über das hinaus, was der Autor in ihn hineingewußt hat, sondern der Fremdbezug fließt unabsehbar in die Produktivität zu Texten ein«[8]. Das Bedürfnis nach Hermeneutik ergibt sich ja gerade aus der säkularen und am Beginn der Neuzeit mit großer Bestimmtheit festgestellten Verflüchtigung von Selbstverständlichkeit, in der sich die Funktionstüchtigkeit der metaphysischen Obdachgewährung monomythisch organisierter Gewißheiten bis dahin erwiesen hatte. Zeuge dieses Übergangs ist Montaigne. Die Menschen hätten die Vernunft durch viele Beweise und von außen herbeigezogene Schlüsse so sehr verfälscht, bemerkt er, daß sie veränderlich, ins Belieben eines jeden gestellt und um das Ansehen der Beständigkeit und Allgemeinheit gebracht worden sei – *qu'elle [la raison; R. K.] en est devenue variable et particuliere à chacun, et a perdu son propre visage, constant et universel*[9]. Die kritische, sich auf die Anlässe ihres Beginnens besinnende Hermeneutik ist, so gesehen, selbst schon ein Krisenphänomen. Sie reagiert auf den Fraglosigkeits- und Glaubwürdigkeitsverlust einer Welt, die nicht mehr auf ein einheitliches Zentrum zurückzuführen und aus ihm abzuleiten ist, und in ihrer skeptischen Version verweigert sie sich zugleich dem Anspruch, den *status quo ante* zu restituieren. Die Pluralisierung der Bedeutungen folgt unmittelbar aus dem Appell, die Uneigentlichkeit des Schleiers zu bemerken, um zu *verstehen*, was er *bedeutet*, aber genau darum auch *verbergen* muß.

In dieser Stellung steht der Schleier »für das Nicht-Abbildbare, ohne zu ihm hin zu verhelfen«.[10] Solcher »Mut« des Entwurfs, mit dem »sich der Geist in seinen Bildern selbst voraus ist und im Mut zur Vermutung seine Geschichte entwirft«, verstrickt das Verstehen in einen zeitlichen, unablässig um weitere Dimensionen des Bedeutens vermehrten Prozeß. Statt das Verstehen zu Ende zu bringen, geht es bei diesem Prozeß darum, die Aufmerksamkeit für die Vielgestalt der Zeichen zu schärfen. Seine vorsichtige Empathie beschränkt die Aufmerksamkeit nicht auf die Positivität des Gegebenen. Die Bedeutungsgeschichte nimmt das Wort und überhaupt das Phänomen der Kultur als Dokument einer Auffassungsweise, als »Echoraum vergangener Okkurenzen«, der »die Erinnerung an seine vergangenen Bedeutungen« in sich trägt »bis zum Hintergrund einer undurchdringlich gewordenen Herkunft«[11].

In diesem Sinne hat auch ein strittiger oder flüchtiger, ein unausgesprochener oder umschriebener Hinweis für sie, wenigstens virtuell, »Bedeutung«. Da sie sich nicht darauf beschränkt, Belegsammlung zu einem Begriffswort, also »Begriffsgeschichte« im lexikographisch rationalisierten Verständnis zu sein, versteht sie sich auch als Beitrag zu der ungeschriebenen und materialiter unausschöpfbaren Geschichte des Ungesagten und Ungeschriebenen. Diese Latenzen lassen sich im Rahmen einer erzählbaren, das heißt sinnvoll strukturierten Geschichte einkreisen und ermitteln. Im gleichen Atemzug ist allerdings zu betonen, daß sie damit keineswegs bereits ausgeschöpft und »auf den Begriff gebracht« sind. Dies steht auch gar nicht zu erwarten, denn solange noch mit Zukünften gerechnet werden darf, die ebenfalls interpretieren, ist das Gesamtpanorama der semantischen Facetten – der latenten, der offenkundigen und der neu hinzukommenden Bezüge – nicht vollständig. Infolgedessen läßt sich die hypothetische Gesamtsumme des Bedeuteten auch nicht vollständig darstellen. Das semantische Feld ist in demselben Maße offen wie die künftige Geschichte. Verstanden als virtuelles Resultat des Interpretierens, ist die Bedeutung überhaupt nicht »da«, denn sie ist ein pluraler Begriff. Sie umfaßt die Vielfalt dessen, was in der Zeit über den aktuellen Sinn einer Sache gesagt werden kann, und reicht über den Augenblick ihrer Erhebung und über das, was sich zu diesem Zeitpunkt feststellen läßt, schon immer hinaus.

Eine hermeneutisch reflektierte Bedeutungsgeschichte versteht sich deshalb von vornherein als kontributiv und rhapsodisch, nicht als ultimativ. So wenig sie das Bedeutungspotential ihrer Gegenstände ausschöpft, so wenig auch ist ihr eigener Befund, also die von ihr konstruierte Geschichte, endgültig. Die Bedeutungsträger, in denen sich, mit Nietzsches Worten, »ein ganzer Prozess semiotisch zusammenfasst, entziehen sich der Definition; definirbar ist nur Das, was keine Geschichte hat«.[12] Bedeutungen aber *haben*, ja sie *sind* ihre Geschichte. Weit davon entfernt, das avisierte Gegenstandsgebiet auf die Positivität der Zeichen zu beschränken, erfaßt die historische Semantik deshalb die Genealogie und Konstitution der Zeichen, die »Zeichen in Funktion«[13] und den Zeichenprozeß. Bedeutungsgeschichte ist Verwendungsgeschichte. Diese aber ist unabgeschlossen. Die historische Semantik geht »auf das, was nicht nur je einen Sinn haben und preisgeben soll und für alle Zeiten behalten kann, sondern was gerade wegen seiner Vieldeutigkeit seine Auslegungen in seine Bedeutung aufnimmt«.[14] In der essentiellen »Flüchtigkeit« der Bedeutung, die der Begriffsanalyse darum unerreichbar bleibt, weil sie im Vollzug des Sprechens, in den Manifestationen des Gebrauchs, nur vorübergehend und nur partiell aufscheint, zeigt sich die Beweglichkeit der eben deshalb nur *als* und *in* ihrer Geschichte faßlichen Form. Eine Bedeutung zu ermitteln verlangt deshalb ein umwegiges Verfahren, also etwa die Rekonstruktion der Umstände und der Entstehung von Geltung. Doch auch dadurch wird die Bedeutung nicht als Substanz greifbar. Die in der Praxis der Auslegung gewonnenen Lesarten werden zu Gegenständen und Anregungen weiterer und immer neuer Lesarten, ohne daß Aussicht auf einen ultimativen Abschluß bestünde.

Die Permanenz des Übergangs, die bewirkt, daß die Bemühungen des Verstehens und Auslegens die Schwierigkeiten in der gleichen Bewegung sowohl mindern als auch vermehren und daß die Aussicht auf eine endgültige Beruhigung vollends aufgegeben werden müsse, ist am Beginn der Neuzeit bereits Montaigne zur Gewißheit geworden. In seinem Essai über die Erfahrung spricht dieser unermüdliche Interpret mit einer durchaus als Bekenntnis zu nehmenden Formel vom *vice de l'interpretation*[15], vom Laster des Deutens. Im Sinne der damit ausgesprochenen Dilemmatik führt auch die Geschichte der semantischen Gegenstände niemals zu einer eindeutigen Darstellung des Undarstellbaren in Gestalt einer vollkommen kongruenten *res-verba*-Beziehung. Das Verstehen überbrückt diese Kluft, aber es schließt sie nicht, und die Notwendigkeit seiner eigenen Aktivität beweist ihm den improvisatorischen Charakter seiner niemals zu einem unwiderruflichen Abschluß führenden Aufgabe.

Die Spur dieses Prozesses läßt sich anhand jener hypothetischen Urszene des Verstehens aufweisen, die ihrerseits in einer Rezeptionsgeschichte aufgegangen ist. Montaigne erzählt von der Erfindung des Malers, welcher, da er sich die Opferung der Iphigenie vorgenommen und die Anteilnahme der Umstehenden geschildert hatte, seine Mittel erschöpft fand, als er zur Darstellung des trauernden Vaters schritt. Die frühneuzeitliche Aufnahme der Anekdote spitzt den angesichts der Herausforderung gefundenen Kunstgriff zum Paradox. Der Maler bedeckte das Gesicht, erklärt Montaigne, so als vermöchte keine Gebärde den Grad dieses Schmerzes zu zeigen. Man erkennt, wie der Kommentar den Motivationshintergrund über die Bekräftigung der künstlerisch-menschlichen Leistungsgrenze hinaus erweitert und den Referenzpunkt verschiebt: von der Undarstellbarkeit des Schmerzes zur Unangemessenheit des emotionalen Überschwangs, von der Verlegenheit des Malers zur Rücksicht auf den Dargestellten. Das Ausschlaggebende, um das es sich demnach handelt, ist die Integrität des Agamemnon. Montaignes Version läßt den Gedanken zu, Timanthes könnte aus dem Ethos des Porträtisten heraus gehandelt haben, der gelernt hat, daß der Ausdruck heftiger Leidenschaft den Dargestellten von seiner Natur entferne. Die äußerste Betrübnis, so lautet die stoisch inspirierte Einsicht[16], erschüttert die ganze Seele und beschränkt die Freiheit ihrer Handlungen.

Die Aufgabenstellung des Timanthes war unter diesem Blickwinkel gesehen überhaupt nicht zu bewältigen, und der Schleier, auf den der Maler auswich, nicht nur ein Ausweg, sondern zugleich das Zeichen einer geduldig ertragenen, da als unvermeidlich erkannten Aporie. Der Anblick des schmerzverzerrten Antlitzes – diesen Gedanken wird Lessing später aufnehmen – hätte das Wesen der Porträtfigur verzeichnen und die künstlerische Arbeit um ihren Ertrag bringen müssen. Das

Ausweichen auf den Schleier erscheint hier als der Tribut des Kunstverstandes an die Idee der entrückten und auch durch das Verstehen nicht zu offenbarenden Wahrheit. Die Lehre des Verstehens, die Montaigne aus dem Exemplum zieht, ist dementsprechend skeptisch, aber sie ist nicht ablehnend. Wenn das Verstehen auch niemals an sein Ziel gelangt, so kann man doch weder darauf verzichten, gleichwohl verstehen zu wollen, noch entfällt der Vorsatz des Darstellers und Sprechers, verstanden zu werden. Verstehen und Darstellen sind durch den Suspens der Vollendung nicht weniger verbunden als durch dessen komplementäre Kompensation. Was bleibt, ist ein Schaffen, zu dem es gehört, jederzeit mit Mißverstand zu rechnen. Er lasse sich die Mühen seiner Kunst gefallen, zitiert Montaigne in seinem Essai über die Einsamkeit, sollten sie auch nur wenige, sollte sie auch nur einer, sollte sie auch überhaupt niemand verstehen.

Rhetorik der Begriffsform

Das zentrale Paradigma für die Semantik der Topographien ist der Horizont. Jene Peripherie des Blickfeldes, welches der Vorhang künstlich umgrenzt, vergegenwärtigt die äußerste Linie des Gesichtskreises mit der Unaufdringlichkeit natürlicher Mittel. Auch der Horizont unterteilt die Welt in Sichtbares und Unsichtbares, und es zeigt sich, daß eine derart elementare Antithese im Verlauf der *Umdeutung des Unsichtbaren* wechselnden, teilweise auch konkurrierenden Reformulierungen offensteht. Hierzu zählen vor allem die Unterscheidung von Erfahrenem und Erfahrbarem und die Differenz von Diesseitswelt und Überweltlichkeit.

Mit der Vieldeutigkeit dieser Linie spielt der Meeresblick, den Francis Bacon 1620 seinem *Novum Organum* als Titelbild voranstellt. Bacon (so zeigt der erste Erprobungsfall der historischen Semantik in diesem Band) nutzt die Metapher des Meeresblicks, um zu einem Zeitpunkt, den die Nachgeborenen als Beginn der Neuzeit identifizieren werden, für den Aufbruch, für die Erkundung und Erschließung des Fremden als des Unbekannten zu werben. Er vermeidet den Anschein der Rivalität und damit den Argwohn, den die Bergbesteigung Petrarcas vordem geweckt hatte. Statt dessen stimmt er die durch die Landnahme auf fernen Kontinenten zusätzlich geschürten Erwartungen seiner Zeit mit den göttlichen Weltplänen ab. Bacons Anthropologie sieht den

Menschen nicht als Herausforderer oder Eroberer, sondern als Partner und Mitspieler (*collusor*). Sie enthüllt die menschliche Welt als Bühne, auf der sich der Akteur geborgen weiß und auch geborgen wissen *darf.* Denn, so sagt der Verfasser der *Instauratio Magna*, »obwohl Gott das höchste Allgemeine der Bewegung und das umfassende Naturgesetz noch hinter seinem Vorhang verborgen hält, gibt es doch jetzt schon viele und edle untergeordnete und zweitrangige Tätigkeiten, die dem Menschen erreichbar sind«. Die Anrüchigkeit des Sich-Vergleichen-wollens und der Verdacht der Anmaßung, die Petrarca einst bei seiner Besteigung des Mont Ventoux zum Rückzug bewogen hatten, kommen in diesem Szenario gar nicht erst auf. Die Wagemutigen auf ihren Schiffen, derer auf dem Frontispiz des *Novum Organum* gedacht ist, haben gelernt, gottverliehene und damit sakrosankte Attribute im Namen eines ursprünglichen und in einem tieferen Verständnis unbezweifelbaren Auftrags zu nutzen. Sie nehmen es hin, daß die Ewigkeit ihnen verschlossen sei, und konzentrieren sich ganz auf die Herausforderungen ihrer kreatürlichen Ausgesetztheit und der binnenweltlichen Ausweitung ihrer Daseinssphäre.[17] Die durch das Zusammenspiel von Text und Bild evozierte Bescheidenheitsgeste verschafft ihrer kühnen Unternehmung endlich das Selbstverständnis jener *Rechtfertigungsunbedürftigkeit*, an deren Herstellung Petrarca vordem gescheitert war. Bacons Extension setzt nicht auf Erwartungsbekundungen, sondern auf Anspruchsverzicht.

Die Metapher des aufgetanen Blicks lenkt die Aufmerksamkeit auf eine Grenze, die sich verheißungsvoll geöffnet hat, um der Erschließung immer neuer und immer wieder überschreitbarer Horizonte den Weg freizugeben. Die Vernunft, so nimmt schließlich Kant die Vorstellung auf, »kennt keine Grenzen ihrer Entwürfe«.[18] Die Entdeckung der Überschreitbarkeit begründet das Vertrauen in die Geschichte und ihre fortschrittliche Verfassung, den für die Neuzeit so bezeichnenden, gleichwohl – nach einem Wort Valérys – noch allemal »seltsamen Trieb nach Horizonten«[19]. Unter den Bedingungen der Verzeitlichung sieht der Historiker seine eigene Zeit im Zeichen ungeahnter Möglichkeiten, also nicht als etwas, das *ist*, sondern als etwas, das *wird.* So können Erfahrung und Erwartung konvergieren. Die herkömmliche Bevorzugung des Gesichtssinns, die auch Bacons Schrift gleich einleitend aufnimmt und unterstreicht, findet darin einen ihrer wichtigsten Beweggründe. Sofern mit klaren Sinnen aufgenommen, ist das Sichtbare, das hier das sichtbar Gemachte ebenso umfaßt wie das, was erwartungsgemäß einmal noch zu sehen sein wird, das Korrektiv jener dogmatischen Behauptungen der Vergangenheit, deren Erdichtungen (*fabulae*) Bacon als *Idola Theatri* zurückweist. Dem Dirigismus des überkommenen Diskurses – Bacon spricht von den Worten, die dem Verstand Gewalt antun und alles verwirren – antwortet das *Novum Organum* mit einem Aufruf zur »Ästhetik«, also zur Begründung der Erkenntnis auf Wahrnehmung.

Doch so literarisch sich diese frühneuzeitliche Wendung zur Sinnlichkeit präsentiert, ihr Fernziel ist illiterat. Bacons »Sehen« ist eine Textmetapher, die zur Überschreitung des Textes aufruft, denn die Gegenstände dieses Sehens sind das Dasein und die Zukunft der gesamten erschließbaren Welt. Während das Mittelalter die Welt noch als Buch metaphorisiert hatte, als das sichtbare Werk der Schöpfung, in dem die unsichtbare Weisheit der göttlichen Vernunft lesbar werde, und während die humanistische Renaissance noch die Geschwisterlichkeit der Buchwelt beschworen hatte, in der die besten Gründe für die richtige Lebensführung selbstverständlich durch das Studium der Literatur zu erheben waren[20], konzentriert sich nun die Aufmerksamkeit auf das Sinnlich-Sichtbare ganz unmittelbar. Es sei der Ruhm Gottes, zitiert Bacons 129. Aphorismus aus den salomonischen Sprüchen, die Dinge zu verhüllen, und es sei des Königs Ruhm, die Dinge zu ergründen.

Der beredte Meeresblick des *Novum Organum* übergreift eine tiefe Paradoxie: Die Behauptung, der Rhetorik nicht weiter zu bedürfen, ist selbst rhetorisch. Bacon gibt nicht nur das Beispiel, wie man diese Paradoxie erfolgreich überspielt, er zeigt auch, wie sehr alles darauf ankommt, den erfolgreich angewandten Kunstgriff auf sich beruhen zu lassen. Der Abschied von der Rhetorik ist zugleich der Abschied von den Dimensionen der Erinnerung, von Genealogie und Geschichte. Dem entspricht, daß die Anlässe und Konsequenzen derartiger Rationalisierungsbemühungen in der bevorzugten Figur der philosophischen Terminologie, also in der Begriffsform, gar nicht erst zum Vorschein kommen. Im Gegenteil, der Erfolg der Terminologisierung hängt zu einem gut Teil davon ab, ob es ihr gelingt, die im Gefolge der neuzeitlichen Evidenzverluste eingetretenen Irritationen zu kompensieren, und das heißt: vergessen zu machen. Die philosophischen Begriffe treten nicht einfach als solche, also als komplexe und in komplexe Bezüge eingelassene Gebilde auf. Sie beanspruchen im Gegenteil den Nimbus des Einfachen, des in präziser Definition Ausschöpfbaren.

Erst die in gewisser Hinsicht gegen den Strich geführte nachträgliche Wahrnehmung und Analyse dieses Effekts führt zur Frage der Entstehungsbedingungen. Die Gegenstände der Bedeutungsgeschichte tauchen in den Texten als semantische Größen auf, die, indem sie Problemlagen aufnehmen und mitgestalten, sich gerade in der ebenso stillschweigenden wie effizienten Reduktion von Komplexität bewähren. Fallweise ist die einstweilige Bewältigung von Konfliktlagen – Bedeutungsveränderungen, Geltungsverlusten, Positionsverschiebungen – geradezu die Probe auf ihre Tauglichkeit. So verdrängen die Elemente der neuzeitlichen Begriffssprache die Erinnerung daran, daß auch und gerade das Aufkommen des *Begriffs*, mithin die Genese einer spezifischen und auf historischen Voraussetzungen beruhenden Organisationsform des Wissens, als Geschichte des dokumentarisierten Redens und Schreibens »eine Geschichte des gebrochenen Schweigens« ist[21], die sich keineswegs darin erschöpft, die Umgebung ihres Entstehungsortes getreulich »abzubilden«. Die Begriffsprägung ist ein Ereignis, eine Intervention im Gefüge der überlieferten Ordnung des Wissens, und ebenso eine Abstraktion von den Bedingungen ihres Auftauchens. Der Durchsetzungserfolg des Begriffs hängt nicht zuletzt davon ab, ob es ihm gelingt, die Spur dieser Genese erfolgreich zu verwischen.

Diesen Effekt aber teilt er mit jenen Redemitteln, die er, als bevorzugtes Instrument der philosophischen Aufklärung, bekämpft, verdrängt und ersetzt. Wenn der Begriff in einer einzigen Bewegung das Schweigen bricht und die Erinnerung an das Ungesagte auslöscht, um sich das Ansehen der Reinheit, der Ursprungslosigkeit und der Indifferenz gegenüber dem Wandel der Zeiten zu geben, so bestätigt er damit seine »illegitime« rhetorische Qualität. Die bedeutungsgeschichtlich gebrochene Wahrnehmung der Begriffe und der semantischen Figuren als Konstituenten des Wissens prononciert nun gerade dies, indem sie deren ökonomische Leistungen vorübergehend suspendiert und sie als *Indikatoren* und gleichermaßen als *Faktoren* der Bedeutungsentwicklung auffaßt. Derart auf begrifflicher *und* vorbegrifflicher Ebene operierend, gibt sie den mit Hilfe erfolgreicher Problemlösungs- und Entproblematisierungsstrategien durchgesetzten Begriffen den Status des Problematischen zurück. Die Verlaufsgeschichte des Rollen-Paradigmas (der die zweite Studie dieser Sammlung gewidmet ist) mag illustrieren, worauf hiermit angespielt ist. Seiner Herkunft nach ein tragendes Element der Welttheatermetaphorik und jener Konsolidierungsleistungen, deren Variabilität sich aus den semantischen Valeurs der Komponenten »Autor«, »Akteur« und »Zuschauer« ergibt, hält die Rolle herkömmlicherweise jene Uneigentlichkeit des Daseins gegenwärtig, auf dessen Transzendenz die Einzelseele hinstrebt. Die »Wirklichkeit« wird so selber zum Gleichnis, zu einer von Vorhängen umsäumten Welt, zur *Bühne.* Was hier geschieht, ist »Vorstellung« und Repräsentation, und wer unter solchen Umständen handelt, absolviert »Rollen«. Die Fiktionsbildung schwächt die Evidenzen des Sichtbaren und gibt dem Dasein die schwebende und nirgends definitive Räumlichkeit des Durch- und Überstiegs. Die Wahrheit, um die es geht, ist woanders. Deshalb – und diese ethische Konsequenz variieren die Platonismen der verschiedenen Zeiten – soll sich der einzelne über die Welt und die Zudringlichkeit ihrer Verhaltensgebote erheben, um am wahren Sein teilzuhaben. Nicht Inhalte oder bestimmte Werthaltungen sind hier ausschlaggebend, sondern die Qualität der Ausführung und damit die Treue gegenüber der »inneren Form«. Dieses gedankliche Grundgefüge bleibt, über viele modifizierende und erweiternde Stationen hinweg, bis weit in die Neuzeit hinein erhalten. Noch Rousseau artikuliert seinen Protest gegen die Kultur des Scheins im Namen jener stoischen Unbeirrbarkeit, deren tiefere Wahrheit nicht von dieser auf Abwege geratenen Welt ist. So läßt sich die neugewonnene Authentizität des Selbst gegen die Zumutungen des sozialen Rollentheaters ausspielen, ohne daß die Funktionalität der Metapher durch diese Übernahme in das Arsenal des kulturkritischen Protestes gemindert würde.

Die neuzeitliche Umwertung eröffnet ein neues Kapitel der Metapherngeschichte, aber es beendet sie nicht. Es spricht für die Konstanz des *Welttheaters als Daseinsmetapher* in der Neuzeit, daß die Bildungsprogramme der deutschen Spätaufklärung das Motiv mit kulturkritischem Nebensinn versehen und den von »der grossen Corruption« erschütterten Europäern all die »Eigenschaften und Geschiklichkeiten« in Aussicht stellen können, welche, wie der junge Christoph Martin Wieland versichert, »den Menschen erhöhen, verschönern und zur Ausführung einer edeln Role im Leben tüchtig machen«.[22] Das nunmehr ins Auge gefaßte Projekt bezieht sich nicht mehr nur auf das Vorgegebene und Vorgefundene, sondern auch auf das Auszugestaltende – eine Hintergrundverschiebung, die sich mit der Erweiterung der Horizonte und der Handlungsmöglichkeiten bereits angekündigt hatte und deren Effekte nun den ganzen Metaphernfundus zügig erfassen. Die Krise der Welttheater-Metaphorik ist das Ergebnis dieses Umbruchs. Der Protest läßt sich jedoch ebenfalls auf der Grundlage jenes Selbsterhaltungsgebots reformulieren, das dem Paradigma von jeher zugrunde lag – in dieser Referenz bewährt sich für diesmal die Kontinuität der Metapherngeschichte. Auch, wer die Rolle als Beengung empfindet, beharrt auf dem für jede Aufklärung verbindlichen Gedanken, daß der Mensch um seiner in der Zeit zu realisierenden Ansprüche und Erwartungen willen weder wahrhaben will noch auch nur wahrhaben darf, daß er nicht mehr sein könnte als das, als was er erscheint.

Erst als die Rolle am Beginn dieses Jahrhunderts endgültig das »Kontextualisierbarkeitsfeld«[23] wechselt und aus den weitläufigen Filiationen des Welttheatermodells in den nüchternen Umkreis der sozialwissenschaftlichen Theorie übertritt, wird die Metapher zunächst beargwöhnt und schließlich ganz aus dem Umkreis der Wissenschaft verwiesen. Zurück blieb der Rollen*begriff*. Mit diesem Statuswechsel war der fortan terminologischen »Rolle« jener Deutungsgrund entzogen, welcher der Metapher trotz aller Diffusitätseffekte und zweifellos auch gerade deretwegen ihre Attraktivität gesichert hatte. Solche Impulse sind selten dokumentiert, und im Regelfall vollziehen sich semantische Deplazierungen beiläufig, denn anderenfalls gefährdeten sie ihren Erfolg. Doch es gibt Ausnahmen. Der Satz: »Was am Rollenbegriff soziologisch ist, ist keine Metapher, und was an ihm Metapher ist, ist nicht soziologisch«[24], läßt sich als Fazit dieser gesamten Geschichte lesen, und genau so, nämlich als performativer Abschluß einer mißliebigen Debatte, war er seinerzeit auch gemeint. Die mit dem Eintritt in den Umkreis der Wissenschaft erfolgte Begriffsbildung sollte unwiderruflich sein.

Man muß jedoch sehen, daß der Bescheid nicht kraft der Autorität erfolgreich war, die ihm seinerzeit ihre Stimme lieh, sondern weil die Formel auf ein neues Gebiet mit veränderten »Gebrauchsregeln« gewechselt hatte. Die Rhetorik der Begriffsform heißt Antirhetorik. Das Epimythion jener Metapherngeschichte, die zur Begriffsgeschichte geworden war, müßte deshalb lauten, daß die Terminologisierung sich in ihren ökonomischen Leistungen bewährt, also durch das Einhegen und Abblenden abundanter Mitbedeutungen. Im inneren Grenzbezirk der Theorie mußte die Auffassung der Rolle als Metapher zum Mißverständnis und Regelverstoß umgedeutet werden, und gerade in dieser Hinsicht ist der »Fall« – das Beispiel und das Absinken – der

Welttheatermetapher exemplarisch für die Darstellungsmittel und Konstitutionsleistungen der Terminologie: Verbegrifflichung befriedigt Regulierungs- und Orientierungsbedürfnisse.

Die Verdrängung der Metapherngeschichte folgte konsequent jener rationalistischen Exklusivitätsbehauptung, die nur das gelten läßt, was sich aus den Provisorien des Geschichtlichen als des bloß Vorläufigen befreit und, zur Endgültigkeit herangereift, sich nunmehr klar und deutlich auffassen läßt.[25] Angesichts der Allgegenwärtigkeit des Paradigmas versteht man, welcher Affront darin liegt, wenn statt von der Wahrheit nunmehr von der »Geschichte der Wahrheit«, gar von »Wahrheitsspielen« gesprochen[26] und der Ubiquität der nüchternen Begriffsform die Ubiquität der Rhetorik zur Seite gestellt wird.

Dabei ist die säkulare Forderung nach Klarheit und Distinktheit selbst das Ergebnis einer umfassenden rhetorischen Grundlegung. Descartes hat der Form größte Beachtung geschenkt, er hat Empfehlungen über das Lesetempo ausgesprochen und Vorschläge zur Einteilung der Lektüre gemacht. Die bedachtsam ausgewählte literarische Gestalt will den Leser einladen, mit ihr beginnt die Philosophie und nicht beim Stoff. In den eigenen Schriften hat Descartes die literarischen Formen vielfältig erprobt. Sein *Discours* präsentiert sich als stilisierte Autobiographie, die *Meditationes* machen den Leser zum Zeugen einer konzentrierten Selbstverständigung, *Le Monde* ist eine in Fabelform gekleidete Abhandlung, die postum veröffentlichte *Recherche* schließlich ein Dialog. Von diesen Genres ist die Autobiographie dem Zweck besonders angemessen, gibt sie doch das Beispiel für jenes Bemühen, das dem – wie dieser Typus dann bei den deutschen Aufklärern heißen wird – »Selbstdenker« schlechterdings nicht abgenommen werden kann. Nicht zufällig ist Descartes ein Virtuose der Wander- und Reisemetaphern. Unabhängig von Lehrautorität und geltender Meinung muß der »Weg« der Erkenntnis stets neu, das heißt von jedermann selbst »beschritten« werden. Das Wissen ist nicht fertig, es bleibt ahnungsvoll. Indem der Leser dem Beispiel folgt und den vorgegebenen Blickwinkel einnimmt, hat er bereits erfaßt, um was es geht, und zu philosophieren begonnen. Noch der rhetorische Aufwand der späten *Recherche* weiß sich der Beobachtung des jungen Verfassers der *Cogitationes* verpflichtet, derzufolge »gewichtige Urteile« eher in den Schriften der Dichter zu finden seien als in denen der Philosophen. Der philosophische Schriftsteller Descartes hat sich dies eine Lehre sein lassen. Seine Indienstnahme der Rhetorik für die Zwecke der Antirhetorik folgt der Einsicht, daß auch der Philosoph gute Gründe hat, nicht unter allen Umständen geradewegs und ungeschützt zu sagen, was er zu sagen hat. Damit riskiert selbst die begriffsfreudige Philosophie den Vorwurf, der – was angesichts der künftigen Karriere des Cartesianismus und seiner erklärten Ungeschminktheit etwas Irritierendes hat – auch Descartes gegenüber bereitlag[27]: daß sie nur mit schönen Worten spiele.

Rückblickend darf man den von solchen Einwendungen nur beschleunigten Erfolg der philosophischen Selbstbehauptung und ihrer Mittel als durchgreifend bezeichnen, und selbst in der vom Programm der Aufklärung emanzipierten Begriffsgeschichte hat das Konzept etwas von seiner Verbindlichkeit behalten. Während die herkömmliche Begriffsgeschichte einerseits den durch den Parteienstreit veranlaßten Perspektivierungen der Begriffe Rechnung trägt, wenn sie ihre durch die semantische Streuung entbundenen »Geschichten« erzählt, ist sie andererseits bereit, sich dem Gebot der Präzision zu unterwerfen, sofern sie ihre Geschichten als Konsistenzbildungsprozesse gestaltet. Begriffs- und Bedeutungsgeschichten haben ihre Dramaturgie, und sie sind ständig in Gefahr, dem Reiz der Finalisierung und ihren Effekten zu erliegen. Für gewöhnlich handeln sie davon, wie es kam, daß eine semantische Form zu derjenigen werden konnte, als die sie gilt. Dieser Aufbau begünstigt auf ebenso beiläufige wie wirkungsvolle Weise die teleologische Perspektivierung des gegenwärtig Gültigen – und sei es die Eminenz der Krise –, das auf diese Weise als Ertrag seiner Vorgeschichte erscheint und aufgewertet ist.

Die eingeführte philosophische Begriffsgeschichte, darin liegt zweifellos ein problematischer Zug des Verfahrens, neigt zur Apologie des Aktuellen als des Zielpunktes ihrer Erzählung. Die Bevorzugung der Systematik als des vermeintlichen Ertrags der Geschichte zeigt sich noch bei Rudolf Eisler in der Fixierung auf die normative Kraft der Definition. Sein Wörterbuch, erläuterte er bei Erscheinen der vierten Auflage, enthalte »als Ganzes eine *systematische Weltanschauung*«, die »auf einer Weiterbildung des *Kritizismus* mit Verwertung des Fortschrittes der Methodik und der Ergebnisse der wissenschaftlichen Forschung« beruhe.[28] Begünstigt wird diese Vorliebe für die Idee der Wissensakkumulation und der fortschreitenden Trennschärfe der philosophischen Terminologie zum einen durch jenes Interesse an narrativer Konsistenzbildung und Prägnanzgebung, die es erlaubt, eine Begriffskarriere als zielgerichtete Entwicklung darzustellen; zum anderen mag die Einsicht in die grundsätzliche Überbietbarkeit des historisch Vorgefundenen eine Rolle spielen, dessen Relativität am hypothetischen Musterfall einer ausgebildeten Begriffssprache erkennbar und, je nach Anspruch und Erwartung des Beobachters, unter Umständen auch schmerzlich fühlbar wird.

Hinzu kommt die Neigung, der Gegenwart eine privilegierte Orientierungsposition zuzubilligen. Jene Geschichtsphilosophien, die den Raum der Zeit zur Einheit einer identischen Verlaufsform zusammenführen, haben sich von jeher dem Erfolg verbunden gefühlt und, wie die einschlägige Metapher lautet, den gegenwärtigen »Standpunkt« als Ortsvorgabe herausgestellt, der einen vorzüglichen Überblick über die Gesamtentwicklung der Zeiten gewähre. Er halte die Gegenwart für den Schlüssel der Vergangenheit, erklärt Ludwig Feuerbach beispielgebend in seiner elften Vorlesung über das Wesen der Religion, und nicht umgekehrt. Er messe und erkenne die Vergangenheit unbewußt und unwillkürlich immer nur nach seinem gegenwärtigen Standpunkt, »daher jede Zeit eine andere Geschichte von der, obgleich an sich toten, unveränderlichen, Vergangenheit hat. Ich anerkenne daher nicht die Naturreligion, weil sie nur eine äußerliche Autorität ist, sondern nur deswegen, weil ich *in mir selbst* noch heute die Motive zu derselben finde.«[29] Die Schlußpointe dieser Einlassung ist besonders erhellend. Sie weist der Gegenwart nicht nur den unverrückbaren Gesichtspunkt zu, der die Wahrnehmung des Gewesenen durch die Positionierung auf der Zeitachse perspektiviert, sondern erhebt sie auch zum Resultat einer Progression, die ihre Anerkennung als Norm mit umfaßt. Mit der Präparierung der Gegenwart zur Norm muß die Vernunft den Gedanken der Überholbarkeit ihrer Einsicht zurückweisen. *Wahrheit oder Geschichte* – dies ist die Kurzformel eines philosophischen Bemühens, das den Wandel und die Wandelbarkeit der Erkenntnis als Infragestellung seines nur nach Endgültigkeiten zählenden Vollkommenheitsideals empfinden muß. Seit Descartes baut die endliche Vernunft an dem einen und definitiven Gebäude des Wissens, und es ist das entscheidende Merkmal dieses Bauwerks, daß es immobil, also unverrückbar ist.

Diese Pointierung überspielt einen feinen Unterschied in der Qualifizierung des Aktuellen. Gewiß ist, wie Walter Benjamin betont hat, in der Geschichte nicht zu allen Zeiten alles erkennbar[30], doch eröffnet die geschichtsphilosophische Nobilitierung einer Position zum Fortschrittsmerkmal eine zusätzliche Bedeutungsdimension. Feuerbachs Rückblick orientiert sich an den Maßstäben eines Aufstiegs, der seine Begünstigungen stets und unbeirrbar den fortgeschrittensten Parteien gewährt. Die Gegenwart wird zum Maßstab und Kriterium einer aus grauester Ferne herkommenden und zu diesem Ziel hinstrebenden Vergangenheit, um sich damit ihrerseits einer ferneren Zukunft als Vorgeschichte anzubieten. Folgt man Feuerbach, dann verdankt sich diese Evidenz der Natur: das Empfinden des Natürlichen und das natürliche Empfinden bilden das Band, das den Beobachter über die Zeiten hinweg mit denen vereint, die einst die Natur religiös verehrten. Doch mit der Umdeutung des Gegebenen zum Aktuellen ändern sich die Begriffe der Geschichte, und mit ihnen der Begriff des historischen Interpretierens. Das gegenwärtige Geschehen wird zum Problemfall der Zufrühgekommenen, denen es angesichts ihrer Endlichkeit nicht vergönnt ist, ihre Befangenheiten abzulegen und die Früchte ihres Strebens zu genießen. Eine unvorgreifliche, in die Form der Darstellung eingesenkte Asymmetrie begünstigt grundsätzlich die Zukunft als Überbietung *und* Erklärungsgrund des Gewesenen. Dem vorgefaßten Idealbild der singulären Geschichte entsprechend, wird in der vom Raum in die Zeit transponierten Metapher des Standpunktes zusammengezogen, was tatsächlich auseinanderstrebt, nämlich die verschiedenen Gesichtspunkte und die Ungleichzeitigkeiten einer Gegenwart.

Diesen Vorgang der geschichtsphilosophischen Singularisierung durchkreuzt die sich auf die Anlässe des Verstehens besinnende historische Erkenntnis. Bedeutungshistoriker sind schlecht beraten, wenn sie den auf die Interessen der Zeitgenossenschaft festgelegten Beschreibungsangeboten folgen. Legitimatorische Ansprüche trüben den Blick für die Eigengestalt und Fremdheit der Quellen, und sie verführen dazu, semantische Verläufe teleologisch, im Blick auf den Kanon des gegenwärtig Gültigen, zu perspektivieren. Die historische Semantik verfährt historistisch insofern, als sie sich solchen Dynamisierungen verschließt. Dies ist jedoch nicht, wie die aktualitätsbeflissene Historismuskritik zu wissen glaubt, ein Zurückweichen, sondern das Beschreiten eines Umwegs. Die Bedeutungsgeschichte wahrt Distanz zum Kanonischen, denn Kanonisierungen – und Ausschließungen – bilden ihr bevorzugtes Interessengebiet. Damit trägt sie dem Umstand Rechnung, daß sie, wie jede Retrospektion, stets von außen beobachtet, und es ist, wie Jean Starobinski einmal sagt[31], nicht das Bedürfnis nach Identifikation, sondern der Unterschied, der ihre Neugier belebt.

Mit dem Historismus teilt die Bedeutungsgeschichte die Vorstellung von der Einzigartigkeit der Epochen. Die Bezeichnung »Historismus« gehört zweifellos zu den diffusesten und umstrittensten der Ideengeschichte. Es läßt sich allerdings ein bestimmtes und bestimmbares Bündel von Theorieelementen ausmachen, das über mancherlei Wandlungen hinweg und überdies querverlaufend zu anderen wissenschaftstheoretischen Paradigmen eine relative Dauerhaftigkeit bewiesen hat. Erich Auerbach hat diese Elemente einmal im einzelnen zusammengetragen und aufgelistet.[32] Demnach gibt der Historismus die Idealvorstellung des »absolut Erstrebenswerten« ebenso auf wie die Präfiguration der Geschichte durch den Fortschritt, um statt dessen die Epochen und Gesellschaften nach ihren eigenen und besonderen Voraussetzungen zu beurteilen und zu beschreiben. Zu diesen Voraussetzungen zählen unter anderem die Formen der »materiellen und geistigen Kultur«. Ihnen billigt der Historismus eine Vielfalt und »ständige innere Bewegtheit« zu, die den Binnenräumen der Epochen ihre Einzigartigkeit sichert. Sein Augenmerk gilt den Bewegungen und Übergängen, nicht dem Statischen und Ewiggültigen. Die Ausdehnung dieses Zeitperspektivismus auf die Gegenwart verweist schließlich auch auf die Spielräume des Beobachters und, in den Worten Auerbachs, auf seine »unvergleichbar eigentümliche, von inneren Kräften bewegte, sich entwickelnde« Position. Die Gegenwart selbst erscheint »als ein Stück Geschichte«, denn sie hat, wie jeder Zeitabschnitt, ihre Prägnanz: ihren eigenen Handlungsrahmen, ihre eigenen Rede- und Denkgewohnheiten, ihren eigenen Erfahrungshaushalt. Die Wissenschaftsgeschichtsschreibung hat die Leitlinien dieses Beschreibungsmodells in den wesentlichen Zügen übernommen und in den Entwicklungsverläufen der wissenschaftlichen Erkenntnisprozesse bestätigt gefunden. Es gibt, so lautet das Resümee von Thomas S. Kuhn, keine umfassende Ordnung von Regeln, keinen epochenübergreifenden, von einer inneren Dynamik bewegten *esprit de système*, der akute Neuerungen veranlaßt oder auf den sie sich zurückbeziehen würden.[33]

Die Einsicht in die Relativität von Fortschreibungsmustern und in die Situationsgebundenheit der Quellen ist keine Harmlosigkeit. Das zeigt sich schon daran, daß derlei Frage- und Feststellungen mancherorts als ketzerisch empfunden werden. Tatsächlich erschüttern sie jene spezifisch neuzeitliche Vorstellung des der Wahrheit stetig näherrükkenden Erkenntniszuwachses, der sich die Wissenschaften und weite Teile nicht nur der hegelianischen Philosophie praktisch verpflichtet fühlen – jenes Maximalprogramm der stetigen Wissensvermehrung, das die Einzelerkenntnis als Beitrag zu einem »von Generation zu Generation ins Unendliche fortwachsenden Bau endgültiger, theoretisch verbundener Wahrheiten«[34] begreift und das dem »unendlichen Progreß« der Wissenschaften in Aussicht stellt, eines fernen, und das will sagen: der Lebenszeit des einzelnen unerreichbaren Tages den Reichtum ihrer Erträge einmal vollständig und wohlgeordnet verfügbar zu haben. Angesichts dieses Zutrauens in die regulative Idee des Definitiven und in das immer wieder neu entworfene Panorama des Erwartungshorizonts, das schließlich zu einer Verstetigung der nicht zuletzt von Bacon auf den Weg gebrachten Fortschrittsdynamik geführt hat, muß die historistische Intervention, ihre Einrichtung im dauerhaften Provisorium, als Unterbietung aufgefaßt werden. Doch der bedeutungsgeschichtliche Perspektivenwechsel wirkt – und dieser Vorteil scheint mir die Enttäuschung wert zu sein – gerade angesichts der verbreiteten Verpflichtung des einzelnen auf die kollektive Leistung des hypothetischen wissenschaftlichen Gesamtsubjekts entlastend. Er befreit davon, das gegenwärtig Gültige als Ergebnis einer stattgehabten Progression und damit als bindend auch für die philosophie- und wissenschaftsgeschichtliche Rekonstruktion anerkennen zu müssen. Die Umorientierung erlaubt es damit, die Ideen der Vergangenheit wohl nicht unabhängig von den Vorgaben und dem Standpunkt der Gegenwart, aber doch relativ frei von ihren unmittelbaren Ansprüchen und Bedürfnissen zu thematisieren.

Anders als das Qualifizierungsmodell des Fortschritts mit seiner Orientierung an den Attraktionen der von Descartes entworfenen *science universelle*[35], anders aber auch als das komplementäre Dequalifizierungsmodell des Verfalls entbindet der Historismus von Aktualisierungserfordernissen. Die Wiederkehr des Historismus erleichtert die Sicherung von Distanzen, die Skepsis gegenüber vermeintlichen Kontinuitäten und indirekt auch den Verzicht auf die maßgeschneiderten, mit dem »Geist« oder dem präpotent herandrängenden »Interesse« und den »Bedarfslagen« der Zeit abgestimmten Lösungen. Sie dämpft das Verlangen, die Geschichte für die Bestätigungsbedürfnisse der Gegenwart in Anspruch nehmen zu sollen. Statt als Orientierungspunkt die Norm zu setzen, ist die Gegenwart dem philosophiegeschichtlichen Deutungsgang angeschlossen und wird weder als bevorzugt noch als überlegen begriffen. Der potentielle Ertrag dieser Entprivilegierung ist die Aufgeschlossenheit gegenüber dem Gewesenen und Zurückliegenden. Die Bemerkung aus der *Fröhlichen Wissenschaft*, daß »gar nicht abzusehen« sei, »was Alles einmal noch Geschichte sein wird«, gehört ebenso in diesen Gedankenzusammenhang wie Nietzsches unmittelbar anschließende Vermutung, die Vergangenheit sei »vielleicht immer noch wesentlich unentdeckt«[36]. Auch die Erfahrungen der Vergangenheit sind interpretierbar. Sie verändern sich mit den Erinnerungen jener, die sie gemacht haben, und mit der Erwartung derer, die sich aus der Perspektive der Nachgeborenen darauf zurückwenden.

Vielfaltsbewahrung verlangt Selbstdistanz. Nur eine Gegenwart, die sich von sich abzuwenden vermag, wird die Geschichten finden, die sie braucht. Solche Zurückhaltung ist keineswegs bloß das speziellere Anliegen einer kulturgeschichtlich interessierten Semantik. Auch in der neueren Wissenschaftsgeschichtsschreibung ist eine methodologische Skrupelhaftigkeit zu beobachten, wie sie lange Zeit nur der alteritätssensiblen Ethnographie und insbesondere dem ethnologischen Strukturalismus geläufig war. Der Wissenschaftshistoriker Gérard Simon hat den Wink Nietzsches aufgenommen und ihn in einer Weise reformuliert, die auch für die Philosophiegeschichte und für die historische Semantik richtungweisend ist. Er fordert die Bereitschaft, »die Pertinenz unserer eigenen Klassifikationen und Begriffe in Frage zu stellen, um so die konzeptuelle und thematische Zusammengehörigkeit rekonstruieren zu können, die auf eine in unsere Kultur oft unübertragbare Weise in jenen vergangenen Epochen, in denen diese Autoren schrieben und dachten, die verschiedenen Forschungsgebiete vereinigte«.[37] Die bedeutungsgeschichtliche Interpretation ist das Ergebnis einer derart prekären Balance von Gegenwartsverwiesenheit und Alteritätsbewußtsein. Sie stiftet nicht visionäre Identitäten – »Horizontverschmelzungen« –, sondern akzentuiert die Differenz und die Andersartigkeit. Ebendies ist die Herausforderung des Verstehens. Ohne sich zur Fixierung seiner Verfahrensweisen oder seiner Befunde drängen zu lassen, bewegt sich das bedeutungsgeschichtliche Interpretieren auf jenem schmalen Grad, auf dem *beides* verlangt ist, nämlich – um das Wort von Starobinski aufzunehmen[38] – den Unterschied aufzuheben und doch zugleich den Abstand aufrechtzuerhalten. Verstehen ist Distanzvermessung: es schließt das Wissen um die Fremdheit und um das Nichtverstehen ein.

Einem rasierten Mann kommen andere Ideen als einem rauhbärtigen, sagt Laurence Sterne im neunten Buch seines *Tristram Shandy*. Mit Nietzsche, einem Bewunderer des irischen Romanciers, darf man sich fragen, ob diese Beobachtung mit ernster Miene zu Papier gebracht wurde oder mit einem Lächeln. Unter den Zeitgenossen Sternes dürften die Physiognomiker noch die wenigsten Zweifel gehabt haben. Das Interesse an der Physiognomik, deren Faszinationskraft gerade ihre schärfsten Kritiker stets hervorgehoben haben, entsprang dem Bedürfnis, in der äußeren Erscheinung des einzelnen einen sichtbaren Ausdruck für jene von den Bildungstheorien in gemäßigtere Bahnen gelenkte Intransigenz des Individuellen zu finden, wie sie sich dann in der Romantik mit unvergleichlicher Schärfe zu Wort meldet. Jean-Jacques Rousseau regt diese Wendung an durch die geschichtsphilosophische Diagnose des Verfalls, aber auch durch den Habitus unbestechlicher Intellektualität, den er seiner Kulturkritik beglaubigend zur Seite stellt. Virtuos bedient er sich bei der Etablierung seiner schriftstellerischen Existenz der Mittel der Unbegrifflichkeit, der Aufschlußkraft der Zeichen. Das, was eine spätere Zeit »Rousseauismus« nennen wird, ist weder ein schlüssiger Gedanke noch ein um logische Unanfechtbarkeit bemühtes Argument, er ist ein Habitus und ein Stil, der im Erscheinungsbild des Denkers als öffentlicher Person, in den Attitüden des Intellektualismus dauerhaft Gestalt gefunden hat.

Habitus und Stil sind die Ebenen, auf denen Rousseau einer sozialen Welt opponiert, in der Schein und Verstellung regieren – einer Welt mithin, die bloß Theater ist. Die Alternative zum Rollenspieler ist jener Repräsentant der *vérité morale*, den (wie im dritten Teil dieser Arbeit gezeigt wird) Rousseau in seinen autobiographischen Schriften propagiert. Er ist der Künder seines eigenen exemplarischen Falls. Ausführlich schildert Rousseau, wie er sich von seiner Leidenschaft für aufwendige Kleidung befreite, und den Illustratoren der *Nouvelle Héloïse*, dieses romanesken und gleichfalls autobiographisch getönten Porträts der schönen Seelen, legt er dringend ans Herz, seine Hauptfigur Julie mit natürlichen Reizen auszustatten – »ohne die geringste Ziererei« – und sie in einer leicht nachlässigen Kleidung zu zeigen, die ihr besser stehe als ein ordentlich hergerichtetes Gewand. All diese Vorkehrungen und die Sorgfalt, die Rousseau daran wendet, sind nur begreiflich, wenn man sie als Versuche erkennt, die Aussage in die Dimension der Unbegrifflichkeit zu verschieben. Gewiß zählt gerade auch bei Rousseau das Äußere an sich nichts. Indirekt aber ist es dadurch aufgewertet, daß es die verborgene Wahrheit des Inneren ahnen läßt, und zwar in offenkundiger Negativität.

1758 bringt Rousseau erstmals das Wort zu Papier, das für ihn die Alternative zur Rolle und zur dubiosen Kultivierung des Scheins bezeichnet, und nicht von ungefähr präsentiert er es in einer theaterkritischen Schrift. Was, so lautet die rhetorische Frage des Bürgers von Genf, kann man von einem Menschen erwarten, der die Fabeln der Bühne bewundert und eingebildete Unglücksfälle beweint? »Freut er sich nicht seiner schönen Seele?« – *Ne s'applaudit-il pas de sa belle âme?* Hat er nicht alles, was er der Tugend schuldig ist, durch die Huldigung verspielt, die er soeben ihrer bloßen Darstellung auf der Bühne entgegenbrachte? Und Rousseau legt fest: Wer eine schöne Seele sein will, der hat »keine Rolle zu spielen, er ist kein Schauspieler« – *il n'a point de rôle à jouer: il n'est pas comédien*[39].

Das Gepräge der Seelenschönheit ist die Konsequenz einer gebrochenen Selbstdarbietung, die Voraussetzung und ebenso das Merkmal der Aufrichtigkeit. Rousseaus *Rhetorik des Heroischen* bedient sich der Zeichensprache, um mit den Mitteln des Sichtbaren das Unsichtbare zu zeigen und um das Undarstellbare sehen zu lassen, um Zeichen zu setzen, Übereinstimmung zu erzeugen und Widerspruch herauszufordern.[40] Dabei zeigt sich, daß der Schleier des Timanthes inzwischen eine Umdeutung erfahren hat. Bei Rousseau weist die Übertragung auf ein ganzes System weiterer Übertragungen – »Natur«, »Ursprung«, »Herz« –, die das Verborgene umkreisen, aber niemals aufdecken und geradewegs aussprechen. Die Maske des Philosophen, in der Rousseau vor sein Publikum tritt, soll Andersheit bedeuten. Doch die Verschiebung folgt dem Gesetz der unendlichen Wiederholung. Im Zentrum seines Gedankenuniversums stößt Rousseau auf immer neue Metaphern, auf eine Welt aus Flor. Der Schleier und die Unmöglichkeit der Mitteilung sind in dieser Sprache selbst gegenwärtig – in einer Sprache mithin, »die verzweifelt ihre Unschuld beteuert auf jenen in regelmäßigen Zügen dichtbeschriebenen Seiten, in der zwanghaften Wiederkehr bestimmter vergifteter Wörter. Denn dieselbe Rede, die den Schleier webt, spricht zugleich die Transparenz aus.« Soweit der Kommentar von Starobinski.[41]

Mit seinem nachlässigen Kostüm, dem eine von Gefälligkeiten befreite Sprache zur Seite gestellt ist, macht sich Rousseau zur Hauptfigur seiner in mehreren autobiographischen Anläufen erzählten und verbürgten Geschichte. Sein Gebaren, wie es seine Schriften und Briefe umfangreich dokumentieren, wagt die Probe auf die von Georges-Louis Buffon am 25. August 1753 in seiner Antrittsrede vor der Académie française ausgesprochene Jahrhundertformel, derzufolge es der Stil sei, der erst den Menschen mache: *Le style est l'homme même.* Neben der *Aussage*, und vor allem mit größerer Authentizität als sie, wird der *Ausdruck* zum Signum der Persönlichkeit, so wie umgekehrt die Sinnfälligkeit der Expressivität für den Einsatz des Persönlichen bürgt. Durch die dokumentierte Nichtigkeit alles Äußerlichen hindurch soll der Beobachter das Maßgebliche erahnen, das Innere, das Unversehrte und die Wahrhaftigkeit dieses Menschen. Die Mitteilungen der Texte werden durch die Verschiebung der Aufmerksamkeit auf das »Wie« gebrochen. Sie sind nicht länger die Kundgabe dessen, was sie sagen, sondern Verhüllungen dessen, was sie meinen. Das schriftlich Ausgesagte deutet auf den verborgenen Menschen jenseits der Texte, der für ihre Wahrhaftigkeit und Gültigkeit einsteht. Dabei ist auch dieses Unterfangen »historisch«. Indem er die Potentiale dieser Verschiebung ausschöpft, erspart sich Rousseau das Schicksal des Kynismus, dessen Ansehen in dem Maße hatte schwinden müssen, wie die Philosophiegeschichtsschreibung – prominent einsetzend mit der Kritik Pierre Bayles[42] – philologisch wurde und die Seriosität eines Gedankens an die Voraussetzung schriftlicher Äußerung und Überprüfbarkeit band. Die Ausdrucksgestalten des Kynismus: das exemplarische Handeln, die vielsagende Geste, die ausdrucksstarke Gebärde, die aufschlußreiche Situation, die treffende Sentenz und die darin beschworene Sinnesart, wenn sie denn überdauern wollten, konnten gar nicht anders, als sich dem fremden Medium der Schrift anzuvertrauen.

Als einer der ersten hat Rousseau erkannt, daß diese Mißlichkeit nicht nur von Nachteil ist. Seine Revolte ist eine Revolte gegen die Bedingungen und Maßgaben der Schriftlichkeit, die er – darin besteht die Paradoxie seiner Position – zugleich ebenso energisch wie erfolgreich ausbeutet. Rousseau ist ganz und gar Schriftsteller. Dabei kommt es dem zur Uneigentlichkeit gepreßten Kyniker durchaus entgegen, daß ihm seine Entäußerung von vornherein, einzig und allein durch die ihm auferlegte Zumutung und die existentielle Grundierung seiner Dissidenz, den Nimbus des unbeugsamen Geistes festigen hilft. Rousseau, dessen zahlreich vertriebene Bildnisse die Reihe seiner Publikationen antithetisch begleiten, wagt den Schritt in den Raum der Schrift, und mit großer Umsicht trägt er dafür Sorge, daß die Differenz und die Fremdheit des Mediums, in dem er sich so erfolgreich bewegt, jederzeit erkennbar bleiben.

Heinrich von Kleist hat diese Spur aufgenommen und (wie im vierten Kapitel dargestellt) weiterverfolgt. Was ihn über beiläufige Motive hinaus mit Rousseau verbindet, ist der Zweifel am frühneuzeitlichen und namentlich von Bacon gegebenen Glücksversprechen der theoretischen Erkenntnis. Anders jedoch als Rousseau verzichtet Kleist auf den Pakt mit dem Leser als jenem Mitverschworenen, der wie der Betrachter des Timanthes-Bildes aufgerufen ist, das Vorgewiesene in das unverfügbar Bedeutete zu übersetzen. In Kleists Reformulierung der Seelenschönheit dominiert die Vorstellung von der Archaik des Widerstandes und von der überhistorischen Elementarität des Gesetzes. Wie sehr ihn diese Haltung in die Außenseiterschaft trieb, illustriert die postume Anmerkung von Friedrich de la Motte-Fouqué, Kleist sei von der »unbegrenzten Sehnsucht ergriffen« gewesen, »hinter den Vorhang zu schauen ins Allerheiligste«, und zugleich von dem »trüben Wahn, es genüge am Sterben, um dahinein zu treten«. Der Selbstentwurf der schönen Seele ist weiträumig genug, um die in solcher Außenwahrnehmung aufklaffende Differenz als Selbstbestätigung aufzufassen. Wie Rousseau sichert auch Kleist über den Vorgriff auf ein solches, jederzeit erwartetes Unverständnis seine eigene Stellung. Der Moralismus und die Indigniertheit der Dazugehörigen sind genau die Reaktionen, mit denen der Außenstehende zu rechnen hat. Für Kleists *Erste und letzte Dichtung* ist bezeichnend, daß die schöne Seele nun auf eigene Rechnung handelt, ohne Rückhalt und Deckung. Damit geht dieses Konzept über das rousseauistische Extrem noch hinaus. An die Stelle des von Rousseau niemals bezweifelten Ursprungs, den die Heldin der *Nouvelle Héloïse* mit ihrem um den Nimbus der Unverstelltheit bemühten Erscheinungsbild repräsentieren sollte, läßt Kleist einen Zeugen treten, der, statt auf die Wahrheit zu deuten, darüber berichtet, wie er sich wissentlich-unwissentlich an ihr verging.

Die häufig bemerkte Intensität von Kleists Sprache rührt von der Radikalität her, mit der sie auf die Sphäre der Zeichen, auf den Schleier des Timanthes zurückgenommen ist. Anders als Rousseau ist Kleist kein Autobiograph, er redet den Leser nicht an, und kaum jemals spricht er in der ersten Person. Die Grenze verläuft nicht mehr zwischen denen, die als Emissäre und mit höherer Einsicht Begabte die Wahrheit künden, und denen, die abseits davon und unerschüttert von der Kritik im Irrtum leben. Vielmehr trennt sie diejenigen, die um die Verfehlungen der Sprache wissen, von denen, die diesen Abstand ignorieren zu können glauben. Kleists Sprachkritik, sein Ausweichen in die Unbegrifflichkeit der Gebärdensprache und der Posen, in die Wortlosigkeit des Sichabwendens, des Erbleichens, des Errötens und des Schweigens, ist mehr als ein erzieherisches, auf Publikumswirksamkeit berechnetes Mittel. Sie ist das beredte Zeugnis einer Krise, in die das Verweisungssystem der Rede geraten mußte, als im Gefolge der kopernikanischen Wendung die Zweifellosigkeit der metaphysischen Sanktionen verlorenging. Unter dem Eindruck seiner Kant-Lektüre spitzt Kleist das Resultat dieses Umbruchs dramatisch zu. Mit dem Verlust seines Referenzgrundes ist nun alles *Sprechen* dem Verdacht ausgesetzt, nicht mehr und nichts anderes zu sein als ein *Versprechen* in des Wortes doppelter Bedeutung. Jederzeit schreibt Kleist im Bewußtsein dieses unabsehbaren Fehlgreifens, das zugleich die Basis abgibt für die Idee des auf seine Sprachlichkeit zurückgenommenen Werks.

Was bleibt, ist der Schrecken des Schönen, jene künstlerisch habitualisierte Intransigenz, die von nun an die Differenz von Dasein und Schönheit immer schon voraussetzt. Als Schriftsteller ist der von der zeitgenössischen Philosophie und ihrer nackten, die Umstände des Besonderen ignorierenden Sachlichkeit Enttäuschte mit staunenswerter Unbeirrbarkeit einer Bemerkung Wielands gefolgt, die wie für ihn entworfen scheint. Im 14. Abschnitt seines *Diogenes von Sinope* spricht Wieland von schönen Seelen, die »der Kunst nichts schuldig, und *darum* nur *desto schöner* sind«.[43] Diesem Konzept einer sich selbst übertreffenden, da jede ihrer Manifestationen von sich aus dem Vorbehalt der Uneigentlichkeit unterwerfenden Kunst ist jedwedes Mittel der Darstellung, einschließlich des künstlerischen, tief suspekt. Die *ultima ratio* dieser Literatur ist der Aufenthalt an der Grenze ihres Mediums, am äußeren Rand von Sprache und Schrift. Das Glück, von dem Kleists Stücke handeln, ist sprachlos und stumm.

Der Gedanke der Vollkommenheit, der prangenden Gegenwärtigkeit der *grandes idées*, ist eine Fiktion nicht nur der geschichtlichen Zeiten und der Erwartungen, die sie für sich selbst und die absehbare Zukunft hegen. Sie ist auch eine Fiktion der zeitverschobenen Retrospektive, also der fernstehenden Beobachter. Die Antworten der historischen Semantik – und das folgende ist ein Beitrag ganz in diesem Sinne – werden daher allenfalls den Status der Vorläufigkeit beanspruchen. Was die Bedeutungsgeschichte zu bieten hat, sind Perspektiven, Überlegungen, Anstöße, Entwürfe, Vorschläge. Ungeachtet aller Pointierungen bleibt immer etwas zu wünschen übrig – diese Bescheidung mit den gemessen am Maßstab des Definitiven und seinen präzipitierenden Zugriffsweisen zugestandenermaßen unzulänglich erscheinenden Resultaten steht am Beginn allen skeptisch reflektierten Interpretierens. Was es zuwegebringt, das bleibt, bei aller Annäherung, das Resultat einer Konstruktion.

Die Gemeinsamkeiten der Weltdeutung und ihrer Erzählmuster stiften keine Identität. Das Verhältnis, das die historische Semantik zu ihren Gegenständen unterhält, kann deshalb nur ein kritisches und distanziertes sein. Zwar wird der Bedeutungshistoriker versuchen, sich mit dem vertraut zu machen, was den von ihm angeführten Zeugen an einschlägigen Kenntnissen und an Wissen verfügbar war, doch nichts berechtigt ihn zu der Hoffnung, daß das Erwartungsgefüge noch stets dasselbe sei, daß also wir – die Beobachter – damit rechnen dürften, unsere Weltauffassung mit der Vergangenheit und ihren Zeugen zu teilen oder gar in ihr Eigenes und »Inneres« vorzudringen.[44] Die Zeit, in der realisiert wird, »was gar nicht auf einmal in simultaner Eindeutigkeit da sein und gehabt werden kann«[45], vergrößert auch die Abstände, welche die Erinnerung auf ihren weitverzweigten Wegen konstruktiv zu überbrücken hat. Dabei steht die Metapher des »Abstandes« ihrerseits als Summenbildung für all die Umformungen der Begriffe und Klassifikationen des Wissens, die den Gegenstand der historischen Semantik ausmachen und deren offene Disparatheit (*Divergenzbefund*) es dringend nahelegt, den durch Narrativität und Seminarrativität, durch Einsichtserweiterung und Wissensvermehrung hervorgerufenen Eindruck der Aufeinanderfolge und Bündigkeit (*Konvergenzeffekt*) mit Skepsis zu betrachten.

Es versteht sich, daß die im Zuge einer solchen Rekonstruktion einvernommenen Stimmen nicht als *Autoritäten* gehört werden, deren unter dem Eindruck unmittelbarer Betroffenheit geäußertes Wort auch für den Beobachter Verbindlichkeit besitzen würde. Er zitiert sie vielmehr als *Zeugen*, die über den Gehalt und die Geltung einer Verständigungsformel in einem Bedeutungsfeld Auskunft geben. Tatsächlich können die Zeugen und Zeugnisse dem Interpreten nicht abnehmen zu sagen, was *er* zu sagen hat. Sie bewahren vor Fehleinschätzungen, aber sie ersetzen nicht die Interpretation. Diese beginnt mit der besonnenen Auswahl. Es gibt Zeitgenossen eines semantischen Umbruchs, die wenig oder gar nichts bezeugen können, andere sind gute, wieder andere schlechte Beobachter. In jedem Falle aber ist das aus solcher Einvernahme resultierende Vorgehen perspektivisch, so wie auch das Feld des Bedeutens, das es rekonstruiert, als ein Arrangement von Perspektivierungen zutage tritt. Indem sie seinen Einsätzen und Anlässen nachgeht, nimmt die Bedeutungsgeschichte ihre Funde und Quellen in historischer Perspektive, und das heißt: vor dem Hintergrund ihrer Anlässe wahr, wie sie sich in den Ausdrucksgestalten ihrer Präsentationen geltend machen.

Es wäre gleichwohl ein Irrtum zu meinen, die im historischen Mitvollzug rekonstruierte Genese diene von vornherein der Abtragung von Autoritäten. Im Gegenteil, das auf historische Umwege führende, den beschleunigten Wechsel der Daseins- und Lebensentwürfe von fernher illustrierende und zugleich antiquarische Ansinnen der historischen Semantik ist von Haus aus »revisionistisch«. Indem es den Raum vergangener Bedeutungen durchschreitet, sichert es, was sich in dem historisch Neuen, durch das sich die Gegenwart gegenüber der Vergangenheit profiliert, aus eigenen Mitteln nicht halten kann. Das Bestreben der Bedeutungsgeschichte richtet sich auf die kontrafaktische Pointenbewahrung am flüchtigen »Gedächtnisbesitz«[46], das heißt sie betreibt »Altbausanierung im Reiche des Geistes«[47]. Damit widersetzt sich das Unternehmen dem naturwüchsigen Abbau von Verständlichkeit, also dem Vergessen, ebenso wie solchen Theorien, die – sei es nun »fröhlich«, sei es geschäftsmäßig – den Abbau entschlossen vorantreiben. Historische Semantik ist, mit einem Wort, strukturkonservativ, denn sie verfährt notorisch problempräparierend.

Doch dies ist nur die eine Seite des Zusammenhangs. Es sei, heißt es einmal bei Georg Simmel, »ein ganz philiströses Vorurteil«, zu meinen, »daß alle Konflikte und Probleme dazu da sind, gelöst zu werden«.[48] Im Einvernehmen mit dieser Beobachtung verzichtet auch die historische Semantik auf den Versuch, die aufgenommenen Probleme und Konflikte etwa schlichtend beizulegen. Wer präpariert, der betreibt – mit all den Ärgernissen und Mißliebigkeiten, die so etwas nicht nur in der Welt der Theorie, aber auch dort eintragen kann – das Geschäft der Vielfaltsvermehrung. Indem die Bedeutungsgeschichte Verweisungen und Mitbedeutungen als Dimensionen manifester Möglichkeitshorizonte erkundet und festhält, widersetzt sie sich den Vereindeutigungs- und Reduktionsbestrebungen, zu denen die Orientierung an der »Aktualität« verpflichtet.

Damit ist klar, daß bedeutungsgeschichtliche Erträge nicht ohne weiteres ausweisbar sind. Verstanden als umfassende Rekonstruktion, die Zeugen und Zeugnisse ebenso zu Wort kommen läßt wie biographische, soziale, intellektuelle, theoretische und historische Kontexte und Konventionen, ist die historische Semantik nur sinnvoll zu betreiben unter der Voraussetzung, daß sie von der unbedingten Voraussetzung der Beantwortbarkeit ihrer Fragen und von der Verpflichtung, ihre potentiellen Gewinne zu dimensionieren, entbunden ist. Die philosophische Bedeutungsgeschichte konstituiert sich als Reflexion ihrer Einsätze, Tendenzen und Finalisierungen, und damit als Reflexion der Reflexion. Historische Semantik ist kein normatives oder normierendes Beginnen. Sie erzählt – darin vor allem dokumentiert sich ihr historistisches Erbteil – »nur Geschichten, nicht die Geschichte«[49]. Deshalb führt sie weder zu fortgesetzter, wiederhergestellter oder ungekannter Bestimmtheit noch zu neu gewonnener »echter Verbindlichkeit«[50] als vielmehr zu einer *unbegrenzten* Fülle von Lesarten, Interpretationen und Perspektiven. Sie begreift ihre Praxis als Auslegung, als Lesart unter konkurrierenden Lesarten, als Geschichte neben anderen Geschichten. Die symptomatologischen Verläufe der Filiationen, Neuerungen, Verwerfungen, Überlappungen und Unterbrechungen lassen sich nicht zu Ende erzählen, sondern nur aufnehmen, fortsetzen und weiterreichen.

Man kann diesen Vorbehalt auch positiv formulieren. Gemessen an den Arrondierungsqualitäten eines großen Finales, müssen Wünsche offen bleiben; dafür jedoch werden – und das eine ist offensichtlich ohne das andere nicht zu haben – Spielräume gesichert. Mit der für sie bezeichnenden Ausdehnung der Aufmerksamkeit auf die *Möglichkeit* dessen, was in der Wahrnehmung des retrospektiven Nachvollzugs »faktisch schon geschehen ist«, geht die historische Semantik über die reine *Begriffsgeschichte* hinaus, die vergleichsweise eher dazu neigt, ihre Aufmerksamkeit strikt »auf die Genesis neuer Vorstellungen« und »deren Artikulation« zu beschränken.[51] Die historische Semantik nimmt ihre Gegenstände nicht unvermittelt und isoliert auf, sondern berücksichtigt Sachverhalte, Umstände und Nebenumstände – theoretische und institutionelle Kontexte, Traditionen und Transformationen, Anbindungen und Ausgrenzungen, Auf- und Umbrüche.

Die Wörter, notiert Turgot einmal, erinnern mehr an Ideen, als daß sie sie ausdrücken. Die historische Semantik macht es sich zur Aufgabe, die Wege dieser Erinnerung aufzuzeichnen, um dabei jener Produktion des Sinns und der Wahrheit auf die Spur zu kommen, wie sie sich im Wandel des Bedeutens dokumentiert. Es ist ihr jedoch verwehrt, die Fülle der Präsenz, die vollkommene und klare Durchsichtigkeit des Sinns, wiederherzustellen. Auch sie wird die Züge des Agamemnon nicht enthüllen. Es liegt im Gegenteil durchaus in der Konsequenz ihrer Wahrnehmungsweise, wenn sie der Erwartung einer sinnerfüllten und unvermittelten Präsenz ihrerseits mit Skepsis begegnet.

Das Vorhaben, das auf den folgenden Seiten betrieben wird, ist indes kein allgemein definiertes Unternehmen, und nicht einmal in der Fachwelt ist die Bezeichnung »historische Semantik« etabliert. Die Unterscheidung zwischen Bedeutungs-, Begriffs-, Sinn-, Motiv-, Rezeptions- oder Ideengeschichte ist in der wissenschaftlichen Nomenklatur bis heute nicht trennscharf, und das um so weniger, als die Verwendungsweise der betreffenden Titulaturen nur selten terminologisch ist. Wer von »Themengeschichte« hört, assoziiert höchstens in Ausnahmefällen Werk und Konzept von Raymond Trousson (*Un problème de littérature comparée: Les études de thèmes*, 1965). Die »Motivgeschichte« ist methodologisch und disziplinär gleich mehrfach besetzt, ebenso die Ausdrücke »Grund-« oder »Schlüsselbegriff«. Die »Problemgeschichte« ihrerseits ist so ubiquitär, daß es willkürlich anmuten würde, sie Rudolf Ungers *Philosophischen Problemen in der neueren Literaturwissenschaft* (1908) und seinem Aufriß einer *Literaturgeschichte als Problemgeschichte* (1924) vorzubehalten. Das Syntagma »historische Semantik« seinerseits wird von wenigstens zwei Disziplinen in Anspruch genommen, ohne daß sich darüber bisher ein Gedankenaustausch entsponnen hätte.[52] Mit den übrigen, hier nur rhapsodisch vergegenwärtigten bedeutungsgeschichtlichen Perspektivierungen verhält es sich ebenso. Ihnen wären von philosophie- und wissenschaftsgeschichtlicher Seite noch mancherlei Unternehmungen zur Seite zu stellen: die von Arthur O. Lovejoy initiierte, mittlerweile thematisch und methodisch weit verzweigte »History of Ideas«; die auf Anregungen Ernst Cassirers und Erich Rothackers zurückgehende philosophische Begriffsgeschichte in der Nachfolge Joachim Ritters; die disziplinengeschichtlich aufgefächerte »History of Science« (Thomas S. Kuhn, Wolf Lepenies);

die weit ausholende Ideenkomparatistik von Jean Starobinski und die »Intellectual History«; Hans Blumenbergs »Metaphorologie«; die »Epistemologie« (Gaston Bachelard, Georges Canguilhem); die namentlich von Lucien Febvre, Philippe Ariès und Georges Duby profilierte »Histoire des mentalités«; die historiographische Begriffsgeschichte (Otto Brunner, Werner Conze, Reinhart Koselleck) mit dem unabhängig davon entstandenen Pendant der »Cambridge School« (J. G. A. Pocock, Quentin Skinner); die als kritische Erbin der Wissenssoziologie auftretende, den Übergang von der »stratifikatorischen« zur »funktionalen« Gesellschaftsdifferenzierung und die Interdependenz der sozialen Sinndimensionen reflektierende Semantik Niklas Luhmanns; endlich die in Anlehnung an eine Metapher Freuds so benannte »Archäologie« (Michel Foucault) sowie diverse Diskurs- und Textsemantiken, die mit der historiographischen »Cambridge School« darin übereinkommen, die in der Begriffsgeschichte verbreitete Orientierung am isolierten Begriffswort aufgeben zu wollen.

Die Zusammenschau der allesamt in diesem Jahrhundert, großteils sogar erst in den letzten Jahrzehnten aufgekommenen Initiativen erweckt den Eindruck der Vielfalt, und dieser Eindruck besteht zu Recht. Dennoch ist den Konzepten dreierlei gemeinsam. Ungeachtet einer gelegentlich überaus lebhaften Distinktionsrhetorik und der in den Disziplinentiteln anklingenden Proklamationen entwickeln sie alle *erstens* anschließbare und in eben dieser Rücksicht vergleichbare Fragestellungen und Forschungsperspektiven; sie entmythisieren – direkt oder indirekt – *zweitens* den aus der Aufklärung hinterlassenen Enthüllungs- und »Mythenbeendigungsmythos«[53]; und sie sind schließlich – bei aller Aufgeschlossenheit gegenüber methodologischer Explikation – *drittens* theoretisch allenfalls »mehr oder weniger« profiliert. Diese Zurückhaltung ist beachtlich, denn sie ist pragmatisch begründet und bewährt sich einstweilen als produktiver Verzicht. Die historische Semantik verschenkte ihre Pointen, würde sie in Theorie (Methode) und Praxis (Anwendung) zerfallen und sich auf gegenstandsindifferente Methodendiskussionen einlassen, auf die Standards der notorischen »Diskursfähigkeit« oder auf die statistische Kontingentierung handfester »Tatsachen«. Wie die Geschichte der Theorien lehrt, ist die Erwartung, das Begreifen aus der Befangenheit seiner Herkunft lösen und unabhängig davon thematisieren und konstituieren zu können, selber historisch. Die historische Semantik setzt die Gültigkeit derartiger Stilisierungen, »die latente Naivität reiner Systematik«[54], nicht wiederum voraus, sondern spürt ihnen und ihrer Genese nach. Wenn sie dabei ihrerseits »anschließbar« bleibt, so bezieht diese Verfaßtheit den Verzicht auf standardisierte Bezugsstiftungen ausdrücklich ein. Um es auf eine Faustformel zu bringen: Die Bedeutungsgeschichte ist keine bestimmte Methode, die eine bestimmte Theorie entfaltet oder bestimmte Gegenstände diskursgerecht präpariert, sondern eine Ausgestaltung der sich auf ihre Veranlassungen besinnenden theoretischen Neugierde.

Man muß diesen – um zwecks vorläufiger Indizierung einen Ausdruck von Gianni Vattimo zu variieren – »schwachen« Theoriebestand der historischen Semantik einstweilen nicht für korrekturbedürftig halten, denn diese Schwäche ist offensichtlich ihre Stärke. Wenn sie einstweilen darauf verzichtet, ihre Methode gesondert auszuarbeiten und sich statt dessen auf die Ausweisung von Leitlinien beschränkt, dann kommt die mit dem faktischen Abgrenzungsverzicht oder genauer: *Abgrenzungsverschärfungsverzicht* gewahrte Weite des Gesichtsfeldes den monographischen Sonderinteressen erfahrungsgemäß ebenso zugute wie der für gewöhnlich in das Interpretations- und Erzählgeschehen eingewobenen theoretischen Explikation.[55] Näher besehen, handelt es sich bei den über die Landschaft der theoretischen Orientierungen verstreuten Interpretationsdisziplinen gewöhnlich um vermittlungsfähige Aspektierungen. Ausschlaggebend ist hier nicht ein dickfellig durchgehaltener Traditionalismus, sondern das Prä der interpretatorischen Praxis. Tatsächlich sind die Dinge allenthalben in Bewegung, und dies gilt besonders da, wo, wie bereits bei Ernst Cassirer, die Aufmerksamkeit für bedeutungsgeschichtliche Verläufe sich mit der Forderung nach neuen und zeitgemäßen Begriffen verbindet, also etwa mit einer Theorie der philosophischen Terminologie, die – anders als der apriorische Begriffsformalismus – »den Preis des Verlustes begrifflicher Erfassung individueller Erscheinungsmerkmale nicht zu zahlen braucht, weil sie einen ›Begriff vom Begriff‹ konzipiert, durch den gerade das Individuelle ebenso erfaßt wird wie das Allgemeine«[56]. Die Prägung eines solchen Begriffsbegriffs, der Varianten, Valeurs und Virtualitäten mitumfassen, der sie also in ihrer Differenziertheit zu explizieren erlauben würde, steht indes weiterhin aus. Selbst auf der Ebene der Beschreibung sind die Überlegungen noch längst nicht weit genug gediehen, um zu einer konsistenten, etwa auch präskriptive Bedürfnisse erfüllenden Theorie der historischen Semantik zusammenwachsen zu können. Aufgrund der unabdingbaren Flexibilitätserfordernisse des Entwurfs läßt sich sogar bezweifeln, ob eine solche Metatheorie »für alle Fälle«, sollte sie sich denn fertigstellen lassen, in der Praxis der historischen Erkenntnis und Interpretation tauglich, ja ob sie überhaupt hilfreich und zu wünschen wäre.

Die philosophische Begriffsgeschichte der letzten Jahre widersetzt sich ihrerseits jenen Lockungen des Teleologisierens mit wachsender Entschiedenheit, so daß sie sich heute als das »mühseligere Geschäft« versteht, das nach dem Ende des Traums von der »durchpräzisierten philosophischen Terminologie«[57] beginnen kann. Die damit herausgeforderten Fragestellungen bestimmen die Perspektiven der historischen Semantik. Über die historiographische Wahrnehmung und Verfolgung des bloßen Wortnamens hinaus fragt sie nach den diskursiven Voraussetzungen des Wahrgenommenen, das heißt, sie präpariert die Vorgaben, Einsätze, Stockungen, Erwiderungen und Umbrüche, die gemeinsam die Geschichte, also den Wandel und die – recht verstandene – *Bewegung* einer semantischen Form anzeigen. Die Verlaufsform der bedeutungsgeschichtlichen Konstruktion zieht eine Spur im Pluriversum der semantischen Bewegungen, wie sie sich aus den Lösungen und Bindungen der Vakanzen sowie aus der Freiwerdung und Neubesetzung vakanter Stellen zahlreich ergeben. Doch die Retrospektive nimmt dieses Gefüge aus ihrer endgültig und unwiderruflich verschobenen Perspektive wahr. Die Unterstellung eines für Varietäten empfänglichen Bedeutungszusammenhangs ist ein *methodologisches*, aus der Beobachterperspektive hergeleitetes, aber kein *inhaltliches*, etwa auf die Bestände einer ideellen Substanz zurückzuführendes Erfordernis. Das Kontinuum ist der Inbegriff jener in jedem Einzelfall neu zu ermittelnden Vorgaben und Möglichkeitsgrenzen, die den Verlauf des »semiotischen Prozesses« (Nietzsche) in seiner Bahn halten.

Die schwache Bewegungs- und Stetigkeitshypothese hat somit allein die Funktion, jene Sukzessivität zu erproben, die es erst erlaubt, Kontinuität als Kontinuität und Diskontinuität als Diskontinuität zu bestätigen oder zu verwerfen.

Daß auch hier Variabilitäten denkbar sind, die sich durch kategoriale Doppelaspektierungen ermitteln lassen, zeigt jene inszenierte Diskontinuität, die in der zweiten Hälfte des 18. Jahrhunderts in unvergleichlicher Weise an Überzeugungskraft gewann und schließlich, nur wenige Jahre später, die Fälligkeit der politischen Revolution zu plausibilisieren half. Nachdem die Kulturkritik das Zivilisationsgeschehen schon zur Jahrhundertmitte erfolgreich als Vollzug permanenter Repression und als Niederhaltung des Superlativischen entziffert hatte, als eine entgegen der zu Beginn der Neuzeit geschürten Erwartungen nur noch einmal bekräftigte Vertreibung aus dem Paradies, wurde der schließlich erfolgte Kontinuitätsbruch der Revolution als Rettung aus der Verfallsgeschichte und zugleich als Wiederherstellung eines vom Zivilisationsgeschehen Beiseitegedrängten verstehbar. Dieses Deutungsangebot aufnehmend, konnten die Anhänger der Revolution für die Radikalität des Ereignisses mit dem Hinweis auf die Unvorgreiflichkeit und Voraussetzungslosigkeit ihres »Ausbruchs« werben. Die Revolution verstand sich selbst, als wäre sie *di prima intenzione* und also, wie Rousseau den Terminus in seinem 1768 erschienenen *Wörterbuch der Musik* erläutert hatte, »mit einem Schlage als Ganzes und mit allen Stimmen entstanden, wie Pallas Athene vollgerüstet dem Haupte Jupiters entsprang«[58].

Die Schroffheit dieses Traditionsbruchs und des durch die inszenierte Diskontinuität hervorgerufenen Eindrucks absoluter Neuerung ließ sich rhetorisch auffangen durch eine entsprechend angepaßte Invarianzfigur, die sich durch den suggestiven Hinweis auf den numinosen Ursprung des Eingriffs nur um so mehr empfahl. Zur Illustration der Stetigkeit und der weiteren Verpflichtung auf das von aller Entstellung Unberührte berief man sich nicht länger auf die Positivität des Gegebenen, sondern auf die Erinnerung an das von dieser Positivität Verdrängte. Mit diesem interpretatorischen Kunstgriff wich der förmliche Gegensatz zwischen Gegenwartsbezogenheit und Unzeitgemäßheit der Erwartung der Komplementarität und infolgedessen dem Bedürfnis, die Unversehrtheit des Ursprungs beizubehalten. Der Gedanke wurde denkbar, daß gerade die Position des Unzeitgemäßen auf der Höhe der Zeit und daher in besonderer Weise berufen sein könnte, von außen, von einer Position der Unbelangbarkeit aus, auf die sich derart über sich selbst aufklärende Epoche zu wirken. Die revolutionäre Stillstellung, darauf beruhte die Legitimität ihrer Härten, sollte in Wirklichkeit Anbindung an jenes Entschwundene und damit wahre Wiederherstellung, Wiederherstellung des Wahren sein: die Revolution ein Kreislauf, der Ursprung das Ziel. In diesem Sinne konnte Saul Ascher die politische Revolution *post eventum* als »Rückkehr eines Zustandes der menschlichen Natur« begrüßen, »der ihrem gesellschaftlichen vorgegangen«, und als Wiedereinsetzung der »natürlichen Geschichte«.[59] Die *Diskontinuität* des revolutionären Ereignisses erschien als das Mittel, um der tieferen, wenngleich einstweilen verdeckten *Kontinuität* ihre alten Rechte zurückzuerstatten und eine, wie Kant in seiner vorrevolutionären Schrift über die *Idee zu einer allgemeinen Geschichte in weltbürgerlicher Absicht* angekündigt hatte, »folgende noch höhere Stufe der Verbesserung« vorzubereiten, die – und hier berühren sich die sprachpolitischen und die bedeutungsgeschichtlichen Konsequenzen des Gedankens – auch eine Wiederherstellung der wahren Wortbedeutungen erwarten ließ[60].

Damit war der revolutionären Rhetorik die Anstößigkeit genommen. Die historische Pointe der wechselseitigen Indienstnahme von »Kontinuität« und »Diskontinuität« beruhte auf der Voraussetzung, daß sich die Kategorien der Beschreibung komplementär verhalten. Das Diskontinuierliche ließ sich als Bewährung untergründiger Kontinuität, die Kontinuität als Berufungsinstanz des Diskontinuierlichen und seiner Ereignishaftigkeit begreifen. Diese Korrelation wiederholt sich auf der Ebene der Beschreibung. Auch hier gilt es, Exklusivität zu vermeiden, um die heuristische Leistungsfähigkeit der Kategorien zu erhalten. Diese ergibt sich überhaupt erst aus ihrem Zusammenspiel: Anschlußhypothesen sensibilisieren für epistemologische Brüche, Einschnitthypothesen für semantische Verbindungen und Wechselbeziehungen.

Die semantischen Rückstände und Relikte, die sich retrospektiv ermitteln lassen, sind Deutungsfiguren, Interpretamente. Die Veranstaltungen der historischen Semantik werden dadurch zu Interpretationen von Interpretationen, die sich zueinander ins Verhältnis setzen und das heißt: zu einer Geschichte zusammenfügen lassen. Damit kommt die Diachronie ins Spiel. Auf jene Bemerkung Benjamins über die Zeitlichkeit der Erkenntnis hinführend, hat Heinrich Wölfflin einmal die bedeutungsgeschichtliche Grundregel der Diachronie in der Feststellung zusammengefaßt, auch in der Geistesgeschichte sei nicht zu allen Zeiten alles möglich.[61] Konventionalisiertes Sprechen – und die Begriffssprache entwickelt sich durchaus im Rahmen der »Konvention« – fußt auf Voraussetzungen. Sie knüpft an, setzt fest, bricht ab. Die Berücksichtigung dieser Bezüge präpariert die Form der Geschichte, die es zu erzählen gilt. Ihr Fortgang gleicht dem »Hindurchlegen einer ideellen Linie« durch die »Wissensatome«, wie es bei Simmel heißt[62], womit deutlich genug zum Ausdruck gebracht ist, daß diese Konsistenzsuggestion ein Effekt der *narratio* ist, nicht aber in gleicher Weise auch ein Element der Quellen. Es wäre daher unzulässig, ihnen nun ihrerseits die der Erzählung und den Erzählbarkeitserfordernissen geschuldete Fortgängigkeit der Entwicklung zu unterstellen, einen geradlinigen Vollzug oder, wie Franz Rosenzweig mit gelindem Spott bemerkt hat, »ein sich immerwährend Weiterschleppendes auf der langen Heerstraße der Zeit«[63].

Unter historistischen Prämissen werden der »Bruch« und die Akzentuierung der Variablen ebenso stark gewichtet wie Beharrlichkeit und Konstanz, denn im besonderen Fall ist das eine nicht weniger frappierend als das andere. Nicht nur die sei es stillschweigende, sei es lautstarke Intervention markiert Einschnitte und Veränderungen, auch die Kontinuitätsbildung bis hin zur stereotypen Wiederholung kann die Konvention erschüttern, nämlich dann, wenn die Konvention eine Veränderung oder Modifikation zur Sicherung des Allgemeinen und seines Gesetzes erwarten läßt. Unter Umständen ist gerade derjenige zu weitreichenden Veränderungen gezwungen, der sicherstellen möchte, daß alles so bleibt, wie es ist. Die Verweigerung der Anpassung an die Imperative des Wandels – das zentrale Problem des Konservatismus in der Moderne – signalisiert dann ebenfalls einen Bruch, denn sie erzeugt und verschärft Ungleichzeitigkeiten.

Die Erhebung solcher Relationsgefüge kann sich nicht einfach auf die Feststellung des Gegebenen, auf das Beibringen von Beleg- und Stellenkollektionen beschränken, denn diese Ermittlungstätigkeit ist selber das Resultat einer Interpretationsentscheidung. Als solche nimmt sie Einfluß auf den Erzählverlauf einer Geschichte, in der es darum geht, Befangenheiten und Spielräume als Effekte und Konsequenzen bestimmter Voraussetzungen und besonderer Umstände zu erläutern. Erwartungsgemäß unterscheidet sich der bei der Verknüpfung der wechselnden Kontexte und epistemologischen Peripherien entstehende Sinn der nachträglich entworfenen Bedeutungsgeschichte von dem, was die semantische Form ursprünglich einmal für ihre Orientierungsleistungen qualifiziert hat. Die rekonstruierte Deutung weicht ab von der Bedeutung in ihrer – emphatisch gesprochen – unmittelbaren Präsenz. Für die bedeutungsgeschichtliche Praxis bedeutet dies, daß selbst der ominöse »Erstbeleg« einen heuristischen, aber keinen absoluten Anfang markiert. Das neue Wort sagt vielleicht etwas Herkömmliches und Altes – doch wozu dann das neue Wort? Das alte Wort wiederum sagt vielleicht etwas Ungewohntes und Neues – aber warum dann der Verzicht auf eine Neuprägung? Hinzu kommt, daß man beim Reden »immer etwas Neues« sagt, da sich jede Redehandlung in spezifischen Kontexten vollzieht[64]. »Konvention« und »Innovation« sind offensichtlich Komplementärbegriffe.

Etwas anderes – und Neues – ist es freilich, wenn das Neue sich gegenüber dem Gewesenen als das Beispiellose, als Modernität, selber abhebt und zum Veränderungskoeffizienten bedeutungsgeschichtlicher Dynamik wird. Die *Denkbarkeit* und Inanspruchnahme der Innovation als des Unvergleichlichen verleiht dann der nie dagewesenen und in dieser Beispiellosigkeit gewußten Gewißheit Ausdruck, daß es keineswegs »bleiben werde, wie es von jeher gewesen ist«[65]. Die Veränderung vollzieht sich nunmehr im Bewußtsein ihrer Erstmaligkeit. Diese aber ist nur geltend zu machen als Einspruch gegen das Geläufige und Geltende. Das Kontinuum der Bedeutung wird deshalb mit einer solchen Intervention sowohl bestätigt als auch gefährdet, mithin modifiziert. Das führt zu einer Umstrukturierung des Erwartungsgefüges. Unter den historischen Bedingungen der Verzeitlichung ist gerade der Wandel das Erwartete. Bei der retrospektiven Einvernahme der historischen Gewährsleute kommt es darum auch auf die Differenz zwischen der subjektiven und der objektiven Rhetorik des Neuen an sowie auf das Gespür für die *Abstufungen*. Die Qualitäten des Neuen bewegen sich zwischen den Extremen jener unscheinbaren Bedeutungsveränderung, die keinerlei postumen Aufhebens bedarf, insofern sie als unumgängliche Anpassung des Typischen an besondere Umstände den Rahmen des Verkehrsüblichen bestätigt, und jener unwiderruflichen Erschütterung der Konvention, die – intendiert oder nicht – alles Erreichbare mit einem Schlage umstellt. Ersteres ist die Regel, letzteres die Ausnahme. Die Rhythmik solcher Zäsuren gibt der bedeutungsgeschichtlichen Erzählung ihre Struktur, sie motiviert Ausgriffe, Querverweise und Gegenüberstellungen. Das Verhältnis der Auffälligkeiten kehrt sich mit dieser Art der Zuwendung auf bemerkenswerte Weise um. Das relative Beharrungsvermögen einer Bedeutung – also der kommunikative Normalfall – wird in der Bedeutungsgeschichte nur ausnahmsweise und allenfalls als bloßes Faktum erwähnt, also zum Beispiel dann, wenn eine mit Gründen erwartete Veränderung ausbleibt; umgekehrt avanciert die Ausnahme – die signifikante Bedeutungsverschiebung sei es des Wortes, sei es des Kontextes – zur Regel, denn sie bestimmt die Sukzession der bedeutungsgeschichtlichen Darstellung, ihre Wende- und Höhepunkte.

Bedeutungsgeschichten entfalten sich als Geschichten über vollzogene oder verweigerte Anknüpfungen, als Konfrontationen mit Herkünften. Mit dieser Perspektivierung unterhöhlen sie jene Wirkmächtigkeit, mit der sich etwa der *neue* Begriff oder die *neue* semantische Form als absoluter Beginn in Szene setzt, als ein Anfang mithin, dem die ganze Reihe der folgenden Entwicklungsschritte bereits eingeschrieben ist. Doch auch dies ist eine Suggestion des Erzählens, eine Ausdrucksgestalt jener »Fiktion des Faktischen«[66], die – wenn sie sich auch nicht willkürlich von ihnen entfernt – sich mit den Realien des Lebens nicht verwechseln darf, wenn sie den Faden einer symptomatologischen Geschichte zwischen den dramaturgischen Eminenzen des Anfangs und des Endes, des »ersten« und des »letzten« Ereignisses, aufspürt und ergreift.

Zu den ersten, die diese historische Diskrepanz zwischen Ereignis und Ereigniserzählung am exponierten Fall der Revolution beobachtet und erfahren haben, zählt Goethe. Befremdet vom Pathos des Traditionsbruchs, hat er der revolutionären Selbstverständigung über den Mythos eine Fülle mythologischer Topoi und Figuren entgegengesetzt, um für das, was schließlich nicht mehr aufzuhalten war, eine für sich und die Seinigen akzeptable Verständigungsformel zu finden. Seine Vorbehalte gegenüber dem Schauspiel der politischen und, nicht minder, gegenüber den (im fünften Kapitel dieses Buches geschilderten) Erscheinungen der *Industriellen Revolutionen* gelten einer bislang ungekannten, durch den historischen Umbruch geschichtsmächtig gewordenen Dynamik, die selbst die Anhänger der alten Ordnung dazu anhält, sich auf die von der Revolution diktierten Regeln und ihre politische Semantik einzulassen. Der Widerspruch gegen das historische Faktum zwingt sie, den Status ihrer bis dahin von unverbrüchlichem Einvernehmen mit Geschichte und Herkommen getragenen Überzeugungen preiszugeben und Partei zu ergreifen – ein Dilemma, das Joseph de Maistre 1796 mit der Klarstellung auszuräumen versucht, die Gegner der Revolution betrieben nicht die Gegenrevolution (*révolution contraire*), sondern das Gegenteil der Revolution (*le contraire de la révolution*)[67]. Aufs Ganze gesehen, hat Goethe sich solcher Entschiedenheit verweigert. Er hat die Gefährdung des Arkanums als politische und persönliche Herausforderung empfunden, ohne sein Schwanken zwischen heller Empörung und leiser Melancholie jemals durch ein endgültiges Votum zu beenden. Selbst als er sich schließlich in nüchternen Worten die Unabänderlichkeit eingesteht, mit welcher der Genosse einer fortschreitenden Zeit auf Standpunkte geführt werde, »von welchen sich das Vergangene auf eine neue Weise überschauen und beurteilen läßt«[68], vermag diese Rationalisierung die Unbehaglichkeiten der dynamisierten und mit immer neuen Ungewißheiten belasteten Zeitzeugenschaft nicht aus der Welt zu schaffen. Und wie sollte sie auch. Die chronische Verschiebung der Betrachterstandpunkte erübrigt das Streben nach Universalgeschichte, das Bemühen um eine umfassende Darstellung und Vergegenwärtigung vergangener Wirklichkeit, und ersetzt sie durch die Aufeinanderfolge der relativen – nicht falschen, aber auch niemals erschöpfenden – An- und Einsichten. Das Ergebnis ist eine neue Unverfügbarkeit. Entgegen seiner Absicht, mit erschöpfender Deutlichkeit zu zeigen, wie es eigentlich gewesen, hat der Historismus diese Tendenz bestärkt, indem er nebenbei und dadurch besonders wirkungsvoll die bedeutungsgeschichtliche Einsicht gefördert hat, daß semantische Daten provisorische Daten sind.

Der gleichfalls zu Beginn des 19. Jahrhunderts aufgekommene und zeitweise in nächster Konkurrenz zur Hegelschen Geschichtsphilosophie profilierte Historismus war, so gesehen, gleichfalls ein Krisenphänomen. Seine Zuwendung zur Geschichte erwuchs aus der Erfahrung ihrer Unverfügbarkeit und aus dem Wissen darüber, daß der Darstellung der »Wahrheit« stets ein gewisses und unveräußerliches Quantum »Dichtung« beigemengt sein würde.[69] Die Dauerhaftigkeit seines Krisenbewußtseins läßt etwas von der Sorgfalt und dem Einsatz ahnen, mit dem Goethe jene Veränderungen registrierte, die erst in den Weiterungen des datierbaren Ereignisses Kontur gewannen. Sein mutwillig anachronistischer Einspruch galt der von der Revolution veränderten und sich in ihrem Zeichen fortlaufend verändernden Welt. Freilich gewährte die Unentschiedenheit, die in einer bekenntnisfreudigen Zeit an sich schon ein Akt der Verweigerung war, auch strategische Vorteile. Mit einer Fülle von Formen und Fällen der Unbegrifflichkeit und erheblichem gestalterischen Aufwand sicherte sich der Weimarer Beobachter über vier Jahrzehnte hinweg die Mittel, um der tiefempfundenen »Überforderung« durch die Tyrannei der »absoluten Ziele«[70] zu entkommen, wie sie ihm von seiten der Revolution und der ihr assistierenden Geschichtsphilosophie zu drohen schien.

Der Multiperspektivität der historischen Semantik und ihrer Aufmerksamkeit für die Struktur und die Genesis von Bedeutungen entsprechend, setzen die folgenden sechs Kapitel historisch, thematisch und darstellungsperspektivisch[71] denkbar unterschiedlich an: Das *erste*

Kapitel, eine Bildanalyse, sucht nach den Neben- und Mitbedeutungen, die in dem Schlüsseltext eines englischen Schriftstellers und Politikers der frühen Neuzeit durch das seiner Schrift vorangestellte Titelbild und das Thema der Sichtbarkeit evoziert werden; das *zweite* Kapitel, eine Metapherngeschichte, folgt den Haupt- und Seitenwegen einer Bedeutungsentwicklung, indem es das Augenmerk auf die Umbrüche des semantischen Prozesses richtet; das *dritte* Kapitel, eine Studie über das Problem des philosophischen Stils, beobachtet einen schweizerischen Intellektuellen des 18. Jahrhunderts dabei, wie er die geographische und weltanschauliche Peripherie zum Mittelpunkt umdeutet, indem er die Positivität des Gegebenen in Zweifel zieht und sich selbst als Emissär und Repräsentant einer anderen Wahrheit vorstellt; das *vierte* Kapitel, eine Studie über den Versuch einer sprachlichen Bewältigung sprachkritischer Einsichten, durcheilt das Gesamtwerk eines preußischen Dramatikers und Essayisten, um den Verlauf jenes windungsreichen Pfades abzustecken, der die Eröffnungsszene seiner schriftstellerischen Existenz mit dem düsteren Finale verbindet; das *fünfte* Kapitel, eine Begriffsgeschichte, hält Rückschau auf eine Bedeutungsentwicklung, in der das unspektakuläre Begriffswort von Beginn an wirkungsvoll mit den hochdramatischen Weltveränderungen kontrastiert, die es bezeichnet; das *sechste* Kapitel schließlich, eine Darstellung des Philosophierens im ungewohnten, aber – und das wäre schon eine These – durchaus nicht untauglichen Medium der Malerei, schlägt den Bogen zurück zum Thema der Sichtbarkeit, indem es im Blick auf ausgewählte Gemälde eines belgischen Malers das Verhältnis von Bild und Text aus der Gegenperspektive beleuchtet.

All diese Themenstellungen und Einzelbeobachtungen sind verbunden durch die grundlegende These, daß die historische Semantik den Bildern und den Texten sowohl auf rezeptive als auch auf produktive Weise begegnet. Da die Position des Beobachters kaum weniger überholbar ist als die Geltung seiner Gegenstände, sind die Auskünfte, die diese Quellen und Relikte zu geben haben, immer neu zu gewinnen. Zuletzt mag die damit ausgewiesene theoretische Neugierde auf ein übergreifendes Motiv hindeuten, nämlich auf die Erinnerung daran, daß jeder Begriff, den man gebraucht, und jede Metapher, die man gedankenlos aufgreift, einmal ein Gedanke gewesen ist – und sei es nur das Protokoll einer Aufmerksamkeitserregung. Dem bekannten Wort folgend, daß es nicht die Taten seien, die die Menschen erschüttern, sondern die Worte über die Taten[72], reorganisiert und bewahrt der

Semantiker, was eben im Begriff ist, von der »Bühne der Sprache« (Roland Barthes) zu verschwinden. Dieses Bemerken gibt eine Interessenperspektive vor, doch als Norm und Leitbild taugt es nicht. Dem Strukturkonservatismus jener Problempräparierungstendenz steht die ebenso beachtliche, durch Fraglosigkeitsverluste und Vielfaltsvermehrungen herausgeforderte Einsicht in die Unwiderruflichkeit des Bedeutungswandels gegenüber. In diesem Raum gibt es nichts, was nicht zum Gegenstand der Interpretation werden könnte, und wie jeder Historiker wählt auch der Bedeutungshistoriker *seine* Geschichte in der Geschichte.[73] Dabei nimmt er es in Kauf, daß ihn seine Empfänglichkeit über die Grenzen seiner Disziplin hinausführt. Semantische Innovationen machen vor Disziplinengrenzen nicht halt, und das um so weniger, als der Disziplinenwechsel – wie exemplarisch in jenem Fall des neu erschlossenen Kontextualisierbarkeitsfeldes – unter Umständen nichts anderes ist als eine Spielart der semantischen Neuerung.

Wer sich auf solche Überlegungen einläßt, wird zum »Abschied vom Prinzipiellen« nicht lange überredet werden müssen. Doch gerade dies führt, wie Odo Marquard wiederholt und mit Nachdruck klargestellt hat, keineswegs zur »Apotheose der Ratlosigkeit«[74]. Gewiß, pluralisierende Hermeneutik ist entzauberte Hermeneutik. Sie ist heterodox, denn sie sympathisiert mit den Häresien und den Dissidenzen, die die Geschichten machen. Dennoch begreift sie ihre eigene Auslegung nicht als beliebig. Zwar verbindet sich ihre Toleranz mit der Anerkennung einer Verbindlichkeit, deren Resultate wiederum zur Disposition stehen, doch auch eine disponible Verbindlichkeit ist Verbindlichkeit und kein Freibrief für Beliebiges. Der Abschied vom Prinzipiellen verlangt weder die Preisgabe des Wissens, noch fordert er, daß die Erwartung der Wißbarkeit schlechthin aufgegeben werden müsse. Überzeugt, daß es weder ein Verstehensvorteil (gegenüber der Zukunft) sei, Zeitgenosse eines Ereignisses zu sein, noch ein Nachteil (gegenüber der Vergangenheit), ein Nachgeborener zu sein, kann der Bedeutungshistoriker in seinen Präparaten die Kunstgriffe aufspüren, die sich verborgen haben, indem sie zu Gewohnheiten geworden sind; er kann auf die Herausforderung hinweisen, die sie einmal dargestellt haben; er kann den Fragen nachgehen, auf die sie einmal eine Antwort gegeben haben; er kann das Maß an Skepsis und Kritik abwägen, mit dem sie den herkömmlichen Denkwegen begegneten; und er kann schließlich auch solche Konventionen ermitteln, deren Aufgabe es ist, die Zudringlichkeit des Auskunftsbegehrens zurückzuweisen.

Wann immer er aber in seiner Praxis fündig wird, wird er nicht nur seine Gegenstände sichern, sondern auch seine Instrumente und seinen Interpretationsrahmen überprüfen. Immer bleibt er aufgefordert, die von Fall zu Fall erkennbar werdenden Pointierungen, Aspektierungen und Defizite der mitgebrachten Kategorien zu revidieren.[75] Vielfaltsvermehrung und Verbindlichkeitsforderung schließen einander nicht nur nicht aus, sie bedingen einander. Allenfalls ein verbindliches und als verbindlich anerkanntes Resultat wird Anlaß sein können, angestammte Überzeugungen und die im methodischen Zugriff sedimentierten Erfahrungen, Vorstellungen und Erwartungen zu modifizieren, und allenfalls ein flexibles methodologisches Rüstzeug ist in der Lage, solches herauszufinden und aus den gewonnenen Einsichten die fällige Konsequenz zu ziehen. Wenn sich auch an der Bewegtheit der Befunde und Prämissen nicht deuteln läßt, so ist dies doch kein Grund, auf das Interpretieren überhaupt zu verzichten. Das Wißbare ist veränderlich, aber es ist nicht beliebig. Der Verdacht der Beliebigkeit ist allerdings da berechtigt, wo die Zukömmlichkeit des Wissens dem willfährigen Maßstab des »Aktuellen« angepaßt wird, das sich auf nichts anderes beruft als auf die Geste, mit der es sich als Gebot der Stunde, als »Forschungsstand« oder schlicht als Geistesmode hervortut.

Die Spuren der Invention und Intervention, die jeder Begriffsinhalt mit seinem Aufkommen sogleich verwischt, werden bewahrt in der Form. Die aus dieser Beobachtung abgeleitete Aufmerksamkeit für die Darstellung und ihre Mittel bewahrt die historische Semantik vor den Abgründen des Begriffsrealismus ebenso wie vor den Überzogenheiten begrifflicher Weltbemächtigung einschließlich des Gebots zur Verständigung. Da sie sich als Interpretationsdisziplin begreift, erscheint ihr die Irritationsresistenz, mit der die Alleinvernunft über den Dingen waltet, wenig aussichtsreich. Die historische Semantik sucht weniger nach Gesetzen oder nach Grundsätzen als nach Lesarten, Verknüpfungen, Übergängen, kurz: nach Bedeutungen. Bedeutungen aber antworten auf Erwartungen, auf Hoffnungen und Erinnerungen, die sich mit ihnen verändern. Die Eigenart der semantischen Form ist nicht das Starre und Gegebene in seiner immer wieder sicherzustellenden Einheitlichkeit, kein *Besitz*, sondern das fortwährend Entstehende in seiner veränderlichen Mannigfaltigkeit, mithin *Erwerb*.

Damit ist einstweilen weder ein Befund geltend gemacht noch ein Prinzip, sondern eine auslegungspraktische Devise, die sich einzig und allein im Deutungsgeschehen bewährt, in der Praxis der Interpretation. Diese – und damit sage ich nichts Neues – durchläuft einen Kreis. Der Durchmesser dieses Kreises ist indessen von hinlänglicher Größe, so daß zu der Sorge unzeitiger Rückkunft kein Anlaß besteht. Er bietet den freien Raum für unterschiedliche Blickwinkel, wie sie in den nachstehenden Variationen eingenommen werden. Indem die historische Semantik die Erzählungen, Geschichten, Formen und Formeln der Vergangenheit aufgreift und sichert, setzt sie fort und reicht weiter, was sie vorfindet – und das sind Perspektiven.

DIE UMDEUTUNG DES UNSICHTBAREN

Unsere Mängel selbst sind unsere Hoffnungen.
Friedrich Schlegel,
Über die Grenzen des Schönen

Das Frontispiz zu Francis Bacons *Instauratio Magna* zeigt im Vordergrund ein Segelschiff, das eben im Begriff ist, eine von zwei Säulen gebildete Durchfahrt zu passieren. Hinter sich hat es eine Fahrt ins Ungewisse. Die Köpfe der Ungeheuer, die der Betrachter hier und da aus der aufgewühlten See emporragen sieht, lassen das Ausmaß des Wagnisses ahnen, das die Ausfahrenden einst eingegangen sind. Die geblähten Segel und die flatternden Fahnen künden von der Stärke jener Brise, die aus der Ferne herüberweht. Bacon, der häufig der aufschließenden Kraft des Gleichnisses vertraute, eröffnet seine erstmals 1620 als Teilstück publizierte Schrift mit einer Geschichte, in der von Abenteuern erzählt wird, die soeben bestanden sind. Der Wind, der die Heimkehrer geleitet, hat ihnen bei ihren Unternehmungen ins Gesicht gestanden.[1]

Ein stückweit voraus, knapp unterhalb der Horizontlinie, ist noch ein zweites Schiff auszumachen, das die Probe der riskanten Passage offenbar ebenfalls bestanden hat. Der zeitgenössische Leser mag darin eine Anspielung auf die Caravellen des Christoph Kolumbus und des Amerigo Vespucci erkannt haben, die ausgefahren und viele Monate später beladen mit Geschichten und Bildern zurückgekehrt waren. Während nach rückwärts, zum Betrachter hin, die von den Ungetümen der See umlauerten Felsen die Meerenge und das Binnenmeer umgrenzen, weitet sich nach vornehin ein Raum, dessen Unermeßlichkeit durch die Horizontlinie nur provisorisch umsäumt scheint. Weit mehr als nur Kulisse, bildet dieser Hintergrund das eigentliche Orientierungs- und Aufmerksamkeitszentrum des Bildes. Das ferne Licht lockt den durch das Säulentor einfallenden Blick des Betrachters hinaus und ins Weite. Indirekt stellt es damit die Überzeugung in Frage, das in Form zweier Felsstümpfe ins Bild ragende Land müsse der einzig zukömmliche Aufenthalt des Menschen sein. Der Reiz des Lichts ist stärker als die, historisch betrachtet, noch lange nicht überwundene Be-

Abb. 1 Simon de Passe, Titelkupfer zur Erstausgabe von Francis Bacons ›Instauratio Magna‹, London 1620.

sorgnis, daß der über bekannte Gewässer Hinausfahrende plötzlich an eine Grenze geraten könnte, an der er unfehlbar über den Weltrand hinweg in unauslotbare Tiefen hinabstürzen werde, und es wirkt mächtiger als die Furcht vor dem fremden und düsteren Element, das Jules Michelet, der Historiker des Meeres, noch in der Mitte des 19. Jahrhunderts das für das Landwesen, das *irdische* Wesen Mensch »nicht zu atmende« und »das erstickende« genannt hat, eine »zeitlose, schicksalhafte Schranke«[2].

Umdeutung des Unsichtbaren I

Das inszenierte Beieinander von Reiz und Bedrohlichkeit der See bestimmt das bewegte Spiel von Lockung und Beklemmung, von Verheißung und Schrecken. Bacons Frontispiz stellt sich den Vorbehalten, indem es jenes geistige Licht zitiert, das dann im Schlußgebet der *distributio operis* auch im Text noch einmal beschworen wird. Es stiftet ein Bündnis und tieferes Einvernehmen zwischen dem lichtzugewandten Ausblick und den höheren Mächten. Freilich verläßt sich Bacon, dessen *Neu-Atlantis* mit dem Eröffnungsbild der *in the midst of the greatest wilderness of waters* verschlagenen und auch dort mit Gegenwind kämpfenden Seefahrer solcher Gefahren gleichfalls gedenkt[3], nicht auf den sinnlich-übersinnlichen Reiz des Meeresblicks und die anspielungsreiche Heimkunft der Seefahrer allein. Wenn er dazu auffordert, die Vertrautheit des Bekannten aufzugeben, dann beruft er sich auf die Überlegung, daß die Ungesichertheit des Grundes ein relativer Vorteil sein könne, solange die Risiken, die damit eingegangen werden, geringfügiger sind als diejenigen, die im Falle des fortgesetzten Stillstandes und der selbstauferlegten Beschränkung drohen. Die Ausfahrt wird als Reaktion auf Gefährdungen erkennbar, die im wägenden Vergleich das weit größere Risiko bedeuten.

Die vor der Küste lauernden *miracula*, die Meeresungeheuer, sind keineswegs Staffage. Sie erinnern daran, daß die Einrichtung der Welt den Menschen nicht günstig ist[4] und daher – dieser Schluß ist hier entscheidend – kein Weg am Wagnis vorbeiführt. Das größte und verwegenste aller Wagnisse wäre der Versuch, sich aus Gründen der Gefahrenvermeidung der Sorglosigkeit und der Trägheit zu überlassen und am Ort zu verharren. Obwohl Bacon im *Novum Organum* kaum Versprechungen macht, hat er keine Mühe, seine Leser zur Sympathie mit den Seefahrern zu überreden. Ihre kühne Passage ist die Alternative zu der gedankenlosen Leichtfertigkeit selbstgewählter Stagnation. Man kann Risiken nicht vermeiden, man kann nur unter ihnen wählen.

Das auf diese Einsicht gegründete und damit neugeordnete Verhältnis von Wagnis und Gefährdung setzt eine bis dahin ungekannte Dynamik frei: »selbst nach vielfältigen mühsamen Versuchen ruht man nicht, sondern stellt fest, daß man weiter forschen muß«[5]. Die Aussicht motiviert jenen Elan des Zivilisationsgeschehens, den Ludwig Wittgenstein in einer rückschauenden Beobachtung einmal dahingehend kommentiert hat, es sei die »Form« und nicht die »Eigenschaft« der westlichen Kultur, fortschreitend zu sein. Bacons Ausblick etabliert Fortschrittlichkeit als Form – von dieser textpragmatischen Funktion des Titelkupfers und seiner ideengeschichtlichen Eminenz soll im folgenden die Rede sein. Das Zusammenspiel von Text und Bild – so die bedeutungsgeschichtliche These – ersetzt die Attraktionen und Bequemlichkeiten des Stillstandes durch die Aussichten der Bewegung und des Prozesses.

Ich bin mir meines Weges sicher, sagt Bacon, nicht meines Standpunktes.[6] Am Beginn seiner Abhandlung steht eine durch den Geltungsverlust der festen Überzeugungen ausgelöste Verunsicherung, die in der Bewegtheit der freien Fahrt aufgehen soll. Seine Schrift wendet viel Mühe daran, die Fälligkeit dieses Perspektivenwechsels zu demonstrieren. Haben sich die Alten, bei aller Vielfalt und Imposanz einzelner Leistungen, nicht allzuoft nur wiederholt und dabei den intellektuellen Stillstand bloß überspielt? Haben sie nicht in Wirklichkeit die Ergebnisse immer schon gekannt, bevor sie zu experimentieren begannen, und so das Dogma gefestigt, statt die Erkenntnisse der Wissenschaften tatkräftig zu erweitern? Bacon macht aus der Radikalität der geforderten Wende kein Hehl. Gleichgültig, ob er als natürliche Ausstattung oder als soziale Prägung aufgefaßt wird – der mitgebrachte Standpunkt ist jenes Idol der Höhle, das, einmal als Bornierung und Befangenheit durchschaut, entschlossen überwunden werden muß. Das anthropologische Modell der *Instauratio Magna* privilegiert weniger die natürliche Ausstattung des Menschen als seine Fähigkeit, die eigenen Indisponiertheiten auszugleichen und aus den Mitteln des Ausgleichs Vorteile zu ziehen.

Das mythische Urbild dieser Mängeltheorie ist die Szene der Vertreibung aus dem Paradies, mit deren Deutung der fertiggestellte Teil der *Instauratio Magna* lakonisch schließt. Die Schöpfung, so heißt es dort, sei durch den Fluch nicht vollkommen widerspenstig gemacht worden, und der Spruch: »Im Schweiße deines Angesichts sollst du dein Brot essen« begründe die Aussicht, der Mensch könne sich die Welt durch Arbeit dienstbar machen und wohnlich einrichten. Die Berufung auf das mythische Ereignis stiftet eine untergründige Kontinuität und verschafft dem Rollenwechsel, bei dem Adam als Prometheus aufzutreten lernt, seine über die Erwägungen des Augenblicks hinausreichende Legitimität.

Die Reminiszenz leistet ein weiteres, indem sie Fernblick und Fahrt zu anthropologischen Konditionen umdeutet. Bacon beschreibt die menschliche Grundsituation, das Abenteuer der Gattung, und er entnimmt ihr die Zusage, daß *scientia* und *potentia humana* mit der angekündigten Umstellung der theoretischen Grundlagen konvergieren werden. Die Beherrschung der Natur ist das Mittel, das es erlaubt, dem mit der Vertreibung ergangenen Gebot zur Selbsterhaltung in einer unwirtlichen Welt zu entsprechen. Die schlagwortartige Kurzformel »Wissen ist Macht«, die ihm jedermann nachsagt und die sich tatsächlich so in Bacons Schriften nirgends findet, verkürzt diesen Gedankenzusammenhang. Der Gebrauch des Wissens ist *restitution and reinvesting*[7], die listenreiche und umwegige Wiederherstellung einer ursprünglichen Souveränität, deren Demütigung die absolute Macht vor Zeiten verfügt hat. Diese Disposition motiviert im Zweifel auch eine *Kritik* der kreatürlichen Macht, und zwar aus ebendemselben Grund, aus dem ihr Gebrauch und ihre Entfaltung im ersten Schritt enttabuisiert wird. Die erwartete Konvergenz von Wissen und Können schließt die Möglichkeit von Handlungsbeschränkungen und Unterlassungen grundsätzlich ein. Freilich wird die Kritik der Macht auf dieser Grundlage immer nur Begrenzung, doch niemals Beseitigung sein. Wenn der Akteur auch nicht mehr alles verwirklichen darf, wozu er sich in der Lage sieht, so kann doch nur er selbst, aus eigener Einsicht und eigenem Gesetz, sich diese Grenze ziehen. Auch dies wäre eine denkbare Konsequenz des in den ersten Aphorismen vorgetragenen Gedankens, daß die Welt, wenn sie einmal das Prädikat »menschlich« verdienen solle, zunächst als eigene und autonome Welt anerkannt werden müsse. Es unterscheidet den Menschen gerade vom Engel und dessen durch das ungebührliche Verlangen nach *supremacy* selbstverschuldeten Sturz, daß er seinen Aufstieg (*climbing or ascension*) auf einen Bereich zu konzentrieren lernt, bei dem Übermäßigkeit gar nicht zu befürchten steht: auf das Wissen von Gut und Böse, auf die Nächstenliebe. Gewiß, Bacons elementare Geste ist die Entgrenzung. Doch als späte Antwort auf die mythische Ausweisung aus dem Paradies bewahrt das Bild des Ausblicks noch etwas von jener elementaren Geborgenheitsgewißheit, die dann erst mit der im Blick auf einen hypothetischen göttlichen Betrug verselbständigten Verfügungsgewalt über die Natur und dem ungehemmt proliferierenden, »von Generation zu Generation ins Unendliche fortwachsenden Bau endgültiger, theoretisch verbundener Wahrheiten«[8] Zug um Zug verlorengeht.

Die Idee subjektiver Weltbemächtigung und einer aus eigenem Fundus schöpfenden Subjektivität findet sich bei Bacon noch nicht. Sein Entwurf fügt sich einer niemals bezweifelten Kosmodizee, sein Augenmerk haftet am Schauplatz. Die Arbeit und die Bearbeitung der Welt, zu der er ermuntert, sind die Zeichen und die Konsequenz der Vertreibung, aber sie bergen auch die Chance zur Befristung und Wiedergutmachung des Unschuldsverlustes. Anders als die auf die Selbstgewißheit eines Erbauers gegründete Gebäudemetaphorik, die seit Descartes den Anspruch einer genuinen und selbstverantwortlichen Weltgestaltung mitumfaßt, darf die Aufmerksamkeit der Seefahrer dem geläuterten Augenschein vertrauen, der die gottgegebene Natur rein und unverstellt aufnimmt, um behutsame und stets mit der Natur abgestimmte Schlüsse zuzulassen. Wenn Bacon gelegentlich den Sinnen mißtraut, so nur deshalb, weil sie – wie die Tradition zeigt – dazu verleiten, sich mit der Evidenz des aus dem fraglos eingenommenen, dem naiven Standpunkt Aufgefaßten schon zufrieden zu geben. Es gilt aber, das Sichtbare auf die Bezirke des Unsichtbaren und auf die einstweilen noch »unsichtbaren Dinge« (L) auszudehnen.

Das zentrale Motiv der *Instauratio Magna*, der Gedanke der Überschreitung und das Verlangen nach der Entfesselung der Vernunft, widerspricht der Geborgenheitsgewißheit nur scheinbar. Der *man of science*, der Bacon vorschwebt, ist kein Hasardeur, und er wird sich hüten, leichtfertig Abenteuer zu suchen. Es ist nur so, daß eine skeptische Anthropologie ihm keine Wahl läßt. Auch ungünstigere Zeichen, als das Titelblatt sie zeigt, würden nichts an der Ausgangssituation ändern. Selbst wenn der Wind der Hoffnung (*aura spei*) von jenem neuen Kontinent (*ab ista Nova Continente*), dessen utopisch überhöhtes Bild die *Instauratio Magna* dank der 1516 erfolgten Publikation von Thomas Morus' Staatsroman bei ihren Lesern voraussetzen kann, weit weniger spürbar herüberwehte, sagt Bacon, müßte das Projekt der Wissensvermehrung und der Erweiterung des Sichtbaren gewagt werden. »Beim Unterlassen und beim augenblicklichen Mißglücken der Sache ist nämlich nicht ebensoviel zu befürchten, steht doch beim Unterlassen ein unermeßliches Gut, beim Mißlingen ein geringer Aufwand an menschlicher Arbeit auf dem Spiel.« (CXIV) Die Attraktion der Überschreitung ergibt sich aus der Beschreibung des Gegebenen als Beschränktheit und Mangel, und es trifft sich, daß die Seefahrer auf der Titelvignette wie die mit ihnen sympathisierende Leserschaft, bei Licht gesehen, gar nicht anders handeln können.

Isoliert betrachtet, klingt die Wendung bitterer, als sie gemeint ist. Der später von Rousseau in seinem ersten *Discours* vorgetragene Zweifel, ob so gewaltige Anstrengungen überhaupt nötig seien, um irgendwann einmal womöglich die Wahrheit zu kennen, und ob die Irrfahrten der Erkenntnis tatsächlich durch das Wirken der Vorsehung zu einem dem Ursprung ebenbürtigen Ende geführt werden, bleibt dieser Einstellung fremd. Nichts liegt dem Verfasser der *Instauratio Magna* ferner, als sich gegen die Zwänge der Alternativlosigkeit zu empören. Der Mensch gilt dieser Anthropologie weder als gut noch als böse, er hat lediglich eine Aufgabe, zu der er durch die Fähigkeit zur Kompensation seiner natürlichen Ausstattungsmängel gerüstet ist. Damit folgt Bacon dem protagoreischen Schöpfungsmythos, demzufolge Epimetheus den Menschen nachlässigerweise – wie Platon überliefert: »mit Blindheit geschlagen« – als einziges aller irdischen Geschöpfe nackt ließ, »ohne Schutz für die Füße, ohne Decke und Wehr« (Prot. 321). Prometheus raubte daraufhin – kompensatorisch – für die Schutzbedürftigen die göttlichen Gaben des Feuers und der Weisheit. Bacon hält diese Urszene des Mängelwesens gegenwärtig. Der Mensch erscheint als das schutzbedürftige und schutzsuchende, als das sich die Welt gleichsam gezwungenermaßen, nämlich um seiner Erhaltung willen zueignende Geschöpf. Der Blick auf die Dünung, der das *Novum Organum* eröffnet, ist ein Gleichnis auf diese vorgefundene und elementare Situation. Die in Szene gesetzte Bedürftigkeit fordert dazu auf, nicht bloß der Not zu gehorchen, sondern – und dies erst ermöglicht »Fortschritt« – Seinsmächtigkeit zu beweisen. Die alte Welt ist noch zu vollenden, eine neue und einstweilen unbekannte Welt ist noch zu entdecken.[9]

In dieser Situation ist der Hinweis auf die gattungstypische Zwangslage willkommen, weil er hilft, etwelche Bedenken zu zerstreuen. Es sind dies Bedenken, wie sie nicht nur durch die Fährnisse des Unternehmens selbst wachgerufen werden könnten, sondern auch durch die Entschiedenheit, mit der es Überliefertes verdrängt. Die *pars destruens* der wissenschaftlichen Erneuerung widmet sich mit großer Hingabe den Irrtümern, den Hemmungen und der Unwissenheit, um den Weg freizubekommen, damit jeder an seiner Stelle Erfahrungen sammeln und Wissen erwerben könne. Die Wissenschaft, die zum Neuen Kontinent führt, ist eine kollektive Unternehmung für diese und die kommenden Generationen. Die literarische Form des Aphorismus, seine Beweglichkeit und Anschließbarkeit, fügt sich dieser Absicht ebenso wie die durch das Frontispiz erzielte optische Einstimmung und Einstellung des Lesers gegenüber der sich vor seinen Augen auftuenden Welt. Die schrankenlose Offenheit des Meeresblicks spricht wenig von den erwarteten Entdeckungen, dafür um so mehr von der Perspektive, die es braucht, um sie zu machen.

Jene unbekannten Fernen zu erreichen und zu betreten heißt, das Neue dem Bekannten anzuschließen und den Weg zu einer Welt zu ebnen, die der bekannten in den entscheidenden Zügen gleicht und doch zugleich voraus ist. Diese zwei Aspekte – das Betreten der neuen Welt und die Überbietung der alten – sind im Meeresblick des *Novum Organum* zur Einheit verschmolzen.

Den entscheidenden Hinweis gibt auch hier die nautische Metaphorik. Während das Orientierungsangebot der Astronomie bei den Alten noch wenig mehr als Küstenschiffahrt zugelassen habe, erläutert Bacons Vorrede, besitze man jetzt mit dem Kompaß – dessen Mißweisung im Schwellenjahr 1492 entdeckt worden war – einen zuverlässigen Führer auf hoher See. Die Schlußfolgerung, in deren Weiterungen sich das Programm der *Instauratio Magna* bewegt, liegt in der Konsequenz des Gleichnisses. Analog dazu soll die Beschränkung auf das Nächstliegende und auf die alltäglichen Begriffe aufgegeben werden, um der neuen Aufmerksamkeit, wie Bacon weiter erläutert, für das »Entlegene und Verborgene der Natur« zu weichen. Verlangt ist nichts Geringeres als eine vollkommen neue Orientierung, deren Qualität in der Aufgeschlossenheit für das Neue, in einer korrigierten *Einstellung* sinnfällig wird.

Der Einschnitt ist nicht so tief, daß er alle Verbindungen zu den Ursprüngen durchtrennte. Für Bacon ist die Rhetorik des Neubeginns mit dem Rückgriff auf die ältesten Quellen vereinbar. »Viele werden ratlos umherirren«, so zitiert die Inschrift des Titelkupfers aus dem zwölften Buch Daniels, »und die Erkenntnis wird groß sein.« Der hier vorgetragene, eher renaissancespezifische als protoaufklärerische Archaismus ist ein Musterbeispiel für die Rhetorik rückwärts gekehrter Prophetie. Wer in den Dokumenten der Vergangenheit zu lesen versteht, kann erfahren, was den Heutigen unmittelbar bevorsteht und welche Gelegenheiten sich ihnen bieten. Der Kunstgriff kompensiert die Schwierigkeiten des Augenblicks, die gar nicht geleugnet werden, durch die Erinnerung an das längst gegebene Versprechen eines ferneren Gelingens, so daß sich das Neue und Neueste auf das Alte berufen und in seinem Namen auftreten kann. Die *instauratio* legitimiert sich als die rechtzeitige Synthese aus *innovatio* und *restitutio*. Die Szene des Titelkupfers trägt dieser doppelten Verweisung des Gesamtunternehmens Rechnung. Sie dokumentiert den Wechsel von dem Standpunkt, dessen man sich – als dem ursprünglich angewiesenen – immer schon gewiß zu sein glaubte, zu dem neuen und reflektierten Standpunkt, der, nachdem nun der Irrtum und die Irrtumsanfälligkeit des alten begriffen ist, überhaupt erst ermittelt und eingenommen sein will. Es ist gerade das Neue dieses dem Neuen aufgeschlossenen Standpunktes, daß man ihn nicht je schon innehat und erst einnehmen muß. Wer fortan Erfahrungen sammeln will, der muß zur Zurückstellung von Vertrautheiten bereit sein, um die erfolgversprechende Position der Unvoreingenommenheit zu gewinnen.

Die Berufung auf die Quellen erzielt darüber hinaus den zweiten und nicht minder willkommenen Effekt, lautgewordene Vorbehalte grundsätzlicher Art, die mit Macht an die der Kreatur gesetzten Schranken erinnern, unter Hinweis auf die ältesten Beschlüsse wirkungsvoll abzuwehren. »Und da machen die Menschen Wege, um die Gipfel der Berge, die gewaltigen Fluten des Meeres, die breitesten Flußläufe, die Ausdehnung des Ozeans und die Sternenkreise zu bewundern, und vernachlässigen sich selbst« – so lautet der augustinische *superbia*-Verdacht, der Petrarca seinem eigenen Bericht zufolge am 26. April 1336 auf dem Gipfel des Mont Ventoux eingeholt und den literarischen Bergsteiger noch einmal zu Einkehr und reumütigem Abstieg angehalten hatte.[10] Die denkwürdige Szene illustriert die Grundausstattung der platonistisch geordneten Welt. Der Gang der *paideia* verlangt die Lossagung von Verstrickungen und Begierden, und er verspricht den Gewinn einer sei es durch die Gnade (Erhebung), sei es durch die Vernunft (Aufstieg) sichergestellten Freiheit.

Es ist eine Konsequenz dieser Denkvoraussetzung, daß der Aufstieg zunächst und vor allem kontemplativ sein muß. Augustin redet im Gleichnis. Wer hingegen in dieser Zeit, noch bevor die Ästhetisierung der Natur hier neue Allianzen möglich macht, wahrhaftig auf die Berge steigt, der erweckt den Eindruck, vergessen zu haben, worum es bei »Aufstieg« und »Erhebung« eigentlich immer hatte gehen sollen. Petrarcas Widerruf kommt der angedeuteten Verwechslung von Metapher und Gegenstand, von heiligem Berg und provençalischem Gipfel, noch einmal zuvor. Doch auch Bacon stellt sich diesem Vorbehalt, wenn er, unbesorgt um Katachresen, von *climbing or ascension* oder, in seiner Vorrede, von den »unsicheren und steilen Wegen« spricht, denen er sich, »erfüllt von unsterblicher Liebe zur Wahrheit«, zeitlebens anvertraut habe. Das Wissen um die Fehlbarkeit sinnlicher Evidenz bildet das platonistische Grundmotiv des Aufstiegs, der, wie die Ausfahrt, im ersten und entscheidenen Schritt die Trennung verlangt. Anders als Petrarca hat Bacon diese Zäsur respektiert und statt der ästhetischen eine anthropologische Deutung des Meeresblicks angeregt. »Klar ließen sich zur Rechten die Gebirge der Provinz Lyon sehen«, so hatte Petrarca den Genuß des Rundblicks vergegenwärtigt, »zur Linken das Meer bei Marseille und das, welches gegen Aigues-Mortes brandet, was doch alles einige Tagereisen voneinander entfernt ist; die Rhône lag gerade vor unseren Augen. Und wie ich diese Dinge eines ums andere bewunderte und mich bald in irdischen Gedanken erging, bald die Seele nach dem Beispiel des Körpers zu höheren Gedanken erhob, fiel es mir ein, die Confessiones des Augustinus aufzuschlagen.« Gerade die Verwandtschaft der Motive macht die Differenz der Interessen sinnfällig. Mit der für das Konversionserlebnis schlechthin charakteristischen Beiläufigkeit meldet sich die Stimme der Autorität zu Wort und beendet jäh die Unbekümmertheit des sinnlichen Genusses. Der wahre Aufstieg, erinnert der Bergwanderer, soll gerade nicht in die prangende Erhabenheit der Gipfelhöhen führen und ebensowenig auf den grenzenlosen Ozean unter sich auftürmenden Donnerwolken, sondern in die sinnenferne Landschaft der *memoria*. Er wolle über die Kraft seiner Natur hinausschreiten, hatte Augustin im engsten Zusammenhang mit jener Mahnung bekannt, »im stufenweisen Aufstieg zu ihm, der mich gemacht hat, und da gelange ich in die Gefilde und weiten Paläste des Gedächtnisses, wo in unzähligen Bildern alles aufgehäuft ist, was die Sinne von den Dingen aller Art herbeigetragen haben«. Die Bildhaftigkeit dieser Vorstellung ist Ausdruck und Ergebnis einer tief asketischen Tendenz.

Bacon macht es anders. Er umgeht diese heiklen Verwicklungen, indem er die geschürten Erwartungen mit den göttlichen Weltplänen abstimmt und die Wagemutigen keineswegs stolz und in trotziger Selbstüberhebung ausfahren läßt, sondern auf eine subtilere Form des Gehorsams festlegt. Sie haben gelernt, gottverliehene und damit sakrosankte Attribute im Namen und im Geiste eines ursprünglichen und in einem tieferen Verständnis unbezweifelbaren Auftrags zu nutzen. Das Verhältnis zur *potentia absoluta* ist nicht durch *Konkurrenz* gekennzeichnet, sondern durch den rechtzeitigen *Verzicht* auf Ebenbürtigkeitsprätentionen.[11] Die höchste Macht verfolgt denn auch, wie Bacon nicht hinzuzufügen versäumt, die Geschäftigkeit des Menschen mit väterlichem Wohlwollen. Es sei, als ob sich die göttliche Natur an dem unschuldigen und harmlosen Spiel der Kinder erfreue und in ihrer Nachsicht und Güte den menschlichen Geist zu ihrem *collusor*, zu ihrem Mitspieler erwählt habe.[12] Mit dem Wissen, daß dieses Wohlwollen und die dadurch zurückzugewinnende Geborgenheit nicht verspielt werden dürfe, findet die Expansion der menschlichen Zuständigkeit ihre Grenze und ihr Maß. Indem sie von dem vorneuzeitlichen Verdacht entlastet, unziemlichen Vergleichen den Weg zu ebnen, verschafft die Bescheidenheitsgeste dem kühnen Projekt der Gattung endlich jene *Rechtfertigungsunbedürftigkeit*, an deren Herstellung Petrarca zuvor gescheitert war. Die propagierte Ausweitung des Daseins setzt nicht auf Erwartungsbekundungen, sondern auf Anspruchsverzicht. *Nur derjenige*, darf man vielleicht sagen, *konnte wie ein Gott werden, der es sich zuvor versagt hatte, ein Gott sein zu wollen.*

Überbietung des Rhetorischen

Im Bewußtsein der Verbundenheit mit der höchsten Macht und ihrem Gebot setzt das *Novum Organum* einen bewußten Anfang in der Zeit. Dabei schließt es historische Vorläufer nicht grundsätzlich aus, und Bacon beruft sich in der Tat auf Kolumbus, an dem ihn, wie er im 92. Aphorismus sagt, nichts so sehr fasziniert wie die Elementarität seiner Geste, seine Unbeugsamkeit und die Bereitschaft, das einmal für richtig Befundene zu Ende zu führen. Doch nachdem nun die Erde so gut wie erschlossen ist, kann sich die Erwartung nicht länger auf den Raum konzentrieren. Die Wahrheit ist eine Tochter der Zeit, sagt Bacon, und dieser Satz charakterisiert den Anfang, den die neue Methode in diesem historischen Augenblick setzt, ebenso wie die Solidität der Erwartungen, die sich daran knüpfen. Die vormals mit der Fahrt durch die Säulen des Herkules in Angriff genommene Ausdehnung des Raumes leitet den Blick auf den Weltrand und über ihn hinaus in Ferne und Zukunft zugleich. Jene Prophezeiung Daniels weise auf den Beschluß der Vorsehung, heißt es erläuternd, daß der *pertransitus mundi*, der nach so vielen langen Seereisen nahezu abgeschlossen scheine, und die Vertiefung der Wissenschaften in dasselbe Zeitalter fallen. Die philosophische Theorie der *Instauratio Magna* ist ganz bewußt eine Theorie ihrer Zeit, ein Dokument, das die Gründe seiner Aktualität selbst benennt und dem Leser vor Augen stellt.

Das Titelblatt läßt die Ungeheuerlichkeit der *revolutio*[13] ahnen, indem es das Ziel des Weges, die Gestalt des Neuen Kontinents, ohne nähere Bestimmung läßt. Doch sein Verhältnis zum Text ist nicht nur illustrativ. Eine umsichtige Komposition untermalt und erwidert die Appellstruktur des Textes, indem sie die Sphären der Unbekanntheit entdramatisiert. Im geometrischen Zentrum des Bildes kreuzt die Vertikale des Mastbaums die Linie des Horizonts, um mit der Schiffsflagge das Hoheitszeichen der alten Welt über diese Grenze verheißungsvoll empor- und hinauszuheben – eine Grenze zumal, die nicht nur das Sichtfeld umsäumt, sondern auch den diffus erleuchteten Rand bildet, an dem sich Irdisches und Überirdisches vielsagend berühren und durchdringen. Das Frontispiz präsentiert seine Symbolsprache in bemerkenswerter Unaufdringlichkeit. Die Verbildlichung als solche, die Gestaltung der umrahmten Fläche mit bedeutungsvollen und, entscheidender noch, mit deutbaren Chiffren, mindert das Wagnis des Orientierungsverlustes, das auch den künftig Ausfahrenden nicht erspart werden kann. Die exemplarische und bereitwillig dem Betrachter entgegenkommende Lesbarkeit der Zeichen ist die Konsequenz und Bestätigung des Restitutionsgedankens, sie ist Trost und Ermutigung zugleich. Was immer den Menschen auf ihrer großen Fahrt begegnet, es ist jedenfalls nicht das ganz und gar Unausdenkbare. In einer von Reise- und Entdeckungsberichten beeindruckten Zeit sorgt die allegorische Einstimmung, die Übertragung der Situation in ein überschaubares Ensemble lesbarer Bildelemente, für eine Umwertung, deren offenbare Paradoxie durch die herbeizitierten Hintergrundgeltungen entscheidend gemildert ist. Da ihm der größte Schrecken bereits genommen ist, wird der Einbruch des Unerhörten, Unvermuteten und Ungesehenen nun zu dem, was gerade zu erwarten steht.

Die semantische Dichte des Titelkupfers umfaßt das tief zweideutige Nebeneinander von literarischem Triumph und Buchkritik. Die Schrift, der es präludiert, will nicht zuletzt zeigen, daß, wer die Wahrheit sucht, die Bücher aus der Hand legen können muß. Die stillschweigende Voraussetzung der »symbolischen Weltschau« (Jan Białostocki), für die das Empirische nur als Verhüllung einer tieferliegenden Bedeutung vorkommt, ist damit aufgegeben zugunsten emphatisierter Sichtbarkeit. Die Sichtbarkeit, deren sich das Titelkupfer als seines Mediums bedient und die es zugleich thematisiert, ist das neue Kriterium der Wahrheitsfindung. Wer diese Chiffren liest und begreift, dem erschließt sich die Horizontlinie, die das Bild in der Mitte teilt, unversehens als Schwelle. Das Hinterland wird zum Projektionsraum, das innerweltlich Unsichtbare jenseits dieser »großen simplen Linie«[14] zum Inbegriff der in ihm beschlossenen, unausmeßbaren Möglichkeiten. Wer jenen Mut aufbringt, wie ihn die Seefahrer schon bewiesen haben, und sich gleichfalls auf den Horizont zubewegt, dem wird sich die einstweilen nur mit den Augen abschreitbare Linie zuverlässig öffnen. Der Appell birgt die Urszene der westlichen Fortschrittserwartung: die Erregung der Aufmerksamkeit, den spontanen Aufbruch, die Emphase der Bewegung, das Überschreiten des Gesichtskreises und schließlich die Erschließung neuer und fernerer Horizonte, die nach dem immergleichen Grundmuster angegangen und überwunden werden.

Bacon genügt ein rhetorisch kunstvoll arrangiertes Geflecht von Vergleichen, um die Eminenz der in Aussicht genommenen Verbesserungen – *the dignity of this end* – und die Unerheblichkeit des Fremden in einer einzigen Sentenz zusammenzuziehen. Wir dürften versichert sein, so wendet er sich an seine Leser, daß die neuentdeckte Welt für die alte keine größere Ergänzung bedeute als die noch zu machenden Entdeckungen für das bereits Bekannte – mit dem Unterschied freilich, daß das überkommene Wissen, verglichen mit dem Neuen, so *barbarous* erscheinen werde wie die eben entdeckten Völker *barbarous* erscheinen, verglichen mit den Alten. Der Entdecker setzt sich über die Herausforderungen des Fremden hinweg, indem er es mit der eigenen Vergangenheit gleichstellt, die er, wie allein sein Interesse am Neuen hinreichend bezeugt, schon überwunden hat. Der Meeresblick umfaßt eine doppelte Bewegung, nämlich Aufbruch und Heimkehr zugleich.[15] Die für die Philosophie der Renaissance zentrale Frage, ob die Welt dem Menschen grundsätzlich fremd bleiben müsse, oder ob er dazu gemacht und ausersehen sei, sie zu erschließen, ist durch die »mängeltheoretische« Synthese bereits entschieden und beantwortet. Das Wissen um die kreatürliche Fremdheit und die eben daraus folgende Produktivität werden zu Voraussetzungen erfolgreicher Weltbemächtigung. Die Fremdheit des Wilden ist demgegenüber allenfalls eine Modifikation, ein Unbekanntes. Nicht die Neue Welt ist deshalb der Welt der Alten überlegen, sondern die Ausfahrenden selbst, sobald sie erst einmal dort gelandet sind und sie in Besitz genommen haben.

Das Frontispiz zur *Instauratio Magna* konzentriert sich auf den Augenblick der Heimkunft, der zu weiteren und nicht minder kühnen Aufbrüchen ermutigt. So stimmt es auch auf Künftiges, auf die *new commodities* ein. Der Betrachter des Blattes fixiert die Richtung, die es dabei einzuschlagen gilt, und das ferne Licht gibt ihm eine Ahnung von der Beträchtlichkeit des in Aussicht gestellten Gewinns. Der Standpunkt, den Bacon empfiehlt, ist somit gerade nicht der des Gegebenen und Vorgefundenen, sondern etwas durchaus Problematisches. Seine Aphorismen ermuntern dazu, das Erfahrene und Erworbene zusammenzutragen und den auf diese Weise geläuterten, da von verkehrten Einbildungen und falschen Vorstellungen befreiten Geistern zum rechten Standpunkt (*in positione bona*) zu verhelfen (CXV). Die Einnahme dieses Standpunktes dokumentiert sich in der Bereitschaft, über die bislang durch die *columnae fatales* markierte Schwelle hinauszugelangen. Bacon initiiert die Anbahnung des wohlbedachten Weges und die Anweisung des rechten Standpunktes mit dem Selbstbewußtsein eines Richtungweisers: Er vergleiche nicht Geistesgrößen und Talente, erklärt er, sondern Wege. Die Verschiebung löst den einen, fest gegründeten Standpunkt auf und verteilt die Positionen, die einmal fraglos auf ihn bezogen waren, auf die Wegstrecke der Erkenntnis zwischen Anfang und Ziel. Vom Erreichen dieses Ziels spricht Bacon allerdings nicht. Die Instauration der Wissenschaften zeigt den Aufbruch in Permanenz, eine elementare, anthropomorphe und insofern unhintergehbare Geste. Der Standpunkt bezeichnet nicht länger die Position der menschlichen Vernunft in ihrem natürlichen und sich selbst überlassenen Zustand (*Humanae Rationis Nativae et sibi permissae*), sondern die praktische Bereitschaft zur Teilnahme an einer gemeinsamen Anstrengung, in der eine Ahnung davon vermittelt wird, wie es gelingen könnte, das menschliche Leben zu erleichtern und die Welt wohnlich einzurichten. Tatsächlich geht es um nichts Geringeres als um die Wiederherstellung des Paradieses.

Der berühmte 109. Aphorismus des *Novum Organum* ist ausschließlich diesem Problem, nämlich der Entdeckung und der Verträglichkeit des Neuen gewidmet, und es ist bezeichnend, daß er es auf dem Umweg über das Beispiel und im übrigen *ex negativo* angeht. Feuerwaffe, Seide und Kompaß wären nie entdeckt worden, heißt es da, wenn man zuvor versucht hätte, ihre Funktionen und Leistungen zu bestimmen und abstrakt die Möglichkeit der Herstellung zu erwägen. Nicht nur hätten die Erwartungen und Versprechungen allzu phantastisch anmuten müssen, um die Verwirklichung glaubhaft machen zu können, das Verfahren wäre grundsätzlich falsch gewesen. Irgendein bloßer Begriff, sagt Bacon, führt niemals zum Neuen. Es ergibt sich vielmehr nebenbei und aus der Nichtvereitelung des Unbekannten, mithin aus der Bereitschaft, Zufälle und Gelegenheiten zuzulassen. Das *Novum Organum* spricht einleitend vom »wiederholten Würfelspiel der Erfahrung«. Solche, von Goethe in seiner Selbstanzeige der *Farbenlehre* als »schriftstürmendes Beginnen« beargwöhnte Rhetorik zielt auf eine kontrollierte Zurücknahme theoretischer Zuständigkeiten, um die Aufmerksamkeit für die »vielen kostbaren Sachen« zu schärfen, die »die Natur in ihrem Schoße verborgen hält« und »die mit den bisherigen Erfindungen keinerlei Verwandtschaft oder Ähnlichkeit aufweisen« (CIX). Die gegebenen Beispiele – Feuerwaffe, Seide, Kompaß – sind daher nicht nur Plausibilisierungen. Sie sind auch Beweise dafür, daß man von den Alten dort lernen kann, wo sie von den ausgetretenen Pfaden abkamen und ihre Begriffe zurückstellten, um sich vom Zufall auf ungekannte Wege führen zu lassen. Auch die von Bacon selbst ins Auge gefaßte Erweiterung der Verfügbarkeiten ist auf eine neue Einstellung, nämlich auf die Bereitschaft zu spontaner Anpassung und grundsätzlicher Bescheidung gegründet. Es ist der stille Nebensinn des angeführten Bildes von der menschlichen Kindlichkeit, neben der moralischen Unschuld und der göttlichen Vaterschaft auch jene Unbefangenheit geltend zu machen, die dem Zudrang der Erfahrungen nichts Hinderliches in den Weg stellt. Für das menschliche Königreich des Wissens gelte ebenso wie für das göttliche Königreich des Himmels, erklärt Bacon, daß niemand sie betreten werde, wenn er nicht zuvor wie ein kleines Kind geworden sei. Der theoretische Bestand des Vorwissens darf nur so viel Gewicht haben, daß er die Tugenden der Offenheit und Unvoreingenommenheit nicht gefährdet.

Bacons Erkenntnisideal ist die »Objektwahrheit«[16]. Die Qualität einer Aussage bemißt sich einzig und allein an ihrer sachlichen Angemessenheit, und das heißt auch: an der Abstraktion von der Gebundenheit und Kontingenz der mitgebrachten Perspektive. Es ist diese in der Vorrede beschworene Zurückhaltung (*humilitas*)[17], diese sich als *nuditas animi* empfehlende und auf die Wechselwirkung von asketischer Selbstbeschränkung und unfehlbar anwachsendem Erfahrungsgewinn setzende Balance, die den Erfolg dieses Programms langfristig sichergestellt hat. Seine Perspektive ist eben die, daß es keine haben will. Der ideale Standpunkt der Erkenntnis im Sinne Bacons wäre, pointiert gesagt, der überwundene Standpunkt, dem von den Beschwernissen der Kontingenz nichts anzumerken ist. Die Ausfahrenden ahnen ihr Ziel, aber wichtiger noch ist ihnen die Loslösung und Befreiung, die mit dem Aufbruch verbunden ist. Die ersten Leser und Bewunderer Bacons, unter ihnen Constantijn Huygens und Robert Hooke, nehmen gerade diese Emphase auf – die Gebärde des reinen und ungetrübten Blicks, dem nichts als das Objekt gebieten soll. Das neue Konzept des bewegten Standpunktes setzt auf die Verläßlichkeit der Sinneserfahrung und ihre relativen, der Unumstößlichkeit letzter Gewißheiten einstweilen entratenden Auskünfte. Ebendieser Verzicht wirkt befreiend. Die Evidenz und die rasch durchgesetzte Erkenntnis ihrer Unüberbietbarkeit kann auch durch jenes Minimum an Fiktionalität nicht getrübt werden, das nötig ist, um den Raumeindruck zu künstlerisch-wissenschaftlichen Zwecken abzubilden und in die Zweidimensionalität der Fläche zu übersetzen.

Die über die reine Inaugenscheinnahme gesicherte Selbstbehauptung geht zu Lasten des Fremden. Vor soviel ausdauernder und ungerührter Aufgeschlossenheit verflüchtigt sich die Fremdheit nicht deshalb, weil sie sich etwa nicht Ausdruck verschaffen könnte, sondern weil sie keinen Widerstand findet, an dem ihre Differenz erkennbar werden und mit dem Vertrauten und dem Eigenen des schweifenden Verstandes irgendwie in Beziehung treten könnte. Noch bevor sie überhaupt manifest wird, hat sie ihren angestammten Platz. Dies bedeutet umgekehrt für die Überschreitung, daß sie sich damit begnügen muß, Grenzverschiebung und Raumerweiterung zu sein. In solcher Reserve bewährt sich einmal mehr das Motiv der Selbstverleugnung – ein sich vor sich selbst verbergender, geradezu als Kritik des Anthropomorphismus auftretender Anthropomorphismus. Die offenbare Lesbarkeit des Bildes gibt das Exempel für die dem Menschen angewiesene Lektüre im Buch der Natur. Die Tilgung des Eigenen, das wie ein

Schleier von den Evidenzen der offen zutage liegenden Wahrheit heruntergezogen wird, läßt nichts übrig, was die einmal eroberte Position ernsthaft erschüttern könnte, es sei denn ihre eigene Statuarik.

Die – wenn sich dies so sagen läßt – Hermeneutik der Fremdheit stellt gerade das in der rhetorischen Gleichstellung von Unausdenkbarkeit und Erwartung überdeckte Problem heraus, das Andere, und das will sagen: etwas anderes als sich selbst zu denken. Die Existenz des Fremden ist der eminente Fall einer grundsätzlichen Schwierigkeit, deren Herausforderungen Erich Rothacker vor Augen geführt hat, als er einmal versuchsweise die »Vision einer vollkommen menschenfreien Landschaft« in Worte faßte – von Bacon herkommend ließe sich auch sagen: eine von allen Idolen befreite, ganz auf die Dinge selbst (*ad res ipsas*) gestellte Sicht der Welt. Rothackers Beschreibung entwirft das Bild eines Meeresufers,

> »teils felsig, teils sandig. In den Felsen gibt es Grotten und Höhlen, dahinter steigt teils ein Gebirge an, teils liegen Ebenen da mit Sträuchern und Baumgruppen. Im Gebirge gibt es Zonen mit wildreichem Wald, mit Quellen und kleinen Bächen, vielleicht bricht auch ein Fluß durch ein Tal zum Meere, und im Meer schwimmen die Fische. Das Meerwasser schlägt in dieser völlig menschenfreien Landschaft Tag und Nacht seit undenkbaren Zeiten an die Küste, teils das Gestein abnützend die Felsen hinauf, teils rhythmisch kleine Sandwellen an den Strand rollend. Stürme treiben tote Fische und anderes Getier, abgerissene Pflanzen an den Strand. In den Felsen nisten Vögel, andere im Gebirge. Über Meer und Land fliegen sie. Auf dem Land sind vielleicht raubende Tiere, ein Heer von Insekten, und über dem Ganzen schweben Sonne und Mond.«[18]

Klarerweise ist dieser schriftstellerische Versuch kein echtes Experiment, denn er wurde nur angestellt, um die Augenscheinlichkeit seines Mißlingens zu demonstrieren. Selbst die Zusatzannahme einer Rückversetzung der Szene über Jahrzehntausende hinweg, lange vor die Zeit des *homo sapiens recens*, führt nicht an der Einsicht vorbei, daß die Landschaftsskizze in allem, was ihr Form und Ausdruck gibt, wie Rothacker urteilt, »durch und durch *anthropomorph*« ist. Indem die Beschreibung den Naturausschnitt als Landschaft auffaßt, unterstellt sie ihn einem wahrnehmungsleitenden Begriff, der sich in den Valeurs und Stimmungswerten der »Grotten«, »Höhlen« und »Baumgruppen« ebenso ausspricht wie in der Kontemplativität als solcher, die diesen wohlkomponierten Blick in die Tiefenzeit leitet und trägt. Näher besehen, ist selbst das *pleinair* eine Setzung.

Die Motivparallele wirft ein Licht auf den Anthropomorphismus Bacons. Seine später an prominenter Stelle aufgegriffene Bekenntnisformel *de nobis ipsis silemus* verrät etwas von der Konsequenz, mit der er sich der Einsicht in einen Zusammenhang verschließt, der durch Verzicht oder Demutsbezeigungen ebensowenig zu unterlaufen ist wie durch Wahrnehmungsbeschränkungen und Segmentierungen. Die Konsequenz will dilemmatisch scheinen: Die zur Sprache gebrachte Natur trägt immer schon anthropomorphe Züge, während der durch den Kritizismus belehrte Beobachter sich, wie Rothacker formuliert, als der »Naturfremde« erkennen muß, der über die Gegenstände seiner Betrachtung, wie sie an sich selbst sein mögen, nichts Authentisches in Erfahrung bringt. Unmittelbarkeit ist dem Aufgeklärten versagt.

Doch die Alternative zwischen intimer Nähe und einer auf sich selbst zurückgeworfenen Distanz ist nicht unversöhnlich. Wie die bedeutungsgeschichtliche Entwicklung zeigt, können die beiden Extreme ein Kontinuum bilden, da auch die Idee der unberührten Natur eine »durch und durch anthropomorphe« Vorstellung ist, eine – um im Bild zu bleiben – in die Rhetorik der Distanz gekleidete, auf tieferes Einvernehmen vertrauende und in nur um so emphatischeren Bildern gesuchte Korrespondenz. Die physiozentrische »Suche nach der schönen Menschenleere, nach dem Unberührten«[19], entspringt einer von dem Erfolg des mit der *Instauratio Magna* auf den Weg gebrachten Programms tief beeindruckten Bedürfnislage, wie sie sich zunächst im Sturm und Drang und dann, mit nochmaliger Steigerung, in der Romantik ausspricht. Nichts auf der Welt, ruft Wilhelm Heinse aus, als er 1787 mit seinem *Ardinghello*-Roman an die Öffentlichkeit tritt und noch einmal die Utopie der »glückseligen Inseln« und die Inseln der Seligen beschwört,

> »nichts auf der Welt füllt so stark und mächtig die Seele; das Meer ist doch das schönste, was wir hienieden haben. Sonn und Mond und Sterne sind dagegen nur einzelne glänzende Punkte, und sammt dem blauen Mantel des Aethers darüber her nur Zierde der Wirklichkeit. Dieß ist das wahre Leben: hierauf gibt sich der Mensch Flügel, die ihm die Natur versagt; und verbindet in sich die Vollkommenheiten aller andern Geschöpfe. [...] in den Ocean hinaus möcht ich; wie klopft mir das Herz!«[20]

Die Bacon noch fremde Abwertung des Himmels gegenüber der Imposanz des Meeres beeinträchtigt nur wenig die Geläufigkeit eines

Bilderrepertoires, das mit der Erwartung des kühnen Aufschwungs ebenso bereitwillig der Konvention folgt wie mit den Vorwürfen gegen die *natura noverca*, die ihren Schützling durch mangelhafte Ausstattung zur Rücksichtslosigkeit gegen sie selbst aufgestachelt hat. Gewiß, das Verlangen nach Horizonterweiterung kommt hier an den Punkt, wo es sich den Effekten zu widersetzen beginnt, die die erste Überschreitung einst mit grandioser Geste herbeigeführt hatte, und es macht sich in solcher Hochgestimmtheit überdies der Protest gegen jene Nüchternheit Luft, die der Bacon-Bewunderer Jaucourt 1765 in seinem kaum eine Spalte füllenden *Encyclopédie*-Artikel über die Landschaft aufreizend lapidar bekundet hatte, als er schrieb, das Malen seltsamer Effekte einer sich selbst überlassenen Natur interessiere ihn nicht. Doch der Metaphernfundus, auf den die Inauguration und der superlativische Protest zurückgreifen, ist ganz derselbe.

Wer nicht damit zufrieden ist, durch den Aufweis von Koinzidenzen das Interesse an kulturkritischen Entlarvungen zu bedienen, der wird den Gedanken erwägenswert finden, ob sich in derartigen Pikanterien nicht auch die Unvermeidlichkeit des Rhetorischen geltend macht. Im *Novum Organum* vergegenwärtigen die Mittel der Rede jene »Grundhandlungen«, wie sie in »der Einnahme einer Stellung zur Welt und der Entscheidung für eine dieser angemessenen Weltperspektive« sinnfällig werden.[21] Nachdem die *distributio operis* die Absicht bekräftigt hat, »den menschlichen Geist auf die Fahrt ins offene Meer« vorbereiten zu wollen, führt Bacon die Rhetorik der Antirhetorik zu einem Höhepunkt, wenn er ohne Rücksicht auf die Abgründe der Paradoxie erklärt, er wolle nicht, wie die gewöhnliche Logik verfahre, seine Gegner durch das Wort, sondern die Natur durch die Tat besiegen. Der Lakonismus dieser Askese, dieser Beschränkung auf die reine und umschweiflose Demonstration, schließt die Aufforderung ein, dem gegebenen Beispiel zu folgen. Die Absichtserklärung wirbt für die Evidenzen der Empirie und des Handelns, deren Erfolg einmal beredter sprechen soll als alle Worte.

Die emphatische, wenngleich nicht zu allen Zeiten hingenommene Überbietung des Rhetorischen[22] bildet den elementaren und anhaltenden Reiz des Meeresblicks. Die wahren Reisenden seien diejenigen, wird Baudelaire versichern, die ziehen um zu ziehen und die, ohne weiter zu fragen, den Aufbruch auf Dauer stellen. Die Lust an der Bewegung und die Unentwegtheit des Reisens verstehen sich als Alternative zur Gebundenheit des Standorts. Der Nomade wird zum Gegenbild des Siedlers. Vor allem aber begnügt sich der Fahrende mit leichtem Gepäck. Bacons *demonstratio ad oculos* sanktioniert eine Praxis, zu deren Selbstverständlichkeiten es gehören soll und gehören wird, sich von der Literatur emanzipiert zu haben. Der Meeresblick und das darin emphatisierte Sehen ist eine Metapher, die mit dem Text korrespondiert, um ihn doch zugleich zu unterlaufen.[23] Der Entwurf der sensualistisch dehumanisierten Natur ist von Grund auf und erklärtermaßen illiterat. Eine besonnene Abwägung des Risikos, die Erkenntnis der dem Mängelwesen auferlegten Unausweichlichkeiten, die Erinnerung an uranfängliche Zusagen und nicht zuletzt die protoästhetischen Anmutungen des Naturschauspiels motivieren eine Umdeutung des Unsichtbaren, die nichts Geringeres verlangt als die Preisgabe der überlieferten Verbindlichkeiten und Geltungen *im Namen der Tradition*. Es sei der Ruhm Gottes, zitiert der 129. Aphorismus aus den salomonischen Sprüchen, die Dinge zu verhüllen, und es sei des Königs Ruhm, die Dinge zu ergründen. Dieses Wort benennt die Stelle, an der es gilt, mit den Verbindlichkeiten der Vergangenheit zu brechen. Daß auch dies wiederum eine traditionelle Geste war, ist gerade Bacon nicht entgangen. Schon Augustin hatte den Fingerzeig bemerkt, der darin lag, daß Christus nicht Rhetoren um sich versammelt hatte, sondern Fischer. Der Meeresblick des *Novum Organum* propagiert die aus dieser Wahlentscheidung sprechende Klugheitsregel mit ästhetischen Mitteln, und er teilt ihre Paradoxie: Die Behauptung, der Rhetorik nicht weiter zu bedürfen, ist selbst rhetorisch.

Bacons programmgeleitete Emphase der Nüchternheit weckte das besondere Interesse der zeitgenössischen Malerei in Holland. Neben dem Bewußtsein der Modernität, das Huygens direkt aus der *Instauratio Magna* bezog und an seine Gesprächspartner weitergab, fand sich bei Bacon im einzelnen formuliert, was den Blättern und Tafeln eines Pieter Saenredam, David Bailly oder Jan van Goyen in den folgenden Jahrzehnten ihre unverwechselbare Gestalt gab – das Faible für Details, der distanziert-kühle Blick, die Thematisierung der Alltagswelt, die konzentrierte Beobachtung, kurz: die Ablösung der Erzählung durch die Beschreibung. Besonders mußte dem Darstellungsverfahren dieser im übrigen auffallend theoriefern betriebenen Malerei das gebrochene Standpunktbewußtsein gelegen kommen, das sich bei Bacon in der Bevorzugung des Weges und der Permanenz der Bewegung aussprach. Wie Svetlana Alpers gezeigt hat, entspricht die für die holländischen Bildtafeln charakteristische Distanzpunktkonstruktion in ganz ähnlicher Weise dem Versuch, den Seheindruck eines bewegten Auges ins Bild zu bringen. Während die *costruzione leggitima* das Bild anhand eines außerhalb der Fläche gelegenen Punktes entwirft, von dem aus der ideale Blick auf das offene Fenster des Bildes fällt, plaziert das Distanzpunktverfahren seine drei Augenpunkte im Bild selbst und integriert sie auf diese Weise der gesehenen Welt. Die Idee der *fenestra aperta* entfällt. »Die vielen Augen und die vielen gesehenen Dinge, die solche Flächen füllen, bringen eine synkopierte Wirkung hervor. Es gibt für uns keine Möglichkeit, zurückzutreten und einen homogenen Raum zu erfassen.«[24] Anders als das mediterrane Modell verzichten die Prospekte des Nordens auf die Bildidee der Einheitlichkeit.

Angesichts solcher Sympathien ist es vorderhand erstaunlich, daß das brisante Plausibilisierungsangebot Bacons, seine subtile Einstimmung auf den sinnlichen Blick[25], auf spätere Versuche der Perspektivenvermehrung und -problematisierung nicht einen ähnlich starken Reiz ausgeübt hat, etwa auf die deutsche Romantik. Hält man sich allein an das Sujet, dann dürfte der Gedanke eines Rückgriffs kaum jemals näher gelegen haben als in der Malerei Caspar David Friedrichs und, näherhin, bei seinem auch als *Wanderer am Gestade des Meeres* und als *Ein Seestrand* bekannten Gemälde *Der Mönch am Meer*. Es sei dies nämlich ein Seestück, so schildert es der Maler selbst, »vorne ein öder sandiger Strand, dann, das bewegte Meer, und so die Luft. Am Strande geht tiefsinnig ein Mann, im schwarzen Gewande; Möfen fliegen ängstlich schreiend um ihn her, als wollten sie ihn warnen, sich nicht auf ungestümmen Meer zu wagen.«[26] Mit diesen Worten sind die Requisiten der kargen Landschaft benannt, und das Verhältnis zwischen der schemenhaften Figur und den Meereswogen ist klargestellt. Aus größerem zeitlichem Abstand betrachtet, fügt sich Friedrichs Seelandschaft in das epochale Tableau der nautischen Katastrophenbeschreibungen – Eugène Isabeys Gemälde *Schiffbruch in tosender See* entsteht 1837, Edgar Allen Poes *Arthur Gordon Pym* erscheint 1838, sein *Descent into the Maelström* 1841, Herman Melvilles *Moby Dick* folgt 1851[27], und Théodore Géricault erregt mit seinem erstmals 1819 ausgestellten, ursprünglich als Schiffbruchszene, als *Scène de naufrage* annoncierten Gemälde *Radeau de la Meduse* und seiner radikalen Illusionslosigkeit noch die Aufmerksamkeit Michelets.

Die Reaktionen des Publikums auf Friedrichs sparsam haushaltende Komposition aus Bewegung und Ödnis, die der Maler zusammen mit zwei anderen Arbeiten auf der Berliner Kunstausstellung des Jahres 1810 erstmals öffentlich zeigte, waren geteilt. Einerseits erregte das Bild die Aufmerksamkeit des Kronprinzen, auf dessen Veranlassung hin es die königliche Sammlung für 450 Taler erwarb. Infolgedessen wurde Friedrich, nach denkbar knapper Abstimmung, im darauffolgenden Jahr zum Mitglied der Akademie gewählt. Andererseits hielt die Kritik nicht zurück. Mißfallen sprach insbesondere aus der am 13. Oktober in Heinrich von Kleists *Berliner Abendblättern* veröffentlichten Betrachtung, deren Urteil Kunst- und Literaturwissenschaft immer wieder beschäftigt hat. Diese Kritik hat drei Verfasser: Neben den Eingriffen und Ergänzungen Kleists, der den Text redigierte, finden sich Formulierungen Achim von Arnims, dessen Mitarbeit freilich im Hintergrund blieb; als Autor weisen die Initialen Clemens von Brentano aus. Dem Stand der philologischen Ermittlungen zufolge hat Kleist das ursprünglich sechsseitige Manuskript gekürzt und umformuliert, und zwar so stark, daß er sich auf Brentanos verärgerte Intervention hin zu einer öffentlichen Erklärung entschloß und für den, wie er schrieb, »Geist« des Textes[28] schließlich allein die Verantwortung übernahm.

> »Herrlich ist es, in einer unendlichen Einsamkeit am Meeresufer, unter trübem Himmel, auf eine unbegränzte Wasserwüste, hinauszuschauen. Dazu gehört gleichwohl, daß man dahin gegangen sei, daß man zurück muß, daß man hinüber mögte, daß man es nicht kann, daß man Alles zum Leben vermißt, und die Stimme des Lebens dennoch im Rauschen der Fluth, im Wehen der Luft, im Ziehen der Wolken, dem einsamen Geschrei der Vögel, vernimmt. Dazu gehört ein Anspruch, den das Herz macht, und ein Abbruch, um mich so auszudrücken, den Einem die Natur thut.«

Brentano, von dem diese Eröffnungssätze stammen, spricht nicht von Kunst-, er spricht von Naturerfahrung. Weite und Ferne kontrastieren darin mit der Enge des Alltags, ohne allerdings das fortwährende Drängen zu befriedigen. Die Distanz zu der Auffassung Bacons und ihrem vielversprechenden Meeresblick könnte größer kaum sein. An die Stelle jener Erwartungen, wie sie die Öffnung des »unendlichen Universums« (Alexandre Koyré) begleiteten, setzt der romantische

Antibürger ein unendliches und eben darum ernüchtertes, weil über die Vergeblichkeit seines Strebens aufgeklärtes Verlangen.

Tatsächlich ist die Wirkungsabsicht des Bildes ganz auf optische Übermächtigung gerichtet. Die durch ihre isolierte Vertikalität hervorgehobene Mittelgrundfigur führt die Hände an den Kopf, und es ist kaum zu entscheiden, ob sie mit dieser Geste mehr ihrer Versonnenheit Ausdruck gibt oder einem durch den *horror vacui* geweckten Schutzbedürfnis. Während Bacons Frontispiz zwischen Horizontalität und Vertikalität, zwischen der lichtumspielten Grenze des Gesichtskreises und dem statuarischen Gewicht des steinernen Säulenpaares, mithin zwischen Neuem und Altem eine Ausgewogenheit herstellt, die sich angesichts der über die Horizontlinie emporragenden Flagge leise, aber unzweifelhaft zur Seite der *instauratio* neigt, dominiert bei Friedrich die Horizontalität und mit ihr die zeitenthobene Gewalt der Elemente. Die Begriffe Bacons greifen, kurz gefaßt, in die Zukunft aus, Friedrichs entzauberte Welt zitiert das Vergangene als das den Blicken Entschwundene. Während Bacon die Spur der Perspektivität aus Sorge um die damit eingehandelten Befangenheiten immer dann verwischt, wenn er die neue, von ihm selbst favorisierte Einstellung entwirft, entzieht Friedrich, der den Repräsentanten des Betrachters mitten auf den Schauplatz gestellt hat, der Integrationskraft der Perspektive sein Vertrauen, weil er ihre Sicherheiten für illusionär hält. Was dort noch nicht erreicht war, soll hier schon nicht mehr gelten.

Umdeutung des Unsichtbaren II

Wie nah Friedrichs Seestück dem Meeresblick der *Instauratio Magna* in einer frühen Fassung einmal gestanden hat, belegen Infrarotaufnahmen, mit deren Hilfe 1965 zwei Segelschiffe erkennbar gemacht worden sind, die im Entwurf zunächst zur Rechten und zur Linken des Mönches plaziert waren, dann aber getilgt wurden.[29] Wenn sich auch nicht eben ernsthaft darüber spekulieren läßt, ob der Maler an eine spätere Entdeckung seiner Tat gedacht haben könnte, wird man dem Akt der Übermalung doch eine gewisse Aufschlußkraft zugestehen können. Er lenkt die Aufmerksamkeit auf das, was auf diesem Bild fehlt, genauer: auf den Mangel und die Abwesenheit als seinem eigentlichen Thema.

Es handelt sich, mit einem Wort, um die neuerliche Umdeutung des

Abb. 2 Caspar David Friedrich, Der Mönch am Meer, Öl auf Lw., 110×71,5 cm, 1809/10.

Unsichtbaren. Während in den uneinsehbaren Weiten, auf deren Erschließung Bacons Frontispiz einstimmt, eine Fülle ungeahnter Möglichkeiten beschlossen liegt, wirkt Friedrichs Landschaft, mit seinem eigenen Wort, öd und leer. Gerade die Nachdrücklichkeit seiner Öffnung schließt jeden Gedanken an einen ferneren Übergang aus. Friedrichs Horizontlinie ist verdunkelt, und Licht sendet allein jenes weißliche Gewölk, das in der oberen Bildhälfte dem bleichen Schein des Strandes schwach opponiert. Die Offenhaltung der Frage, ob es sich dabei um ein Zitat, um eine Aktualisierung des *lumen fidei*, oder schlicht um eine Konzession an bildkompositionelle Opportunitäten handelt, mag die Irritationen der Betrachter noch gefördert haben. Das unbekannte Etwas ist längst ins Ungreifbare entrückt, und sein Entschwund gibt schließlich einer Sehnsucht Raum, die, nach den Worten Tiecks, »ewig währt, weil sie ewig nicht erfüllt wird«[30]. Die frühneuzeitliche Vorstellung, daß solches Verlangen in dauerhaftem Besitz sein Genügen finden könnte, ist dieser Regung fremd: *pleonexía*, das Mehrhabenwollen, ist nicht Sehnsucht. Brentano kritisiert Friedrichs Seelandschaft, weil sie ihm diese feine Balance der widerstrebenden Gefühle, der das kleinste Zeichen schon Genüge getan hätte, vorenthält. Statt dessen präsentiert sie ihre Gegenstände in schroffer Direktheit und ohne weiteren Kommentar – »kein Sturm«, wie Marie Helene von Kügelgen ganz im Sinne dieses Einwands in einem Brief an Friederike Volkmann bemängelt, »keine Sonne, kein Mond, kein Gewitter – ja ein Gewitter wäre mir ein Trost und ein Genuß, dann sähe man doch Leben und Bewegung irgendwo«.

Zusammen mit den Schiffen, auf die Bacon die Träume seiner seewärts blickenden Leser projiziert, ist auch die sichtbare Verbindung zum Unendlichen entfallen und dazu jenes spekulative Bündnis von Selbstbehauptung und *humilitas*, die Idee einer durch Dienst und Gehorsam beherrschbaren Natur. Auf dem Sprung in die Abstraktion, begnügt sich Friedrich mit der planen und beinahe schon auf die Fläche zurückgenommenen Weiträumigkeit. Es ist diese Blöße, an der die Empfindungen und Empfindlichkeiten der Zeitgenossen Anstoß nehmen. Der von Kleist verantwortete Kommentarteil faßt das Urteil in ein Gleichnis von schwer zu überbietender Drastik: Da das Gemälde »in seiner Einförmigkeit und Uferlosigkeit« nichts als den Rahmen zum Vordergrund habe, so sei es, wenn man es betrachte, »als ob Einem die Augenlieder weggeschnitten wären«. Die Leere der Landschaft, die schrankenlose Aussicht auf unbezwingliche Meeresweiten, wird als Vorenthaltung erkennbar. Sie verweigert jene Perspektivität, deren konstruktiver Nachvollzug dem Betrachter das Empfinden der Selbstbehauptung gegenüber der unermeßlichen Natur gesichert hatte. Friedrichs Seelandschaft düpiert die Bedürfnisse dessen, der übermächtigen Eindrücken standzuhalten hat und der sich – wie Friedrich Schiller im vierten Akt der *Räuber* – entschlossen zeigt, »die schweigende Oede« notfalls mit seinen »Phantasien« zu »bevölkern«. Von derart trotziger Souveränitätsbehauptung ist der Bildbetrachter der *Berliner Abendblätter* weit entfernt. Die Leere der Tafel wirft ihn auf sich selbst zurück. Er sieht sich als »der einzige Lebensfunke im weiten Reiche des Todes, der einsame Mittelpunct im einsamen Kreis«.[31] Anders als bei Bacon, der daran noch die größten Erwartungen knüpfen konnte, wird die Standpunktlosigkeit nun als Verlust fühlbar. Die frühneuzeitliche Aussicht auf Souveränitätsgewinne durch Anspruchsverzicht weicht der modernen Gewißheit des Ausgesetztseins, dem Verlust metaphysischer Obdachgewährungen. Der Vollzug dieses ideengeschichtlichen Umschwungs hat in Friedrichs Seestück seine Urszene gefunden. Es verweigert dem Betrachterblick das perspektivische Orientierungsangebot, das ihn in die Lage hätte versetzen können, der Überfülle des Reizes zu widerstehen.

Wenn Caspar David Friedrich sich von den Effekten solcher Zurückgeworfenheit seinerseits die Erregung »frommer Ahndung«, die »Erhebung des Geistes« und »religiösen Aufschwung«[32] erhoffte, dann gibt er damit zu erkennen, daß ihm die angesichts der sinnbenehmenden Ausdehnung des Schauplatzes lautgewordenen Empfindlichkeiten seines Publikums zugänglich gewesen, ja, daß sie ihm als Vorzeichen der Katharsis und der Läuterung gelegen gekommen sind. Der Romantiker, der den Betrachter seines Bildes durch die Motivwahl ebenso beeindruckt wie durch seine Darstellungstechnik, quittiert die Auflösung der Perspektive mit der Wiederherstellung der Transzendenz. Das Göttliche und Unendliche sei des Menschen Ziel, sagt Friedrich, »die Kunst ist's, nicht der Künstler, wonach er streben soll«.

Aber diese Lesart, daher rührt die häufig bemerkte Zweideutigkeit der romantischen Epoche, ist nicht zwingend, denn längst ist die platonistische Observanz vielfältig gebrochen. Seit Bacons Pathostransfer erschließt das von Valéry einmal so genannte *théâtre Marin* die Welt des Sichtbaren als die Welt des Menschen, und das mit einer Grundsätzlichkeit, der auch der Vorbehalt der Unzukömmlichkeit nichts anhaben kann. Bacons Umwertung ebnet den Weg in die von den Unwägbarkeiten des Außerordentlichen befreite Geheimnislosigkeit der wissenschaftlichen Vernunft. Die paradoxieanfällige Selbstüberbietung des Perspektivischen, jenes Ideal der von den Idolen befreiten *nuditas animi* und der *humilitas*, hat seither die Mitbedeutung, nicht nur für die Stimme des Absoluten, sondern auch und vor allem für die sinnliche Aufnahme des Sichtbaren in seiner eben hergestellten Immanenz empfänglich zu machen. Dieses Verlangen und seine tiefe Zweideutigkeit findet mit dem rahmenlosen Meeresblick seine absolute Metapher.

Wie nur »ein reiner, ungetrübter Spiegel« ein reines Bild wiedergeben könne, so könne auch nur »aus reiner Seele« ein wahrhaftes Kunstwerk hervorgehen[33] – mit diesem Vergleich hat Friedrich die Sprachgeste Bacons aufgenommen und aktualisiert. Seine revolutionäre Formensprache ist durch einen Konservatismus motiviert, der das vom Zudrang der Abbilder verdeckte Urbild zurückgewinnen möchte. Doch dieses Grundanliegen hat die Verselbständigung der Szene nicht aufhalten können. Vor einem Vierteljahrhundert hat Michel Foucault in dem vielbeachteten Schlußbild seiner *Ordnung der Dinge* von der Wahrscheinlichkeit gesprochen, daß jene junge Erfindung, die der Mensch sei, verschwinden werde »wie am Meeresufer ein Gesicht am Strand«. Es bedarf nicht des umständlichen Räsonnements über die Aktualität der Romantik, um auf die flagrante Übereinstimmung der Sujets aufmerksam zu werden. »Tief zwar sind deine Fußstapfen am öden sandigen Strandte; doch ein leiser Wind weht darüber hin, und deine Spuhr wird nicht mehr gesehen: Thörichter Mensch voll eitlem Dünkel! – –« – so Friedrichs Gedanken vor seinem Gemälde, die er offenbar zwischen dem Herbst 1809 und dem Sommer 1810 niederschrieb. Daß die freie Kommentierung des Gemäldes und das Schlußbild des Theoriestücks ungeachtet disparater Provenienzen auf die gleiche Abschiedsszene verfallen sind, wird in der Beleuchtung des Perspektivismus als riskante Plausibilisierung des Metaphorischen faßbar: *Einstellungen veranlassen Metaphern, Metaphern Einstellungen.*

Perspektivistisches Philosophieren, wie es die historische Semantik einerseits erfaßt und beschreibt, andererseits aufnimmt und fortsetzt, wird die unbegrifflichen Ingredienzien der Begriffswelt und damit ihre Geschichtlichkeit stets gegenwärtig halten. Wir können, in diesem Sinne hat sich einmal Gottfried Benn geäußert, unsere Ahnen nicht davon abhalten, sich in unser Begreifen vorzudrängen. Anders als die asketische Wissenschaft – die Bacon noch mit den Mitteln derer auf den Weg brachte, deren Welt preiszugeben er entschlossen war – kann die Philosophie es sich leisten, dem beizupflichten und hinzuzusetzen: Wir brauchen es auch nicht.

WELTTHEATER ALS DASEINSMETAPHER

Quand il sort du théâtre, l'acteur recommence aussitôt à jouer son rôle d'acteur.
René Magritte, *Le temps passe*

In der Mehrdeutigkeit der umgangssprachlichen Wendung, daß jemand *eine Rolle spiele*, offenbart sich ein Zwiespalt, dem ein sachlicher Konflikt durchaus entspricht. Denn zu sagen, dieser oder jener spiele eine Rolle, heißt zunächst einmal – besonders, wenn die Aussage durch ein restriktives »nur« getönt ist –, daß er angelerntes Verhalten reproduziert, daß er fremden Vorgaben folgt und sich im übrigen, was die Eigenart seiner Person betrifft, verstellt. Die Rolle ist das Uneigentliche, ja Unbehagliche, und gut beraten ist, wer sich ihrer möglichst rasch entledigt.

»Wohl dem, der nach kurzgespielter Rolle / Seine Larve tauschet mit Natur, / Und der Sprung vom König bis zur Erdenscholle / Ist ein leichter Kleiderwechsel nur.« Schillers *Elegie auf den Tod Johann Christian Weckerlins* aus dem Jahre 1781 ist ein metapherngeschichtlicher Grenzfall, der ein konventionelles Bildreservoir mit einer neuen, kritischen Lesart verbindet. Findet sich nämlich auf der einen Seite der Rollenspieler, ganz der überlieferten *theatrum mundi*-Tradition und ihren metaphysischen Implikationen entsprechend, erst im Augenblick des allgemeinen Abgangs (*exeunt omnes*) von den Lasten und Bedingungen seines irdischen Daseins befreit, so ist doch das Nebeneinander von Todes- und Naturmotivik, wie es das Bild der »Erdenscholle« stiftet, bereits tief zweideutig. Der »leichte Kleiderwechsel«, den ehedem eine über den individuellen Tod hinaus verantwortliche Intendanz erträglich gestalten mochte, zeigt die Züge rhetorischer Selbstbeschwichtigung. Das Trauerlied zitiert nicht nur die herkömmlichen Geltungen, es streift auch das Bedenken einer Kritik, für die *Rolle* und *Natur* streng zu alternieren begonnen haben. Die soziale Theatralik und ihre Orientierungsangebote verfehlen nunmehr gerade das, was dem Menschen seinem Wesen nach zukommt.

Längst ist solchem Zweifel die Unerschrockenheit derer abhanden gekommen, die, wie Lessing noch über die Gestimmtheit der Herrnhuter-Gemeinde zu berichten weiß, der Überzeugung leben, »die Weisheit würde uns die Maske nicht ablegen heissen, wenn wir unsere Rolle nicht geendigt hätten«[1]. Anders als die Tradition bestimmt Schiller die Rolle nicht mehr nur metaphysisch und religiös, sondern auch sozial und kulturell. Die Umdeutung und die durch sie eröffnete Distanzierungsmöglichkeit nimmt Anstoß an der Konformität der Rolle. Das Nachgeahmte und bloß Angenommene, so lautet die Kritik, und die naturferne Minaudrie der Rolle opponiert dem ganz als das Ursprüngliche zu denkenden *Leben*, das der junge Schiller hier noch einmal der »kurz gespielten Rolle« gegenüberstellt und, in neuerlicher Zweideutigkeit, als »ewiges Leben« herbeizitiert. In der Vergegenwärtigung des Natürlichen als des Übernatürlichen, wie es die Formel vom »ewigen Leben« spannungsreich zusammenfaßt, scheint die Fülle eines Daseins vor, das den Menschen als ein autonomes Wesen sieht und als souveränen Gebieter seines Tuns und Lassens.

Das ist das eine. Zum anderen aber und förmlich im Gegensatz dazu kann die Redewendung auch eine Anerkennung zum Ausdruck bringen. Wer in diesem Sinne *eine Rolle spielt*, der behauptet eine markante Position und kann darin erfolgreich deutlich machen, daß ihm Wertschätzung und Anerkennung mit Recht zuteil werden – und dies vor allem im Unterschied zu dem, von dem man sagen muß, daß er *keine Rolle spielt*. Ein solches Attest ist in auffälliger Weise evident. Nur der, von dem andere *sagen*, daß er eine Rolle spiele, ist berechtigt zu glauben, daß er sie tatsächlich spielt. Der Bescheid ist weniger an Inhalte und konkrete Ausgestaltungen gebunden als an Reputation und Rang. Es verdankt sich allein der Kommunikation der sozialen Bedeutungen.

Was dieser Lesart also Anlaß für Zustimmung und Anerkennung ist, moniert jene als bald freiwillige, bald unfreiwillige, doch allemal illegitime Unterwerfung unter die Vorschrift einer anonymen Intendanz. Die von der einen Seite als Gelegenheit zu expressiver Selbstdarstellung begrüßte Konvergenz von Realität und Fiktion dient der anderen als Anlaß für Ideologiekritik und profanisierte Gewissenserforschung. Und dennoch schließen die Auffassungen einander nicht vollkommen aus. Seit den Tagen der Authentizitätsdiskurse, wie sie das Tagebuch, die Autobiographie und das literarisch meist weniger ambitionierte, aber zu kontinuierlicher Reflexion und Besinnung anhaltende *livre de raison* vielfältig gefördert haben, ist das Bedenken unabweislich, die Kritik der Rolle entwickle die Auffassung der Welt als Fiktion und Theater nur immer weiter fort. Voraussetzung dieses Effekts ist eine besondere Eigenschaft der Theatermetaphorik: sie ist allumfassend und totalitär. Es gibt nichts, was sich nicht als Veranstaltung eines Bühnenspektakels auffassen ließe, und das gilt nicht zuletzt auch für das Gewahrwerden und Aussprechen dieser Einsicht selbst. Unweigerlich läßt sich der Kritiker ebenfalls auf einen Bildbereich ein, der jeden Gegenstand außer ihm und schließlich sogar sich selbst, nämlich in Gestalt der Bühne auf der Bühne, darzustellen vermag. Und so ist es nur konsequent, wenn die häufig mit antitheatralischem Affekt vorgetragene Aufforderung, *die Masken fallen zu lassen* oder, in einer aktuelleren Version, *Verdrängtes zuzulassen* und *mit Tabus zu brechen*, also aus der Fiktion der theatralischen Institutionen herauszutreten und sich *offen* zu zeigen, der vermeintlich gebrochenen Autorität des Schauspiels erst ihre bezwingende Überzeugungskraft verleiht.

Die Rollenkritik gehört zum Repertoire. Das hat der von Carl Schmitt einmal so genannten »offiziellen Ablehnung des Offiziellen«[2] neben dem Vorwurf der Selbstwidersprüchlichkeit den Einwand der politischen Naivität eingetragen. Gerade in einem Klima des Argwohns ist die Anprangerung der Täuschung die Bedingung der Möglichkeit ihrer Vollendung. In der Inszenierung und Beglaubigung von Authentizität, wie sie heute im Zeichen universaler Medienvermittlung durch das magische Prädikat »live« hergestellt wird, erreicht das theatralische Moment seinen Gipfelpunkt. Doch die kulturkritisch motivierte Flucht in die Geheimnislosigkeit führt nur immer tiefer in das Labyrinth der Illusionen. Die unter solchen Umständen nur verstärkten Eigentlichkeitspostulate machen die Pose des Kritikers unumgänglich. Er selbst übernimmt die Bürgschaft für die Echtheit, an deren Schwund er erinnert und die, wie er zu verstehen gibt, durch das Spiel der Simulationen verdrängt und überhaupt jeder Triftigkeit beraubt wird. Umgekehrt ist die wirksamste Maske der Verstellung die Wahrhaftigkeit – und eben dies ist die vertrackte Erfahrung, auf die die Rollenmetapher eine ebenso vielsagende wie unbefriedigende, da stets nur vorläufige Antwort improvisiert. Sie erklärt nämlich den Versuch, eine klare Grenzlinie zwischen Wahrheit und Illusion, zwischen Eigenem und Fremdem zu ziehen, selber für illusionär.

Gelegenheit zum Triumph findet sich also weder hier noch dort. Die Einsicht in die Zweideutigkeit von Eindeutigkeitserwartungen, die über *fiction* und *nonfiction* definitiv Auskunft zu geben versprechen, muß gleichwohl nicht auf Zynismen hinauslaufen. Auch für diejenigen, die auf dem Rollentheater irritiert nach den Spuren des Lebens suchen, liegt hier ein Trost bereit – ein Trost allerdings, der seine beschränkten Kräfte nichts anderem verdankt als der semantisch instabilen Position der Metapher. Die Wahrheit, um noch einmal mit Schiller zu sprechen, lebt in der Täuschung fort.

Metapher oder Begriff

Jeder Theorie wird ihre Metaphorik irgendwann zur Last. Das gilt auch da, wo Einschlägigkeit und lebhafter Gebrauch die metaphorische Substruktur eines Begriffs unter die Aufmerksamkeitsschwelle von Fach- und Gemeinsprache haben absinken lassen. So in der Rollentheorie. Der Begriff der Rolle sei gegenwärtig noch immer reichlich vage, verschwommen und unbestimmt, hieß es 1951 in einer von zwei nordamerikanischen Sozialwissenschaftlern vorgelegten Bestandsaufnahme. Obwohl er in der Literatur weit verbreitet sei, werde nirgends die Absicht erkennbar, den Begriff zu definieren oder wenigstens einzugrenzen.[3]

Aus der zeitlichen Distanz betrachtet, ist an diesem frühen Zwischenfazit zumindest zweierlei bemerkenswert. Zum einen ähneln diese Beanstandungen in frappierender Weise den landläufigen Standards der Metaphernkritik, zum anderen ist mittlerweile erkennbar, daß sich trotz der in diesem kritischen Votum angedeuteten Aussicht auf Besserung – will sagen: auf eine Präzisierung der Leitbegriffe – auch späterhin, nachdem die Rollentheorie längst über Nordamerika hinausgegriffen hatte, erstaunlich wenig geändert hat. Die metaphorische Substruktur blieb auch in der Sprache der Sozialtheorie erhalten, und es ist ganz offensichtlich die ebenso zweideutige wie fragwürdige Evidenz der *Metapher*, welcher auch der *Begriff* der Rolle seine Tauglichkeit verdankt.

Die Theorie der Theoriesprache gesteht die Metaphorizität ihrer Begriffe allerdings ungern ein. Verbreitet ist ein metaphernkritischer Gestus, der – um hier nur die wichtigsten Einwände anzuführen[4] – die Unvereinbarkeit von Bildersprache und Wissenschaftlichkeit behauptet und im Gegenzug auf der Norm eindeutiger und klarer Terminologie besteht; der den semantischen Überschuß der Metapher durch die Ökonomie einer knapp und präzis formulierten Wissenschaftssprache eingedämmt wissen möchte; der sodann eine mangelnde Verifizierbarkeit metaphorisch präsenter Sachverhalte unterstellt und der schließlich die Evokation oder Verstärkung schwerlich zu korrigierender, ohnehin dem Alltagsbewußtsein eigener Irrtümer befürchtet, die, wie versichert wird, eine konsistente und auf überprüfbaren Definitionen aufbauende wissenschaftliche Terminologie von vornherein auszuschließen vermag.

Der Philosophie ist diese Einstellung ebenfalls vertraut. Vor allem da, wo es auf Formalisierbarkeit drängt, setzt das philosophische Sprachideal auf klare und distinkte Begriffe, deren Geschichte unter solchen Voraussetzungen allenfalls als unvollkommene Annäherung an ein tatsächlich Gemeintes, wenn nicht als Hypothek erscheinen muß. Von Anfang an gehört es zu den Selbstverständlichkeiten solcher Analytik, auszumustern, was sich den Standards der Formalisierung und Verallgemeinerung widersetzt – ein Verzicht, den bereits Aristoteles in Kauf nahm, als er in seiner *Metaphysik* »Wesen« und »Substanz« aus dem Zuständigkeitsbereich der wissenschaftlichen Vernunft verwies. Es liegt in der Konsequenz dieser Strategie, der als Mißstand empfundenen Vieldeutigkeit überlieferter philosophischer Formen durch ein um allgemeine Verbindlichkeit bemühtes Glossar abhelfen zu wollen, das die Geschichte der Bedeutungen und damit das Gesamtinteresse der historischen Semantik absorbiert. Das mittlerweile in 13. Auflage erschienene *Vocabulaire technique et critique de la philosophie* von André Lalande empfiehlt sich dem Benutzer in diesem Sinne als ein Beitrag zu einem »wohlbestimmten Gebrauch der Begriffe«. Die Metapher wird unter diesen Voraussetzungen als mangelhafte Sprachform wahrgenommen, als Beispiel für jene Adiaphora, derer sich das Denken nun einmal behelfsmäßig zu bedienen geneigt ist, die aber nach Möglichkeit zu überwinden sind. Die bedeutungsverändernden Prozesse erscheinen als eine Folge von Überbietungen und Verdrängungen, an denen einzig und allein interessiert, was nach der Ausfällung von Irrtümern und Abwegen an Richtigem und Gültigem auf Dauer zu bestehen vermag. Stellvertretend für die Formen und die Fälle der Unbegrifflichkeit wird die Metapher als der besonders eindrucksvolle Fall jener »Verhexung unsres Verstandes« präsentiert, welcher der unermüdliche »Kampf« gerade der Philosophie zu gelten habe. »Ein *Bild* hielt uns gefangen«, notiert Ludwig Wittgenstein in seinen *Philosophischen Untersuchungen.* »Und heraus konnten wir nicht, denn es lag in unsrer Sprache, und sie schien es uns nur unerbittlich zu wiederholen.«[5]

Der Hinweis auf die Sprachnot, die das obsessive Bild lindert, um damit zugleich seine illegitime Herrschaft zu entfalten, führt die Schwierigkeiten und Bedenken auf eine grundsätzliche Ebene zurück. Aber gerade dieser Schritt ist es auch, der unversehens eine Rehabilitation der Metapher in die Wege leitet. Denn wenn, wie die *Philosophischen Untersuchungen* an gleicher Stelle erläutern, die Probleme einer auf Exaktheit verpflichteten Sprache »nicht durch Beibringen neuer Erfahrungen, sondern durch Zusammenstellung des längst Bekannten« gelöst werden, dann nimmt dieses Verfahren eben damit die genuine Praxis der Metapher auf. Die Metapher stiftet Beziehungen, indem sie differente Tatbestände und Sachverhalte füreinander eintreten und das heißt: Unbekanntes durch Bekanntes, Unverfügbares durch Verfügbares sprechen läßt. Es handelt sich, wie die eingangs am Beispiel des griechischen Malers geschilderte Urszene der Metapherngenese zeigt, um eine *Übertragung*: Als er bemerkte, daß der Schmerz des Agamemnon seine Darstellungsmittel überfordern würde, ersetzte Timanthes den Ausdruck der Trauer durch einen Schleier und wies damit indirekt, mit Hilfe eines Verfügbaren, auf den im übrigen unbeschreiblichen Affekt, also auf das Unverfügbare. Die anstößige Resistenz des Metaphorischen beruht auf derart elementaren Leistungen.

Was den Geltungsbereich und die Geschichte des Rollenmotivs betrifft, so könnte die Zäsur kaum tiefer sein: *Die Einsetzung des wissenschaftlichen Begriffs verdrängte die Metapherngeschichte.*

Die philosophische Begriffsgeschichte übergeht solche Umbesetzungen für gewöhnlich. Wer die Geschichte der Begriffe erzählt, läßt sich auf Metaphern nur ein, wenn es sich schlechterdings nicht vermeiden läßt. Im Begleitwort zum ersten Band des *Historischen Wörterbuchs der Philosophie* hat Joachim Ritter für diesen Verzicht ökonomische, nämlich Überforderungsgründe geltend gemacht, und solchen Rentabilitätsrücksichten ist angesichts des Umfangs, den dieses Unternehmen seither angenommen hat, vernünftigerweise kaum zu widersprechen. Eine bedeutungsgeschichtlich aspektierte Genealogie jedoch, die ihren deskriptiven Grenzwert in der »Gesamtheit von anonymen, historischen, stets im Raum und in der Zeit determinierten Regeln« findet, »die in einer gegebenen Epoche und für eine gegebene soziale, ökonomische, geographische oder sprachliche Umgebung die Wirkungsbedingungen der Aussagefunktion definiert haben«[6], wird sich darüber hinaus zu der Frage herausgefordert fühlen, welche theoretischen und semantischen Konsequenzen eine derartige Intervention zeitigt. Die erweiterte Aufmerksamkeit sensibilisiert für die Umstände der Entstehung, die von der begriffsgeschichtlichen Pragmatik für gewöhnlich unbefragt hingenommen werden. Der Begriff wird mit dieser Umstellung als das Resultat einer theoretischen Ausgangslage faßbar, die er in charakteristischer Weise reorganisiert. Das noch von jeder gut erzählten Begriffs- und Bedeutungsgeschichte hervorgerufene Erstaunen darüber, daß vergangene Zeiten eine Vielzahl der Formen und Formeln entbehrten und entbehren konnten, die inzwischen als unverzichtbare Instrumente der Weltorientierung gelten, während sie sich zugleich solcher Begriffe bedienten, die – wie »Weisheit«, »Seele«, »Tugend«, »Würde«, »Bildung«, »Ehre« oder »Persönlichkeit« – heutzutage entwertet sind, darf als Hinweis darauf genommen werden, wie gründlich die einmal durchgesetzten Begriffe für gewöhnlich mit der Spur ihrer Vorgeschichte auch die Effekte ihrer Intervention in das Spektrum der Bedeutungen verwischen. Es ist dieses *vor-* und – sofern es mit der Terminologisierung nicht absorbiert wird – *unbegriffliche* Bedeutungsreservoir, das die Wohldefiniertheit der Begriffe vereitelt und auf diese Weise auch ihre Geschichte ermöglicht. Die Aufmerksamkeit der historischen Semantik gehört solchen Umbruchszenen. Sie erfaßt jene Grundschicht der Motive und Bilder, die für eine Zeit Formulierungsvoraussetzungen und Interventionsbedingungen sind.

Angesichts ihrer Sperrigkeit war die Terminologisierung der Rollenmetapher, die – ohne als punktuelles Ereignis faßbar zu sein – um die Wende zum 20. Jahrhundert erfolgte, in gewisser Hinsicht konsequent. Sie entfaltete ihre schwer kalkulierbare Wirkung bis dahin in einer Art funktionaler Dysfunktionalität, also in der Öffnung und Offenhaltung von Sach- und Personalbeziehungen, um deren terminologisch akkurate Beschreibung es nun gerade gehen sollte. »Alle Annahmen und Theorien der Soziologie sind stets ausschließlich Annahmen und Theorien über *homo sociologicus*, also über den Menschen in der entfremdeten Gestalt eines Trägers von Positionen und Spielers von Rollen« – mit diesen mittlerweile leicht patinierten Worten kommentierte Ralf Dahrendorf Ende der fünfziger Jahre die eingetretene Interessenverschiebung[7], um mit seiner Beobachtung zugleich das spezifische Selbstverständnis der Soziologie und die zentrale Stellung des Rollenparadigmas auszusprechen. Demnach bezeichnet die Rolle nicht irgendein Thema oder irgendein terminologisches Instrument, sondern sie ist die Chiffre der spezifisch soziologischen Weltwahrnehmung schlechthin. Ein gewisses Unbehagen überdauerte freilich den Konventionalisierungsprozeß. Einerseits konnte sich das Fach nicht dabei beruhigen, die Beschränkung seiner Weltwahrnehmung auf den *point de vue du groupe*[8] einfach hinzunehmen, andererseits hätte es der Effizienz seiner Dienstleistungen geschadet, die sprachlichen und theoretischen Effekte jener Ineffabilität zu erwägen, um deren Ausschluß willen es das Rollenparadigma einst aufgenommen hatte.

Um diesem Dilemma zu entrinnen, mußte die Rede von der »Rolle« terminologisch gefaßt werden. Einer der Höhepunkte jener Debatte war denn auch die dezidierte Entmetaphorisierung. »Was am Rollenbegriff soziologisch ist«, hieß es, »ist keine Metapher, und was an ihm Metapher ist, ist nicht soziologisch.«[9] Das war deutlich. Es zeigte sich und sollte aus der Sicht der Fürsprecher auch gar nicht anders sein, daß das Individuum immer schon als Teil einer ihm in Gestalt hochdifferenzierter Erwartungszusammenhänge und Verbindlichkeiten entgegentretenden *social scene* wahrgenommen wird, die ihre Regeln durchsetzt, indem sie die Partikularität eines jeden Mitgliedes festlegt und damit noch die Freiräume umgrenzt, in denen sich die Fiktion »sozialer Unberührbarkeit« (Helmuth Plessner) entfalten kann.

Dementsprechend reflektiert sich das soziale Selbst, das Charles Horton Cooley kurz vor der Jahrhundertwende als *looking-glass self*, als Spiegel-Ich beschrieben hatte, in der Vorstellung der anderen von ihm. Es definiert sich im Blick auf das Gegenüber, das es als seinen Spiegel auffaßt.[10] In ihm erkennt es sich, in ihm stellt es sich dar, vor ihm »spielt es seine Rolle«. Die Spiegelmetapher trägt in diesem Modell der vorsätzlichen, um die Objektivationsqualität von »Hinter-Szenen-Begriffen«[11] bemühten Oberflächenorientiertheit der soziologischen Wahrnehmung Rechnung. In derselben Weise dokumentiert die Rollenmetapher die Beiläufigkeit des von vornherein rollen*theoretisch*, nämlich als Element eines Funktionszusammenhangs vorgestellten subjektiven Handelns und Verhaltens, bei dem es für die Betreffenden darum gehen soll, die in der Rolle gebündelte Normativität des Sozialverhaltens zu einem permanenten Balanceakt zwischen Anpassung und Selbstdarstellung zu nutzen.

Metaphern jedoch verweigern sich solchen glatten Lösungen und den semantischen Begradigungen, und deshalb sind sie für die historische Semantik interessant. Ohne die von ihr ausgewiesenen Diskrepanzen für hintergründige Innerlichkeitserwägungen auszubeuten, vergegenwärtigt die Rollen*metapher* die signifikante *Differenz* zwischen Eigen- und Fremdwahrnehmung, zwischen Individuum und Gesellschaft, die das entmetaphorisierte Rollenkonzept »immer schon« vermittelt weiß.[12] Dies zeigt besonders eindrucksvoll die frühe Selbstbeschreibung Heinrich von Kleists, in der die Erfahrung sozialer Desintegration metaphorisch mitgeteilt wird:

> »Indessen wenn ich mich in Gesellschaft nicht wohl befinde, so geschieht dies weniger, weil andere, als vielmehr weil ich mich selbst nicht zeige, wie ich es wünsche. Die Notwendigkeit, eine Rolle zu spielen, und ein innerer Widerwillen dagegen machen mir jede Gesellschaft lästig, und froh kann ich nur in meiner eignen Gesellschaft sein, weil ich da ganz wahr sein darf. Das darf man unter Menschen nicht sein, und keiner ist es – Ach, es gibt eine traurige Klarheit, mit welcher die Natur viele Menschen, die an dem Dinge nur die Oberfläche sehen, zu ihrem Glücke verschont hat. Sie nennt mir zu jeder Miene den Gedanken, zu jedem Wort den Sinn, zu jeder Handlung den Grund – sie zeigt mir alles, was mich umgibt und mich selbst in seiner ganzen armseligen Blöße und dem Herzen ekelt zuletzt vor dieser Nacktheit.«[13]

Das von Kleist aufgewiesene Dilemma besteht darin, daß die emphatisierte Individualität *weder* innerhalb *noch* außerhalb der Gesellschaft mit der erwarteten Nachdrücklichkeit durchgehalten werden kann. Ein solches Votum ist charakteristisch für metaphorische Zweideutigkeit. Kleists polemische Rollenmetaphorik plädiert einerseits für die Ansprüche eines Individuums, das sich den Erwartungen seiner sozialen Umgebung zu entziehen sucht, aber sie enttäuscht doch auch die Zuversicht derer, die langfristig die Realisierung der in ihrer aktuellen Vergesellschaftung bloß »verhüllt« scheinenden – »entfremdeten« (Dahrendorf) – Subjektivität glauben erhoffen zu dürfen. Das spezielle, mit der Rollenmetapher entfaltete Wechselspiel von Täuschung und Enthüllung, von Illusion und Wahrheit, läßt Aufrichtigkeitsappelle und Spontaneitätsaufrufe ungehört verhallen, oder es integriert sie mühelos in seine allumfassende Weltwahrnehmung. Eben diesen Effekt, den die Soziologie dann bei der Arrondierung ihrer Verhaltensbeschreibungen aufgreift, pointiert Kleist als Dilemma. Ihm geht es um die Sicherung einer spezifischen, von der später dominierenden Beobachtungssprache der Wissenschaft eingezogenen *Differenz*. Das Interesse dieses Beobachters gilt dem, was nicht Rolle ist und was sich einstweilen jeder Positivierung entzieht. Es ist gerade dies, was die auf die Semantik des Theatralischen zurückgenommene Semantik des Sozialen immer schon ausschließt. Aus ihrer Sicht ist der Außenstehende ein Phänomen der Selbsttäuschung, ein Akteur, der sich über das Apriori des Sozialen hinwegsetzt und der gerade auch als Verweigerer der Rolle eine Rolle spielt. Die Totalisierungseffekte der ungeliebten, aber in solchen Bedeutungszuweisungen wiederaufgenommenen metaphorischen Substruktur reformulieren die von den Kritikern beanspruchte Differenz als undurchschaute Spielart des durch ungezählte Varietäten nur immer wieder bestätigten Immergleichen.

Kleist trägt dem Rechnung, indem er über das Wort und das Gesagte hinaus durch die Geste spricht, durch Abweichung und Abwehr. Tatsächlich erschließt das Individuelle und das »Ich« dieses Briefes die Dimension des Namen- und Begriffslosen, eine aus der Pointierung der Metapher gewonnene Unbegrifflichkeit, und so verbietet es sich, wie man zutreffend bemerkt hat[14], mit Blick auf Kleist in jenem nachdrücklichen Verständnis des zeitgenössischen Idealismus, vor dem er zurückschreckte, von »Subjektivität« zu sprechen. Kleists Interpretation des sozialen Dramas erschließt sich über die Fähigkeit einer feingestimmten Wahrnehmung, deren Sensorien offensichtlich physiognomisch geschult sind. Doch anders als Ludwig Tieck, der Kleists Theatervergleich mit seinem Roman *William Lovell* (1793) mutmaßlich angeregt hatte, gewinnt dieser Physiognomiker aus seinen Einsichten kein neues, begriffsförmig profilierbares Selbstbewußtsein. »Wir adeln aus einem törichten Stolze alle unsre Gefühle«, hatte es in Tiecks Roman geheißen (I, 17), »wir bewundern die Seele und den erhabenen Geist unsrer Empfindungen und wollen durchaus nicht hinter den Vorhang sehn, wo uns ein flüchtiger Blick das verächtliche Schauspiel der Maschinen enträtseln würde.« Während hier der Blick in die Kulissenwelt vermieden wird, um die Funktionstüchtigkeit der lebensdienlichen Illusionen zu retten, weist Kleists Brief die Zumutungen der theaterförmigen Sozialität, die den einzelnen auf seine »armselige Blöße« reduziert, überhaupt zurück. Der Briefsteller stellt sich außerhalb einer Situation, die für gewöhnlich selbst diejenigen noch zum Mitspielen gewinnt, die um die Theatralik der sozialen Welt wissen. Aus dieser Position wird endlich beides überschaubar – das dramatische Spiel, in dem die Akteure sich einvernehmlich ergehen, und außerdem das gesellschaftliche Theater, jenes Apriori, das dafür seine Räume und das Gesetz bereitstellt. Kleists *Distanz* ist die Voraussetzung, der so gewonnene *Anblick* das Motiv für die Abkehr von einer Welt, die bloß Theater ist.

Angesichts dieses doppelten Vorbehalts fällt es schwer, Kleists alternative Position im Rückblick angemessen – also in *nicht* rollentheoretisch präformierten Begriffen, wie etwa der bereitgehaltenen »negativen Rollendistanz« – zu beschreiben. Es gilt hier zu sehen, daß diese Schwierigkeit in der Natur der Sache gründet. Der Kritiker des Theaters, der es ernst meint, ist darauf angewiesen, seine Spur zu verwischen. Das totalitäre Moment der Bühnenmetaphorik zwingt ihn, eine Stellung außerhalb ihres allumfassenden Geltungsbereichs zu suchen. Um seiner Glaubwürdigkeit willen muß er sich abwenden, denn das Rollenspiel beherrscht nicht nur die Szene, es erfaßt alles um sich her, indem es jedermann funktional zu sich ins Verhältnis setzt. Vor dem Hintergrund seiner Genese deutet dieses Dilemma auf die Ambivalenz des Metaphorischen. Einerseits ist die Inkommensurabilität des Individuums eine Vorstellung, die sich der herkömmlichen Bühnenmetapher mühelos anschließen läßt, da sie durch den umfassenden Illusionismus des Theaters immer wieder, wenngleich *contre cœur*, herausgefordert wird[15]; andererseits ist sie innerhalb des Bildfeldes nicht widerspruchsfrei darstellbar. Der durch die Erinnerung an die Metapher bestärkte Protest der Individualität gründet auf der Erfahrung, daß die theaterförmige Welt und alles, was sich wissenschaftlich, und das heißt in diesem Falle: aus der Warte des terminologisierten *point de vue du théâtre* über sie sagen läßt, ihrer Selbsterfahrung äußerlich bleibt.

Während Kleist dieses Dilemma als Aporie offen und unvermittelt stehenläßt, reformuliert Nietzsche den Sachverhalt genealogisch. Nietzsche führt die aufklärerische Metaphernkritik, den Willen zur Entschleierung und zur Bildung unzweideutiger Begriffe, auf ihre Anlässe zurück, um die Metapher – und namentlich die Metaphoriken des Schauspiels, des Scheinens und des Verhüllens – offensiv zu rehabilitieren. Der Wille zur Wahrheit, der Wunsch zu enthüllen und zu demaskieren, erscheint in dieser Perspektive selber als Figur im Maskenzug einer Erkenntnis, die gerade in ihren Vereindeutigungen, in der Unbedingtheit ihres Entweder-Oder, das selbstgesetzte Ziel der Welterklärung und des Weltverstehens verfehlen muß. Die einseitige Favorisierung des Begriffs, die die Geschichte der Rollenmetapher dann um 1900 definitiv beschloß und ablöste, führte zum Verlust solcher Irritationserfahrungen, die – wie im folgenden zu zeigen sein wird – die Vorgeschichte des Rollenbegriffs und seine semantische Fülle geprägt und ausgezeichnet hatten.

Die weit ausgreifende Geschichte der Welttheatermetaphorik tritt mit Beginn der Neuzeit in ein kritisches Stadium. »Die meisten unserer Beschäftigungen sind Mummenschanz. Mundus universus exercet histrioniam. Man muß seine Rolle getreulich spielen (*il faut jouer deuement nostre rolle*), doch als eine angenommene Schauspielerrolle (*comme rolle d'un personnage emprunté*). Aus Maske und Faltenwurf darf man nicht ein wirkliches Wesen (*une essence réelle*) machen, noch aus dem Fremden ein Eigenes.«[16]

Als Montaigne diese Sätze in der zweiten Hälfte des 16. Jahrhunderts niederschreibt, ist der Theatervergleich längst Gemeingut. Aber in die seit der Antike überlieferten Formulierungen mischen sich nun Zweifel an der Daseinsgeborgenheit des einzelnen, und es schwindet, was Arnold Gehlen die »Hintergrundssicherheit des Erfülltseins virtueller Bedarfslagen« genannt hat. Die Epoche des Umbruchs zwingt zur Formulierung neuer Orientierungsangebote, deren Gültigkeit sich nun nicht mehr von selbst versteht, und zur Vorlage von Positionsbeschreibungen, die mit den Risiken der Vorläufigkeit und der Unbestimmtheit behaftet sind. In dieser Situation beweist das überlieferte Bildreservoir der Theatermetaphorik seine Zweckdienlichkeit und Versatilität. Montaigne wird das von ihm selbst aufgewiesene Problem angehen, indem er die »Rolle« aufteilt und der *angenommenen*, ihm *angetragenen* Rolle die *eigene* und *einzigartige* spannungsvoll, aber ohne die für die spätere Zeit bezeichnende Forcierung von Diskrepanzen gegenüberstellt.

Die verzweigten Wege der *theatrum mundi*-Metaphorik führen zurück auf den Platonismus. Die durch die Übersetzungsleistungen der Renaissance angeregte und verstärkte Auseinandersetzung erfährt zu Lebzeiten Montaignes einen ihrer Höhepunkte. In Florenz hatte Ficino die Werke Platons und Plotins vollständig übertragen, die dann 1468 und 1484 erschienen waren. Für den Platonismus besteht die Attraktivität der Theatermetaphorik darin, Handlungsvorgaben zu machen, deren Qualität sich vorrangig an der Genauigkeit bemißt, mit der sie eingehalten werden. Die Freiheit des Handelns besteht darin, sich mit Gründen für einen bestimmten Weg zu entscheiden, der unter mehreren möglichen der beste ist. Dem guten Handeln geht somit eine Einsicht voraus, nämlich das Wissen um die Leitbildfunktion der Ideen. Nur ein Handeln, das sie zum Muster nimmt, verdient gutgeheißen zu werden. »Denken wir uns ein jedes von uns lebenden Wesen als eine Marionette der Götter, mag sie nun als Spielzeug für diese oder zu irgendeinem ernsten Zweck zusammengesetzt worden sein.« (Leg. 644 e) Die Marionettenparabel betont den deterministischen Zug und fordert dazu auf, im Hin und Wider der Leidenschaften den illusionären Charakter der Erscheinungen zu durchschauen und den triebhaften Begierden des Leibes zu widerstehen. Die menschliche Unvollkommenheit verlangt nach einer Orientierung, die durch die Führung der Marionette und den im vorhinein festgesetzten Schriftauszug der Rolle gesichert ist.

Der Mensch soll sich als Spielzeug Gottes wahrnehmen, sagt Platon, denn dies sei in der Tat das Beste an ihm. »Dieser Rolle (*trópos*) nun sich fügend und die allerschönsten Spiele spielend, muß ein jeder, Mann und Frau, sein Leben zubringen in einer der jetzt herrschenden entgegengesetzten Denkweise.« (Leg. 803 c) Die platonistisch konzipierte Rolle hält jene Abkünftigkeit der Seele gegenwärtig, zu der sie erneut hinstrebt. Eine strenge Dramaturgie läßt das Leben des einzelnen, der Meinung zum Trotz, als Zwischenspiel erscheinen, hält aber auch das dann für die christliche Anthropologie so folgenreiche Angebot bereit, der einzelne möge sich über die Welt der Leidenschaften und des Abglanzes erheben, um so am wahren Sein teilzuhaben. Die Rolle ist demnach nicht nur etwas, was einem ohnehin zugewiesen ist, sondern auch Bildungsziel. Die Vernunft, die diesen Entwurf trägt, »bringt den begehrlichen ›Teil‹ der Seele dazu, sich in einem Sinne zu bescheiden, der keineswegs mit Triebverzicht, Triebunterwerfung oder Neigungskontrolle nach Art des Rigorismus Kants beschrieben werden kann, sondern vielmehr mit *Selbsterziehung zu einer Harmonie*, die um ihrer selbst willen, und das heißt nichts anderes als um der Schönheit willen gewollt und gesucht werden soll«.[17] In der Schönheit des Wahrgenommenen begegnen sich Geist und Materie, denn sie ist die Form, in der der Geist am Sinnlichen erscheint. Doch dieser Gedanke nimmt nicht so sehr eine Preisung der Schönheit um ihrer selbst willen vor als desjenigen, der sie liebt und liebend empfängt. Erst das »Schauen beim andern«, die *Wahrnehmung* der Schönheit, läßt das Schöne schön sein. Sokrates definiert die Schönheit als Gabe, die denjenigen, der sie erkennt, mehr ehrt als den, der sie zeigt. Die Schönheit, die er meint, liegt im Auge des Betrachters. Damit ist die Geltung des Objekts gegenüber der des sehenden Auges gemindert. Über dem schönen Schein steht das wahre Sein. Diesem, nicht dem Scheinen, ist das Sehen der *theoría* verpflichtet: Möchtet ihr mir verleihen schön zu werden in der Seele, betet Sokrates am Ende des *Phaidros*.

Die Ethik der Seelenschönheit braucht in diesem Kontext noch nicht rigoristisch verschärft zu werden, weil die Geborgenheitsgewißheit, die sich als Harmonie und leibliche Schönheit geltend macht, ihr ganz unproblematisch ist. Die Rolle gibt dem einzelnen die Gewißheit, immer schon in die Ordnung eines höheren Ganzen aufgenommen zu sein. Wenn sich aus solchen Voraussetzungen Forderungen der Philosophie und der philosophischen Ethik ableiten lassen, so zielen sie weder auf ein neuzeitlich gedachtes Bei-sich-selber-Sein noch auf die Schärfung der Sinne und der Wahrnehmung, sondern auf ein Sein im Sein – auf Transzendenz.

In der Folgezeit wird vor allem die stoische Ethik die aus diesem Ansatz resultierenden praktischen Konsequenzen formulieren, so vor allem die Aufforderung, die einmal zugewiesene Rolle anzunehmen. Die platonistische Tendenz zur Individualisierung, die der Einzelseele die Integration und Harmonisierung ihrer rivalisierenden »Teile« auferlegt, wird hier aufgenommen und fortgeführt. Die Rolle hebt Regeln, Pflichten und Grenzen eines Handelns ins Bewußtsein, das in seiner Uneigentlichkeit wohl erkennbar ist, nicht aber aufgegeben werden kann. »Merke«, so rät Epiktet im 17. Abschnitt seines *Enchiridion*, »du hast eine Rolle (*prósopon*) zu spielen in einem Schauspiel, das der Direktor (*didáskalos*) bestimmt. Du mußt sie spielen, ob das Stück lang oder kurz ist. Gibt er dir die Rolle eines Bettlers, so mußt du diese dem Charakter der Rolle entsprechend durchführen; ebenso, wenn du einen Krüppel, einen Herrscher oder einen Philister spielen sollst. Deine Aufgabe ist einzig und allein, die zugeteilte Rolle gut durchzuführen; die Rolle auszuwählen, steht nicht bei dir.« Der stoische Rollenspieler gewinnt Festigkeit durch Gleichmut und Konstanz. Wenn seine persönliche Ordnung mit der des Universums übereinkommt, so deshalb, weil er gelernt hat, sich nicht beirren zu lassen und seinen Weg zu gehen. Nicht Inhalte sind hier ausschlaggebend, sondern die Qualität der Ausführung und damit die Treue gegenüber der »inneren Form«. Über deren Verwirklichung stellt sich die dauerhafte Harmonie von Innerem und Äußerem von selbst ein: die *ataraxía*. Im übrigen kann Epiktet auf jeglichen Hinweis verzichten, der den Gleichnischarakter seiner Ausführungen eigens unterstriche. Die mit der Übertragung heraufbeschworene Ethik ist etabliert und wird durch seine eigenen Schriften und durch die Aufzeichnungen seines Lesers Marc

Aurel weit in die Neuzeit hineingetragen. Die Stoiker formulieren eine auf den einzelnen und sein innerweltliches Auskommen zugeschnittene Kosmodizee. Ein Scheitern im einzelnen gefährdet niemals die Wohlgeordnetheit des Ganzen, so daß von dessen unvorgreiflicher Harmonie ein Abglanz auf das Einzeldasein zurückfallen kann. Das Schicksal, versichert Marc Aurel in seinen Selbstbetrachtungen, trifft das Leben nicht unvollendet, »wie man es von einer Gestalt der Tragödie sagen könnte, die vor dem Schluß des Dramas die Bühne verläßt«.[18]

Eine der Grundlagen dieser Konstruktion und ihrer anhaltenden Anziehungskraft ist die kontrollierte Ambivalenz der Metapher, die zum einen die Harmonie zwischen Mensch und Natur herausstellt, zum anderen aber auch die Unbetreffbarkeit eines Daseins, das bei allem äußeren Wandel identisch zu bleiben und die Übergänge der individuellen Lebensführung zu kontrollieren gelernt hat. Die stoische Rollenmetaphorik unterschlägt keineswegs die Kluft zwischen Beweggründen und Betragen – diese Diskrepanz ist ja geradezu der Anlaß ihrer Intervention –, aber zum offenen Konflikt zwischen Determination und Autonomie läßt sie es gar nicht erst kommen. Die Entscheidungsmöglichkeit bleibt strikt auf den »Spielraum« beschränkt, den die Rolle zuläßt, und so integriert sie den Konflikt vorgreifend in das Spektrum der konformen Verhaltensweisen.

Diese Zweideutigkeit wird dann besonders Plotin in seiner Schrift über die Vorsehung herausstellen. Der Neuplatoniker versieht die Differenz zwischen Sein und Schein, Leib und Seele mit besonderem Nachdruck, setzt aber hinzu, daß das irdische Dasein eine Zeit der Bewährung und also der mitverantwortlichen Gestaltung sei. Der Autor (*poietes*) des Welttheaters hat den Text verfaßt und jedem Darsteller seinen Platz zugewiesen, so daß es nun jedermann selbst überlassen ist, seine Mittel einzusetzen, um die Rolle zu bewältigen und die im Weltplan (*lógos*) vorgesehene Handlung mit Leben zu füllen. Das kann dann so weit gehen, daß der Schauspieler etwa leer gebliebene Stellen seines Manuskripts im Sinne der Gesamtdichtung kongenial ergänzt: »auf eben diese Art und Weise tritt die Seele in dieses Welt-Dichtwerk ein, sie fügt sich mit ihrer Rolle (*méros*) der Darstellung des Stückes ein; dabei bringt sie die gute oder schlechte Ausführung von sich aus hinein, sie ist beim Auftritt richtig aufgestellt worden und hat alles andre zugewiesen bekommen, außer ihr eignes Sein und ihre Leistungen: und dementsprechend erhält sie nun Strafe oder Ehrung.« (Enn. III 2, 17) Plotins Schauspielvergleich ist Teil einer Theodizee, die die

Welt einschließlich all ihrer Übel als wohlgeordnete Gesamtheit begreiflich zu machen sucht. Die Welt erscheint hier als ein offener Bühnenraum, als eine *scena* voller Bewegung und Wandlung, in der jeder aus der durch seinen Blickwinkel festgelegten Position seiner Rolle am Gesamtgeschehen teilnimmt. Solche Zugewiesenheit verträgt sich durchaus mit der Aufforderung, der einzelne möge seine Individualität und seine Seele im Rahmen der Möglichkeiten vervollkommnen. Das Rollenverständnis des Neuplatonismus umfaßt einen eigenen Entfaltungsraum, denn anders als der gewöhnliche Dramatiker, der sein Stück auf die Bühne begrenzt, stellt Plotins Schöpfer den Menschen das All zur Verfügung.

Auf den ersten Blick gesehen, scheint dieses Arrangement nahe daran zu sein, den Menschen als Mitverfasser seiner Rolle zuzulassen. Doch dieser Eindruck täuscht. Die Entscheidungen des einzelnen beschränken sich auf die Wahl zwischen gutem und schlechtem Handeln im Rahmen einer weithin festgesetzten und unvorgreiflichen Ordnung, die es nicht zuläßt, »auszusteigen« und nach Gutdünken etwas ganz anderes zu tun. Wenn das All ein Theater ist, ist alles Theater. Aber die damit freigegebene Bühne ist einstweilen nicht so sehr das Uneigentliche als ein Ort der Bewährung. Er umfaßt das Angebot, dem Sinn und dem Geist des Ganzen gemäß zu handeln, und zwar im Blick auf jene überweltliche Wirklichkeit, auf die die Bühnenmetapher das Handeln verwiesen sein läßt.

Was sich hier – angesichts der neuzeitlichen Problemlage und ihren Autonomiebedürfnissen – als Beschränkung bemerkbar macht, prägt auch die komplexere »Rollentheorie«, die Cicero in *De officiis* noch vor der Zeitenwende vorgelegt hatte, und in der es darum geht, das der *natura* des Menschen Gemäße und Schickliche, das *decorum* darzustellen. Die Prägungen, die dem einzelnen lebensgeschichtlich auferlegt sind, nötigen ihn demnach, aus dem Gegebenen das Beste zu machen – was nichts anderes besagt, als daß er der Lebensklugheit folgen soll und nach Art eines erfahrenen Schauspielers die gemessen an den mitgebrachten Fähigkeiten geeigneteren Stücke den möglicherweise besseren vorzuziehen lernt. Die Norm des *decorum* – der Inbegriff dessen also, was Sitte und guter Brauch ist – bietet Schutz nicht nur vor den Erschütterungen der leidenschaftlichen Anwandlung, sondern auch vor dem Extremismus der moralischen Überforderung. Cicero unterscheidet vier »Masken« (*personae*), die sich bei jedem Menschen übereinanderschieben, nämlich einmal die allgemeinen Gattungsmerkmale, des weiteren physiognomische und geistige Charaktertypen (I, 107), sodann Umstände des Milieus und schließlich diejenige Rolle (*persona*), »die wir spielen möchten« und die auch »von unserem Willen« ausgeht. Die Aufgabe des Lebens besteht in der Integration dieser Bedingungen. »Daher widmen sich die einen der Philosophie, die anderen dem bürgerlichen Recht, andere der Beredsamkeit.« (I, 115)

Doch nicht einmal mit diesem letzten der vier Aspekte des sozialen Rollenspiels wird ein neuzeitlich zu verstehendes Autonomieangebot unterbreitet. Die Entscheidungen, die es hier zu treffen gilt, orientieren sich strikt am Gebot des *decorum*, das durch die Vorgaben der Rolle festgelegt ist. Cicero argumentiert also, wie Manfred Fuhrmann gezeigt hat, durchaus objektivierend. Seine Konzeption kommt »dem von allem ›Persönlichen‹ und ›Individuellen‹ abstrahierenden Bilde nahe, das die moderne Soziologie von den sozialen Rollen zu vermitteln sucht, und zugleich illustriert sie das bekannte Apriori der Gesellschaft: daß eine grundsätzliche Harmonie zwischen dem Angebot ungleichartiger Individuen und dem Angebot ungleichartiger Positionen bestehen müsse«.[19] Dieser Befund ist weniger erstaunlich, als es zunächst scheinen mag. Die augenfällige Übereinstimmung ergibt sich daraus, daß die römische Ethik jene Problemzuspitzung *noch nicht* erreicht hat, die dann die Soziologie *nicht mehr* zur Kenntnis nehmen wird.

Die Ethik des Zuschauers

»Im Zeremoniellen gehen wir auf, und das Wesen der Dinge geben wir preis« (II, 17) – mit dieser Diagnose faßt Montaigne die entscheidende Ausgangserfahrung seiner Überlegungen zusammen, derzufolge die Bestimmung des Menschen sich nicht mehr mit seiner Rolle in dieser Ordnung der Welt zur Deckung bringen läßt.[20] Montaigne nimmt den Dualismus von Sein und Schein auf, läßt aber bereits Zweifel daran erkennen, ob gesellschaftliche Stellung und Lebensbahn verläßlich genug vorgezeichnet sind, um die Ansprüche von Ich und Welt dauerhaft auszugleichen. Das Widerspiel von Wahrheit und Täuschung wird zu einem rein innerweltlich definierten und, mehr noch, jeden einzelnen unmittelbar betreffenden Problem: »wir sind niemals bei uns, wir sind immer außer uns« (I, 3). Die Überzeugungskraft metaphysischer Sanktionen reicht nicht mehr hin, dieser Einsicht das Beunruhigende zu nehmen.

Montaignes Rollenmetaphorik greift auf die griechisch-lateinische Tradition zurück. Das historisch näherliegende Christentum hatte den Bühnenvergleich nur mit großer Zurückhaltung gebraucht und überhaupt den Theaterbetrieb als sittenlos verworfen. Darüber war die metonymische Nebenbedeutung »Rolle« für *persona* in den romanischen Sprachen so weit zurückgetreten, daß sie nur noch als Bildungsreminiszenz überdauern konnte. Als dann im Mittelalter aus Gottesdiensten und Mysterienspielen allmählich ein neues Theaterleben entsteht, ist *persona* bzw. *personne* als Bezeichnung für die Leistung und die Maske des Schauspielers nicht mehr verfügbar. Während sich nun unter arabischem Einfluß das Wort *Maske* einbürgert, werden Theaterpersonen, Charaktere und Rollen immer häufiger als *personaticum/personnage/personaggio* bezeichnet, ein Wort, das möglicherweise die lateinische Vorform noch erinnert, aber auch die Latinisierung eines bereits geläufigen französischen Wortes sein könnte und im übrigen – neben *rôle* – im Französischen erhalten bleibt. Für die weitere Entwicklung aufschlußreich ist ein Brief der Herzogin von Orléans, Elisabeth Charlotte vom 18. September 1691, der den Ausdruck »Rolle« bzw. »rôle« noch meidet, obwohl die Metapher gerade am zeremonienstrengen französischen Hof besonders nahe gelegen haben muß. »Ich habe mir alß Eingebildt«, schreibt sie aus Fontainebleau ohne jedes Zeichen von Mißbehagen, »daß wir unßers herr gotts *marionetten* sein, den man macht unß gehen hier undt daher allerhandt *personnage* spiellen undt darnach fallen wir auff Einmahl, undt daß spiel ist auß, der todt ist *polischinelle* der Ein jeder seinen stoß giebt undt vom theatre weg stöst.«[21] Neben *personnage* und *parte*, aber ohne diese Ausdrücke erfolgreich verdrängen zu können, setzt sich mit dem neuen Aufschwung des Theaters in der Romania während des 16. Jahrhunderts die – ursprünglich einen Papyrosstreifen bezeichnende – Metonymie *Rolle* durch (*rotulus, rôle, papel*), und es ist Montaigne, der mit seiner Empfehlung, man möge seine Rolle im Leben wie eine *rolle d'un personnage emprunté*, also wie eine angenommene Schauspielerrolle auffassen, als einer der ersten von dem neuen Übertragungsangebot Gebrauch macht.

Sein Wissen über das Theater verdankt Montaigne nicht allein seiner literarischen Bildung. Er habe, so berichtet er in dem *Essai* über den Unterschied zwischen dem Wahren und dem Falschen, bereits als junger Mann für die Schauspielerei Begabung gezeigt. Der Autobiograph beurteilt die Bühne rückblickend als eine Schule des Lebens, in der ein differenziertes Verhaltensrepertoire erprobt und erworben werden könne: einen lebhaften Gesichtsausdruck, eine wohlklingende Stimme und geschmeidige Gebärden *à m'appliquer aux rolles* (I, 26). Aber Montaigne deckt auch die Schwierigkeiten auf, welche die erworbenen Fertigkeiten im Vollzug der Selbsterkundung aufwerfen können. Wenn nämlich jemand sämtliche Verstellungskünste – *cette nouvelle vertu de faintise et de dissimulation* (II, 17) – beherrschen sollte, die eine zusehends komplexer werdende Gesellschaft dem einzelnen abverlangt, wird er wohl die anderen zu seinem Vorteil irrezuführen wissen, und womöglich wird er es dabei mit einigem Glück zum Kaisertitel bringen. Aber – und das ist die Frage Montaignes – wie steht es dann um ihn selbst? Wie mag es bei allem äußeren Glanz »hinter dem Vorhang« (I, 42) aussehen?

Die Entstehung der Öffentlichkeit zwingt das Individuum zum doppelten Spiel, in dem es sich am Ende vielleicht selbst nicht mehr kennt. Es legt dann »mit seinem Amtskleid die Rolle (*ce rolle*) ab und fällt um so tiefer, je höher es sich erhoben hatte; drinnen ist alles gemein und geht drunter und drüber« (III, 2). Mit der habitualisierten Täuschung anderer verbindet sich das Risiko der Dissonanz von innen und außen, darüber hinaus die Gefahr des Selbstbetrugs. Mag sich die Übernahme einer Rolle in Gesellschaft als Ausgestaltung einer erreichten Position rechtfertigen lassen, so wird sie doch dem, der nicht nur gelten, sondern auch sich selbst kennen möchte, alsbald zum Hindernis. Bereits Montaigne benennt den Konflikt, der sich aus den Imperativen der Gesellschaft, ja des Gesellschaftlichen überhaupt ergibt. »Jedermann kann am Mummenschanz teilhaben (*avoir part au battelage*) und auf dem Schaugerüst einen Ehrenmann spielen (*et presenter un honneste personnage en l'eschaffaut*), aber inwendig in seiner Brust, wo uns alles erlaubt ist, wo alles heimlich ist, mit sich im reinen zu sein, darauf kommt es an.« (III, 2) Die Vollkommenheit der Repräsentation beschränkt sich auf Äußerlichkeiten und fördert nebenbei eine Disharmonie, die sie zugleich überdeckt, indem sie jeden Mitspieler und folglich auch den Widerstrebenden zwingt, im Spiel der Verstellungen mitzuhalten.

Montaigne begreift diese Aufteilung jedoch auch als Chance, bleibt es doch jedermann selbst überlassen, wie er sein Pensum bewältigt. Aus dieser Beobachtung gewinnt Montaigne jene antiästhetische Formel, die für die ungleich vehementere Rollenkritik späterer Zeiten beispielgebend sein wird: »Man muß sowohl den Dingen wie den Menschen die Maske abnehmen« – *il faut oster le masque aussi bien des choses que des personnes* (I, 20). Während sich die Romantiker mit Schaudern von diesem Bild abwenden werden, das der Blick hinter die Kulissen gewährt, kann Montaigne auf eine Distanzierung von den verführerischen Reizen der Welt drängen und, ohne bigotte Töne anzuschlagen, zu aufrichtiger Einkehr auffordern. Die von 1580 an in mehreren Überarbeitungen erscheinenden *Essais* sind selbst das beredte Zeugnis dieser fälligen Selbsterkundung und damit zugleich ein Dokument der Opposition gegen die soziale Theatralik, die das Dasein des einzelnen in eine Reihe dramatischer Szenen zerlegt. Nur wer sich seiner gewiß ist, sollte sich auf die Öffentlichkeit einlassen. »Jeder schaut von sich weg«, sagt Montaigne, »ich aber kreise in mir selbst« – *moy je me roulle en moy mesme* (II, 17). In solchen Gegenüberstellungen wird die Inkongruenz von Innen- und Außenperspektive faßbar, die der Forderung nach Sicherstellung dessen, was in den Geboten des rollenkonformen Verhaltens nicht aufgeht, Nachdruck verleiht.

Wie die Ideengeschichte gezeigt hat, ist das Verlangen nach Aufrichtigkeit (*sincérité, sincerity*) eine Neuerung jener Jahre, in denen die jäh in Bewegung geratenen Gesellschaften West- und Zentraleuropas die sozialen Praktiken der Heuchelei und Verstellung mit ungekanntem Nachdruck verwerfen.[22] Die alte Forderung nach Selbsterkenntnis wird nun mit neuer Eindringlichkeit gestellt, denn mit dem Aufkommen des neuzeitlichen Subjekts, das für sich und seine Erhaltung allein Sorge tragen muß, hat sie ein neuartiges, alle weiteren Entwicklungen beeinflussendes Motiv gefunden. Mit der im Zuge dieser Entdeckung eröffneten Alternative zwischen integrer Privatheit und dubioser Öffentlichkeit findet sich Montaigne jedoch nicht ab. Die Verhältnisse sind komplizierter. »Wer die Wahrheit verrät«, schreibt der ehemalige Parlamentsrat und regelmäßige Gast Katharinas von Medici, »verrät auch die Lüge« (II, 17). Dieser Satz erschüttert die geläufige Antithese von Sein und Schein, die für die Theatermetaphorik und mittelbar auch für den platonischen Dualismus so grundlegende Trennung von Bühne und Leben, von Wahrheit und Illusion. Während das eben noch bekräftigte Entschleierungs- und Demaskierungsgebot den Intentionen der Aufklärung zuarbeitet, gewinnt Montaigne mit der vorsichtigen Rehabilitierung der Rolle auch jene ästhetische Perspektive zurück, der dann Nietzsches vornehmliches Interesse gelten wird. Wer die Wahrheit kennen will, dem mutet Montaigne nun die irritierende Einsicht zu, daß er sich vor rückhaltlosen Selbstoffenbarungen zu hüten habe: »Man braucht nicht immer alles zu sagen, denn das wäre

Torheit.« Umgekehrt gilt: Wer sich erfolgreich verstellen will, der muß vor allem die Wahrheit sagen lernen, damit ihm das Publikum, wenn es nottun sollte, auch seine Verstellung abnimmt. Die Fähigkeit zum Rollenspiel bleibt ein Gebot der Lebensklugheit, es bietet Schutz gegen die Zudringlichkeit von Offenbarungsgeboten, die, würden sie befolgt, eine schäbige Wahrheit bloßlegen würden: »Wird die Maske heruntergerissen, bleibt nur die Tatsächlichkeit.« Kants Lukrez-Zitat im 33. Abschnitt der *Anthropologie* steht in der Tradition dieses Gedankens. Auch der Aufrichtige tut gut daran, seine Fassade zu pflegen, denn die Welt – so jene mehrbödige, gleichfalls von Kant angeführte Standardformel des Barock – will betrogen sein. Ich borge mir den Zorn, sagt der Besonnene, »und hülle mich darein« – *et m'en masque* (III, 10). Halb als Ratschlag für seine Leser, halb als Geständnis vor den Bürgern seiner Stadt setzt der ehemalige Bürgermeister von Bordeaux hinzu: »Der Bürgermeister und Montaigne waren immer zwei, klar und säuberlich voneinander geschieden.«

In solchem Zwiespalt, dem Schwanken zwischen Selbstoffenbarung und Verhüllung, bei dem sich das eine der Mittel des anderen bedient, zeigt sich die tiefe Paradoxie der *Essais*. Montaigne präsentiert sich als Autor *und* Gegenstand, und er nutzt die ihm aus dieser doppelten Perspektive zuwachsenden Darstellungsmöglichkeiten virtuos. Einerseits tritt er vor sein Publikum als ein Autobiograph, dessen stets riskante, durch den Text formal gebundene Identität sich nichts anderem verdankt als der prekären Konsistenz der erzählten Geschichten, andererseits enthält er sich vor, denn auch die Autorschaft – daraus macht Montaigne nie ein Hehl – ist eine Rolle.

Die riskante Integration der Perspektiven beginnt für Montaigne mit einem von ihm selbst überlieferten und damit zum Teil der Selbstinszenierung gemachten Schritt, mit dem Übertritt von der Bühne in den Zuschauerraum. Am 28. Februar 1571, an seinem 39. Geburtstag, macht sich Montaigne zum Beobachter, als er die Einsiedelei seines Bibliotheksturms bezieht, wo er sich niederläßt, um hinaussehen zu können auf seinen Besitz und auf das weite Land, aber auch, um dem liebevoll zusammengetragenen Schatz der überlieferten Weisheiten näher zu sein, die er seinen Texten so kunstvoll einflicht. Der Raum ist rund, erläutert er, nachdem er die schöne und freie Aussicht gepriesen hat, und bietet Platz für einen Tisch und einen Stuhl. »Und vor mir habe ich da, in der Rundung, alle meine Bücher.« (III, 3) Die Umquartierung ist von einiger Tragweite: Die Gegenwart der Bücher rückt dem Einsiedler den Geist der vergangenen Zeiten näher, der Blick über das Land verändert die Perspektive im Raum. Einsamkeit, Überblick und Erinnerung heben die Tätigkeit des Schreibens, das sich in dieser von dem Erlebenden selbst gegebenen Schilderung auf sich selbst zurückwendet, als die neue Aufgabe des Turmbewohners hervor. Die Verschriftlichung ist im ersten Schritt nicht so sehr ein Akt dokumentarischer Kreation, sie ist zunächst, wie der Wechsel in die Einsiedelei, eine Distanznahme.[23] Dem Abstand der gewonnenen Höhe entspricht die Vermitteltheit der spröden Schrift. Doch beides gestattet es, die Welt ganz neu oder doch zumindest ganz anders in den Blick zu nehmen, als es demjenigen vergönnt ist, der nichts anderes tut, als fraglos darin zu leben und zu empfinden.

Mit seinem wohlinszenierten Schritt deckt Montaigne mit einem Mal die Probleme der neuzeitlichen Rollenmetaphorik auf. Das »von außen« gesehene Leben ist als Rolle faßbar. Dieses Dasein wird als problematisch empfunden, sobald der Akteur das Leben, das er bis dahin zu teilen gewohnt war, zu beurteilen beginnt, sobald er also seinen Standpunkt verdoppelt und sich selbst entweder als Handelnder in der Ebene sieht, dessen Sinn am Boden haftet, oder als Beobachter auf dem Turm, der Abstand zum Geschehen wahrt. In beiden Fällen tritt er sich als der jeweils Andere gegenüber. »Wir sind, ich weiß nicht wie, doppelte Wesen an uns selbst« – *nous sommes, je ne sçay comment, doubles en nous mesmes* (II, 16).

Dem Bewohner des Elfenbeinturms ist die Welt zur Herausforderung geworden. Wenn er liest, so berichtet er, scheinen ihm gerade diejenigen Stellen des Textes zweifelhaft, die der Kommentar nicht für erklärungsbedürftig hält, und er stolpert, wo der Weg eben ist. Die Natur selbst, bemerkt Montaigne in seinem *Essai* über die Physiognomie, hat ihr Gesicht verloren. Der schöne Schein ist trügerisch. Doch diese Wendung des Gedankens ist kein Vorgriff auf die spätere Abwehr des sozialen Rollenspiels. Anders als Kleist, der auf den Anspruch der Repräsentativität verzichten wird, stellt Montaigne sich selbst als das Beispiel für die vielen dar, für die die Orientierungen des sozialen Lebens ihre Intaktheit verloren haben. »Die Selbstbeobachtung, der ich mich mit solcher Ausdauer und solcher Anspannung hingebe, macht mich fähig, auch andere ziemlich richtig zu beurteilen.« (III, 13) Die Distanz zur Rolle schafft eine spezielle Form der Solidarität, die dem von Montaigne eingeübten Blick seine Weltzugewandtheit sichert. Während die parallel geführte, vom Platonismus auf den Weg gebrachte und später von Rousseau erneuerte Rhetorik der Seelenschönheit das Mittel der Einkehr empfiehlt, damit der Mensch durch Erkundung und Läuterung seiner selbst seine Bestimmung erfahre und sich ihrer würdig erweise, dient Montaignes aus freien Stücken gesuchte Klausur der Selbsterkundung und -darstellung einzig und allein um ihrer selbst willen. Jener *Essai*, der die Anlage der Bibliothek und ihre Räumlichkeiten beschreibt, beginnt denn auch mit einer charakteristischen Umdeutung der Seelenschönheit. Die schönsten Seelen, schreibt Montaigne, seien diejenigen, die allerlei anfangen und sich in alles finden können.[24] Ihr hervorstechendes Merkmal ist nicht Prinzipientreue, sondern Lebenstüchtigkeit, wofern das Leben, wie Montaigne es erfahren hat, eine ungleiche, unordentliche und vielfache Bewegung ist (*un mouvement inegal, irregulier et multiforme*; III, 3). Die Gegenwart der Bücher ist für diesen Lebensentwurf von entscheidender Bedeutung. Die Bücher schärfen die Aufmerksamkeit, wo es gilt, die Wege und Abwege der Rolle zu vermeiden, um im Schutz einer sicheren Bleibe, die nicht von ungefähr auch einen exquisiten Blick auf das Treiben in der Welt gestattet, einen vorbehaltlichen und in diesem Sinne reflexiven Weltbezug zu gewinnen.

Der Autobiograph will die Welt, auf die er von seinem Refugium hinunterblickt, nicht verlieren, aber er weigert sich auch, blind ihren Regeln zu folgen. Als Zuschauer kann er das Schauspiel genießen, ja er verfolgt es mit der größten Anteilnahme. Zusammen mit den Komödien und Tragödien der Welt behält er auch sich selbst im Auge. Montaigne bleibt trotz der Überlegenheit seines Standorts betreffbar. Er schätze sich glücklich, betont er, mit »eigenen Augen dies denkwürdige Schauspiel (*ce notable spectacle*) unseres öffentlichen Strebens, seine Merkmale und seine Erscheinungen zu sehen« (III, 12). Der Moralist schreibt mit der Promptheit und Anteilnahme des Augenzeugen. Die Ethik des Zuschauers, der sich von den geschichtsmächtigen Ereignissen seiner Zeit bewegen läßt, nobilitiert den Standort des Darüberstehenden, der sich selbst auf einer Bühne agieren sieht und im Raum der Literatur sein Selbst – den Schatz seiner Erfahrungen und Empfindungen, seiner Einsichten und Erkenntnisse – zum bühnenhaften Tableau entrollt, um sich zu besitzen und über alle äußeren Unruhen hinweg zu behaupten. Die Metaphern des Sehens einen die widerstrebenden Bedürfnisse der Abstandswahrung und des Beteiligtseins. Der Blick hinüber auf die Szenerie konvergiert mit jenem introspektiven Blick, der die Regungen des Innenlebens verzeichnet. Diese große Welt, schreibt Montaigne in seinem *Essai* über die Erziehung der Kinder, »ist der Spiegel, in den wir schauen müssen, um uns im richtigen Winkel zu sehen« – *pour nous connoistre de bon biais* (I, 26). Auf diesem Grundsatz beruht Montaignes Zuversicht. Weltkenntnis steht im Zeichen von Selbsterkenntnis – und umgekehrt. Wie dem Urteil des Moralisten zufolge der Erschließbarkeit dieser Welt unüberwindliche Grenzen gezogen sind, die wir, wenn wir gut beraten sind, mit Fiktionen überspielen, so auch der Erkenntnis unserer selbst, von der wir gleichwohl nicht lassen können, solange wir uns nicht aufgeben. Dieser Forderung kann der Blick auf die Welt allein nicht genügen. Deshalb müssen wir unser Leben nicht nur leben, um uns zu besitzen, wir müssen es aufschreiben, und zwar für uns und für andere. Das literarische Unternehmen der im entrückten *studiolo* des Turms vorangetriebenen autobiographischen Rekapitulation macht die Umrisse eines Zusammenhangs faßlich, den das Leben überspielt, solange es sich nicht abbildet. Wir können nicht umhin, uns vor uns selbst hinzustellen, sagt Montaigne im zwölften *Essai* des zweiten Buches, die Vernunft vor die Vernunft.

Wenn er die Rolle als Instrument der Gewährung und Erhaltung von Konstanz interpretiert, dann beweist Montaigne sich selbst und dem Leser, daß ihre Anforderungen mit dem Anspruch auf Selbsterkundung vereinbar sind. Der Einsichtige, darin bleibt Montaigne dem stoizistischen Vorbild treu, entschließt sich zur Übernahme des ohnehin Verhängten. »Nicht zur Schaustellung soll unsere Seele ihre Rolle spielen (*jouer son rolle*), sondern bei uns, in unserem Innern, wohin kein anderes Auge als das unsere blickt: hier wappnet sie uns gegen die Furcht des Todes, der Schmerzen und selbst der Schande; hier stärkt sie uns gegen den Verlust der Kinder, unserer Freunde und unserer Habe, und wenn die Gelegenheit eintritt, führt sie uns auch in die Wagnisse des Krieges. Dieser Gewinn ist weit größer und unseres Wünschens und Hoffens würdiger als Ehre und Ruhm, die nichts sind als eine gute Meinung, die man von uns hat.« (II, 16) Die Kunst besteht darin, sich in die Rolle zu finden und sie im Notfall auch gegen die Ansprüche der Welt durchzusetzen. Unmerklich wird hier eine zweite »Rolle« erkennbar, die eigene, private und schutzbietende Rolle, die es erlaubt, sich gegen die äußere, vom Geschick angetragene Rolle zu behaupten. Unter dieser Voraussetzung kann Montaigne sich dazu bekennen, eine »dem gemeinen Brauch gemäße Rolle (*rolle commun*) zu spielen« (III, 3), um im Einklang mit jenen Vorgaben zu handeln, die er, am

Ende seines aufwendigen Unternehmens zur Einsicht gelangt, in seiner Rolle vorgeschrieben findet. Ein gutes Jahrhundert später wird Montesquieu seine *Pensées* mit einem ganz ähnlichen Gedanken eröffnen, der die stoizistische Provenienz noch einmal bestätigt und unterstreicht. Er besitze so viel Ehrgeiz, wie nötig ist, um an den Dingen dieses Lebens Anteil zu nehmen, notiert Montesquieu, aber nicht einen einzigen, der ihm Abscheu vor dem Platz einflößen könnte, an den die Natur ihn gestellt habe.

Derlei skeptische Anschlüsse an die Konvention nutzen die Theatermetaphorik als probate Orientierungshilfe, ja die Rolle wird geradezu zur Voraussetzung des Selbstbesitzes. Die Anspielung auf das ciceronianische *decorum* ist deutlich: das Gemäße ist das Gemäßigte. Die Rolle gibt aber nun auch individuellem Handeln, das Cicero als solches gar nicht thematisiert hatte, sowohl eine Richtung als auch Variabilitäten vor. In ihrer verhaltensstabilisierenden Funktion bewährt sie sich angesichts äußerer Ungewißheiten als derart wirksam und probat, daß ein Dasein ohne diesen Halt schlechterdings unvorstellbar wird. Das für Montaigne anfangs so zentrale, ja motivierende Problem der Selbstverfehlung, das dann Rousseau wieder aufgreifen und zum Angriffsziel seines Protestes machen wird, ist in dieser Reformulierung beigelegt. Die vom Zwang zur Übereinstimmung mit den Ansprüchen der Welt entlastete Rolle ist nun das, was dem Akteur die Gewißheit seiner selbst geben soll, und diese Leistung bleibt ganz unabhängig von dem Zuspruch, der ihm dabei von anderer Seite zuteil werden mag.

Der Schluß, den Montaigne aus dieser Konstellation ableitet, ist von stupender Modernität: Nur *in* der Rolle und *nur* in ihr liegt das individuelle Selbst zutage. Wir können die Weltbühne betreten und ihre Regeln durchschauen, verlassen aber, um uns nur selbst zu gehören, können wir sie nicht. Die Gedankenfolge der *Essais* beschreibt einen Kreisbogen. »Mein Thema«, bemerkt Montaigne im abschließenden *Essai*, »wendet sich auf sich selbst zurück« – *se renverse en soy*. Der literarische und im nachhinein als zweckdienlich erwiesene Umweg gestattet es, die Aufregungen über die Trugbilder der Welt ebenso abzustreifen wie die Empörung über die Irreführungen der Maske. Montaignes Kritik der Rolle gerät zu einer Rehabilitation, die alles, was Abhängigkeit von äußerer Anerkennung bedeutete, zugunsten einer Stärkung des Ich aus ihrer Definition verbannt. Die angeeignete Rolle ist nichts weniger als Illusion. Sie ist Entwurf und Projekt einer Identität, deren Aufgabe es sein wird, »eine sich formierende und formierte Selbstauffassung bei sich selbst und vor anderen durchzusetzen und zu verteidigen«.[25] Nicht die anderen und nicht das andere, das Ich soll selbst sein Zuschauer, und wenn man so will: das am Anderen wahrgenommene Selbst und dieses wahrnehmende Ich zugleich sein.

In demselben Jahrhundert war bereits Erasmus von Rotterdam auf den Vergleich der Welt mit einem Bühnenspiel zurückgekommen, die derjenige nur verdürbe, der versuchen wollte, den Akteuren die Masken herunterzureißen. In seinem erstmals um 1511 erschienenen *Lob der Torheit* hatte Erasmus gefragt: »Wenn einer den Spielern auf der Bühne die Masken (*personas*) abreißen wollte, um den Zuschauern ihre wahren natürlichen Gesichter (*facies*) zu enthüllen, stellte der nicht das ganze Stück auf den Kopf und verdiente, wie ein Tobsüchtiger mit Steinen vom Platze gejagt zu werden? Alles hätte plötzlich ein neues Gesicht: Die Frau von vorhin ist ein Mann, der Jüngling ein Greis, der König im Umsehen ein Plebejer und der Gott ein armer Teufel. Zerstört man aber die Illusion, so ist das Spiel verdorben – gerade Maske und Schminke sind das, was den Zuschauer fesselt. Was anderes ist nun das Leben als ein Schauspiel (*fabula*), in dem jeder seine Maske vor das Gesicht nimmt, auftritt und seine Rolle (*partes*) spielt, bis der Leiter ihn abtreten heißt?«[26] Auf subtile Weise legt die Metapher den satirischen Charakter des Textes frei, in dem sie sich präsentiert, und öffnet der Vieldeutigkeit ungeahnte Freiräume. Es ist niemand anderes als die allegorische Gestalt der Torheit selbst, die diese Lobrede deklamiert und die in ihrer Maske sogleich mit dem herausfordernden Bekenntnis vor die Zuschauer tritt, sie hätten sie »in aller Leibhaftigkeit« vor ihren Augen. Das *Lob der Torheit* ist ein Traktat über die Sichtbarkeit, das seine Aussagen erfolgreich in der Schwebe hält, indem sie, in doppelter Brechung, der Rolle der Torheit zugehören. Damit plädiert Erasmus, der die alte Fabel wiederholt zitiert, für den Schleier des Timanthes. Sein Lob der Torheit ist ein Lob des Verstehens, in dessen aufschließende Kräfte der Renaissancephilosoph sein Zutrauen setzt. Wir legen der Torheit alle Worte in den Mund, mit diesem Bekenntnis schließt die Widmung für Thomas Morus, und dürften doch nicht aus der Rolle fallen.

Weniger in einzelnen Aussagen als in der Art der Durchführung ist diese Satire eine Apologie der Maske, eine Persiflage auf die närrische Weisheit und eine Eloge auf die weise Narretei, die durch die Eleganz ihrer Pointen mit den Mächten dieser Welt mühelos Schritt zu halten vermag. Der Darstellungsgestus verwandelt die Reihe der Betrachtungen in einen Maskenzug, in dem sich viele Auffassungen wiederfinden, ohne daß eine einzige, definitiv gültige Erkenntnis als solche privilegiert wäre. Der Parität der Rollen entspricht die Vielfalt der Meinungen, und dem Leser bleibt es überlassen, sich sein Urteil zu bilden. Der Geltungsrahmen der christlichen Lehre ist freilich sakrosankt. Das anarchische Spiel der Aspekte, der An- und Einsichten will angesichts der eben lautgewordenen reformatorischen Herausforderung die Überlegenheit einer religiösen Substanz vor Augen führen, die sich im Gegensatz zu den Eiferern des Glaubens und der Schrift den Freimut leisten kann, die unabhängigen Geister zu einem eigenen Urteil herauszufordern.

Das Fazit Montaignes ist von derart kühnem Spiel weit entfernt, zumal er auch thematisch andere Ziele verfolgt. Der Skeptiker »zersetzt nicht, er mäßigt«[27]. Variiert Erasmus in seiner Satire Formeln der Weltdeutung, um die eine Wahrheit um so wirkungsvoller hervortreten zu lassen, so behandelt Montaigne die nach der für Erasmus gänzlich unthematischen »Entlastung vom Absoluten« eigentümlich zwingend gewordene Korrelation von Selbstbeobachtung und Selbstbesitz. Der Skeptiker plädiert dafür, die Rolle als eine Form uneigentlicher Präsentation zu pflegen, um äußere Abhängigkeiten zu vermeiden oder doch zumindest zu relativieren. Das »Ich« der *Essais* kommt weder überein mit der Rolle, in der es erscheint, noch mit einem Wesen, das die Rolle verbirgt, sondern *es ist das Wesen in seiner Rolle.* Beinahe führt diese spannungsreiche Synthese aus der expliziten Metaphorik heraus, denn sie läßt am Ende keinen Autonomieanspruch übrig, den das im Text umschriebene und sich aussprechende Ich gegen die Zumutung des Rollendiktats einfordern könnte. Es entginge sich nämlich, wie nun deutlich wird, durch die Identifikation mit der Rolle ebenso wie durch eine schroffe Zurückweisung zugunsten eines wie immer gegebenen aparten Wesens. Montaigne, dessen Synthese dann Rousseau ebendieser Genügsamkeit wegen als *fausse naiveté*, als unaufrichtige Einfalt zurückweisen wird, gewinnt mit dieser Integrationsformel die Gelassenheit des lachenden Philosophen zurück. »Auf dem höchsten Thron der Welt«, so lautet am Ende seine tröstliche Auskunft, »sitzen wir doch nur auf unserm Hintern.« Jacques Lacan wird die kritischen Nebentöne dieser Bemerkung über die lebensdienlichen Illusionen aufnehmen. Derjenige, so bemerkt er einmal, der sich für einen König hält, dürfte verrückt sein; aber der König, der sich für einen König hält, ist es nicht minder.

Welt als Bühne, Bühne als Welt

Wie vielschichtig Montaignes Ironie tatsächlich ist, zeigt der Vergleich mit der Theaterwelt des Barock, von der man gesagt hat, daß sie das Unmaß ihres dekorativen Aufwandes nur getrieben habe, um dem Aufkommen satirisch-humoristischer Despektierlichkeiten, wie sie so früh schon bereitlagen, die schiere Großartigkeit und Imposanz entgegenzusetzen. Das 17. Jahrhundert wirbt noch einmal für die Konsolidierungsleistung der Metapher, und dies um so bereitwilliger, als nun das Theater selbst als der ideale Kundgebungsort der Leitformel zu Ansehen kommt. Das Spektakel, das dort geboten wird, ist das Leben – dieser Wahlspruch darf und soll umgekehrt werden: *das Leben ist ein Bühnenstück.*

»Alle Creaturen sind nichts denn eitel Larven, darunter sich Gott verbirget, mit uns zu handeln« – das noch von Leopold von Ranke zitierte Luther-Wort macht das Dasein zum »Ereignis«, dessen unmittelbarer Bezug zur absoluten Intendanz die Relativität, aber auch die Einzigartigkeit alles Partikularen zur Geltung bringt. Die Welttheatermetaphorik enthält nicht nur einen umfassenden Ordungsentwurf, sie schließt auch die Anerkennung dessen ein, der auf die Geltung eines zwar unsichtbaren, aber doch unverbrüchlichen Handlungsrahmens vertraut. Die durch die Metapher erregte Aufmerksamkeit zeigt »das Leben des Einzelnen, der Geschlechter, der Völker, zuweilen die Hand Gottes über ihnen«[28]. Im Protestantismus nicht weniger als in der Gegenreformation entwickelt sich die Metapher des Welttheaters zum Gemeinplatz, und die imposante Maschinerie, mit der sie bald vor allem in der Romania buchstäblich in Szene gesetzt wird, will gar nicht verhehlen, daß jede einzelne dieser unzähligen Aufführungen zuletzt nur diese eine Formel wiederholt und bekräftigt, daß die Welt eine Theaterbühne sei.

Unter solchen Bedingungen avanciert die Rollenmetapher zur anthropologischen Bestimmung. *Y es representación la humana vida* – »und das Menschenleben ist ein Bühnenspiel« – mit diesem Bekenntnis eröffnet Pedro Calderón de la Barca sein 1649 uraufgeführtes Festspiel

Gran teatro del mundo, das die Aussage seines programmatischen Titels vor den Augen der Zuschauer gleich an und durch sich selbst demonstriert. Die barocke Festspieldramatik insbesondere des spanischen Nationaltheaters, das keineswegs Lesedramen hervorbringt, sondern überaus populäre, auf öffentlichen Bühnen aufgeführte *Schauspiele*, ist die gestaltgewordene Reifikation der Metapher. Die Theaterbühne, die nun entsteht, zeigt die geschlossene und wohlgeordnete Welt des Mikrokosmos – wobei der Begriff »Repräsentation«, den die Goethezeit noch kennt, neben der bühnensprachlichen auch die theologisch besetzten Mitbedeutungen »Vorstellung« und »Darstellung« gegenwärtig hält. Ihre Spannung beziehen die gegebenen Stücke aus der Polarisation zwischen der Unendlichkeit Gottes einerseits, der als Urheber (*autor*) und Zuschauer dem Treiben auf der Weltbühne folgt, und der Endlichkeit andererseits, die durch das zeiträumlich umgrenzte Bühnenspiel sinnfällig wird – jene Wirklichkeit der Mühsal und des falschen Glanzes, in der sich das menschliche Dasein erfüllt, bis schließlich der Abgang von der Bühne, der Tod, einen jeden aus seiner Rolle erlöst. Hier und gerade hier ist das Medium die Botschaft. Es veranschaulicht jene in den Stürmen des Lebens nur verborgene, fest gefügte Form, die sich in ihren zahllosen Varianten immer neu bestätigt, indem sie zuletzt noch über die ärgste und im übrigen virtuos inszenierte »Verwirrung« triumphiert. Die Geschichte, deren Anerkennung als autonomer Grundbegriff erst in späterer Zeit erfolgt, »wandert in den Schauplatz ein«[29]. In formelhafter Kürze gibt Quevedo eine Zusammenfassung dieser Ordnungsvorstellung, die noch einmal das um strenge Hierarchisierung bemühte Gliederungsprinzip des überlieferten Weltbildes zu aktualisieren versucht, und er tut dies wie viele Zeitgenossen des Goldenen Zeitalters unter ausdrücklicher Berufung auf die stoische Ethik: »Vergiß nicht, daß das Leben Schauspiel ist / Und diese ganze Welt die große Bühne / Und sich im Augenblick die Szenen wandeln / Und alle wir dabei als Spieler handeln. / Vergiß auch nicht, daß Gott das ganze Spiel / Und seinen weitgedehnten Gegenstand / In Akte ordnete und selbst erfand / Die Texte und die Rollen auszuteilen, / Wie lang, wie hoch sich unsre Handlung spannt, / Liegt in des Einz'gen Dramaturgen Hand.«[30]

Der auch für das moderne Bewußtsein noch spürbare Zauber des Gedankens beruht auf der unanfechtbaren Gewißheit, mit der er sich selber trägt, das heißt auf seiner Performanz. Indem die barocke Bühne über sich hinausweist, bleibt sie bei sich selbst. Als *representación* steht sie dem, worauf sie hindeutet, unendlich fern, denn ihr Prunk ist ganz von dieser Welt. Und doch überbietet sie verschwenderisch die Schnödigkeit eines Daseins und einer Natur, deren Recht sie mit jeder einzelnen ihrer ungezählten Kundgebungen in Frage stellt. Ihr Reich ist eine Zwischenwelt voller Zweideutigkeit. Am Grunde des barocken Festeifers, resümiert Richard Alewyn, liege das Eingeständnis, »daß das Leben es nötig habe«[31]. Besonders eindringlich wird diese Beobachtung bestätigt durch die Technik des Spiels im Spiel, der Einschachtelung der Bühnenwelten. Wenn Jaques seinen berühmten Monolog in Shakespeares *As you like it* von 1599 mit dem Bekenntnis einleitet, die ganze Welt sei eine Bühne und alle Männer und Frauen Spieler (II, 7), dann präsentiert sich dem Publikum eine doppelt überhöhte Szenerie, und zwar zunächst Shakespeares Lustspiel selbst, sodann ein Drama im Drama (der Schauplatz des Ardenner Waldes) und schließlich, als endgültige Einlösung des Gleichnisses, die Bühne als ein Stück von der Bühne Welt, von der der augenfällige Theaterraum jenes eminente Teil ist, das das Ganze repräsentiert. Als Ort der Sichtbarkeit ist das Theater die Stelle, an der die Welt die Fragwürdigkeit ihres Daseins und ihre Hinfälligkeit erblickt.

Das barocke Theatergleichnis vertieft die Kluft zwischen Diesseits und Jenseits, indem es dazu auffordert, das eigentliche Leben in der Transzendenz zu suchen. Die Bereitwilligkeit, mit der Francis Bacon sich zu gleicher Zeit um der hinter dem Schleier einer symmetrischen Überweltlichkeit bereitgehaltenen Naturgesetze willen mit der Endlichkeit der Horizonte abzufinden bereit zeigt, fehlt hier ganz. Der barocke Bühnenvergleich quittiert das frühneuzeitliche Streben nach Geheimnislosigkeit mit dem Hinweis auf die Unzulänglichkeit der endlichen Vernunft. Die Theatermetapher ist nicht nur argumentationstechnisch eingesetzt, wie in der Wissenschaftskultur des Sensualismus, sie ist unmittelbar weltbildkonstitutiv. Die Totalerklärung des Theaters entwertet die sinnlich greifbare Wirklichkeit, indem sie sie immer schon auf anderes verwiesen sein läßt, aber sie versteht sich, das darf nicht übersehen werden, auch als Trost und Theodizee. Die Relativierung, der sie das Dasein unterwirft, betrifft vor allem das Leid. Am Ende der Rolle steht der Übergang zum wahren, zum ewigen Leben. Die als Bühne begriffene Welt wird wieder und wieder als gerecht und sakrosankt bestätigt, denn ihr Stück folgt einem vollkommenen und eben darum verborgenen Plan.

Das Idealbild des weltentrückten Weisen, an den bei all dem gedacht ist, findet seine Freiheit darin, die Rolle anzunehmen und dem irdischen Treiben aus einem Abstand zu folgen, der groß genug ist, um sich der Turbulenz der Geschehnisse nach Möglichkeit zu entziehen. Die barocke Zuschauerhaltung rechtfertigt sich aus der Umkehrung des von Montaigne entwickelten Gedankens: Befand der Moralist, niemand könne den Sitz im Leben verlieren, was immer ihm auch widerfahren möge (und sollte er ein König werden), so erklärt das Barock dieses Leben ganz und gar für Schein und Trug, in dem nichts sich denken läßt, was nicht wiederum als Theatereffekt begreifbar wäre. Die Theatromanie der Epoche stellt sich ganz in den Dienst dieses Gedankens. Nichts blieb übrig,

> »schlechthin nichts auf oder über oder unter der Erde, in Natur oder Geschichte oder Gesellschaft, dem die barocke Bühne sich verschlossen hätte: heidnische Fabel und biblische Geschichte, römische Kaiser und christliche Heilige, der Gott Apollo auf dem Parnaß und der Bauerntölpel aus Bergamo, die Prinzessin von Byzanz und der Professor aus Bologna, die Zeder vom Libanon und die Taube des heiligen Geistes, ja noch die unsichtbaren Regungen der Seele und die unfaßbaren Mysterien des Glaubens – aber auch das Neueste vom Tage: die Pariser Bluthochzeit und die letzten Märtyrer in China.«[32]

Der totalitäre Charakter des barocken Spektakels läßt es nicht zu, den Geboten der Versinnlichung irgend etwas vorzuenthalten. Die Schaubühne wird, mit einem Wort Gustav René Hockes, zur »Metaphern-Maschine«. Doch bleiben die Gebote der Sichtbarmachung tief gebrochen durch die gleichzeitig betriebene Wiederherstellung der Transzendenz, die den Weg über die Ostentationen des Schauspiels nur als den Umweg gelten läßt, der zum Erweis des ewig Unsichtbaren unvermeidlich und nur in diesem Gedankenzusammenhang gerechtfertigt ist. Das barocke Schauspiel wirft die Frage auf, wie das überweltlich Unsichtbare durch das innerweltlich Sichtbare dargestellt werden kann, und es selbst ist bereits die Antwort. Was immer es auf die Bühne bringt, es ist jedenfalls nicht das, worauf es ankommt. Dieses Grundkonzept ist mit jener ironischen *Versöhnung* Montaignes ebensowenig in Übereinstimmung zu bringen wie mit der für die moderne Erfahrung so bezeichnenden *Diskrepanz* zwischen Rolle und Dasein. Das Barock duldet nur die *Gleichung*: Die ganze Welt treibt Schauspielerei, und ›Dasein heißt eine Rolle spielen‹.

Daneben umfaßt die barocke Theatermetaphorik den Versuch, ein wetterwendisches Geschick zu bewältigen, dessen lebensweltliche Konflikte in der Alternanz einschlägiger Begriffspaare zum Ausdruck kommt: Lust und Angst, Aufstieg und Fall, Leben und Tod. Die in ganz Europa, auch von Leibniz und selbst bei den protestantischen Dramatikern und Dichtern – Gryphius, Hofmann von Hofmannswaldau, Lohenstein – verbreitete Bildlichkeit versöhnt den Widerspruch zwischen den für die Epoche gleichermaßen bindenden Geboten *memento mori* und *carpe diem*. Sie unterbreitet ein Orientierungsangebot, das die vielfältigen Anforderungen allmählich unüberschaubar werdender Verhältnisse zu integrieren gestattet, indem sie zusichert, daß den Unwägbarkeiten des Lebens eine dem einzelnen nicht immer unmittelbar einsichtige, aber zuletzt doch zuverlässig sich durchsetzende Ordnung zugrunde liege – genau so, wie noch die verschlungenste Intrige auf der Bühne sich am Ende auflöst und sich einer einfachen Erklärung und einer ebenso schlichten Wahrheit erschließt. Tatsächlich ist der Bühnenvergleich – ungeachtet seiner spektakulären und farbenprächtigen Selbstkundgabe im Barock – das Ergebnis einer ebenso einfachen wie elementaren Operation. Die Rollenmetapher unterstellt die individuelle Lebensführung höherer Weisung, entlastet von Überforderungen und gibt dem Dasein Gestalt, indem es die drohende Kontingenz des einzelnen in einem übergeordneten Ganzen aufgehoben sein läßt und mit den Mitteln des Dramas entdramatisiert: »Das Leben der Menschen ist ein bloßes Schauspiel; in welchem zwar die Personen verändert werden, das Spiel aber einerlei ist und von vornen wieder seinen alten Anfang nimmt.«[33]

Der Trost dieser Apologie ist an die Bedingung gebunden, mit der Rolle auch die Endlichkeit allen Daseins anzuerkennen. Die Hinnahme der Rolle umfaßt die Zustimmung zu ihrem unerbittlichsten Gebot. Den als *exeunt omnes* dramatisierten Tod behandelt die Barockliteratur in erster Linie als Gleichmacher und Befreier, als Station des Durchgangs. »Wann die *Comoedie* zu Ende ist, bleibt nichts uebrig, als ein elendes Erinnern der eingebildeten Hoheit«, schreibt an der Schwelle zur Aufklärung Julius Bernhard von Rohr, der im übrigen noch konsequent von *Personen* spricht, wo bald nurmehr von *Rollen* die Rede sein wird. »Also ist es auch, wenn unser Leben vergehet, so verschwindet alle Hoheit, und der Tod, welcher alles endiget, bringt uns zuletzt alle wieder in die Gleichheit unsers ersten Wesens.«[34] In dieser Akzentuierung bietet sich das Motiv, wie angedeutet, noch dem jungen Schiller an. Die Bereitschaft zur Anerkennung auferlegter Geschicke ist nur in

Verbindung mit dieser Zusage zu begreifen, welche die Weltsicht *sub specie mortis* weniger als Bedrückung erscheinen läßt denn als Versicherung und Trost einer unverrückbaren, da kreatürlichen Gleichheit. Nicht auf der Bühne des Lebens, aber da, wo es darauf ankommt, sind alle Unterschiede zwischen den Menschen aufgehoben. Die Buntscheckigkeit der sozialen Theatralik ist nur der gleißnerische Firnis über dieser unvorgreiflichen und an höchster Stelle verfügten kreatürlichen Gemeinschaft. Wisse, so bescheidet Calderóns souveräner Meister den über die ungleiche Rollenverteilung erzürnten Bettler, »diese Bühne ziert / Minder nicht, wer ohne Fehle, / Schlicht und recht aus voller Seele / Mit dem Bettelstab agiert, als wer Kron' und Szepter führt; / Und wenn einst der Vorhang fällt, / Werden beide gleichgestellt«[35]. Derart steht nicht die Rolle zur Disposition, sondern allein die Art und Weise, ihren Anforderungen gerecht zu werden – und zwar ganz gleichgültig, wohin das Schicksal den Betreffenden gestellt hat.

Als Exempel hat Calderón den Fehltritt der allegorisierten Schönheit gestaltet, die sich zunächst weigert, die in ihrer Rolle vorgeschriebene Vergänglichkeit anzuerkennen. Doch die Rolle und näherhin die Struktur ihrer zeitlichen Entfaltung besitzen die Unumstößlichkeit des Gesetzes, und töricht ist es, sich dem, wie die leibliche Schönheit es tut, zu widersetzen. An dieser Stelle bestätigt sich, daß das Spektakel des Barocktheaters das innerweltlich Sichtbare nur insofern anerkennt, als es die Botschaft untermalt. Demonstrativ wird die Emanzipation des Sinnlichen, wie es gleichzeitig durch die Rhetorik des Sensualismus begünstigt wird, verneint. Die Welt hält der betagten Schönheit den Spiegel vor und zwingt sie, »bebend« vor dem Abbild, das ihren Namen Lügen straft, ihre Unbotmäßigkeit einzugestehen und sich in das Geschick zu fügen. Die Demaskierung der eingebildeten Schönheit ist die Rehabilitation ihrer Rolle. Reumütig gesteht sie, daß all ihr innerweltliches Prangen befristet sei und in diesem Augenblick, ihrer nunmehr vor aller Augen bestätigten *Rolle* gemäß, ein Ende habe.

Die Geltung der Metapher reicht weit genug, um noch in der Phase der allmählich abfallenden Konsolidierungsleistung deutliche Spuren nicht nur in der Ethik, sondern auch in der Anthropologie und in der Staatstheorie der frühen Neuzeit zu hinterlassen. Die beiläufig bereits von Hippokrates festgehaltene Beobachtung, daß im Unterschied zum Tier einzig der Mensch Sprache und Handeln voneinander abweichen lassen und etwas sein und zugleich auch nicht sein könne, dieser Gedanke eines kreatürlichen Privilegs des Menschen zur Verstellung wird nun aufgegriffen und mit ungekanntem Nachdruck versehen. Die jungen Bären und Hunde, stellt Montaigne fest, »zeigen ihre natürlichen Anlagen; aber die Menschen, die ganz unzeitig in Angewohnheiten, in Ansichten und Regeln verfallen, ändern sich und verstellen sich leicht« (I, 26). Die schon so früh sich abzeichnende, freilich noch weitgehend latente Konfrontation von natürlicher (kindlich-einfältiger) Aufrichtigkeit und zivilisatorischer (sozial-trügerischer) Verstellung zeigt, daß Rousseaus Protest gegen eine den Schein und das Schaugepränge begünstigende Verfassung der Kultur nicht von ungefähr kam.

Ende des 17. Jahrhunderts, als seine *Caractères* erscheinen, führt Jean de La Bruyère eine ausgesprochen nüchterne anthropologische Bestimmung ein und erklärt, der Mensch sei zum Lügner geboren – *l'homme est né menteur.*[36] Der Affront, den eine solche, in die Aufrichtigkeitsdiskurse der Zeit hineingesprochene Feststellung bewirken mußte, ist allerdings begrenzt, denn sie variiert einen Gemeinplatz der Zeit. Pascal äußert sich im gleichen Sinne: »Also ist der Mensch nichts als Verstellung *(déguisement)*, Lüge und Scheinheiligkeit, und zwar sowohl vor sich selbst, als gegenüber den andern. Er will nicht, daß man ihm die Wahrheit sage, und er meidet, sie den andern zu sagen. Und all diese Anlagen haben, so fern sie von der Gerechtigkeit und der Vernunft sind, ihren natürlichen Grund im menschlichen Herzen.«[37] Die Metapher des Herzens – *une racine naturelle dans son cœur* – legt die Tiefe einer Versehrung frei, die nun auch die Hintergründe, auf die die Barockbühne das bunte Treiben der menschlichen Schicksale verwiesen sein ließ, zügig erfaßt. Der Mensch lebt nicht bloß unter dem einstweiligen Vorbehalt eines aus Zweckmäßigkeitserwägungen eingeführten Als-ob, um dabei in dem, was seinen Ursprung und den Anspruchsbereich des Überweltlichen betrifft, unberührt zu bleiben. Seine Integrität selbst steht nun zur Disposition, und Pascal erklärt unumwunden, daß die Sünde alle Ursprünglichkeit getilgt habe. Der von Montaigne in einer ausdrucksstarken Geste erschlossene, freilich auch ins Profane umgedeutete Punkt, von dem aus sich alles übersehen und richtigstellen ließe, ist für den Metaphysiker verloren.

Betrachtet man nur die Metaphern, so scheint der Schritt, der von der barocken Theaterrhetorik zur skeptischen Anthropologie der Moralistik führt, ebenso geringfügig zu sein wie der historische Abstand; bezieht man aber die Kontexte mit in die Betrachtung ein, so zeigt sich, daß dieser eine Schritt zwei deutlich verschiedene Rollenkonzepte trennt. Findet sich nämlich die Rolle in barocken Denkzusammenhängen kraft theologischer Sanktion hinreichend legitimiert, so daß sogar das mit Montaigne erreichte Problembewußtsein wieder zu verschwinden droht, so studiert und kommentiert die Moralistik, die Montaignes *science morale* nun aufnimmt, soziale Verhaltensweisen und Maximen mit unverhohlener Skepsis, ohne dabei noch einmal, wie die platonisch-christliche Tradition, eine überweltlich richtende Intendanz anzurufen und den Panoramen ihrer Weltbeschreibung einzugliedern. Der Moralistik bietet sich die Theatermetapher nicht mehr als Lösung an, sie beschreibt vielmehr ihr Ausgangsproblem. Was heißt, so lautet die Frage, politisches Handeln in einer Welt, die ihren unversehrten Grund, ihr »Wesen« verloren hat? Die Politik, so wird die über den Tag hinaus gültige Antwort lauten, ist selber das *Symptom*, und – auf diese Zweideutigkeit kommt es an – sie ist zugleich die alternativlose *Kompensation* dieses den Beginn der Neuzeit markierenden Entschwundes.

Die Tragweite dieser Umdeutung wird deutlich, wenn man sich klarmacht, wie entschieden die Moralistik ihrerseits das Rollenspiel sanktioniert. Der Moralist ist ein ebenso argwöhnischer wie penibler Beobachter des Menschen in Gesellschaft und, wie Nietzsche sagen wird, ein »Menschenprüfer«[38]. Das Motiv der ehrenvollen Täuschung, der *dissimulazione onesta* (Torquato Accetto), bildet ein vielfach beschworenes Ideal der Epoche, so daß die Fähigkeit zur Vortäuschung *(simulatio)* und zur Verheimlichung *(dissimulatio)*[39] als zuverlässiges Zeichen von Lebensklugheit gelten kann. Die neue Aufmerksamkeit für anthropologische Fragestellungen sorgt für eine Verschiebung der Akzente. Der gesellige Mensch, der nun entdeckt wird, gleicht jenem Prototyp des *homo socialis*, dessen ganze Existenz an der Gegenwärtigkeit eines sei es mitspielenden, sei es distanziert beobachtenden Publikums orientiert ist, dem er sich mitteilt und für das er sich produziert. Er gibt sein Dasein der Observation frei, die es erlaubt, jene Anpassungen und Störungen, jene Offenbarungen und Verstellungen aufzuzeichnen, welche die von vornherein auf Bemerkbarkeit berechneten Verhaltensweisen der Individuen im sozialen Rollenspiel bestimmen. Bis in die feinsten Nuancen des Betragens hinein verfolgen die Moralisten die tiefe Zäsur zwischen Kunst und Natur, zwischen Selbstdarbietung und Selbstsein, die ihr durch die Theatermetaphorik gelenkter Blick nun freilegt.

Dabei wollen sie einerseits, wie La Bruyère hervorhebt, mit cartesianischer Rationalität vorgehen und »klar und distinkt« urteilen, wo von *Personen* die Rede ist, um neben dem Reich der Natur jetzt endlich auch den Kosmos der sozialen Welt zu erschließen. »Alles kann zu seinem wahren Preis geschätzt werden; keine Gebärde, kein Wort äußern sich, die nicht bestimmt wären, nach einem festen Wertmaßstab ihre Anerkennung zu finden.«[40] Doch auf der anderen Seite genügt dieser protosoziologische Reduktionismus den selbstgesetzten Ansprüchen nicht. Die Moralisten nehmen die Metapher und namentlich die Rollenmetapher auf, da eine stets hörbar bleibende Skepsis sie davon abhält, die Systematik der Menschenkenntnis so weit zu treiben, daß das Tableau des vielfältigen sozialen Lebens, dessen Grenzen sie mit immer neuen Beobachtungen erweitern, dem starren Reglement der terminologischen Präzisierung geopfert werden müßte. Die Moralisten bleiben Metaphoriker, und sie bleiben es mit Bedacht. In dem Ansinnen, das *eine* – nämlich die deskriptive Genauigkeit – erreichen und das *andere* – nämlich die Vielgestalt des Wahrgenommenen – nicht aufgeben zu wollen, zeigt sich die Ambivalenz auch der moralistischen Weltbeschreibung und ihrer »land- und stadtsässigen Wahrheit« (Nietzsche), ja, man darf sagen, die Wahrheit der Moralisten bediene sich der Metapher als des angemessenen Ausdrucks ebendieser Zweideutigkeit.[41]

Auf die allmählich und ungleichzeitig nachlassende Integrationskraft der metaphysischen Sanktionen reagieren die Moralisten uneinheitlich. Pascal leitet aus der Sündhaftigkeit einer von den Mächten des Scheins regierten Gesellschaft das Recht und die Berechtigung einer Ordnung ab, die der spezifischen und um jeden Preis zu sichernden Rationalität einer Welt nach dem Sündenfall zu entsprechen hat. An den Erfolg von Entlarvungsstrategien ist hier, also noch vor dem Beginn der eigentlichen und sich selbst so nennenden »Aufklärung«, schon nicht mehr zu denken. Wenn aber die Scheinhaftigkeit als solche und mit ihr der ganze Lasterkatalog der Selbstliebe, des Hochmuts und der Ignoranz nicht beseitigt werden kann, dann ist die Ordnung unter der Prämisse der Selbsterhaltung allein dadurch gerechtfertigt, daß sie verspricht, den Schaden der Sündhaftigkeit innerweltlich beschränkt zu halten. Pascal mustert die soziale Natur des Menschen auf der Suche nach seiner »Durchschnittlichkeit«, nach Schwächen, Mängeln und Lastern, um die destruktive Energie dieser Regungen für den Entwurf einer im umfassenden Sinne stabilen und stabilisierenden Ordnung konstruktiv zu nutzen. Zwar ist auch eine solche, auf *concupiscence* (Begehrlichkeit) errichtete Ordnung, »gemessen an der wahren Bestimmung des Menschen, böser Schein, ›fausse image de la charité‹. Aber« – so referiert Blumenberg den Gedankenzusammenhang – »auch ein noch so heftiger Eifer für die verlorene Höhe des Menschentums darf uns nicht dazu verleiten, diese Ordnung des Scheins verächtlich in Frage zu stellen und zu zerstören – denn diese Ordnung ist der letzte Vorhalt über dem Abgrund des Hasses. Die fausse image hat *ihr* Recht und *ihre* Wahrheit aus der Realität des gefallenen Menschen.«[42] Die Unvorgreiflichkeit eines vollständig auf der Bühne entrollten und jederzeit vom Chaos bedrohten Daseins rechtfertigt den Griff nach dem letzten und jeder weiteren Begründung überhobenen Mittel. Die nach dem Verlust der unzweifelhaften und ungebrochenen Wahrheit und der Alleinvernunft enttabuisierte Macht ist souverän, und sie ist es mit Recht, weil nur sie den sich selbst überlassenen Irrtümern und Lastern zu wehren vermag. Die Macht, gesteht Pascal im 325. Aphorismus seiner *Pensées*, ist eine wahrheitsindifferente Autorität – *une autorité sans verité*.

Die mängeltheoretisch reflektierte Enttabuisierung und Bejahung der weltlichen Macht verliert ihre Anstößigkeit, wenn man bedenkt, daß der christliche Denker das Bild seines allmächtigen Gottes stets vor Augen hat. Unter dieser Voraussetzung entsteht im Umkreis der Moralistik die Idee einer flexiblen Methodologie politischer Herrschaft. Analog zu jener Protosoziologie La Bruyères ist Niccolò Machiavellis frühe Autonomisierung des Politischen schon Ende des 18. Jahrhunderts als Versuch begriffen worden, die von Galileo Galilei in der Physik verbreiteten Prinzipien auch in der Politik anzuwenden. Im Mittelpunkt des Interesses steht die Ersetzung von absolut gültigen Wertmaßstäben durch situationsbezogene Regeln und Maximen, deren Beweglichkeit dann Hegel in seiner *Geschichte der Philosophie* für signifikant genug hält, um Machiavelli zusammen mit Montaigne und Pierre Charron als Denker zu porträtieren, die sich dadurch auszeichnen, daß sie nichts anderes vorstellen als sich selbst, ihren eigenen Typ. Der Bruch mit der Tradition und der schulmäßigen Organisation des Wissens erfolgte weniger *expressis verbis* als auf dem Umweg über die Demonstration des Verfahrens. Diese Denker schöpften, wie Hegel sagt, »aus sich selbst, aus ihrem Bewußtsein, ihrer Erfahrung, Beobachtung, ihrem Leben«[43]. Demnach ersetzt die Moralistik das schwerfällige Regelwerk der Systematiker durch ein lose verbundenes Geflecht tentativer Formulierungen, deren Gehalt sich zunächst allein dem »Zutrauen zu sich«, also den Talenten des unvoreingenommenen Beobachters verdankt. Tatsächlich hat der genuin moralistische Gebrauch der Exempla, das konsequente Festhalten an literarischen Formen wie dem Epigramm und dem Aphorismus den Effekt, systematische Ansprüche zurückzustellen zugunsten eines Denkens von »funktionalen Äquivalenzen«[44], das der grundsätzlichen Indisponiertheit des Menschen in seinen wechselnden Umgebungen Rechnung trägt.

Metaphorologisch macht sich dieser Wechsel vom Paradigma der »Substanz« zum Paradigma der »Funktion« in der Neutralisierung der alten Antithetik von Sein und Schein bemerkbar. Diese Tendenz läßt bereits der von Hegel neben Montaigne und Machiavelli gestellte Charron erkennen, wenn er im zweiten Buch seiner Schrift über die Weisheit von 1601 erklärt, ein jeder von uns spiele zwei Rollen und bestehe aus zwei Personen – *joue deux roolles et deux personnages* –, und es gelte darum, zwischen Haut und Hemd zu unterscheiden.[45] Bemerkenswert ist wiederum die Gelassenheit, mit der Charron das soziale Rollenspiel sanktioniert. Die Unterscheidung zwischen Haut und Hemd umfaßt die Anerkennung beider, also auch der Schutz- und Verhüllungsfunktion der repräsentativen Rolle, und sie birgt zugleich den Aufruf zur Entwicklung und Pflege der Menschenkenntnis, um das Verhalten der sozialen Akteure vor ihrem doppelten Motivationshintergrund zu deuten.

In ähnlicher Weise betrachtet Machiavellis Analytik der politischen Welt die Differenz von Sein und Schein, Aufrichtigkeit und Täuschung, mit einer aus dem Wissen um die geschmeidigen Regeln des sozialen Lebens erwachsenen Distanz. Sie erlaubt es, die Verhältnisse umzukehren und die der herrschenden Praxis abgeschaute *veritá effettuale* gegen die illusionistische *immaginazione di essa* auszuspielen. Die herkömmliche Ununterschiedenheit von Sein und Sollen unter neuen Vorzeichen bekräftigend, erklärt Machiavelli ohne Umschweife für wahr, was effektiv geschieht: Die Praxis der Herrschenden erscheint als herrschende Praxis. Dieser Kunstgriff reduziert das Erfolgskriterium des politischen Handelns auf Opportunitätsgesichtspunkte und stellt die herkömmlichen Verdikte, die sich noch mit der Uneigentlichkeit des Geschehens und der Ermittlung überzeitlicher Geltungen aufhielten, entschlossen beiseite. Es geht um die Begründung der politischen Wendigkeit, die jeder und somit auch der unvorhergesehenen Situation in einer mit offenem Blick zu durchmessenden offenen Welt gewachsen sein soll. Während Pascal auf Souveränität setzen wird, favorisiert Machiavelli die Flexibilität. Das von ihm propagierte Verhaltensideal, die *virtú*, bezeichnet die Fähigkeit, »die aus der providentia dei entlassene fortuna« – also die unwägbare Naturmacht – »letztlich zu beherrschen«[46]. Dem von Fall zu Fall aus Zweckmäßigkeitsgründen zu Wortbrüchen genötigten Fürsten empfiehlt er deshalb, die ihm im Idealfall angemessene *natura* des listigen Fuchses gut zu kaschieren *ed essere gran simulatore e dissimulatore*, um als tugendhaft vor die Menge hintreten zu können.

»Wenn sich also ein Herrscher gut darauf verstehen muß, die Natur des Tieres anzunehmen, soll er sich den Fuchs und den Löwen wählen; denn der Löwe ist wehrlos gegen Schlingen, der Fuchs wehrlos gegen Wölfe. Man muß also Fuchs sein, um die Schlingen zu wittern, und Löwe, um die Wölfe zu schrecken. [...] Wer am besten Fuchs zu sein verstanden hat, ist am besten gefahren! Doch muß man sich darauf verstehen, die Fuchsnatur gut zu verbergen und Meister in der Heuchelei und Verstellung zu sein. Die Menschen sind ja so einfältig und gehorchen so leicht den Bedürfnissen des Augenblicks, daß der, der betrügen will, immer einen findet, der sich betrügen läßt.«[47]

Für den Fürsten ist die Verstellung ein Gebot der Selbst- ebenso wie der Staatserhaltung, ein Instrument zur Abwehr der Bedrohung durch die Wölfe. Machiavellis Entwurf der politischen Situation besteht aus drei Positionen oder, wie er selbst sagt, »Rollen«: den Wölfen, dem Löwen und dem Fuchs. Die letzten beiden stehen für unterschiedliche Mittel und Wege, um der Gefahr, die von den Wölfen ausgeht, zu begegnen. Zwar legt manche seiner Formulierungen den Eindruck nahe, als habe Machiavelli – skrupellos, wie die lange Reihe der Antimachiavellisten ihm nachsagt – Gewalt und List gleichrangig behandelt, doch stellt er gerade in diesem anstößigen 18. Kapitel des *Principe* fest, daß diejenigen, die sich einfach an den Löwen hielten, ihre Sache schlecht verstünden. Im direkten Vergleich empfiehlt sich der maskierte Fuchs als Alternative zu dem allein auf seine physische Stärke vertrauenden Löwen, der bereit wäre, den Wölfen kampfbereit entgegenzutreten. Doch dient diese Rolle einzig und allein rhetorischen Bedürfnissen, und als solche ist sie zweckmäßig, denn ihre Unzulänglichkeiten lassen die Attraktionen, die die Rolle des Fuchses zu bieten hat, in nur um so günstigerem Licht erscheinen. Die offene Gewalt, die von den Wölfen droht, würde mit den Mitteln des Löwen niemals überwunden, und die Klugheit würde daran gehindert, sich mit Hilfe ihrer eigenen Prinzipien durchzusetzen. Eben dieser Forderung genügt allein der Fuchs. Während der Löwe die Sphäre der Wölfe, also der Naturmacht, faktisch nicht verläßt, indem er sie lediglich mit ihren eigenen Mitteln niederhält, erschließt der Fuchs neues Terrain. Das Dazwischentreten der Fabel und ihres Unbegrifflichkeitsmoments bezeugt die Eminenz der List und den Durchbruch der Vernunft. Sie erobert die Macht im Zeichen der Schwäche und der Ohnmacht, indem sie eine Grenze zieht »zwischen der Wildheit der Naturkräfte und der Macht der menschlichen Kultur«[48].

Diese Distanznahme und semantische Abhebung setzt die Duldung der Simulation als Alternative zur Offenheit der nackten Gewalt voraus. Ihre Pragmatik kann in der Folgezeit auch von den gemäßigten, gleichwohl auf Machiavelli Bezug nehmenden Staatslehren, so bei Justus Lipsius und Hugo Grotius, als »ehrliche vnd löbliche Betriegerey« hingenommen werden, da die Alternative, nämlich eine rückhaltlose Offenlegung aller Absichten und Pläne, den Erhaltungsinteressen widerspräche. Aus dem gleichen Grund muß der Geltungsbereich dieser Toleranz begrenzt werden, denn die Täuschung kann im Normalfall nur gelingen, wo sie nicht bereits erwartet wird. Deshalb besteht hier so wenig wie in der Ordnungsutopie der platonischen *Politeia* ein Zweifel darüber, daß wohl der Fürst, nicht aber der Privatmann sich dieser Mittel bedienen und die Allgemeinheit irreführen darf. Das Spiel der Simulation bedient – wie bereits Ciceros Entwurf der *persona* – »die Interessen der führenden Schicht«[49]. Die strategischen Vorteile einer im Theatervergleich aufgefaßten Welt sind Privilegien der Herrschenden – dies bekräftigen einmütig die Staats- und Klugheitslehren der frühen Neuzeit von Machiavelli bis Hume. Nur den Regenten kommt es zu, hatte Platon erklärt, »zum Nutzen der Stadt die Unwahrheit zu sagen, kein anderer aber darf sich damit befassen, sondern wenn ein Laie derartigen Regenten nicht die Wahrheit sagt, so werden wir das für eine ebenso große oder noch größere Verfehlung erklären als wenn ein Kranker dem Arzt [...] oder als wenn einer dem Steuermann über das Schiff und die Schiffsleute falsche Auskunft gibt« (Pol. 389b). In der Perspektive der enttabuisierten Macht, die das soziale Rollenspiel sanktioniert, erscheint die Idee der Aufrichtigkeit als Restriktion und freiwilliger Verzicht auf eben gewonnene Handlungsspielräume. Wer in der Kritik mehr sehen möchte als den Ausdruck der Untertanenmoral, der gilt als naiver und entsprechend zweifelhafter Theoretiker und zudem als politischer Hasardeur. Rousseau, der die zu seiner Zeit längst avisierte Position des Widerstandes mit beispielloser öffentlicher Resonanz bezieht, wird sich mit beiden Vorhaltungen konfrontiert sehen.

Doch bevor es soweit ist, wird erst einmal die strikte Unterscheidung zwischen Herren- und Untertanenmoral gemildert. Die pragmatische Empfehlung Baltasar Graciáns, die Täuschung solle stets so geschickt ausgeführt werden, daß sie auf vollkommener Aufrichtigkeit beruhen könne, beansprucht bereits Geltung für jedermann, und dasselbe gilt für die aktualisierte Variante des Ratschlags, wie Gracián sie im 220. Abschnitt seines Hand-Orakels vorträgt: »Wer sich nicht mit der Löwenhaut bekleiden kann, nehme den Fuchspelz.« Die List der Ohnmacht, die von Fall zu Fall ihren Vorteil erkennt und zu nutzen versteht, ist die ideale Strategie der Schwachen, denen damit das Mittel an die Hand gegeben ist, um über die blind auf ihre physische Übermacht vertrauende Konkurrenz zu triumphieren. In dieser, über die Selbstbehauptung in der sozialen Welt unterrichtenden Spielart forciert die Moralistik die Individualisierungstendenz: Die Wölfe, das sind die anderen, und wer klug ist, hält sich an das Vorbild des Fuchses. Graciáns Beschreibung des Betrugs durch die Wahrheit, der noch über die Kunst der Verstellung hinwegtäuschen soll, statuiert nach einem Wort Hugo Friedrichs »eine Art Staatsraison der Persönlichkeit«, die im übrigen auch in Graciáns Begriff der *persona* ihren Niederschlag findet. Denn Person zu sein heißt danach in einem durchaus normativen Sinn, sich von der Menge *(vulgo)* abzuheben und zu einem Meister der Menschenkenntnis zu werden, um die aus Selbsterhaltungs- und Selbstentfaltungsgründen unverzichtbare Verstellungskunst *(disimulación)* nur um so erfolgreicher handhaben zu können. Die bald von der aufklärerischen Kritik herausgestellte Alternative zwischen Persönlich-Privatem und Öffentlich-Politischem, wie sie Kant in seiner berühmten Preisschrift im Dezember 1783 als gegeben voraussetzt, ist hier noch nicht erkennbar. Gracián stellt die Vorteile heraus, die das soziale Rollenspiel dem einzelnen zu bieten hat. Personsein und seine Rolle gelernt haben, dies ist nicht nur vereinbar, sondern das eine ist die Voraussetzung des anderen.

An Stellen wie dieser überwindet die Moralistik die Grenzen der politischen Klugheitslehre. Das Darstellungsideal dieser Literatur ist die reine, allenfalls durch Ironisierungen gebrochene Beschreibung, die sich allerdings für gewöhnlich mit Wertungen zurückhält. Eine Ausnahme bildet die Beurteilung des Höflings. Während er von einigen Moralisten durchaus noch zur ehrwürdigen Gesellschaft gezählt wird, rechnet etwa La Bruyère scharf mit ihm ab. Der Höfling, so lautet der dann von den Aufklärern in das Repertoire der Feudalismuskritik aufgenommene Einwurf, verschärft das mittlerweile als opportun rehabilitierte *déguisement*, von dem schon Pascal gesprochen hatte, zu opportunistischer *fausseté*: »Ein Mensch, der sich auf den Hof versteht, ist Herr seiner Bewegungen, seiner Blicke, seiner Mienen; er ist undurchdringlich, unergründbar; er weiß schlimmem Tun einen angenehmen Schein zu geben *(dissimuler)*, lächelt seinen Feinden zu, bezwingt seine Laune, verhehlt seine Leidenschaften, verleugnet sein Herz, spricht und handelt wider seine Gefühle. Diese ganze ausgeklügelte Kunst des Verhaltens *(ce grand raffinement)* beruht auf einem einzigen Laster, der Falschheit *(fausseté)*.« (*De la cour*, 2)

In solchen Einlassungen zeigt sich, daß ungeachtet der Anerkennung, die das Spiel der Illusionen findet, die Frage nach der Wahrheit, die sich am Ende hinter den Fassaden verbergen mag, durch das privatpolitische Hervorkehren der *veritá effettuale* nicht verdrängt werden konnte. Die bereits von Rousseau beeindruckte Werther-Generation aktualisiert die frühneuzeitlichen Vorbehalte gegen die proteushaften und wetterwendischen *politici* und erklärt, daß die in die *politesse* gesetzten Erwartungen an der Unvereinbarkeit von gesellschaftlichen und individuellen Ansprüchen gescheitert seien. Im Sturm und Drang bricht die in der Moralistik versöhnte Opposition zwischen ziviler Gesellschaft und menschlicher Natur wieder auf. »Der Druck der Gesetze«, wird man am 27. Oktober 1772 in einem unter Beteiligung von Merck, Schlosser und Goethe entstandenen Kommentar der *Frankfurter Gelehrten Anzeigen* lesen, »der Druck der Gesetze, der noch größere Druck gesellschaftlicher Verbindungen und tausend andere Dinge lassen den polierten Menschen und die polierte Nation nie ein eigenes Geschöpf sein, betäuben den Wink der Natur und verwischen jeden Zug, aus dem ein charakteristisches Bild gemacht werden könnte.«[50] Gegen das Konzept der Dissimulation und der Bändigung der Naturmacht, mit der Machiavelli seine Enttabuisierung belohnt sah, wird nun der Einwand erhoben, daß es die Fülle des Menschlichen preisgegeben habe. *Entfernung von der Natur* ist die Summe all der Vorhaltungen, die der weimarische Kammerherr Knigge dem »Hofgesindel« machen wird. »Erwarte übrigens«, mit diesen Worten wendet er sich an sein bürgerliches Lesepublikum, »auf diesem Schauplatze nicht, daß man in Dir den edlen, weisen, geschickten Mann schätze, sondern nur, daß man Dich artig finde, daß man von Dir sage: *Par dieu! il a de l'esprit, comme nous autres!*«[51]

Nicht von ungefähr nimmt Knigge die Bühnenmetaphorik wieder

auf. Die Schauplätze der höfischen Gesellschaft und der dort gepflegte »Heroismus der Schmeichelei« (Hegel) gewähren der im Gefolge der Dissoziation von Individuum und Gesellschaft neubewerteten Aufrichtigkeit ebensowenig Raum wie der neuen, der eben entstehenden Anthropologie aufhelfenden Frage nach dem Wesen des Menschen, die nicht zuletzt durch das moralistische Studium seiner empirischen Selbstverfehlung herausgefordert worden war. Der Unterschied, so akzentuiert bereits La Bruyère diese Diskrepanz, zwischen dem geborgten Charakter, den sich jemand in der Öffentlichkeit zulegt, und ihm allein, wenn er sich selbst betrachtet, sei eben der zwischen Maske und Gesicht (*De l'homme*, 140). Das Gesicht, darin stimmen Moralisten und Physiognomiker überein, ist der sinnfällige Ausdruck des Authentischen hinter allen Masken. Doch gerade die darin sichtbar gemachte Unverlierbarkeit des Wesens macht es schließlich überflüssig, daß dieses Eigentliche sich offen exponiere. Der Menschenkenner geht so weit, aus Klugheits- und Erhaltungsgründen ausdrücklich von Extrovertiertheiten abzuraten. »Stimme dich auch herab von der Begierde zu herrschen, eine glänzende Haupt-Rolle zu spielen! Weisst du nicht, wie theuer man das oft erkaufen muß?« Knigges Apostrophe ist genau das, was man eine rhetorische Frage nennt. Zur Kompensation des Verzichts empfiehlt er ein Fiktionsmodell, das die lizensierte Fiktionalität der Courtoisie noch übertrifft, denn seine Pointe besteht darin, sich nicht einmal mehr kundtun zu müssen. »Mit großer Kraft« soll der Bürger der stillen Überzeugung leben, was alles *»Du thun könntest,* wenn Du nur *wolltest«*. Die Abweichung, die Diskrepanz von Rolle und Dasein wird nicht geleugnet, aber – und darauf kommt es an – die Kundgabe des Inkommensurablen ist ein Traum, dessen Pointe darin besteht, auf Verwirklichung zu verzichten. Die an der Moralistik geschulte Umgangslehre überwindet nicht den überlieferten, für den platonisch-christlichen Traditionszusammenhang bezeichnenden Uneigentlichkeitsvorbehalt der Theatermetaphorik. Vielmehr schärft sie die Aufmerksamkeit für die subtilen Verstellungen, in denen der Mensch in Gesellschaft den Bruch zwischen Rollenspiel und Leben für gewöhnlich mit routinierter Sorgfalt überdeckt, und sie leistet das Ihre, dem Akteur diese Routine zu vermitteln.

Zu Beginn des zweiten Teils seines Essays über die Freiheit des Witzes und der Laune *(Sensus Communis)* von 1709 trägt Lord Shaftesbury die Geschichte eines Afrikaners vor, der zur Zeit des Karnevals nach Europa gelangt und dort die Einwohner vermummt findet. Wäre es, so fragt er, für diesen Fremden nicht naheliegend, den Anblick der Larve eine Zeitlang für das Ortsübliche zu halten, zumal die Vermutung, ganze Völker könnten sich pünktlich zu einer allgemeinen Verwirrung der Charaktere und Personen verabreden, ihm aus seiner Warte als ein vollkommen abwegiger Gedanke erscheinen müßte? Der Besucher hätte jedenfalls allen Grund zum Gelächter, wenn er die tatsächlichen Zusammenhänge erführe – so wie umgekehrt die Einheimischen gewiß über seine Einfalt scherzen würden.

In der Differenz der Perspektiven liegt für beide Seiten, für Einheimische und Besucher, der Witz und damit die Gelegenheit zum Erkenntnisgewinn. Selbst das Offensichtliche läßt sich mit den Augen des anderen, und das heißt: anders sehen. Der Standpunktwechsel mindert die Gefahr der Täuschung, denn anders als der Irrtum kann die Wahrheit es sich leisten, auf allerlei Weisen[52] und also auch mit den Augen des Spötters betrachtet zu werden. Freilich funktioniert diese Methode nur, solange man sie begrenzt. Sollte nämlich jener Afrikaner, bevor er noch irgend etwas über den Alltag und das Erscheinungsbild der Europäer in Erfahrung gebracht hat, »bei dem Anblick eines natürlichen Gesichts, einer natürlichen Tracht ebenso herzlich lachen wie zuvor«[53], dann würde er die Natur für Kunst halten und das Lächerliche ins Törichte steigern. Shaftesbury plädiert für den erhellenden Scherz und die Aufschlußkraft des Witzes in jener umfassenden Bedeutung, die das Wort im 18. Jahrhundert besitzt. Aber es ist doch stets darauf zu achten, daß der Anwender des Verfahrens nicht lächerlicher wird als das, worüber er lacht.

Shaftesburys Perspektive ist kulturkritisch. Das namhaft gemachte Risiko, Kunst und Leben, Maske und Gesicht zu verwechseln und das eine so lächerlich zu finden wie das andere, erläutert er als das fragwürdige Ergebnis einer Entwicklung, in der die natürliche Vielfalt – Shaftesbury spricht von einer Zeit, »da die Leute bloß von ihren Handlungen und von ihrem Betragen Rechenschaft zu geben brauchten« – durch die Mittel der sozialen Disziplinierung beseitigt und durch unzweideutige Meinungen, ein bestimmtes Betragen und »einerlei Gestalt und Form« ersetzt wurde. Zivilisierung, so lautet die aus dem ethnologischen Gedankenexperiment abgeleitete Diagnose Shaftesburys, bedeutet Angleichung und Uniformität, sie vertreibt die Vielgestaltigkeit der Lebenswelten und gebietet den Abschied von der Fraglosigkeit des Natürlichen. Wer sich von diesen Tendenzen nicht täuschen lassen und die Natur bloß als Spielart kultureller Expression gelten lassen will, der muß sich erinnern, wie es zu alldem kam. Die genealogische Betrachtung, versichert Shaftesbury, führt zu der trostreichen Entdeckung, daß nicht alles, was das soziale Leben zu bieten hat, Schminke und Firnis sei. »Die Gestalt der Wahrheit bleibt immer herrlich und schön, so viele falsche Larven man ihr auch umgehängt hat.«

Das ist einmal mehr von erhobener Warte gesagt, und Shaftesbury macht kein Hehl daraus. Unter dem Diktat der Meinung wird die Erkenntnis der Wahrheit zum Vorrecht derer, die ihre Distanz zu der, wie Shaftesbury sagt, »Torheit« und dem »Unsinn« der Majorität zu wahren wissen. In der Folgezeit, dem Jahrhundert der Aufklärung, wird dieser Vorbehalt des englischen Aristokraten tief in die philosophischen Bewegungen des Kontinents hineingetragen. Die pädagogische Ambition der Aufklärer gilt den »Rückwegen aus der Entfremdung«. Rousseau nimmt den Konflikt in dieser gerade durch die Anerkennung des sozialen Schauspiels verschärften Zuspitzung auf und verbindet die Einsicht in die Entschiedenheit der Tendenz mit der Bestätigung ihrer Unumkehrbarkeit. La Rochefoucauld, dessen *Reflexionen* Rousseau im Hause von Madame de Warens ebenso studiert wie die Schriften La Bruyères, war ihm in dieser Erkenntnis vorausgegangen, als er die Verdrängung der Natur aus der Gesellschaft beschrieben und erklärt hatte, nichts hindere so sehr daran, natürlich zu sein, wie das Bestreben, so zu wirken. Der moralistische Gedanke formuliert das von der Barockbühne und ihrem totalen Darstellungsanspruch hinterlassene Dilemma, das der protosoziologische *point de vue du théâtre* immer wieder nur bekräftigen kann: Aufrichtigkeit und Ursprünglichkeit sind keine Alternativen zur sozialen Theatralik, sondern allenfalls Erweiterungen des habituellen Repertoires. In solcher Dilemmatik wird die Totalisierung des Welttheaters als Daseinsmetapher faßbar. Die Rollenkritik und alles, was sich unter diesem Programmtitel versammeln mag, schrumpft schließlich selbst zur Rolle zusammen, und zwar zu einer Rolle, die ihre eigenen Voraussetzungen ignoriert.

Es ist jedoch ein Irrtum zu meinen, daß Rousseau sich über die tiefe

Zweideutigkeit seiner Intervention im unklaren befunden oder auch nur geflissentlich darüber hinweggesetzt hätte. Was ihn von den Vorläufern und ihrem überkommenen Formulierungsangebot unterscheidet, ist die fiktive Zusatzannahme eines im Grunde – wie Rousseau sagt, in seinem »Herzen« – unbescholtenen Menschen, der, ohne recht zu wissen, wie ihm geschieht, durch die aktuelle Entwicklung des Zivilisationsgeschehens korrumpiert und um sein Bestes betrogen wird. Mit ihrer Auflehnung gegen diese Tendenz integriert Rousseaus Kulturkritik drei große Themen, die die Diskussion über den Tag hinaus beeinflussen werden. Sie betreffen einmal die *Selbstbehauptung der Individualität*, sodann die *Entfremdung in der Gesellschaft*, schließlich den *Expansionsdrang der europäischen Zivilisation*.

Hatte La Bruyère nur den gesellschaftlichen Menschen gekannt und ihn als Lügner mehr beschrieben als getadelt, so kann Rousseau das bewußt außerhalb des gegebenen sozialen Zusammenhangs plazierte Ideal des natürlichen Menschen scharf von seinen gesellschaftlichen Erscheinungsformen abgrenzen. Wie sein fiktiver Entwurf des guten Menschen bezieht auch Rousseau selbst als Beobachter der Verhältnisse außerhalb der Gesellschaft Position, um von einem privilegierten Standort aus sein Urteil zu sprechen. Doch geht es ihm dabei weniger um eine angemaßte Überlegenheit als um die Auszeichnung einer Wahrheit, die sich auf glaubwürdige Weise von jener Korrumpiertheit fernhält und fernhalten muß, ohne die das Soziale, wie Rousseau feststellen wird, nicht sein kann.

Für Rousseau steht nicht die Gruppe am Anfang, sondern der einzelne und allenfalls der erlesene Kreis. Die mit der Entstehung und Ausbildung der sozialen Welt eingeleitete Entfernung von der Natur begründet auf seiten der Individuen das Leiden an der Gesellschaft, das, folgt man Rousseau, um so tiefer ist, als dieser Prozeß unaufhaltsam fortschreitet. Beständig, so erklärt 1750 der *Discours sur les sciences et les arts,* fordere »die Höflichkeit (*politesse*) und gebietet der Anstand (*bienséance*), immer folgt man angenommenen Gebräuchen (*usages*) und niemals seinem eigenen Sinne (*son propre génie*). Man wagt sich nicht mehr zu zeigen, wie man ist, und unter diesem beständigen Zwang handeln alle Menschen« (*OC* III, 8).[54] Die Zivilisation – diese Einsicht trägt das »Unbehagen in der Kultur« bis weit in die Moderne – macht die Biographie des einzelnen zur Leidensgeschichte. Rousseau ergänzt das anthropologische Interesse der Moralisten um eine skeptische geschichtsphilosophische Spekulation. Längst habe die Gegenwart die Integrität jenes redlichen Mannes verloren, der es vorzog, nackt, und das will sagen: unmaskiert zu streiten. Die Affektiertheit des Verhaltens und die Unvernunft des Handelns werden nun bleiben, sagt Rousseau, weil sie die Resultate der irreversiblen kulturellen Entwicklung sind, also der Entfaltung von Wissenschaften, Künsten und Philosophie sowie, in ihrem Gefolge, des Reichtums und der Verschwendung. Was den kritischen Beobachter somit seinerseits zu spektakulären Schritten zwingt, ist die Normalisierung der Rolle, die nicht zuletzt auch in der von den Anstands- und Benimmbüchern der Epoche aufgewerteten und durch umsichtige Erziehungs- und Disziplinierungsmaßnahmen geförderten Unauffälligkeit des sozialen Verhaltens ihren Ausdruck findet. Graciáns stolze Affirmation des sozialen Rollenspiels ist der stillen Anpassungsbereitschaft des bürgerlichen Privatiers gewichen.

Rousseau sieht sich konfrontiert mit den Tatsachen sozialer Differenzierung, die eine weit gestreute und differenzierte Rollenverteilung mit sich bringt. »Wir haben Naturforscher, Geometer, Chemiker, Astronomen, Dichter, Musiker und Maler«, schreibt er an gleicher Stelle weiter, »nur Bürger (*citoyens*) haben wir nicht mehr, oder wenn wir noch einige haben, so sind sie in unseren ländlichen Einöden zerstreut und gehen dort arm und verachtet zugrunde.« Der Hinweis auf das Land beschwört den Abstand zur Stadt als des Zentrums zivilisatorischer Konformität und Zerstreuung. Damit erschließt Rousseau dem Heroischen eine neue Dimension. Sein Held steht nicht im Zentrum des Geschehens, nicht auf der Bühne der Welt, sondern er wahrt seine Integrität allein dadurch, daß er sich heraushält und von außen in die besinnungslos dahintreibende Gesellschaft hineinspricht. Der Held zieht sich zurück, um mißkannt und verlacht sein Dasein als Außenseiter zu fristen.

Der Vergleich mit der kanonischen Rollenverteilung im *Gran teatro del mundo* Calderóns zeigt deutlich die neue Problematik. Die unüberschaubare Vielfalt der durch Arbeitsteilung entstandenen Aufgaben läßt den Appell an eine übergreifende, jedem einzelnen seinen Platz in einer sinnerfüllten Gesamtordnung zuweisenden Intendanz nicht mehr zu, und statt eine vorgezeichnete Rolle anzunehmen und nach Vermögen auszufüllen, sieht sich das Individuum nun darauf verwiesen, schwer integrierbare Anforderungen zu einer in der Regel einseitig beschränkten, die ambitionierten Ansprüche des *citoyen* durchaus unterbietenden Identität zusammenzuführen. Das ambitionierte Erziehungsprogramm Rousseaus entsteht vor diesem Hintergrund. Im Gegensatz zu dem ausgeglichenen Gemütszustand Émiles nämlich, der Rousseaus erzieherischen und gesellschaftlichen Alternativentwurf bestimmt, bleibt der junge Mann, der in Gesellschaft und bei Hof – mit dem für die Schöngeistigkeit charakteristischen Begriff – *brillieren* muß, stets mit sich selbst entzweit. »Der Mann von Welt (*l'homme du monde*) verbirgt sich ganz hinter seiner Maske (*masque*).« Aber nicht die Verhüllung ist das Problem, sondern der dafür entrichtete Preis des Selbstverlustes: »Was er ist, ist nichts; was er scheint, ist ihm alles.« (*OC* IV, 515)

Wie stark die Betonung dieses Kontrasts auf die Zeitgenossen gewirkt hat, zeigt beispielhaft der Blick Goethes auf den Weimarer Hof und die prononcierte Vorbehaltlichkeit, mit der er seine eigene Stellung präsentiert: »Die andern spielen alle ihre Rolle«, schreibt er am 12. Dezember 1782, also nach fünfjähriger Tätigkeit für Herzog Carl August, an Frau von Stein. »Ach Lotte wie lieb ist mirs daß ich keine spiele. Ich lasse mich als Gast tracktiren.« Eine solche, auf Dauer gestellte Unzugehörigkeit liegt ganz auf der Linie des Bürgers von Genf. Auch er ist immer und überall ein Gast. Da, wie Rousseau analysiert hatte, die beklagten Mißstände weniger aus individuellem Fehlverhalten resultieren als aus einer über die Maßen bedenklichen Zivilisationsentwicklung, muß eine auf unmittelbare Wirksamkeit bedachte Gegenstrategie zuerst darauf bedacht sein, daß der Einsichtige vom *spectacle du monde* entschieden abrücke. Diejenigen, so zitiert Rousseau aus den *Essais* Montaignes, die sich mit der Position des Zuschauers bescheiden, seien »nicht die schlechtesten« (*OC* IV, 525). Aber, und in diesem Bedenken liegt Rousseaus Radikalität, die Zuschauerhaltung ist keine Lösung. Neben den Schauspielern werden auch die fernstehenden Beobachter in die Logik der Scheinwelt hineingezogen, und das um so gewisser, als sie sich in der Illusion wiegen, im Grunde unbetroffen und unbetreffbar zu sein. Die Teilnahme, zu der sie durch die Regeln des Theatralischen gezwungen sind, korrumpiert ihre Einfalt und moralische Rechtschaffenheit. Rousseau überträgt seine Kritik auch auf die Theaterwelt ganz unmittelbar, ja sie gilt uneingeschränkt auch für den moralisch über jeden Zweifel erhabenen dramatischen Stoff. Die Zuschauer werden im Theater von sich selbst abgelenkt, argwöhnt der Kritiker des Theaters, sie lassen ihre Leidenschaften künstlich stimulieren, sie verlieren sich in der Zerstreuung. Eine Behaglichkeit, wie sie der deutsche Anakreontiker und Kenner der französischen Literatur Johann Nikolaus Götz unter dem traditionsbewußten Titel *Die Welt* beschwört, will sich bei Rousseau nicht einstellen: »Die Welt gleicht einer Opera / Wo jeder, der sich fühlt, / Nach seiner lieben Leidenschaft, / Freund, eine Rolle spielt. / Der eine steigt die Bühn hinauf / Mit einem Schäferstab; / Ein Andrer, mit dem Marschallsstab, / Sinkt, ohne Kopf, herab. / Wir armer guter Pöbel stehn / Verachtet, doch in Ruh, / Vor dieser Bühne, gähnen oft, / Und sehn der Fratze zu. / Die Kosten freilich zahlen wir / Fürs ganze Opernhaus; / Doch lachen wir, misräth das Spiel, / Zuletzt die Spieler aus.«[55]

Für den Pädagogen Rousseau ist die im übrigen nicht ganz widerspruchsfrei – »Die Kosten freilich zahlen wir« – geschilderte Zuschauerposition allenfalls als Provisorium diskutabel. Aus dieser Warte, räumt er ein, könne sein Zögling besser als in den Verstrickungen des alltäglichen Lebens erkennen, daß – und hier unterstreicht Rousseau die Beobachtung Shaftesburys – »fast alle Menschen die gleiche Maske tragen« (*OC* IV, 525). Doch über diesen Befund hinaus soll der Zögling begreifen lernen, »daß es Gesichter gibt, die schöner sind als die Maske, die sie tragen«. Eine dauerhafte Bleibe bietet der Zuschauerraum deshalb nicht. Niemand müsse, erwidert Rousseau auf das alte Katharsis-Argument, erst rasend und närrisch gemacht werden, um dann irgendwann einmal vernünftig zu sein. Entschieden widerruft er das Leitbild jener Moralisten, die erklärt hatten, die Durchsetzung einer verbindlich gewordenen und über das Spiel und die *simulation* vermittelte *politesse* helfe das anthropologisch-ethische Ideal des *honnête homme* zu verwirklichen. Derartige Erwartungen entwertet die Kritik als Ausdruck der Gewöhnung an den kruden Schein und an permanente Selbstverfehlung.

Rousseaus Bedenken antizipiert das exemplarische Scheitern von Wilhelm Meisters *Theatralischer Sendung* – jenen späten und, wie Goethe selbst andeutet, verspäteten Traum des Bürgers, der sich hier noch einmal der Illusion überläßt, es möge ihm gelingen, die Leitbilder der Bühnenwelt und der aristokratischen Lebensführung praktisch zu einem kohärenten Lebensentwurf zu vereinen. Gegenüber seinem Schwager und in schon beinahe karikaturistischer Überspitzung spießbürgerlichen Widerpart Werner wird Wilhelm geltend zu machen versuchen, daß die am Muster des Aristokraten orientierte Subjektivität, die seinem Lebensentwurf vorschwebt, »sich aus dem stockenden, schleppenden, bürgerlichen Leben heraus zu reißen« vermag, um sich –

würdevoll, kontrolliert und weltgewandt zu präsentieren. Noch einmal soll das spannungsreiche Verhältnis von Sein und Schein, dessen Einseitigkeit Rousseaus pädagogische Entwürfe moniert hatten, umgewertet werden. »Wenn der Edelmann durch die Darstellung seiner Person alles gibt, so gibt der Bürger durch seine Persönlichkeit nichts und soll nichts geben. Jener darf und soll scheinen; dieser soll nur sein, und was er scheinen will, ist lächerlich und abgeschmackt.« Und weiter heißt es in Wilhelms Bekenntnisbrief an Werner: »Auf den Brettern erscheint der gebildete Mensch so gut persönlich in seinem Glanz, als in den obern Klassen; Geist und Körper müssen bei jeder Bemühung gleichen Schritt gehen, und ich werde da so gut sein und scheinen, als irgend anderswo.«[56]

Doch Bürgerlichkeit und repräsentative Lebensform, »Persönlichkeit« und »Person«, wollen nicht zueinander finden. Die Utopie einer Synthese von bürgerlicher Weltbemächtigung und aristokratischer Lebensweise, jene, wie es im Roman einmal heißt, »erlogene Wahrheit«, die im Theatermotiv prägnant ihren Ausdruck findet, wird sich nicht aufs Leben übertragen lassen. Was, nach Friedrich Schlegels einsichtsvollem Kommentar[57], allein aus »Wilhelms Unbekanntschaft mit der Welt« gerechtfertigt sein mochte, tritt, sobald diese einmal überwunden ist, unmißverständlich als »falsche Tendenz« zutage. Sanft, aber beharrlich führt die Turmgesellschaft Wilhelm von den Irrungen und Wirrungen der Theaterwelt weg, um ihn, den heiter Entsagenden, als Arzt unmittelbar mit der Lebenswelt des menschlichen Daseins zu konfrontieren. Die Normalisierung der Rolle verlangt den Verzicht auf die Kultivierung des Scheins – dies ist die Antwort der *Meister*-Romane auf Rousseaus Diagnose und Protest. Während Rousseau sich heraushält, um mit wachsender Bitterkeit die sozialen Illusionen anzuklagen, fügt Wilhelm sich ein, um fortan das Apriori der Sozialität als der Sphäre des Idealisch-Praktischen zu teilen. Nicht, wie das aristokratische Rollenideal es wollte, auf die Nutzung der Spielräume kommt es dabei an, sondern auf die Übernahme und Erfüllung der in der Rolle vorgeschriebenen Aufgabe. Die Rolle verliert alles Vorbehaltliche und Zweideutige. Ist dieser Schritt einmal getan, steigert sich Wilhelms untragische Bekehrungsgeschichte zum Pathos tätiger Anheimgabe. Er wolle, so erläutert er seinen förmlichen Abschied von der Bühne, sich mit Männern verbinden, »deren Umgang mich, in jedem Sinne, zu einer reinen und sichern Tätigkeit führen muß«.

Den zeitgenössischen Gegenentwurf zu Rousseaus Kritik liefert Denis Diderot. Der Schauspieler, wie Diderot ihn mehrfach charakterisiert hat (*Entretiens sur le fils naturel,* 1757; *De la poésie dramatique,* 1758; *Paradoxe sur le comédien,* 1770–1773), ist Herr seiner Rolle und seiner selbst, und er sichert dieses Selbstbewußtsein, indem er die Position der Zuschauer zugunsten der Einheit dieser Rolle ignoriert. Die wie auch immer kaschierte Rücksicht auf das Publikum gefährdete die Konsistenz der Rolle, denn sie wäre in ihr, die ganz den dramatischen Intentionen des Stückes verpflichtet sein soll, ein fremdes und störendes Element. Das Rollenspiel gehorcht innerer Folgerichtigkeit und meidet die vordergründigen Opportunitäten spektakulärer Außenwirkung. Würde sich der Schauspieler erst einmal darauf einlassen, sich als Schauspieler zu erkennen zu geben, argumentiert Diderot, dann wäre er »aus seiner Rolle gesetzt«[58]. Diderots »Rolle« ist die Metapher für jene gelebte Konstanz, die es erlaubt, das Handeln in der Zeit auf ein Identisches zurückzuführen.

Dieses Identische ist flexibel, und der sich darauf stützen kann, gewinnt ebendadurch Souveränität. »Wenn jeder Herr von seiner Rolle ist, was kann da Festgesetztes sein?« fragt Diderot und gibt damit zu erkennen, daß eine Rolle zu spielen unter keinen Umständen heißen soll, sich fremder Autorität und Weisung zu beugen. Entsprechend heißt es im *Paradox über den Schauspieler,* ein guter Akteur spiele seine Rolle so gut, daß die Beobachter ihn mit ihr verwechseln. Die Qualität des Spiels erübrigt die Position eines Zuschauers, denn Selbstdistanz gehört dazu. »Die Illusion besteht nur für Sie; er hingegen ist sich selber sehr wohl bewußt, daß er nicht die gespielte Person ist.«[59] Der perfekte Schauspieler beherrscht sein Publikum dadurch, daß er darauf verzichtet, auf den Applaus zu schielen, und eben damit entgeht er auch den Fährnissen vollständiger Rollenkonformität. Das theatergeschichtliche Vorbild dieser Konzeption ist der Stegreifspieler, der seine umrißhafte Vorlage spontan mit Leben füllt. Er spielt die Rolle auf seine, und das heißt auf eine unverwechselbare Weise.

Diderots Beobachtungen und suggestive Schlüsse changieren zwischen der Erkundung der Theaterwelt und der Beschreibung der Gesellschaft. An der Angemessenheit dieser Analogie läßt der Verfasser des *Neveu de Rameau* niemals einen Zweifel aufkommen. So wenig wie der Schauspieler darf sich der gesellige Mensch an den Moment verlieren. Aber er darf, ja er soll wie jener den Ausdruck des Lebens steigern und in souveräner Gestaltung noch übertreffen. Dazu bedient er sich der gleichen Beobachtungstechniken, die schon die Moralisten angewandt hatten, indem er, wie es zu Beginn der Abhandlung über den Schauspieler heißt, »durch das Studium der großen Vorbilder, die Kenntnis des menschlichen Herzens, den Erwerb der rechten Lebensart, durch unermüdliche Arbeit und Erfahrung und durch Gewöhnung an das Theater« die Gaben der Natur vervollkommnet. Wie Rousseau registriert auch Diderot den Bruch zwischen sozialer Welt und menschlicher Natur, aber im Unterschied zu jener scharfen und unbedingten Kulturkritik, die die vorrevolutionäre Gesellschaft verfallen sieht, billigt Diderot die historische Emanzipation des Menschen aus natürlichen Bindungen und Beschränktheiten, wie sie der selbstbewußt agierende Schauspieler exemplarisch demonstriert. »Und wie sollte«, so fährt er fort, »die Natur ohne Hilfe der Kunst einen großen Schauspieler hervorbringen können, da sich doch auf der Bühne nichts genauso abspielt wie in der Natur und alle dramatischen Dichtungen nach einem bestimmten System von Prinzipien verfaßt sind?«

Schauspieler zu sein ist demnach keine anthropologische Bestimmung, sondern ein im Interesse des einzelnen stehendes Bildungsziel, dessen Bedürfnis sich aus der im übrigen auch von Rousseau nicht geleugneten Unwiederbringlichkeit des Ursprungs ergibt. Was Theater und Zivilisation verbindet, ist der Charakter des Institutionellen: Sie helfen aus mit Regel und Konvention, wo die ursprünglichen Bindungen verloren sind. Als Kulturwesen verfügt der Mensch über die Gaben der sozialen Theatralik, und es wäre töricht zu meinen, er könne darauf verzichten. Diderot geißelt die Haltung der Verweigerer mit bitterem Spott. Wer die Wunderlichkeit der Kyniker aus der Nähe betrachte, notiert er in seinem Enzyclopädie-Artikel *Cynique*, der werde feststellen, daß sie vor allem darin bestehe, die Sitten des Naturzustandes mitten in die Gesellschaft zu übertragen. »Die Lächerlichkeit, unter verderbten und schwachen Menschen das Leben und die Reden der Unschuld der ersten Zeiten und die Derbheit der Jahrhunderte tierischen Wesens zur Schau zu tragen, bemerken sie entweder nicht oder sie kümmern sich nicht darum.«[60] Liest man diese Zeilen mit Jean Starobinski als Rousseau-Porträt, dann zeichnet sich darin eine doppelte Kritik ab. Die eine bezieht sich auf die Form, die andere auf den Inhalt: Zum einen verkennt der Appell an *sentiment* und Ursprünglichkeit seine eigene Rollenförmigkeit, die ihm vor Augen führen würde, daß nicht nur die anderen, sondern auch er selbst die Verbindung zum Ursprung verloren hat; zum anderen ignoriert er seine eigene Unzeitgemäßheit und die geschichtsphilosophische Ungereimtheit, die darin besteht, den Naturzustand unvermittelt mit dem Status quo der kulturellen Entwicklung zu konfrontieren. Statt, mit einem Wort, die Heuchelei der zivilisierten Welt parodistisch zu durchkreuzen, trägt die Rolle der Einfalt ihr Teil dazu bei, sie wirksam zu vollenden.

Anders als Rousseau plädiert Diderot dafür, das Gefühl niederzuhalten, um angesichts des doppelten Risikos der marginalisierenden Rollenverfehlung einerseits und der überangepaßten Rollenkonformität andererseits die Konstanz zu sichern und die Selbstkontrolle zu festigen. Diderot funktionalisiert die Rolle als Instrument der Ich-Stärkung. Als fade und im eigentlichen Sinne ungesellig weist er den unkontrollierten Gefühlsausbruch zurück. Mit unverhohlener Zustimmung schildert seine Abhandlung über den Schauspieler den Brauch des neapolitanischen Theaters, Laiendarsteller so lange mit Proben zu traktieren, bis sie völlig abgestumpft seien. Erst im Zustand äußerster Erschöpfung seien sie dann fähig, ihre Rollen überlegt und überlegen zu spielen. Diderot nennt dieses Verfahren beispielgebend für das Schauspiel in der Gesellschaft. »In der großen Komödie, der Komödie der Welt, auf die ich immer wieder zurückkomme, befinden sich alle leidenschaftlichen Seelen auf der Bühne; alle Menschen von Genie sitzen im Parkett. Die ersten werden Toren genannt; die zweiten, die sich damit beschäftigen, die Torheiten der ersten zu kopieren, nennt man Weise.«[61]

Der Akteur Diderots bleibt sich stets der Uneigentlichkeit seines Auftretens bewußt, aber er wird nicht so weit gehen, offen mit der Konvention zu brechen. Er bedient sich seiner eigenen Erfahrungen und Einsichten, um seine Aufgabe zu bewältigen. Er ist Beobachter, Darsteller und Schöpfer in einer Person. Im Gegensatz zu den traditionellen Auffassungen lädt die Rolle im Verständnis Diderots zur spontanen Gestaltung ein, und nichts zeigt dies eindrucksvoller als die den Schauspiel-Dialog abschließende Erklärung, in der das bereits von den Moralisten diskreditierte Raffinement des Höflings noch einmal ironisch rehabilitiert wird:

»Sagt man nicht bisweilen auch in der Gesellschaft, ein Mensch sei ein großer Schauspieler? Darunter versteht man nicht, daß er empfinde, sondern im Gegenteil, daß er hervorragend simuliere, obgleich er nichts empfindet. Die Rolle ist viel schwieriger *(rôle bien plus difficile)* als die des Schauspielers, denn ein solcher

Mensch hat auch noch Reden zu erfinden, hat also zwei Aufgaben zu erfüllen – die des Dichters und die des Schauspielers. Der Dichter mag auf der Bühne gewandter sein als der Schauspieler in der Gesellschaft der vornehmen Welt; aber glaubt man etwa, daß der Darsteller auf der Bühne eindringlicher und geschickter als ein alter Höfling in der Gesellschaft Freude, Trauer, Empfindsamkeit, Bewunderung, Haß und Zuneigung vortäuschen könne?«[62]

Die soziale Rolle entsteht und verändert sich von Augenblick zu Augenblick unter jener souveränen Kontrolle ihres Inhabers, die es keineswegs verächtlich zu machen, sondern im Gegenteil zu erwerben und zu sichern gilt – so lautet die Alternative zu Rousseaus Kritik des Theaters und der sozialen Theatralik.

Für diese Position gewinnt Diderot mit Louis-Sébastien Mercier[63] und mit Kant schon sehr bald Fürsprecher. »Die Menschen«, so heißt es 1798 in Kants *Anthropologie*, »sind insgesamt, je zivilisierter, desto mehr Schauspieler.«[64] Sie sollen es in der komplexen Bedeutung und mit dem erhöhten Anspruch, die der Begriff bei Diderot erhalten hat, auch sein, denn wer dem Weltgeschehen nur zuschaut, der bleibt ihm fremd, und wer beständig spielt, der ist ein Narr. Kant widerspricht den Einwänden Rousseaus an gleicher Stelle mit einer ihrerseits geschichtsphilosophisch unterlegten ethischen Spekulation, die Spiel und Wirklichkeit zu bündiger Konstanz integriert: »Denn dadurch, daß Menschen diese Rolle spielen, werden zuletzt die Tugenden, deren Schein sie eine geraume Zeit hindurch nur gekünstelt haben, nach und nach wohl wirklich erweckt und gehen in die Gesinnung über.« Solches Einüben von Sozialität läßt Differenzierungsmöglichkeiten ausdrücklich zu. Die konventionelle Rolle ist die vorläufige Form, deren Halt demjenigen entbehrlich wird, der sie angenommen, ausgestaltet und damit auch schon überwunden hat, um sie durch seine, also durch die von ihm beherrschte Rolle zu ersetzen. Das ist entschieden etwas anderes als jenes Ansinnen sozialer Disziplinierung, als das der Rousseauismus das Rollenkonzept beschrieben und verworfen hat. Der Ausgangsbefund der Nichtübereinstimmung zwischen Individuum und Gesellschaft, der in dieser Formulierung bereits Montaigne zum Problem geworden war, ist in das Konzept einer doppelten, einer »fremden« und einer »eigenen« Rolle aufgenommen, die zwar Abweichungen kennt, nicht jedoch die Belastungen der einseitigen Forcierung von Gesellschaftlichkeit oder Individualität. Es handelt sich um eine Rolle, die den Vorbehalt der Rollendistanz mitumfaßt. In der Balance der Tendenzen und der Wahrung dieses Ausgleichs besteht die Versöhnungsidee der »Bildung«, wie sie in der zweiten Hälfte des Jahrhunderts und darüber hinaus vorzugsweise in Deutschland Karriere macht. »Alle Menschen guter Art«, statuiert Goethe in *Dichtung und Wahrheit* (III, 11), »empfinden bei zunehmender Bildung, daß sie auf der Welt eine doppelte Rolle zu spielen haben, eine wirkliche und eine ideelle, und in diesem Gefühl ist der Grund alles Edlen aufzusuchen.«

Die Formulierung illustriert freilich auch die Grenzen und die Begrenztheit dieses Entwurfs. Sie ist normativ und deutet unmißverständlich – »alle Menschen guter Art«, »alles Edle« – auf den Konflikt, den Goethe mit denen austrägt, die sich der Versöhnung verweigern und die er mit einem handlichen Passepartout *romantisch* nennt. Gleich zweimal stellt der zusammenfassende Plural diejenigen beiseite, die nicht mittun, und es scheint damit, als sei Nichtkonformität als solche schon diskreditierend genug. Doch von Selbstgenügsamkeit und Behagen ist auch Goethe weit entfernt, wenn er dann doch einräumt, über seine ideelle Rolle käme der Mensch nur »selten ins klare«. Er »mag seine höhere Bestimmung auf Erden oder im Himmel, in der Gegenwart oder in der Zukunft suchen, so bleibt er deshalb doch innerlich einem ewigen Schwanken, von außen einer immer störenden Einwirkung ausgesetzt, bis er ein für allemal den Entschluß faßt, zu erklären, das Rechte sei das, was ihm gemäß ist.«

Rousseau hat sich solcher Aufforderung zu Einvernehmen und tätiger Anheimgabe verweigert, um, wie Leo Strauss pointiert, »sich von der Gesellschaft aus auf etwas Unbestimmtes und Unbestimmbares zu berufen, auf ein letztes Heiligtum des Individuums als Individuum«[65]. Es handelt sich, das stellt Strauss ebenfalls deutlich heraus, um den Akt einer Insubordination, die nicht bereit ist, etwas Höheres als das Individuum oder den Menschen – also etwa die Gesellschaft, die Geschichte, die Vernunft – anzuerkennen und die, in den prägnanten Worten Chamforts, alles ablehnt, was eine Rolle an die Stelle eines Menschen setzt – *qui met un rôle à la place d'un homme*[66]. Das Entdramatisierungsschema, das Bacon auf die Macht angewandt hatte, als er Souveränitätsgewinne durch Anspruchsverzicht zu erzielen hoffte, überträgt Rousseau nun auf die Geschichte: auf ihre eigene Höhe gehobene Zeitgenossenschaft – so lautet die Formel – verlangt umsichtige Zeitdistanz und dosierte Aktualitätsvermeidung.

Auch Rousseau hat für seine Haltung einer aus sozialer Distanz operierenden Sozialkritik Fürsprecher gewonnen. Die weit über den historischen Augenblick hinaus wirksame Kontroverse bestimmt die Krise der Rollenmetapher und ihres Bedeutungsfeldes. Die beiden Wirkungsmöglichkeiten der Metapher und insbesondere der Daseinsmetapher »Welttheater«, nämlich Stabilisierung und Irritation, machen sich in der zweiten Hälfte des 18. Jahrhunderts gleichzeitig bemerkbar, sie werden beide aufgegriffen und weitergetragen. Auf der einen Seite steht der Versuch, Individuum und Gesellschaft mit Hilfe einer bald teleologisch, bald anthropologisch aspektierten Rollenmetaphorik zu versöhnen, auf der anderen Seite fügt sich die Absage an die Sozialität des Individuums bruchlos dem kritischen Befund der Entfremdung. Das neu motivierte Interesse an der Autobiographie, die nun in eindringlicher Selbstanalyse die Versehrungen des einzelnen bloßlegt, und überdies die Beobachtungen der Psychologie und der Erfahrungsseelenkunde versuchen in den teilweise parallel geführten Unternehmungen einer verbreiteten »Innerlichkeitspraxis«[67], die hinter der Maske der sozialen Deformationen verborgen geglaubte menschliche Natur zu ermitteln, also *den Menschen außerhalb seiner Rolle.*

Der Wilde und *homme naturel*, den Rousseau zitiert, ist in diesem Sinne die unsichtbare Negation des denaturierten *homme civilisé.* »Der wilde Mensch lebt in sich, der gesellige hingegen ist immer außer sich und lebt nur in der Meinung, die andere von ihm haben.« (*OC* III, 193) Es ist diese so folgenreiche Unterstellung vor- und außerzivilisatorischer Integrität, die Hypothese der naturbelassenen und ebendarum glückseligen Menschheit, der Rousseau sich auch in den Selbsterkundungen seiner *Bekenntnisse* (1764 ff.) auf der Spur wähnt – so, wenn er gleich in der Vorbemerkung versichert, sein Unternehmen werde erstmals »einen Menschen in der ganzen Naturwahrheit *(verité de la nature)* zeigen« und die ganze Geschichte des Lebens getreulich aufdecken. Wer sich selbst kennt, dieser Grundsatz hatte schon für Montaigne gegolten, der kennt die Menschheit. In mehreren autobiographischen Anläufen zitiert Rousseau sich selbst und seine Geschichte zum Beleg für seine These von der außergesellschaftlichen Authentizität, deren Zeuge und Fürsprecher niemand anderes sein soll als der Leser, vor dem die Intimitäten dieses Lebens ausgebreitet werden. »Ich weiß wohl, daß dem Leser nicht viel daran liegt, das alles zu wissen, aber mir liegt daran, es ihm zu sagen.« (*OC* I, 21) Der Text der *Bekenntnisse* ist eine Beichte, aber Rousseau sucht damit nicht so sehr Entlastung und Absolution, er wirbt um Verbündete und Gleichgesinnte, die, wenn sie sich im Licht dieser Aufzeichnungen selbst betrachten, bestätigt finden werden, daß ihre Empfindungen denen des Beschriebenen in den wesentlichen Punkten ähnlich oder gleich sind. Die Einsamkeit der privaten Lektüre erleichtert es Rousseau, mit jedem einzelnen seiner Leser einen *pacte fondamental* zu schließen, ihn zu sich herüberzuziehen und zum Mitverschworenen und Komplizen zu machen. Während Montaigne mit seinem Los paktierte, paktiert Rousseau mit dem Leser, und zwar zum Vorteil der stilisierten Aussage. Auch als Kritiker der Aufklärung bleibt er dem Habitus der Aufklärung treu: *Seht zu,* hört man ihn förmlich rufen, *wie ihr mit der Wahrheit meiner Person zurechtkommt!*

Rousseau erzielt dieses stille Einvernehmen nicht, wie man vielleicht erwarten möchte, durch Sympathiewerbungen, sondern vertraut ganz auf seine an Düpierung grenzende Unverblümtheit. Das mit großer Emphase ausgesprochene »Ihr sollt es sehen« (*vous allez voir*; *OC* I, 420) kümmert sich wenig um die Gestimmtheiten und Bedürfnisse des Lesers, der dem Zudrang der Einzelheiten und peinlichen Geständnisse schutzlos ausgeliefert wird, und ist mit ostensibler Rücksichtslosigkeit gegen das erzählende und beschriebene Ich gesprochen. Den tieferliegenden Sympathien schadet die Tonlage dieses Bekenntniseifers nicht, im Gegenteil. Die Direktheit, mit der Rousseau dem Leser als seinem auserkorenen Verbündeten gegenübertritt, wenn er mit der Grenze zwischen Darstellung und Bloßstellung spielt, und die Exzentrizität seiner Erscheinung räumen jeden Verdacht von Schönrednerei oder Gefälligkeit aus. Die unbedingte und die Grenze zum Peinlichen souverän ignorierende Offenheit läßt nichts übrig als jene Natur, die das beschriebene Ich mit allen Exemplaren der Gattung und also auch mit dem Leser gemeinsam hat. Gerade die ins Extrem verfolgte exklusive Besonderheit bürgt für Authentizität und Verbindlichkeit, für Unverwechselbarkeit und – auch dies – für Exemplarität. »Das angekündigte Portrait des Menschen, das seine ›ganze Wahrheit‹ allein der Transparenz des être soi, also nicht mehr einem ›Nachbild Gottes‹ verdankt, soll in seiner Einzigartigkeit alles erübrigen, was bisher über den Menschen gesagt wurde und künftig über ihn zu sagen wäre.«[68] Die Bloßlegung dient den umfassendsten Ansprüchen der Stellvertreterschaft, und ihre Rückhaltlosigkeit bekundet einen Extremismus, dessen intellektuelle Schärfe nichts so sehr verachtet wie das gemeine Wohlsein des *juste-milieu*.

Doch noch vor ihrer Aussagefunktion haben diese Positionsbestimmungen strategische Aufgaben zu erfüllen. Sie beglaubigen die Wahrhaftigkeit des Beschriebenen. Der Unterschied zwischen dem, der alles sagt und nichts verschweigt, und dem, der *sagt*, daß er alles sagt und nichts verschweigt, ist hier entscheidend. Die autobiographische Offenbarung wird zur Attitüde – zu einer Attitüde, die Rousseau, nimmt man seine autobiographischen Schriften zusammen, über Tausende von Seiten hinweg durchhält, indem er unbeirrt der Devise folgt, alles vorbehaltlos aussprechen zu wollen: *Il faut dire tout* (*OC* I, 594). Rousseau hat die Verfänglichkeiten dieses Vorsatzes nicht geleugnet. Ich möchte keine Rolle übernehmen, läßt er Julie referieren, »sondern sehe nur gern die andern spielen. Die Gesellschaft ist mir angenehm zur Betrachtung, nicht, um ein Teil von ihr zu sein«. Aber diese Reserviertheit genügt nicht. Wer begreifen will, muß sich einlassen. Darum, läßt Rousseau Julie fortfahren, darf man es nicht beim bloßen *Sehen* bewenden lassen und muß selber *handeln*; »um also Zuschauer zu werden, wurde ich Schauspieler« – *je me fis acteur pour être spectateur* (*OC* II, 492). Handeln – auch ein Handeln aus Verlegenheit – heißt mittun, heißt, sich einlassen. Rousseau, der Leser Epiktets, nimmt die Rollenkritik als Rolle an, und er füllt die Abgründe dieses Widerspruchs mit dem, was er zu geben hat: mit der lückenlosen und wirklichkeitsgetreuen Schilderung seines Lebens, das heißt mit der von eigener Hand vorgenommenen öffentlichen Demaskierung seiner selbst.

Die Entlastung, die sich der Bekenner durch seine Enthüllungen verschafft, sollte nicht verkannt werden. »So bin ich nun aber«, resümiert er lapidar. »Wenn darin ein Widerspruch liegt, so trägt die Natur und nicht ich Schuld daran.« (*OC* I, 640) Wie einst die von höchster Stelle zugewiesene Rolle, so ist nun das ungeschminkte Sosein unbedingt sakrosankt. »Ich spiele keine Rolle«, mit diesen Worten rechtfertigt der Autobiograph die Lebensgeschichte und das Leben in einem Zug, »ich war in Wirklichkeit, was ich schien.« (*OC* I, 416) Die bis zum Selbstwiderspruch rigoristische Rollenkritik, das läßt sich solchen Versicherungen unschwer entnehmen, ist weniger konstruktiv als polemisch. Sie empört sich gegen die Uneinigkeit des einzelnen mit sich selbst, gegen die Verdoppelung als solche, zu der die Rolle ihn zwingt. Hinter dem Schauspieler verschwindet der Mensch. Es sei, so befindet Rousseau, gerade die Profession des Schauspielers, »anders zu erscheinen, als man ist«, und stets sei er gehalten, »alle Arten von Rollen *(toutes sortes de personnages)* zu spielen, außer der edelsten, die er aufgibt, außer der des Menschen«.[69] Dieser Befund deckt sich durchaus mit Diderots dringender Empfehlung, der Schauspieler möge, um der Perfektion seiner Darbietung willen, die Affekte abarbeiten – nur kommt Rousseau zu dem entgegengesetzten Schluß. Die Rolle ist für ihn der Inbegriff dessen, was dem Wesen des *homme naturel* widerstreitet. Pries Diderot das Studium der Gesellschaft, und das hieß: der Menschen in Gesellschaft, um an ihnen zum Vorteil individueller Selbstentfaltung die nur auf dem Umweg über Kunst, Sozialität und Kultur faßbar werdenden Formen des menschlichen Daseins zu ermitteln und zu vervollkommnen, so studiert Rousseau in einer für die Folgezeit nicht minder maßgeblichen Perspektive die Gesellschaft, um sie und mit ihr die Rolle als den sinnfälligen Ausdruck von Affektiertheit und Unnatur zu verwerfen.

Carl Schmitt hat die durch diese Aufmerksamkeitsverschiebung vorbereitete Stimmung als »romantischen Geist«[70] charakterisiert und seine elementare Aussage auf die Formel gebracht: »Wir sind hilflos in der Hand einer Macht, die mit uns spielt.« Mit einem gewissen Recht ist diese Einstellung und ihr pauschaler Verdacht gegen jedwede Institution als »beängstigende Infragestellung des öffentlichen Lebens«[71] gewertet worden. Aber man muß beachten, daß Rousseau keinen Schritt tut, ohne seine Wirkung auf ebendiese Öffentlichkeit zu bedenken. Rousseaus Attacken gegen die öffentliche Meinung sind und bleiben zu jeder Zeit öffentliche Ereignisse. Selbst die Indigniertheit manchen Lesers über die entfesselte »Tyrannei der Intimität« ist ein Teil, man darf auch sagen: eine Inszenierung dieses konzeptionellen Rahmens. Das Unverständnis, das Rousseau neben allen Sympathien gleichfalls provoziert, erlaubt es ihm, sich das Ansehen des Verkannten und Verfolgten zu geben und die Bühne der Öffentlichkeit – die er gleichwohl und mit unvergleichlichem Erfolg zu seinem Forum macht – vor aller Augen zu meiden. Die Intimität des Selbstbildes, das der Autobiograph von sich zeichnet, ist ebenso wie das Bild der Zurückgezogenheit ein ganz und gar öffentliches und auf öffentliche Wirksamkeit berechnetes Phänomen. Die tiefe Paradoxie des Rousseauismus rührt daher, daß er voraussetzt und in dieser Prämisse zumindest indirekt anerkennt, was er mit allen ihm zu Gebote stehenden Mitteln bekämpft. Dies und die schließlich abgegebene Erklärung, angesichts der Unheilbarkeit des Übels auch seine Ursachen – »Akademien, Universitäten, Bibliotheken, Theater und all die anderen Vergnügungen, die der Schlechtigkeit der Menschen ewige Ablenkung verschaffen« (*OC* II, 972) – bewahren und sogar unterstützen zu wollen, weil man, wie Rousseau sagt, »das Schwert in der Wunde lassen muß« (*OC* III, 227)[72], bereichern diese Theaterkritik derart mit Neben- und Mitbedeutungen, daß sie zur Grundlage jener tief gebrochenen Kulturkritik werden konnte, als die der Rousseauismus bis weit ins 20. Jahrhundert hinein gewirkt hat. In einer Zivilisation, deren Lebensräume in wesentlichen Zügen einer Theaterbühne gleichen, hat jeder einzelne seinen Platz, während die Wahrheit mit immer neuen Schleiern verhängt wird, um schließlich, zusammen mit der Integrität des redlichen Menschen, ganz zu entschwinden. Rousseau ist ein Kritiker der Simulation. Die Welt, die er bedroht und in ihrem Innersten verfallen sieht, ist »wie mit einem Schleier verhüllt«, und der Beobachter, das »Ich« seiner autobiographischen Schriften, wähnt sich stellvertretend für die vielen, die sich in seinem Bild erkennen, durch »den Schein verdammt« (*OC* I, 23 ff.).

Aber Rousseau gewinnt mit den Potentialen des Protests neuen Boden, indem er sich vor den Augen des Publikums auf das von ihm in schriftlicher Rede entworfene *être* seiner selbst beruft und von dort aus das *paraître* der trügerischen, in Schein und Schaugepränge sich verlierenden Gesellschaft zurückweist. Dabei weigert er sich, zwischen Empirie und Transzendenz, also zwischen einem Subjekt der Theorie und einem Subjekt des gelebten Lebens, mit systematischer Strenge zu unterscheiden. Dieser Verzicht ist eine Konsequenz der zugrunde gelegten These, daß Schleier und Schein nichts als Hervorbringungen der Vernunft selber seien, deren Illusionen durch die Institutionen des Wissens, durch Künste und Wissenschaften, ebenso tradiert und gefestigt werden wie die übrigen Selbsttäuschungen und Verstiegenheiten des menschlichen Bedürfnishaushalts auch. Rousseau, darin besteht die Permanenz seiner Subversion, schreibt nicht im Namen einer hüllenlosen, und sei es auf dem Umweg über den Transzendentalismus geläuterten theoretischen Wahrheit, und er weigert sich auch, für die gebieterische Subjektivität der philosophischen Vernunft zu plädieren. »Wenn dereinst meine Seele«, schreibt er in späten Jahren, »befreit von diesem Leibe, der sie verbirgt und blendet, *die Wahrheit ohne Schleier sieht*, wird sie die Armseligkeit alles Wissens, auf das unsere falschen Gelehrten so stolz sind, erkennen.«[73] In Visionen wie dieser – der Aussicht auf die Befreiung von der falschen Gelehrsamkeit und von der Nichtswürdigkeit des Leibes, auf die Durchdringung des Schleiers und auf die Wiederherstellung der Transparenz – erfüllt sich das trotzige Glück der schönen Seele. Anders als die Subjektivitätskonzepte der konkurrierenden Philosophie ist Seelenschönheit in Rousseaus Reformulierung nicht auf Selbsterhaltung gegründet, sondern auf Selbstgenügsamkeit.

Über die Tragfähigkeit dieser Alternative wird in den beiden folgenden Kapiteln zu sprechen sein. Rousseau, soviel sei an dieser Stelle vorweggenommen, formt die schöne Seele zu einem Wesen der Überschreitung, das die Evidenz des Faktischen hinter sich läßt, um der Wahrheit näher zu sein, als es ihr inmitten des falschen Lebens jemals möglich wäre. Ihr mythisches Pendant, der *homme sauvage*, versichert Rousseau im zweiten *Discours*, will nur leben und müßig sein, »und selbst die Ataraxie des Stoikers kommt nicht seiner tiefen Gleichgültigkeit gegenüber jedem anderen Gegenstand gleich« (*OC* III, 192). Die anstößige, von Hegel ebenso wie von Nietzsche als Herausforderung empfundene Modernität Rousseaus besteht in der konsequenten und unnachsichtigen Negativität seiner Bilanz. Sie besagt, daß die zur Kompensation der Vertreibung aus dem Paradies aufgebotenen Mittel der Kunst und der Künstlichkeit, für die einst Francis Bacon geworben hatte, die Verluste nicht nur nicht wettgemacht, sondern sogar vergrößert hätten. Rousseau erneuert das stoische Beharrlichkeitsideal und steigert es zu einem Topos der Verweigerung, also zur rollenkritischen »Rolle« aus eigenem Recht und Gesetz. Ein volles Jahrhundert vor Nietzsche und einige wenige Jahrzehnte vor der Revolution prägt Rousseau den Typus des Unzeitgemäßen. Vor dem Hintergrund der aufkommenden Geschichtsphilosophien und zugleich in einer ersten polemischen Replik ersetzt dieser Typus den förmlichen Gegensatz zwischen Gegenwartsbezogenheit und Überlebtheit durch die Vorstellung einer spekulativen Komplementarität. Rousseaus Position setzt die selbstreflexiven Zeitbegriffe der Moderne schon voraus. Sie macht den Gedanken denkbar, daß gerade der Unzeitgemäße – und nicht etwa der Anhänger des Zeitgeistes – sich auf der Höhe seiner Zeit befinde und daher in ausgezeichneter Weise berufen sei, aus der Position des eigentlich und unüberbietbar Aktuellen von außen über seine Zeit zu urteilen.

Die Perspektive Rousseaus – sein kritischer und ihrer Grundtendenz zuwiderlaufender Anschluß an die Tradition, sein heikles und diese Empfindlichkeit offen einbekennendes Verhältnis zu den symbolischen Formen der Macht, seine Nobilitierung des Außenstehenden sowie sein herausfordernder und mit großem Geschick als Reaktion auf die Gegenseite inszenierter Rückzug auf den sicheren Grund der Unbelangbarkeit – besaß eine dem schillernden Erscheinungsbild dieses Intellektuellen entsprechende Komplexität, die seine deutschen Verehrer wohl wahrgenommen, aber kaum jemals bewahrt haben. Wenn das kritische Wort von der »Infragestellung des öffentlichen Lebens« irgendwo seine Berechtigung hat, dann in Deutschland, wo die Voraussetzungen grundsätzlich andere waren als im vorrevolutionären Frankreich.

Im Unterschied zu den provozierenden und jederzeit auf publizistische Effekte bedachten Introspektionen Rousseaus bildete die deutsche Innerlichkeit mit der repräsentativen Öffentlichkeit eine Symbiose, ja sie verhalf ihr zur »Herrschaft auch über scheinbar nicht-repräsentative Bereiche«[74]. Widerstände blieben die Ausnahme. Der Rückzug der pietistisch motivierten Innerlichkeit war eine »Flucht *vor die* Gesellschaft«, das heißt, er fand, allen Selbstbekundungen der deutschen Bekenntnis- und Empfindsamkeitskultur zum Trotz, faktisch überhaupt nicht statt. Nichts lag dieser Literatur und ihren Autoren ferner, als sich mit dem Konsens der Öffentlichkeit zu überwerfen, und niemand fand sich bereit, ihre Befugnisse als solche in Zweifel zu ziehen, um aus diesem Protest die Substanz für die Konsolidierung einer autonomen und öffentlich verfochtenen Position zu gewinnen. Bezeichnend ist das Urteil Wielands, der unter dem unmittelbaren Eindruck des 1782 erschienenen Dialogs *Rousseau juge de Jean Jacques* den Verdacht äußert, Rousseau sei von »einer traurigen Art von Krankheit« befallen, die er »Anthropophobie« zu nennen vorschlage, »einem Fieber, worin die Seele ihrer eigenen Einbildungen nicht mehr mächtig ist und sich mitten unter Menschengesichtern von Teufelslarven und Schreckgespenstern umgeben glaubt«[75]. Die Pathologisierung ist die probate Reaktion der risikoscheuen Aufklärung auf ihren schärfsten zeitgenössischen Kritiker, der all seinen Nachfolgern auf immer voraus haben wird, daß die Aufklärung noch Gelegenheit fand, ihm zu antworten. Sie tat es, indem sie ihn entschlossen unterschätzte. Die tiefe und unverhohlen aggressive Paradoxie seiner Interventionen überspielend, weichen die deutschen Aufklärer dem Extrem aus und sublimieren den Konflikt, indem sie ihn in spekulative Energie umsetzen. Es kam, resümiert von Graevenitz die deutsche Entwicklung, »der Augenblick, wo weder die Innerlichkeit noch ihre Öffentlichkeit mehr die Aufmerksamkeit des ›bürgerlichen Bewußtseins‹ band, sondern die Reflexion über den Widerspruch zu einer neuen Antriebskraft wurde«. Die tiefe Dramatik, die Rousseaus Verlautbarungen durch ihre Selbstwidersprüchlichkeit gewannen, wird diesseits des Rheins entschärft. Erst die nächste Generation, der neben Kleist auch die Verfasser des *Ältesten Systemprogramms* und die Frühromantiker angehören, wird sich ihrer erinnern.

Die Erfahrungsseelenkunde Karl Philipp Moritz' stellt »die Reflexion über den Widerspruch« in den Mittelpunkt ihrer Betrachtungen, wenn sie den Sachverhalt als internes Problem des Selbstverhältnisses reformuliert. Bei der Analyse des Phänomens »Selbsttäuschung« macht Moritz die Entdeckung, »daß der Mensch *auch vor sich selber* eine Rolle zu spielen, im Stande ist«. Der Seelenkundler, der im übrigen getreu der Devise Rousseaus seine Karriere mit der Erforschung seiner eigenen Lebensgeschichte beginnen soll, wird also gut daran tun, sich selbst mit dem größten Mißtrauen gegenüberzutreten, ja mehr noch: »Es gehört eine gewisse Art von Verläugnung und Ertödtung dazu, um gänzlich auf den *Schein* Verzicht zu thun.«[76] Von solchen Skrupeln, die bereits zum Abschied vom Subjekt bereit scheinen, war Rousseaus Rollenkritik noch frei gewesen. An keiner Stelle tastet Rousseau die Integrität des in der Schrift rekonstruierten individuellen Daseins an. Ich existiere, versichert er in unmißverständlicher Anlehnung an die kanonische Formulierung des Cogito, und ich verfüge über Sinne, durch die ich Eindrücke empfange – »die erste Wahrheit, auf die ich stoße, und die ich anzuerkennen habe« (*OC* IV, 570 f.). Rousseau, das unterscheidet ihn von seinen Verehrern wie von seinen Kritikern in Deutschland, antwortet auf die Krise der Institutionen mit einer praktischen Begründung des Ich, die er der theoretischen des Cartesianismus zur Seite stellt: mit dem auf der Lauterkeit des Herzens beruhenden Gebot der Selbstgenügsamkeit, dem er sich, indem er es wortreich zur Sprache bringt und verkündet, sogleich als erster unterwirft. Wenn ihm auch die Risiken dieses Unterfangens nicht entgangen sind und er wieder und wieder die Integrität seines Charakters gegen die Unzulänglichkeit der Wörter verteidigen muß, so hält er doch am konzeptionellen Rahmen des Cogito fest. Es erlaubt ihm, »Ich« zu sagen, sooft und wo immer er spricht, und es bindet den Gesichtskreis an den, der spricht. *Je pense, donc j'existe. Voila tout ce que nous savons* (*OC* IV, 1099) – daß wir denkend und im Medium des Denkens von uns selbst erfahren, ist alles, was wir wissen können. Aber, und in dieser Konsequenz treffen sich Skepsis und Kritik, es ist zugleich der Anlaß und die Basis des Protests.

Für Teile der deutschen Romantik hingegen bleibt diese Zuversicht, daß nämlich die beschwerlichsten Anstrengungen der Rekonstruktion und die Überwindung äußerer Widerstände letztlich zum Ziel der Durchdringung der Rolle und zum Genügen an einer unversehrten Individualität führen werde, zweifelhaft. Jean Pauls humoristische Perspektive, die den »Humor als Rolle« kultiviert und das »parodische Ich« auf sein »komisches Theater« führt, um es »poetisch zu vernichten«[77], verrät solche Bedenken ebenso wie etwa die *Nachtwachen* Bonaventuras. Die Berührung von Leben und Rolle ist nach Jean Paul ein exzeptioneller Augenblick, den er im Bild jener Figur einfängt, die auf der Bühne zu weinen beginnt und damit für Augenblicke ihre Rolle aufgibt, um die Wirklichkeit in Gestalt des jeder Berechnung unerreichbaren Affekts auf die Bühne zu zitieren. Derjenige, so erklärt Jean Paul in einem Exkurs *Über die natürliche Magie der Einbildungskraft*, »für den das *äußere* (bürgerliche, physische) Leben mehr ist als eine Rolle: der ist ein Komödiantenkind, das seine Rolle mit seinem Leben verwirrt und das *auf dem Theater zu weinen anfängt*. Dieser Gesichtspunkt«, so fügt er in kühner Steigerung hinzu, ist »metaphorischer«[78], als er scheint. Die »Wirklichkeit« erscheint mit einem Mal, in unentwirrbarer Vermengung der Begriffe, als *coup de théâtre,* das Theater als wirkliche Welt. Die Grenzen beginnen fließend zu werden, und so kreiert Jean Paul – nach einem Wort Max Kommerells – »in seltsamer Versetzung« den »Schauspieler des Lebens«[79].

Jean Pauls ironisches Plädoyer für eine Poesie, in der Rolle und Leben einander für flüchtige Momente berühren und den unbestimmten Ausblick auf die *rôle naturel* (Stendhal)[80] freigeben, wie sie der zeitgenössische Dandysmus tatsächlich durchzuhalten versucht, wird in den Ende 1804 erschienenen *Nachtwachen* Bonaventuras wieder zurückgenommen. In der Geschichte der Rollenmetapher markieren die *Nachtwachen* einen extremen Punkt: Ihre Totalerklärung der Rolle schließt jegliche Vermittlung mit einer wie immer bewahrten Integrität des

Lebendigen aus. Dabei ist es gerade die Ununterschiedenheit von Bühne und »sinnlichrohem Leben« (Tieck), die diese Rollenmetaphorik so einseitig belastet. Während Jean Paul die Möglichkeit andeutet, aus einer schlechten Wirklichkeit ein gutes Stück zu machen, suchen die Figuren der *Nachtwachen* vergebens, ihre »verpfuschte Rolle« aufzubessern oder gar »aus dem Stücke herauszuspringen« (IV. Nachtwache)[81]. Wie auch anders: »Unser Herrgott«, so persifliert der kecke und »die einzige vernünftige Rolle« besetzende Hanswurst den der Welttheatermetaphorik zugewachsenen Theodizee-Gedanken, hat »die wichtigsten Rollen den talentlosesten Akteuren anvertraut«.

Die Rollenkritik der *Nachtwachen*, die in einem monströsen *Prolog des Hanswurstes zu der Tragödie: der Mensch* Platz findet, mißtraut der aufklärerischen Geste der Entlarvung und dem Blick hinter die Kulissen: »Der Totenkopf fehlt nie hinter der liebäugelnden Larve, und das Leben ist nur das Schellenkleid, das das Nichts umgehängt hat«, heißt es in der achten Nachtwache. »Es ist alles Nichts und würgt sich selbst auf und schlingt sich gierig hinunter, und eben dieses Selbstverschlingen ist die tückische Spiegelfechterei als gäbe es Etwas.« Die Metaphern des Possenspiels und der *comédie larmoyante* werden beim Wort genommen. Es gibt nichts, kein Parkett und keine Welt neben der Bühne. Die desillusionierte Anthropologie der *Nachtwachen* wendet die bis dahin immer noch in ihrer Uneigentlichkeit erinnerbare Rede von der Rolle ins Eigentliche: *Der Mensch ist ein Schauspieler, und sonst nichts.* Die Stelle des Souveräns, der sich nach überlieferter Lesart hinter den Masken verbergen oder im unbetretbaren Hintergrund der Kulissen unsichtbar Regie führen mochte, bleibt unbesetzt. Akribisch schöpfen die *Nachtwachen* den Fundus der Rollenmetaphorik aus und weisen die Konsolidierungsangebote der Tradition, namentlich des Barock, zurück. »Sagt mir«, so verspottet das Stück die barocke Rollenverteilung, »mit was für einer Miene wollt ihr bei unserm Herrgott erscheinen, ihr meine Brüder, Fürsten, Zinswucherer, Krieger, Mörder, Kapitalisten, Diebe, Staatsbeamten, Juristen, Theologen, Philosophen, Narren und welches Amtes und Gewerbes ihr sein mögt« (VI). In der Unfähigkeit zur rechten Miene dokumentiert sich der illusionäre Charakter jener Konsolidierungserwartung, auf der die Anziehungskraft des Welttheaters als Daseinsmetapher einmal beruht hatte.

Für seine radikale Intervention nutzt der Text die doppelte Metaphorizität der »Rolle«. Der theatersprachliche Ausdruck für die darstellerischen Aufgaben eines Schauspielers ist ja bereits eine Metonymie, die ursprünglich das gerollte oder gebundene Papier bezeichnet, das die Sprechanteile und Regieanweisungen für den einzelnen Schauspieler gesondert festhält. Diese Übertragung aufgreifend, präsentieren die *Nachtwachen* schließlich ein alterndes Schauspielerpaar, das im Tollhaus einsitzt, da beide den Weg aus ihrer Rolle – Hamlet und Ophelia – nicht finden. »Gibt es etwas an sich, oder ist alles nur Wort und Hauch und viel Phantasie«, fragt Ophelia, »eine Hülse sitzt über der andern, und ich bin oft auf dem Punkte den Verstand darüber zu verlieren. Hilf mir meine Rolle zurücklesen, bis zu mir selbst. Ob ich denn selbst wohl noch außer meiner Rolle wandle, oder ob alles nur Rolle, und ich selbst eine dazu. [...] Sieh, da suche ich mich zu ereilen, aber ich laufe immer vor mir her und mein Name hinterdrein, und nun sage ich wieder die Rolle auf – aber die Rolle ist nicht Ich.« (XIV) Die Rolle wird zu einem Labyrinth, von dem man nicht weiß, ob man noch in ihm gefangen ist oder ob man es vielleicht schon verlassen hat. Auf diese Weise verliert die Frage nach dem »eigentlichen« Sein ihre Berechtigung. Die *Nachtwachen* formulieren das Gebilde einer Rolle, für die es keine Zuschauer gibt, die nicht selbst wiederum Rollenspieler wären, und in der keine Distanz mehr denkbar ist, die die Totalität des Spiels durchbrechen könnte. Die Bühne, auf der sich diese Akteure bewegen, ist eine heteronome Welt. Es wäre schlechterdings »albern«, heißt es, »wenn es einer Marionette einfiele, über sich selbst zu reflektieren« (IV). Die Welt erstarrt in einem Zustand der »vollendeten Sündhaftigkeit« (Fichte), wo alles, was da ist und sich regt, nur an Drähten hängt »und so fort bis ins Geheimnisvolle, wo das Regiment nicht mehr zu bestimmen ist« (XV). Mit ungekannter Rigorosität beschreibt der romantische Text das Gebot der Rolle als Ausweglosigkeit, die jede Regung von Autonomie unweigerlich als Spielart der Simulation erscheinen läßt und so erfolgreich denunziert. Eine plastisch gestaltete Minerva ohne Kopf, heißt es im Künstlergespräch der dreizehnten Nachtwache, erinnere zweifellos an jenes Timanthes-Gemälde, doch seien die Köpfe, die die modernen Künstler anzubieten hätten, »in doppelter Hinsicht nur als Surrogate von Köpfen anzusehen, und stehen da oben nur gleichsam wie die Köpfe auf Türmen, zum bloßen Schlusse der Gestalt«. Im Zeichen der radikalisierten Rollenkritik werden die in einer Revue irrwitziger Paradoxien vorgeführten Fälle der Verfehlung und Selbstverfehlung zur Regel, der durch »therapeutisches Lachen«, durch das monströse Gelächter des »Wahrlachens« (Nietzsche)[82] mehr entsprochen als abgeholfen wird.

Das an jener Stelle von Hamlet replizierte Wort: *Es ist alles Rolle* ist eine Pointierung, die ganz dazu angetan war, das Dilemma durch Überstrapazierung zu entkräften. Ein Bühnenspiel, das außer sich nichts kennt und duldet als immer nur Varianten und Wiederholungen seiner selbst, ist von einer ihrerseits referenzlosen Wirklichkeit nicht zu unterscheiden. Bereits Leibniz hatte Descartes entgegengehalten, daß die Problemlage, die die Hypothese der Täuschung durch einen betrügerischen Gott heraufbeschwören werde, sich durch eine hinreichend radikale Vereinseitigung unversehens entspanne.[83] Dementsprechend brauchen auch in der totalisierten Bühnenwelt keine skeptischen Erwägungen mehr angestellt zu werden, weil einer solchen Welt mit ihrem Außen auch die Sorge der Privation genommen ist.

Das Grundmodell einer solchen Immanenzbildung findet die Moderne mit der Geschichte, genauer gesagt: mit dem Konzept der universalen Alleingeschichte. Vorbereitet wurde dieser Anstoß durch die längst erkennbar gewordene und selbst durch die Wirkung Rousseaus nicht nachhaltig beeinträchtigte Aufwertung des Begriffs Fortschritt, dessen Stimmungswerte die Welttheatermetapher zur Jahrhundertwende aufgreift, wenn sie die von der Rollenkritik in kulturkritischer Absicht desavouierten Zustände, so bedrückend sie auch sein mögen, für befristet erklärt. Nachdem mit Schillers eingangs erwähnter Übernahme der Täuschung in die Dienste der Wahrheit bereits entsprechende Andeutungen hörbar geworden waren, ist dies vor allem die Lösung Schellings und seiner Geschichtsphilosophie. Schelling führt die Metapher aus der Aporie heraus und erklärt:

> »Wenn wir uns die Geschichte als ein Schauspiel denken, in welchem jeder, der daran Theil hat, ganz frei und nach Gutdünken seine Rolle spielt, so läßt sich eine vernünftige Entwicklung dieses verworrenen Spiels nur dadurch denken, daß es Ein Geist ist, der in allen dichtet, und daß der Dichter, dessen bloße Bruchstücke (disjecti membra poetaë) die einzelnen Schauspieler sind, den objektiven Erfolg des Ganzen mit dem freien Spiel aller einzelnen schon zum voraus so in Harmonie gesetzt hat, daß am Ende wirklich etwas Vernünftiges herauskommen muß. *Wäre* nun aber der Dichter unabhängig von seinem Drama, so wären wir nur die Schauspieler, die ausführen, was er gedichtet hat. *Ist* er nicht unabhängig von uns, sondern offenbart und enthüllt er sich nur successiv durch das Spiel unserer Freiheit selbst, so daß ohne diese Freiheit auch er selbst nicht *wäre*, so sind wir Mitdichter des Ganzen und Selbsterfinder der besonderen Rolle, die wir spielen.«[84]

Im Einklang mit den zeitgenössischen Geschichtsentwürfen von Herder bis Hegel deutet Schelling die Geschichte als Schauspiel und unterlegt dem historischen Prozeß eine Teleologie, die den Sinn der Rolle als Andeutung und Indiz einer, wie es in Kants erster Kritik geheißen hatte, »für uns jetzt nicht sichtbaren, aber gehofften Welt« faßlich werden läßt. Die Rolle wird durch die Orientierung auf Fortschritt von der für die politisch und pädagogisch ambitionierte Aufklärung so problematischen Mitbedeutung der Fremdbestimmtheit grundsätzlich befreit, und der Rollenspieler steigt – ähnlich wie bei dem Lösungsangebot Diderots – zum »Mitdichter« auf. Der für die Tradition so selbstverständlichen Differenz von Verfügbarem und Unverfügbarem, von Sichtbarkeit und Unsichtbarkeit ist damit ihre Unvermitteltheit genommen. Durch die Temporalisierung wird die Unterschiedenheit der Geltungsräume innerweltlich eingezogen, und der Rollenspieler darf nicht nur des Wohlwollens der höchsten Autorität gewiß sein, er darf sich auch – und darauf beruht sein neuerwachtes Selbstbewußtsein – sicher wähnen, daß er ihr unentbehrliche Dienste anzubieten hat. Mit der spekulativen Geschichtsphilosophie gewinnt der Akteur das Mittel, das ihn begreifen läßt und ihm bestätigt, daß die souveräne Intendanz ohne diese, ohne »unsere« Freiheit selbst nicht wäre.

Es wundert nicht, daß dem wiedergewonnenen Stolz des Akteurs als »Selbsterfinder« von seiten der Restauration unverzüglich widersprochen wird, und zwar unter ausdrücklichem Hinweis auf die ältere Metapherntradition. Die geschichtlichen Akteure, so bringt Joseph Görres die spekulative Fortschrittsdoktrin in den Verdacht der Illegitimität,

> »haben ihre Rollen nicht willkürlich sich erwählt, gut oder schlecht finden sie alles bey ihrem Auftreten zum voraus schon bestellt; es werden keine geschriebnen Rollen in voraus zum Einstudieren ausgetheilt und keine Stichworte aufgegeben; nur eine Stimme, die jedem in die Brust gegeben ist, kann ihm wenn er nur darauf hören will, da wo er schwankt und wankt, wieder ins Thema helfen, sonst wird Alles aus dem Stegreif hingespielt, wie es die Folge der Ereignisse, Schicksal, Einsicht, Begeisterung und Leidenschaft mit sich bringen: aber das Spiel erscheint geheim innerlich ohne ihr Zuthun und Mitwissen geordnet in jener harmonischen wesentlich freyen Nothwendigkeit, die von *dem* ausgeht, der sich das Geheimniß der Handlung selbst vorbehalten.«[85]

Im äußersten Gegensatz zu Rousseau und seiner beißenden Rollenkritik gibt Görres der Hoffnung Ausdruck, daß das Stegreifspiel der Menschen und die empirische Vielgestalt ihres Treibens »ohne ihr Zuthun und Mitwissen« nur dem Geheiß einer einzigen, gebieterischen Stimme folgen und sich auf lange Sicht zu neuer Harmonie zusammenfinden werden. Der Ertrag dieser Umstellung besteht darin, daß nun der Anschluß an die frühneuzeitliche Entlastungsperspektive gefunden ist. Auch für die konzeptionelle Verbindung von ökonomischem Liberalismus und politischer Restauration gilt die Regel, daß nur derjenige wie ein Gott werden konnte, der es sich zuvor versagt hatte, ein Gott sein zu wollen.

Doch mit dem Status der Metapher hat sich auch der Bedeutungshof verändert. Die relative Überzeugungskraft des restaurativen Bedenkens erwächst nicht aus der Geltung der Tradition, sondern aus eigenwilliger, bereits um den neuartigen Nimbus des Unzeitgemäßen bereicherter Aktualität. Das Vertrauen in die geheimnisvolle Providenz ist mit dem liberalistischen Vertrauen in die Wirkung der »unsichtbaren Hand«, wonach das individuelle Streben absichtslos auch das Gemeinwohl fördert, ebenso vereinbar wie mit den Erwartungen, die der Idealismus in die »List der Vernunft« setzt[86]. Die Unsichtbarkeit bestärkt den Glauben an die Wohlgesonnenheit der überweltlichen Intendanz: Der säkularisierte Gläubige ist stets versucht, Unsichtbarkeit als Dignitätserweis zu werten. In der Wertschätzung dieser Arbeitsteilung zwischen Glauben und Wissen stimmen Spekulation und Liberalismus mit der restaurativen Tendenz überein, und wie sie will auch Görres das individuelle Handeln durch die Beschränkung seiner Maßgeblichkeit in erster Linie *entlasten*.

Doch dies ist entschieden weniger, als die Geschichtsphilosophien der Aufklärung und die Revolution anzustoßen und selbst zu leisten beansprucht hatten. Der Rückgriff auf die Vormoderne unterbietet die idealistische Konstruktion einer Geschichte, deren Verfasser niemand anderes sein soll als das Kollektivsubjekt der Menschheit selbst, die nun nicht nur für ihr Handeln, sondern auch für dessen Folgen die alleinige Zuständigkeit beansprucht. Mit der Betonung des Inkalkulablen sind am Beginn der Moderne die Positionen neu verteilt. Der entstandene Zwiespalt von fremdgeleiteter und selbstbestimmter Lebensführung, wie ihn die divergierenden Perspektiven der *anciens* und der *modernes* hinterlassen hatten, weicht nun einer subtilen Dialektik, in der die Interessen des einzelnen mit dem Wohl des Ganzen teleologisch konvergieren. Während die Überlieferung die dramatischen Einzelpositionen aufteilte und zwischen Schauspieler, Autor und Publikum streng unterschied, um damit die wie auch immer bewertete Scheinhaftigkeit des Bühnenspektakels kundzutun und auf das hinter und über allem Sichtbaren unverrückbar Gültige, auf die *aletheia* jenseits der Kulissen zu deuten, führt die idealistische Geschichtsphilosophie die traditionellerweise verteilten Aufgaben zusammen, so daß der prekäre Zustand der Uneigentlichkeit, wie ihn die Entfremdungstheoretiker herausstellen, zum Zwischenspiel herabgesetzt ist. Die starre Hierarchie der Räume weicht einer zuverlässig voranschreitenden, geradlinigen und zielgerichteten Bewegung in der Zeit, die die möglichen Welten in einem hypothetischen Ganzen zusammenbindet. Es ist namentlich Schelling, der das alte *theatrum mundi*-Gleichnis für die Sanktion einer Geschichte nutzt, in der das Absolute mit der Erscheinung seiner selbst allmählich auch sein Wesen, nämlich die Freiheit verwirklicht.

Dieser fein abgestimmten Balance der in die Diesseitswelt entlassenen, in dieser Sphäre freilich auch allumfassend wirksamen Alleingeschichte hat Karl Marx vehement widersprochen, als er »die wirkliche, profane Geschichte der Menschen« in den Blick rückte und damit die Geltung der metaphysischen Sanktionen zurückwies. Seine Erwiderung bedient sich ihrerseits des überlieferten Bildes: »Von dem Augenblick an, wo man die Menschen als die Schausteller und Verfasser ihrer eigenen Geschichte hinstellt, ist man auf einem Umweg zum wirklichen Ausgangspunkt zurückgekehrt, weil man die ewigen Prinzipien fallengelassen hat, von denen man ausging.«[87] Auch für Marx ist der vergesellschaftete Mensch Autor und Akteur in einem. Doch anders als Diderots Anthropologie und Schellings geschichtsphilosophische Spekulation versteht sich diese Perspektive als analytisch und kritisch zugleich. Ihre materialistisch akzentuierte Schauspielmetaphorik will zum Ausdruck bringen, daß die Menschen und nur sie ihre Geschichte machen, freilich ohne es zu wissen. Wie der junge Marx erklärt, ist in den zeitgenössischen Produktionsverhältnissen das menschliche Vermögen der »freien bewußten Tätigkeit« (*EB* 1, 516) verdrängt und »das menschliche Wesen sich *unmenschlich*, im Gegensatz zu sich selbst sich *vergegenständlicht*«.

Auch dies ist, wie der Protest Rousseaus, eine Kritik der Entfremdung. Doch sowenig wie Schelling beanstandet Marx den Vergesellschaftungsprozeß und seinen Verlauf als solchen: »Das Individuum *ist* das *gesellschaftliche Wesen.*« (*EB* 1, 538) Im Mittelpunkt dieser Kritik stehen nicht die Gesellschaft und die soziale Form, sondern ihre gegebene Verfassung, also die aktuelle Gestalt des Mangels. Marx spricht von Verhältnissen, in denen die Menschen als »Träger von bestimmten Klassenverhältnissen und Interessen« (23, 16) und – wie die hier einschlägige Metapher lautet – als »Charaktermasken« auftreten[88]. Die kritische Spitze richtet sich gegen die Verhältnisse der bürgerlichen Gesellschaft, deren spezifische, den Akteuren selbst undurchschaubare Regeln Marx in seinen Schriften zur Politischen Ökonomie entwickelt und formuliert, sowie gegen die Form der Verhüllung, in der sie sich tarnt, also gegen die Ideologie, deren objektive Entstellungen und »Verschleierungen« der historische Materialismus rekonstruiert und entweder verwirft oder kritisch beerbt.

Mit diesem Schritt ist die Schauspielmetaphorik objektiviert. Die Theorie des historischen Materialismus, der die Zusammenhänge des wirklichen Lebens enthüllt, übernimmt eine Rolle in dem von ihm geschilderten Stück, das den Namen »Geschichte« trägt. Dieser Rekurs auf den »Kontinent der Geschichte« ist der marxistischen Theorie über alle Filiationen und Reformulierungen hinweg erhalten geblieben. Wir sehen uns, schreiben Louis Althusser und Etienne Balibar 1968 in ihrer Apologie,

> »einem objektiven System gegenüber, das in seinen konkretesten Bestimmungen von den Gesetzmäßigkeiten seines ›Mechanismus‹, von den Spezifikationen seines Begriffs geregelt wird. Erinnern wir uns nun des höchst symptomatischen Begriffs der ›Darstellung‹! Wenn wir diesen Begriff im Zusammenhang mit dem genannten ›Mechanismus‹ sehen, können wir ihn als die Existenzform dieses Mechanismus in seinen Wirkungen begreifen: als Existenzweise einer Inszenierung, eines Theaters, das zugleich Text, Bühne und Schauspieler repräsentiert und dessen Zuschauer nur gelegentlich Zuschauer sein können, weil sie zunächst gezwungenermaßen Schauspieler sind, Gefangene von Texten und Rollen, deren Autoren sie nicht sein können. Denn dieses Theater ist seinem Wesen nach ein *Theater ohne Autor.*«[89]

Die Verstoßung des kollektiven Gesamtsubjekts führt keineswegs in die Apologie. Im Gegenteil, der historische Materialismus, das stellt dieser prominente Kommentar unmißverständlich heraus, will nicht nur abschildern, er will nicht nur analysieren und erläutern, er will auch Einfluß nehmen. Er begreift sich selbst als Faktor jener Szenerie, die er erfaßt. Indem er seine Mission als objektiv und »wissenschaftlich« notwendig deduziert, macht er sich zum Gegenstand seiner Inszenierung. Einmal mehr wendet sich das Thema auf sich selbst zurück: Die Begriffe und Bilder der Rolle umfassen nun auch die Rolle der Bilder und Begriffe.

Mit der Metapher gewinnt die Theorie aber nicht nur die Vorteile rhetorischer Evidenz, sie handelt sich auch Problemüberhänge ein. Die Fiktion wirkt da am überzeugendsten, wo ihr die Überredung und Selbstüberredung gelingt, daß sie mehr und anderes sei als Fiktion, also da, wo sie – wie auf dem Theater – erfolgreich die Illusion erweckt, »Wirklichkeit« zu sein. In der Theorie des historischen Materialismus machen sich solche Zweideutigkeiten immer dort bemerkbar, wo Marx den Begriff der »Wirklichkeit« emphatisiert, also etwa, wenn er von den »wirklichen Menschen«, dem »wirklichen Volk« (1, 231) oder den »wirklichen Voraussetzungen« (3, 419) spricht oder wenn er Feuerbach vorhält, »nie zu den wirklich existierenden, tätigen Menschen« (44) gekommen zu sein. »Die Menschen sind die Produzenten ihrer Vorstellungen, Ideen pp., aber die wirklichen, wirkenden Menschen, wie sie bedingt sind durch eine bestimmte Entwicklung ihrer Produktivkräfte und des denselben entsprechenden Verkehrs bis zu seinen weitesten Formationen hinauf.« (26)

Das Prädikat »wirklich« ist erkennbar eine *theoretische* Größe und als solche abhängig von den Direktiven der hintergründigen Schauspielmetaphorik. »Die wirklichen Menschen«, das ist die These, sind die Hauptakteure des geschichtlichen »Dramas«. Für den historischen Materialismus als Theorie der geschichtlichen Verläufe sind die Menschen demnach »wirklich« im Rahmen und durch die Aufschlußkraft einer Theorie, die sich ihrerseits – darin besteht ihre Qualität als »Materialismus« – »immer schon« in den Umkreis des »Wirklichen« hineingestellt weiß. Sie rekonstruiert das Erscheinungsbild der kapitalistischen Welt als den »Ausdruck einer *wirklichen Maskerade*« (3, 394; Hervorheb. R. K.). Die Priorität, lehrt diese Theorie, gebührt nicht der Theorie oder dem philosophischen Gedanken, sondern dem von ihr als solchem ausgewiesenen »Wirklichen« und der gesellschaftlichen Praxis. Die Theorie setzt sich selbst als Vermitteltes ein: Die Inszenierung ist die Wirklichkeit, die Wirklichkeit ist Inszenierung. Unter solchen Voraussetzungen besteht die Anziehungskraft der Metapher darin, den komplexen Zusammenhang anschaulich zu machen und darüber hinaus über seine innere Verfassung Auskunft zu geben. »Welch ein Schauspiel!«, heißt es in der *Einleitung* zur *Kritik der Hegelschen Rechtsphilosophie* von 1844. »Solange das *ancien régime* als vorhandene Weltordnung mit einer erst werdenden Welt kämpfte, stand auf seiner Seite ein weltgeschichtlicher Irrtum, aber kein persönlicher. Sein Untergang war daher tragisch. Das jetzige deutsche Regime dagegen [...] ist nur mehr der *Komödiant* einer Weltordnung, deren *wirkliche Helden* gestorben sind. Die Geschichte ist gründlich und macht viele Phasen durch, wenn sie eine alte Gestalt zu Grabe trägt. Die letzte Phase einer weltgeschichtlichen Gestalt ist ihre *Komödie.*« (1, 381 f.; Hervorheb. im Orig.)

Die in der Selbstbeschreibung als Vermitteltes zum Ausdruck gebrachte Demutsbezeigung der Theorie, die sich selbst als Abgeleitetes, als »Überbau« einführt, ist auch hier das Mittel, um Stärke zu gewinnen. Der historische Materialismus bringt die Geschichte als ein Drama zur Aufführung, in dem er selbst die Rolle des zweiten Helden und des Chores, die Positionen des Zuschauers, des Kritikers und schließlich auch des Theaterwissenschaftlers besetzt hält, der die Aufführung im technischen Sinne begreift und beurteilt. Die Menschen – und zwar die »wirklichen Menschen« – müssen eigentlich nur noch spielen. Wie der überkommenen Theatermetaphorik gemäß die Allmacht der Götter, so bricht nun die Wucht der Revolution als Ereignis und als Ausdruck des eigentlich Wirklichen in den Ablauf der Spielhandlung ein, um im Namen eines unverfügbaren Gesetzes eine Herrschaftsordnung zu beseitigen, in der der Mensch eine »fremde Macht über den Menschen« ausübt (*EB* 1, 519). Die Akteure dieses Coups sind zugleich diejenigen, die am Ende davon profitieren werden. Es ist der wirkliche Mensch, das Proletariat, das seine – wie Marx und Engels erklären – »weltgeschichtliche Rolle« spielt, wenn »es sich selbst und sein Gegenteil aufhebt« (2, 38). Die Metapher strukturiert das ganze Konzept. Die proletarische Revolution, zu der die Theorie aufruft, indem sie den Nachweis ihrer realen Möglichkeit und ihrer Fälligkeit führt, ist das *exeunt omnes.* Sie beendet die Zeiten der Entfremdung, indem sie die bis dahin weitgehend undurchschaute, da von der Ideologie bemäntelte und gefestigte Intrige endgültig durchkreuzt und auflöst. Wie auf dem Theater vollzieht sich dieser Prozeß unabhängig vom Wollen und Meinen der Beteiligten, denn die Überwindung der illusionistischen Befangenheiten ist kein Erkenntnisakt und kein Bewußtwerdungsprozeß, sie ist ein historisches Ereignis. Die Wirklichkeit selbst wird bühnenreif: »Es handelt sich nicht darum, was dieser oder jener Proletarier oder selbst das ganze Proletariat als Ziel sich einstweilen *vorstellt*. Es handelt sich darum, *was* es *ist* und was es diesem *Sein* gemäß geschichtlich zu tun gezwungen sein wird.«

So spricht nur und so kann nur sprechen, wer den Eindruck erwekken will, daß ihm ein Blick hinter die Kulissen vergönnt war. Der historische Materialismus affirmiert die bürgerliche Gesellschaft und ihre Ökonomie als weltgeschichtlich-dramaturgische Episode, in deren Verlauf die Mittel zu ihrer definitiven Überwindung und damit für den letzten Akt zuverlässig bereitgestellt werden. Die rebellische Rollenkritik des romantischen Geistes wird ersetzt durch die »wissenschaftliche« Einsicht, daß die Charaktermasken – gleichgültig, was sie sich einstweilen vorstellen mögen – neben ihrem empirischen Dasein immer auch im Auftrag der Geschichte und des Fortschritts tätig sind. Die Geborgenheitsgewißheit, die die alte Daseinsmetapher zu geben hatte, verwandelt sich in eine Garantieerklärung der früher oder später zu gewärtigenden Überschreitung, in der sich die neue Zeit vom Gewesenen lossagt. Daß bei dieser geschichtsphilosophischen Widerlegung der Spontaneität immer auch an die Bedürfnisse der Zuschauer gedacht ist, hat Engels zu verstehen gegeben, als er sich in einem am 7. März 1884 abgegangenen Brief von den Suggestionen der Metapher zu der Zwischenmeldung hinreißen ließ, daß »wir die Hände in den Schoß legen können und unsre Feinde für uns arbeiten lassen« (36, 123).

Das ist – um das mindeste zu sagen – eine krasse Reifikation, der Ausstieg in die Virtualität im Namen der »Wirklichkeit«. Die Metapher, hieß es eingangs, springt ein, wo Evidenzen fehlen, und deshalb könnte man augenblicksweise versucht sein, das historisch-materialistische Welttheater als Paradefall eines allein mit den Mitteln der Rhetorik erreichten Geländegewinns zu preisen. Ironischerweise war es nun gerade die »Wirklichkeit«, die solche Erwägungen über die Gesamtgeschichte binnen weniger Monate durchkreuzt hat. Was die Ordnung des Wissens angeht, so ist der Weg ins Fiktive nur so lange ratsam, wie die Erinnerung an den provisorischen Charakter des Rhetorischen gegenwärtig ist. Anderenfalls droht ein Theoriedebakel[90] – von anderem zu schweigen.

In den *Streifzügen eines Unzeitgemäßen*, einer Sammlung scharfzüngiger Polemiken aus den Wintermonaten der Jahre 1887 und 1888, kommt Friedrich Nietzsche auch auf Rousseau zu sprechen. Der Bürger von Genf, heißt es, habe die Prinzipien der Revolution vorweggenommen, das Nebeneinander von »Idealist und canaille« und ihre – Nietzsche selbst hebt den Begriff hervor – *Moralität*. Und als hätte es danach noch der Aufgipfelung bedurft, nennt er ihn, mit feinem Gespür für die konzeptionellen Abgründe der Seelenschönheit, »krank vor zügelloser Eitelkeit und zügelloser Selbstverachtung«. Nietzsche identifiziert diesen Widerstreit, den Rousseau in seiner Person austrug, als das Prinzip der neuen Zeit schlechthin. Rousseau, so lautet das grimmige Resümee, »dieser erste moderne Mensch«[91].

In dem auffallend lebhaft interpunktierten Abschnitt findet sich so viel spöttische Helligkeit, daß der Verdacht naheliegt, die Kritik sei in Wirklichkeit Abwehr und Selbstbestärkung. Textvergleiche liefern weitere Indizien. Ebenfalls Ende der achtziger Jahre spielt Nietzsche dem Rousseauismus ein Argument zu, das dieser in solcher Prägnanz nicht ausgesprochen, doch mit jeder einzelnen seiner Äußerungen hatte anklingen lassen, den Gedanken nämlich, daß die Korruption als ein »Symptom« der wahren Aufklärung, und das soll in diesem Zusammenhang heißen: der Aufklärung über die Aufklärung, zu begreifen sei. Nietzsches Umdeutung versteht sich ebenfalls als Kulturkritik, und an anderer Stelle ist er sogar bereit, Rousseau neben Platon in die private Genealogie jener vier Paare aufzunehmen, die sich ihm, »dem Opfernden«, nicht »versagten«: »Epikur und Montaigne, Goethe und Spinoza, Plato und Rousseau, Pascal und Schopenhauer. Mit diesen muss ich mich auseinandersetzen, wenn ich lange allein gewandert bin, von ihnen will ich mir Recht und Unrecht geben lassen, ihnen will ich zuhören, wenn sie sich dabei selber untereinander Recht und Unrecht geben.« (2, 534) Rousseau folgend, macht sich Nietzsche die Beobachtung zu eigen, daß die »Lebens-Fürsorge« heute allen »männlichen Europäern eine bestimmte *Rolle*« aufzwinge und daß das Leben der Normalität sich in vorgezeichneten Bahnen mehr vollziehe als ereigne.

Um von der Suggestivität dieses Bildes loszukommen, erneuert Nietzsche das Pathos der Insubordination. Nicht jeder ist so schwach und spielt nur die »*Rolle*, die ihm *anbefohlen* wird« (11, 111). Nietzsche identifiziert seine Gegenwart als eine »Uebergangszeit«, in welcher der einzelne überzeugt sei und sein dürfe, »ungefähr *jeder Rolle gewachsen* zu sein, wo Jeder mit sich versucht, improvisiert, neu versucht, mit Lust versucht, wo alle Natur aufhört und Kunst wird...« (3, 596). Die revidierte Rollenkritik betont die Bindungslosigkeit und die reine Immanenz, die den Gedanken eines in strikter Opposition beschworenen Naturevangeliums grundsätzlich ausschließt. Mit dem Wechsel von der »Natur« zur »Kunst« ist das Schicksal des Rousseauismus besiegelt. In der vorgeschobenen Perspektive kann Nietzsche die Epochen der Korruption im Rückblick wie im Blick auf die eigene Gegenwart als historische Phasen kultureller Fruchtbarkeit und der Dominanz des Individuellen begrüßen. Aberglaube, Dekadenz und »Erschlaffung«, heißt es in der *Fröhlichen Wissenschaft*, charakterisierten die Zeiten, wo die Tragödie durch die Häuser und Gassen laufe, »wo die grosse Liebe und der grosse Hass geboren werden und die Flamme der Erkenntnis lichterloh zum Himmel aufschlägt« (3, 396).

Die Umwertung verhilft einer Kritik zu neuer Plausibilität, die einmal aus ebendemselben Befund hervorgegangen war. Rousseaus Expektorationen entzündeten sich am Verfall seiner Zeit, der die Grundlagen der Humanität und die Essenz des Menschlichen zu gefährden schien. Doch seine Kulturkritik hatte sich die Ausdrücklichkeit der von Nietzsche erschlossenen Selbstrechtfertigung versagen müssen. Ihr ganzer Protest baute auf die Konstatierung des Entschwundes und der verhüllten Ursprünglichkeit. Rousseaus Moralismus, der ihm in der Situation des allgemeinen Niedergangs für seine persönliche Unbescholtenheit und die Wahrhaftigkeit seiner Rede zu bürgen hatte, hinderte ihn zugleich daran, die vielfältig beklagte Korruption als Bedingung des eigenen Widerstandes anzuerkennen und den durchaus auch selbstkritischen Gedanken zuzulassen, daß die Kulturkritik, wie Adorno eingewandt hat, »mit ihrem Objekt dessen Verblendung« teile.

Über derlei Skrupel wird Nietzsche sich hinwegsetzen. Seine Angriffe zielen auf das Überspielen der Voraussetzungen und auf den Versuch, die Tugendlehre von dem gegen das Wissen erhobenen Verdacht auszunehmen. Eine nachgelassene Notiz aus dem Frühjahr des Jahres 1884 nennt die Bekenntnisse Marc Aurels und damit den auch bei Rousseau noch nachwirkenden Versuch, die Garantien metaphysischer Sanktion für die Stabilisierung der Ataraxie zu nutzen, mit forcierter Indifferenz »komisch« (11, 147). Aber Nietzsche geht in seiner Auseinandersetzung noch einen Schritt weiter und deutet an, was für

Rousseau zu gewinnen gewesen wäre, hätte er seine Grundsätze nicht voreilig mit denen der »Heerden-Menschen« und der Revolution abgeglichen. Er hätte, behauptet Nietzsche, wie Napoleon auf jede Anklage aus der egalistisch gesonnenen Menge mit einem souveränen und »ewigen ›Das-bin-ich‹« antworten und außerdem noch hinzusetzen können: »Ich bin abseits von aller Welt, ich nehme von Niemandem Bedingungen an« (3, 397f.) – auch nicht, darf hier ergänzt werden, von der dann in der revolutionären Terreur auftrumpfenden Tugend und ihrer »blutigen farce«.

Nietzsche nimmt das bei Rousseau Begonnene auf und führt es unter veränderten Vorzeichen fort. Mit seiner Lobrede auf den unbändigen Stolz des aus der Korruption geborenen »wahren An- und Für-sich's«, wie er die Individuen beschreibt, und seinem Eintreten für das »Recht des Individuums auch in seiner Ausschreitung« macht Nietzsche sich die subversive Geste des romantischen Geistes und die dort kultivierte »Gleichgültigkeit gegenüber jedem anderen Gegenstand« zu eigen. Er übertrifft noch dessen spröde Reserviertheit, wenn er schließlich auch von der Spekulation auf die Integrität des Ursprungs und von der Fiktion der guten Natur und des Naturmenschen endgültig abrückt. Rousseaus latenter Konservatismus, dem schon der geringste Abstrich an der Norm zeitloser Glückseligkeit zuviel ist, liegt ihm fern. Am Beginn jenes Abschnitts aus den *Streifzügen eines Unzeitgemäßen*, die gleichwohl in ihrem Titel die Gegenwartsfremdheit des ungeliebten Vorläufers zitieren, verleiht Nietzsche seiner Distanz durch eine anspielungsreiche Umstellung der Hintergrundmetaphorik Nachdruck und erklärt, auch er rede von ›Rückkehr zur Natur‹, aber im Sinne eines *Hinaufkommens* – »hinauf in die hohe, freie, selbst furchtbare Natur und Natürlichkeit, eine solche, die mit grossen Aufgaben spielt, spielen *darf*...« (6, 150).

Die mit der Richtungsänderung angezeigte Umstellung der Erwartungen berührt auch das Verhältnis zum Schein. Während Rousseau die Uneigentlichkeit seines Gehabens stets kenntlich gemacht und auf diese Weise zu verstehen gegeben hatte, daß die Demonstrativität seiner Präsenz nichts als ein Ausdruck der Verlegenheit sei, um in trügerischer Umgebung ein Zeichen der Erinnerung an den entschwindenden Ursprung zu setzen, macht Nietzsche das Spiel und den Schein zur Ausdruckssphäre einer Individualität, die sich von jeder metaphysischen Sanktion losgesagt hat. »Die Welt« wird »ein aesthetisches Phänomen«, ein »Theaterspiel, das das Subjekt sich selber spielt«, und die Geschichte, auf deren stille und unwiderstehliche Dramaturgie der Sozialismus vertraue, »ist eine Vermeintlichkeit – nichts mehr« (9, 435). Für Nietzsche entfällt die Ächtung des Scheins, der Masken und des Spiels, die Rousseau in der von den Erwartungen der Moralistik bewegten Gesellschaft seiner Zeit triumphieren sah, ja es verschwindet überhaupt die ganze metaphysische Hierarchie, die solcher Ächtung einmal die Handhabe bot. Mit »*gutem* Willen zum Scheine« (3, 464) steht Nietzsche im Begriff, das Ideengebäude des Platonismus zu verlassen und überdies jene »deutsche Philosophie« hintanzustellen, die »nach dem Tübinger Stift riecht« (11, 88).

Hatte Platon den schönen Schein dem wahren Sein unterstellt, so ersetzt Nietzsche die Idee des Seins durch die Anerkennung der schauspielerischen Expression. Dies fällt ihm um so leichter, als – wie er am philosophiegeschichtlichen Beispiel zu zeigen vermag – selbst der schärfste Kritiker der Rolle nicht umhin konnte, beim Vortrag seines Protests zur Maske zu greifen.

> »›Nur der Einsame ist böse‹, rief Diderot: und sogleich fühlte sich Rousseau tödtlich verletzt. Folglich gestand er sich zu, dass Diderot Recht habe. In der That hat jeder böse Hang inmitten der Gesellschaft und Geselligkeit so viel Zwang sich anzuthun, so viel Larven vorzunehmen, so oft sich selbst in das Prokrustes-Bett der Tugend zu legen, dass man recht wohl von einem Märtyrerthum des Bösen reden könnte. In der Einsamkeit fällt diess Alles dahin. Wer böse ist, ist es am meisten in der Einsamkeit: auch am besten – und folglich für das Auge Dessen, der überall nur ein Schauspiel sieht, auch am schönsten.« (3, 293)

Die Pathosgeschichte der Individualität fortführend, behält Nietzsches »gegen den Strich« geführte Rousseau-Lektüre die stillschweigende, von dem Autor der *Nouvelle Héloïse* vertiefte Opposition zwischen Rollenverhalten und Seelenschönheit im Auge. Der Kritiker zeigt keinerlei Neigung, zu dem moderaten und um Ausgleich bemühten Rollenentwurf Diderots zurückzukehren. Offen sympathisiert er mit dem Extremismus des romantischen Geistes und der von ihm verfolgten Idee der Überschreitung. Doch wendet Nietzsche diese Figur auf sich selber an, wenn er den Anspruch erhebt, die schöne Seele von ihrem schlechten, notorisch durch Uneigentlichkeitsvorbehalte erregten Gewissen zu erlösen.

Anders als Rousseau und anders auch als Schopenhauer, der zwischenzeitlich noch einmal die Fibelwahrheit aufgenommen und bekräftigt hatte, derzufolge jeder, »unabhängig von Dem, was er wirklich und an sich ist, eine *Rolle* zu spielen« habe[92], entschließt sich Nietzsche zur uneingeschränkten Anerkennung der Rolle. Die Verstellungskunst, erwidert er auf Rousseaus spekulativen Entwurf des *homme naturel*, komme im Menschen »auf ihren Gipfel: hier ist die Täuschung, das Schmeicheln, Lügen und Trügen, das Hinter-dem-Rücken-Reden, das Repräsentiren, das im erborgten Glanze [l]eben, das Maskirtsein, die verhüllende Convention, das Bühnenspiel vor Anderen und vor sich selbst, kurz das fortwährende Herumflattern um die eine Flamme Eitelkeit so sehr die Regel und das Gesetz, dass fast nichts unbegreiflicher ist, als wie unter den Menschen ein ehrlicher und reiner Trieb zur Wahrheit aufkommen konnte« (1, 876). Die genealogische Perspektive führt den Willen zur Wahrheit auf seine Entstehung zurück und weist ihm – in schroffem Widerspruch zu seinen Selbstbekundungen – seinen Platz im Maskenzug der Bewußtseinsgeschichte zu, im »Karneval« der »Moralen, Glaubensartikel, Kunstgeschmäcker und Religionen« (5, 157). Das »Genie der Lüge« gewinnt eine für Rousseau noch ganz undenkbare Gelassenheit, wenn es die Wahrheit als *»die Art von Irrthum«* angeht, »ohne welche eine bestimmte Art von lebendigen Wesen nicht leben könnte« (11, 506). Als »Gegenmacht« zu den irreführenden moralischen Forderungen der Aufrichtigkeit und der Authentizität verlangt der Genealoge die Regentschaft des ästhetischen Menschen, wie sie die »vermantelte Gestalt« (Rilke) des Schauspielers exemplarisch vor Augen führt. Unter Berufung auf den unverlierbaren Grund des Ursprungs hatte sich Rousseau auf die Moral und die moralische Wahrheit zurückgezogen, um von außen in die von der Korruption deformierte Gesellschaft hineinzusprechen. Nietzsche kehrt das Modell um und bekämpft – wiederum von außen – die Geltung einer durch die Epoche der Revolutionen verbindlich gewordenen Moralität, indem er den Schein, den der Moralismus verächtlich gemacht hatte, aufwertet und ebenso die Rolle, die Oberfläche und das Spiel. Sein Schauspieler steht dem *Wesen* und dem *Wesentlichen* gleichgültig gegenüber und beschränkt sich darauf, zu beobachten und darzustellen.

Dieses Problem, das Problem des Schauspielers, habe ihn am längsten beunruhigt, gesteht Nietzsche, und macht daraus ein Kriterium geistiger Vornehmheit und einen Garanten der Konstanz. Wie die alternative »Rolle« Montaignes wird dieses Spiel getragen durch das Interesse und die Form des trotzigen Genügens an sich selbst. »Die

Rolle durchführen, d. h. *Wille* haben, Concentration und Aufmerksamkeit: vielmehr noch negativ – abwehren, was *nicht* dazu gehört, den andringenden Strom andersartiger Gefühle und Reize, und – unsere Handlungen im Sinne der Rolle thun und besonders *interpretiren.*« (11, 110) Die Aussichten dieses Artisten und Rollenspielers beruhen nicht nur, ja nicht einmal in erster Linie auf den lizensierten Manövrierräumen und Verhaltensalternativen einer mehr oder weniger geneigten, ihre Spielpläne jedoch stets verborgen haltenden Sozietät, sondern sie ergeben sich aus dem nuancenreichen Spektrum der *Interpretationen*, deren unbegrenzte Fülle die Konformität der Rollenerwartungen entscheidend übertrifft. Nietzsches Akteure sind Deuter und Gestalter, sie kennen und schätzen das Spiel der Expressionen, und Nietzsche zögert nicht, von Schauspielern zu sprechen, die »die eigentlichen Herren sind« (3, 596). Aus der ganz auf ihre Negativität zurückgenommenen Abwehr dessen, »was nicht dazugehört«, wächst ihnen eine spielerische Souveränität zu, die ihren unerschöpflichen Fundus in den Deutungen hat, denen der Spieler die Gegenstände der sozialen Welt von Augenblick zu Augenblick unterwirft. Auf Grund dieser Disposition begreift sich Nietzsches Akteur als Widersacher des *point de vue du groupe*. Sein intransigenter »Rollen-« und »Artisten-Glauben« ist getragen von der Einsicht, daß – Nietzsche hebt diese Sentenz durch Sperrung hervor – »wir Alle kein Material mehr für eine Gesellschaft« sind, und er akzentuiert den Satz ein zweites Mal, indem er hinzusetzt: »das ist eine Wahrheit, die an der Zeit ist!« (3, 597) Unschwer erkennt man in diesem sozialen Indifferentismus die ästhetisch überformte Auffassung Rousseaus, den tiefen Soupçon gegen die Sozialität und die Gängelungen ihres institutionellen Apparats, gegen die trivialen Wahrheiten der Meinung und der Menge, gegen den Egalitarismus und seine falschen Kompromisse, gegen den Lockruf von der »freien Gesellschaft«, diesem, wie Nietzsche in seinem Plädoyer für den Schauspieler sagt, »hölzernen Eisen«. Gegen die soziale Norm der Gemeinschaftlichkeit, gegen das Apriori des Sozialen und gegen die philosophische Norm des Willens zur Wahrheit setzt Nietzsche die Inkommensurabilität und Unbändigkeit, die »höchste Wert-Instanz« der schlimmen und der guten Triebe. Wir haben, schreibt er, »die *Affekte* und *Begehrungen* unserer Rolle – das heißt wir unterstreichen die, welche dazu passen, und lassen sie sehen. Immer natürlich à peu près. Der Mensch ein *Schauspieler.*« (11, 110)

Die aus der Neuverteilung der überlieferten Oppositionsverhältnisse resultierende Aufwertung der Rolle bildet den Schlußpunkt der Metapherngeschichte, zu der Nietzsche – sein »à peu près« deutet es an – selbst sich noch zählt. Zeitgleich mit der nun einsetzenden und fortan beharrlich um Vereindeutigung bemühten Terminologisierungstendenz, die spätestens bei Georg Simmel die Oberhand gewinnt[93], birgt sich die »nackte Wahrheit«, deren einsichtsvolle Verhüllung der Metapher der Rolle wie der Rolle der Metapher das Motiv gab, noch einmal in der Unauflöslichkeit des Bildes. Nietzsche legt sich die Frage vor, »in wie fern unser bewußtes Leben durch und durch falsch und ein *Schleier* ist« (11, 108). Indem er, auf der Spur Montaignes und Rousseaus, die Unverfügbarkeit des Individuellen in kühner Koinzidenz mit der »Rolle« verbindet, vermeidet er die Animosität von Untertanenmoral einerseits – er selbst spricht von der »Gesinnung des Opferthiers« (3, 391) – und trotzigem Aufbegehren andererseits, die aporetische Beschreibung des Individuums entweder als Souverän ohne Reich oder als funktionales »Korrelat zunehmender gesellschaftlicher Differenzierung«[94]. Damit umgeht er jene Dilemmatik, wie sie sich aus Rousseaus älterer, geschichtsphilosophisch unterlegter Problemformulierung mit Folgerichtigkeit ergeben mußte. Die Maske, die er favorisiert, ist ein doppelter Schutz, ein Schutz gegen die Resubstantialisierungen der Subjektivität hier und gegen Aufrichtigkeits- und Bekenntnisgebote dort. Darüber hinaus ist sie der Versuch, der Differenz Dauer zu geben, der Nichtübereinstimmung zwischen dem Begriff und dem, was er bezeichnet. Nietzsches Maske ist wie der Schleier des Timanthes eine *Übertragung*: »Der Mensch *unerkannt*, die Handlung *unerkannt*. Wenn nun trotzdem über Menschen und Handlungen geredet wird, wie als ob sie erkannt wären, so liegt es daran, daß man über gewisse *Rollen* übereingekommen ist, welche fast Jeder spielen kann.« (11, 137)

Für die soziale Welt, für die Welt des »Als-ob«, beansprucht Nietzsche die Rollenmetapher als jenes Provisorium, das es erlaubt, sich darüber zu verständigen, worüber man ebensowenig sprechen wie schweigen kann. Voraussetzung dieser Übereinkunft ist die grundsätzliche Anerkennung des *Unerkannten*. Wenn Nietzsche den Weg zurück zur hüllenlosen Wahrheit für irreführend hält, dann wendet er sich damit auch gegen jene Erwartung Schillers und erklärt die Selbstverpflichtung der Erkennenden auf eindeutige Wahrheiten ihrerseits für illusionär. Während Schiller die Wahrheit in die Täuschung einwebt und sich einstweilen an die rousseauistische, in die Ballade vom Taucher aufgenommene Vision hält: »Unter Larven die einzige fühlende Brust, / Allein in der gräßlichen Einsamkeit«, sucht Nietzsche den Nachweis zu führen, daß die Täuschung in der Suche nach der Wahrheit besonders zuverlässig überdauere. Das ist nicht nur, wie man vielleicht meinen sollte, in polemischer Absicht gesagt. Die Kritik umfaßt einen alternativen Entwurf. Das Dasein sei als ästhetisches Phänomen »immer noch *erträglich*«, heißt es im Schlußabsatz der *Fröhlichen Wissenschaft*, »und durch die Kunst ist uns Auge und Hand und vor Allem das gute Gewissen gegeben, aus uns selber ein solches Wesen machen zu *können*« (3, 464).

Es liegt in der Natur eines solchen Entwurfs, sich auf Andeutungen zu beschränken. Der über sich selbst aufgeklärte und belehrte »Wille zur Wahrheit« kann sich nur noch in uneigentlicher Weise als solcher verstehen, das heißt, er wird – wenn die Formulierung gestattet ist – *in Wahrheit* ein »*Wille zum Schein*«. Die Aussicht rechtfertigt die Darstellungsmittel der Metapher im allgemeinen und die Metapher der Rolle im besonderen, oder besser: sie rettet das Interesse der Unbegrifflichkeit in die nachaufklärerische Moderne. »Was also ist Wahrheit?« fragt Nietzsche, und antwortet: »die Wahrheiten sind Illusionen, von denen man vergessen hat, daß sie welche sind, Metaphern, die abgenutzt und sinnlich kraftlos geworden sind« (1, 880f.). Damit wird das herkömmliche Bildreservoir sowohl aufgenommen als auch umgestellt. Der Liebhaber der Weisheit, der sich der Mittel und Möglichkeiten des Genies der Lüge versichert hat, verzichtet auf die Hintergründe und ihre sanktionierende Kraft. Nietzsches Welttheater ist kein Raum der Verweisung, keine Stätte der Repräsentation, die auf etwas hindeutet und etwas vertritt, was andernorts in unerreichbaren Fernen verharrt. Mit seinem enthusiastischen Urteil über Laurence Sterne, den er den »grossen Meister der *Zweideutigkeit*« nennt, hat Nietzsche das Porträt der Freigeistigkeit, wie er sie auch für sich selbst beanspruchte, in einschlägigen Bildern gezeichnet: »Der Leser ist verloren zu geben, der jederzeit genau wissen will, was Sterne eigentlich über eine Sache denkt, ob er bei ihr ein ernsthaftes oder ein lächelndes Gesicht macht: denn er versteht sich auf Beides in Einer Faltung seines Gesichtes; er versteht es ebenfalls und will es sogar, zugleich Recht und Unrecht zu haben, den Tiefsinn und die Posse zu verknäueln. [...] Ja, Sterne verwechselt unversehens die Rollen und ist bald ebenso Leser wie er Autor ist; sein Buch gleicht einem Schauspiel im Schauspiel, einem Theaterpublicum vor einem andern Theaterpublicum.« (2, 424f.)

Wie genau der Schauspieler-Philosoph mit dem vernehmlichen Verzicht auf metaphysische Sanktionen das Empfinden nicht zuletzt auch seiner eigenen Zeit getroffen hat, zeigt die Intervention der Kritik, mit der Karl Kraus am 24. September 1922 die Uraufführung von Hofmannsthals *Großem Salzburger Welttheater* bedachte. Es ist eine besondere Theaterkritik, denn sie zielt über die Manifestation des Stückes hinaus auf die von ihm noch einmal beschworene Idee des Welttheaters schlechthin. Die wenige Wochen nach ihrer öffentlichen Verlesung im 601. Heft der *Fackel* herausgebrachte Philippika gipfelt in dem Einwand, die rhetorische Tragweite der Welttheatermetapher sei außerstande, das unvergleichliche Elend der Gegenwart darzustellen, gar zu bewältigen. Mehr noch: Hofmannsthals Besinnung auf den, wie er selbst einmal sagt, »mythologischen Sternenhimmel Europas« zeuge von krudester Zeitvergessenheit. Unbeeindruckt von den Greueln des kaum beendeten Weltkrieges mache sich Hofmannsthals Festspiel auf das Ungeheuerliche, auf »das Leid der Kreatur einen gottgefälligen Vers«. Nichts aber sei frivoler, als diese »Unechtheit« in einer Zeit, »die auf Leichenfeldern nicht Festspiele zu veranstalten hat«, nichts verwerflicher, als »so aberwitzigen Dreck« – und diese Drastik sagt genug über die Schmerzlichkeit und Unwiderruflichkeit des Verlusts – »mit den höchsten Begriffen der Menschheit in Verbindung zu bringen«. Vernichtender kann ein Kunsturteil kaum sein. Nicht, daß sie die Welt *auf* dem Theater zeige, wird der Aufführung angekreidet, sondern daß sie sie noch einmal *als* Theater präsentiert.

Der von Hofmannsthal zitierte Überlieferungszusammenhang aktualisiert jene Daseinsmetapher, die das Theater zugleich bestätigt und verkörpert. Es sind, nach den geläufigen Worten Schillers, seine Bretter, die die Welt bedeuten. Genau hier setzt Kraus' Zurechtweisung an. Anders als der Protest Rousseaus gilt sie weniger dem Theater als seiner metaphorischen Legitimation, dem mit der Übertragung angemeldeten Repräsentationsanspruch als solchem. Sie findet und nutzt die seltene Gelegenheit, mit der Theatermetaphorik einen Bilderfundus rundheraus zu widerrufen, und mit ihm den ganzen metaphysischen Hintergrund, dessen Anziehungskraft ihm einst aufgeholfen und ihn lebendig gehalten hatte. Der Krieg, wendet Kraus ein, hat eine Epoche beendet und den Niedergang der Daseinsmetapher besiegelt. Rhetorischen Kompensationsbemühungen bleibt die Fatalität des Ereignisses unzugänglich, denn weder ist es verständlich noch, etwa nach Maßgabe einer dem Einblick des Menschen entzogenen Providenz, verzeihlich. Es gibt, so folgt diese Kritik der Intervention Nietzsches, keine Weltformel, die dem Geschehenen zu irgendeinem Recht verhelfen könnte, ja, dieses Geschehen selbst hat für immer die Berechtigung von Weltformeln in Frage gestellt. Die Einbuße betrifft das Theodizeeproblem ebenso wie die Theorie der Individualität. Wie der Kritiker des Theaters vermeidet es auch der Genealoge, den Schleier herunterzureißen, um einer »Wahrheit« jenseits der Rolle, des Spiels und des Scheins das Wort zu reden. Es führt kein Weg von der Maske zur ersten und ursprünglichen Identität, und das Individuum in seiner Individualität bleibt, was es war, nämlich »notwendig und unsichtbar« – »der Unterschied der Masken«[95].

Mit den Moralisten und dem, was die Aufklärung von ihnen übernahm, durchbricht auch Nietzsche den Schein der Konvention, aber nur, um zu neuen Konventionen des Scheins vorzustoßen. Wie René Descartes vor und Michel Foucault nach ihm ist auch Nietzsche ein Denker *der* Maske und *mit* Maske: »Aller Charakter ist erst *Rolle*. Die ›Persönlichkeit‹ der Philosophen – im Grunde persona.« (11, 438) Der maskierte Philosoph favorisiert eine Art der Interpretation, die sich des Systems der Regeln, Ordnungen und Klassifikationen »gewaltsam oder listig« bemächtigt, und die nicht davor zurückschreckt, »es einem neuen Willen gefügig zu machen, es in einem anderen Spiel auftreten zu lassen und es anderen Regeln zu unterwerfen«. Die Genealogie – so nimmt Foucault die Bilder und Begriffe Nietzsches auf – »muß ihre Historie sein: die Geschichte der Moralen, der Ideale, der metaphysischen Begriffe, die Geschichte des Begriffs der Freiheit oder des asketischen Lebens als der verschiedenen Interpretationen, welche auf dem Theater der Handlungen und der Gerichtsverfahren auftreten«[96]. Der Selbstbezug des Themas zeigt sich in der Verschiebung von der Frage der Bedeutung zur Frage nach der *Geschichte* der Bedeutungen. Eine so verstandene und sich selbst verstehende historische Semantik, die, wie Foucault das Thema auf sich selbst zurückwendet, jene Szenen aufspürt, »auf welchen die Ereignisse verschiedene Rollen gespielt haben«, übernimmt die Unbegrifflichkeit als Gegenstand und Medium eines Philosophierens, für das nichts so sehr bezeichnend ist, als daß es die an die »überhistorische Historie« gebundenen Geltungen und Verbindlichkeiten aussetzt. Wer darauf verzichtet, immer schon zu wissen, worauf die Dinge hinauslaufen – man kann ebensogut sagen: wem dies zu wenig ist –, dem bleibt nichts übrig, als unerschrocken und zugleich entlastet von der ›Überforderung‹ der ›absoluten Ziele‹ zu *interpretieren*.

RHETORIK DES HEROISCHEN

A hero is one who looks like a hero.
Robert Warshow,
The Westerner

Im vierten Gang seiner *Rêveries*, die er zwei Jahre vor seinem Tod aufzuzeichnen begann, zieht Jean-Jacques Rousseau die Bilanz seines nun schon bald drei Jahrzehnte währenden Versuchs, aufrichtig, offenherzig und wahrhaftig zu schreiben. Der Aufforderung des delphischen Orakels zur Selbsterkenntnis nachzukommen, räumt er nun im Rückblick ein, sei schwieriger gewesen, als noch zu Zeiten der *Confessions* erwartet. Erst jetzt erlaubt es ihm der privilegierte Standpunkt der *posterité*, das Wagnis der Lebens- und Selbstdarstellung zu rechtfertigen und den Versuch für gelungen zu erklären. Mit »einer stolzen Erhebung der Seele« kann er feststellen, in seinen Schriften mit den Grundsätzen der *bonne foi, véracité* und *franchise* weiter gegangen zu sein als irgendeiner vor ihm und, da im erzählten Leben das Gute im ganzen das Böse überwogen habe, dabei seinen billigen Vorteil gehabt zu haben: *j'ai tout dit* – »ich habe alles gesagt«.

Aus dem Resümee spricht die Genugtuung darüber, den richtigen Weg zu Ende gegangen und unter verschiedenen Möglichkeiten die beste gewählt zu haben. Es war der Weg der bekennerhaften Aufdekkung noch der geheimsten Regungen. Aber, so fällt sich der bilanzierende Autobiograph ins Wort, hat er auch nichts verzeichnet, hat ihm niemals das Gedächtnis einen Streich gespielt, hat er nichts übersehen, nichts vergessen, umgestellt oder hinzugefügt? Ohne zu zögern gesteht er ein, zuweilen unwillkürlich – *par un mouvement involontaire* – einen häßlichen Zug verschwiegen zu haben. Aber dies werde unfehlbar ausgeglichen durch die willentliche Herabsetzung des Guten, zu der er sich ebenso offen bekennt. Nie habe er sich rühmen oder loben wollen. Statt dessen habe er gelegentlich Tatsachen unterdrückt, die seine Vorzüge zu sehr ins Licht gerückt hätten. Das nachgetragene Geständnis stellt das Gleichgewicht wieder her und macht die Selbstapologie vollkommen. Rousseau erzählt die Geschichte von dem Spielkameraden, der ihn, als er noch ein Kind war, durch seinen Leichtsinn an der Hand schwer verletzte, so daß das Blut aus seinen Fingern sprang. Er aber, obschon für Wochen bettlägerig und unfähig, seine Hand zu gebrauchen, habe den Kameraden geschont und die Erklärung gegeben, daß ihm ein großer Stein auf die Finger gefallen sei und sie zerschmettert habe. Nun, im Alter und nachdem er nicht einmal in den *Confessions* ein Wort darüber verloren hat, gibt er den wahren Sachverhalt preis. *Magnanima menzogna! or quando è il vero / Si bello che si possa a te preporre?* (»Großherzige Lüge! Wann ist die Wahrheit so schön, daß sie dich übertreffen könnte?«) – diese Exklamation aus Torquato Tassos *Befreitem Jerusalem* (II, 22; vgl. *OC* I, 1037)[1] beschließt die Reminiszenz.

Schöne Seele, schöner Geist

Die Lüge im Dienst der Wahrheit – es muß eine Wahrheit sein, deren Reichweite und Geltung über die Positivität der Tatsachen, die man in ihrem Dienst manipulieren darf, erhaben ist. Tasso – und mit ihm Rousseau – nennt diese Form der Wahrheit »schön«. Sie bleibt selbst in der Sprache der Rechtschaffenheit, die dem Ethos des *tout-dire* unterstellt ist, nur eine Andeutung. Als verborgener Sinn kann sie allenfalls in Erzählungen wie der von dem tapfer verschwiegenen Knaben Jean-Jacques umschrieben, doch kann sie niemals geradewegs ausgesprochen werden. So erscheint sie hier in der Maske ihrer Widersacherin, der zur Schonung des Leichtsinnigen und Ungeschickten gesagten Unwahrheit, und sie kann sich solches Versteckspiel gestatten. Denn beide, die hochherzige Lüge wie die episodenhafte Erzählung, sind näher besehen Umwege, in denen dem Umstand Rechnung getragen wird, daß diese Wahrheit sich nicht unumwunden kundgeben läßt. Wie es zwei Sorten von Lüge gibt, die selbstlose auf der einen und die opportunistische auf der anderen Seite, so auch zwei Gestalten der Wahrheit, die Wahrheit der Tatsachen und die schöne *vérité morale* (*OC* I, 1033). Diese beiden unterscheiden sich in den Gründen ebenso wie im Erscheinungsbild. Die Wahrheit, auf die es ankommt, kleidet sich in Geschichten und nicht in Begriffe.

Beispiele, so folgt ein deutscher Rousseau-Leser diesem Gedanken, »Beyspiele mahlen oft mit einem einzigen Zug unsre Idee besser als leere und schwankende Schulerklärungen«. Christoph Martin Wieland eröffnet mit dieser Erklärung eine kleine Abhandlung, die sich als

Antwort auf die Frage vorstellt, was eine schöne Seele sei.[2] Dem Vorsatz gemäß hält sie sich nicht mit Definitionen auf, sondern schildert eine Reihe von Szenen aus der *Cyropädie* des Xenophon, dem *Sokratischen Heldenbuche.* Der bereits im Titel hergestellte thematische Bezug ist keineswegs zufällig. Die schöne Wahrheit ist die Wahrheit der schönen Seele, der Stimmführerin der *véracité.* Sie glaubt sich das Paradox der Manipulation des Unverfügbaren gestatten zu dürfen, denn ihr Verhältnis zur Wahrheit ist bedingungslos und uneigennützig. »Der Unterschied also, der zwischen meinem wahrheitsliebenden Mann und dem anderen besteht, ist, daß dieser, der in der Welt dafür gehalten wird, jeder Wahrheit streng ergeben ist, die ihn nichts kostet, aber nicht mehr, und daß der meinige ihr nie treuer anhängt, als wenn er sich für sie aufopfern muß.« (*OC* I, 1031) In solchen Gegenüberstellungen gewinnen die rhetorischen Antithesen Bestimmtheit. Die Liebe zur Wahrheit steht gegen die Wahrheit der Welt, die innere Wahrheit gegen die äußere. Die schöne Seele besitzt neben ihren empfindsamen auch wehrhafte Züge, und beides gehört zusammen – dies ist die Entdeckung Rousseaus. Sie entwertet die Welt der Tatsachen als scheinhaft und verpflichtet sich im gleichen Zug einem Absoluten, dessen Autorität für sie allein maßgeblich ist. Als legitimer Abkömmling des Neuplatonismus[3] ist sie ein Wesen der Überschreitung, das die Profanität des Irdischen hinter sich läßt, um der Wahrheit näher zu sein, als sie es im falschen Leben jemals sein könnte.

Indem Rousseau dieses Motiv aufgreift und ausformt, gibt er einem Wahrheitstyp Prägnanz, dem jede Weltoffenheit suspekt ist. Doch als er diese Entscheidung fällt, ist sie schon mehr spektakulär als originell. Die historischen Versuche, die schöne Seele gesellschaftsfähig zu machen und sie etwa mit den Zügen der Schöngeistigkeit auszustatten, sind in der Mitte des 18. Jahrhunderts bereits fehlgeschlagen. In einer französischen Übersetzung der Briefe Senecas aus dem Jahr 1636 war *anima* als *bel esprit* wiedergegeben worden, und Théodore Agrippa d'Aubigné, der Verfasser einer *Histoire universelle*, hatte mit einem Chiasmus probehalber Harmonie gestiftet: *Belle âme de mon corps, bel esprit de mon âme.*[4] Aber die Liaison war nicht von Dauer. Zwar gab es Gemeinsamkeiten, denn der Schöngeist ist wie die schöne Seele eine soziale Figur, doch anders als sie zögert er nicht, das auch zu zeigen. Die *belle âme* ist solitär, der *bel esprit* gesellig. Er bejaht die Welt, um auf dieser Bühne zu glänzen. Nicht von ungefähr vergleicht ihn Dominique Bouhours in seinen weitverbreiteten *Entretiens d'Artiste et d'Eugène* von 1671 mit einem wohlgeschliffenen und lupenreinen Diamanten. *Voilà le symbole du bel esprit*, sagt er, *c'est à le bien définir, le bon sens qui brille.*[5] Wo die schöne Seele leise und unbeirrbar ihrer Bestimmung folgt, gibt er sich heiter, beweglich und unbeschwert – *gay*, wie Bouhours ausführt, *vif, plein de feu*. Jenen Höhen, von denen die schöne Seele sich angezogen fühlt, begegnet er mit Gleichgültigkeit. Statt dessen kultiviert die Zierlichkeit seiner schönen Worte jene *belle science, dont la politesse fait la principale partie*[6]. Die anfänglich vermuteten Sympathien mit der Seelenschönheit verlieren sich deshalb mehr und mehr und weichen schließlich dem Gegensatz. Die Originalität des Genies liegt beiden fern, darin kommen sie überein. Ihre Begründungen sind jedoch entgegengesetzt: Die schöne Seele hat eine Wahrheit vor Augen, die schöner und vollkommener nicht sein kann, beim *bel esprit* gibt allein die Form den Ausschlag.

Die Weltoffenheit prägt seinen Habitus. Ein Schöngeist, der nichts auf sein Äußeres gibt, ist eigentlich undenkbar, und das Wissen, das ihn trägt, ist wie seine Art und Weise, es unter die Leute zu bringen, von vornherein mit dem gesellschaftlichen Allgemeinen abgestimmt. Mit Vorliebe paradiert er in den Kaffeehäusern, deren Zahl bis 1723 allein in Paris auf 380 angestiegen ist, und von denen wiederum jenes in der Rue Dauphine, dem Bericht eines deutschen Besuchers zufolge, »Caffé de Beaux Esprits« genannt wird: »Da kommen gewisse Leute zusammen, und bringen allerhand *curieuse* und sinnreiche *materien* auff die Bahn.«[7] Auf solchen Schauplätzen streut der Schöngeist in pointierten Wendungen Bewährtes aus. Es sei dies eines der großen Talente Vincent Voitures gewesen, berichtet Bouhours: indem er andere nachgeahmt habe, sei er unnachahmlich geworden – *en imitant les autres, il s'est rendu inimitable*[8]. Als Theoretiker des *bel esprit* ist Bouhours überzeugt, daß diese unnachahmliche Nachahmungskunst zum einen nur bei Männern und zum anderen nur in den zivilisierten Ländern vorkommt. Schon deshalb sei sie bei den Deutschen so wenig vorstellbar wie bei den Moskowitern. Zustimmend zitiert er den Kardinal du Perron, der einem Jesuiten von jenseits des Rheins das Lob hatte zuteil werden lassen, für einen Deutschen erstaunlich viel *esprit* zu besitzen. Die Rhetorik des Nationalen ist auch hier das probate Mittel, die mit dem neuzeitlich beschleunigten Zivilisationsprozeß einhergehenden Bindungsverluste aufzufangen und den Sublimierungsdruck, dessen Energien der *bel esprit* unverzüglich in neue spielerische Formen umsetzt, auf Umwege zu leiten. Im Verlauf des von Bouhours auf einen neuen Höhepunkt geführten Streits über den Vorrang der Nationen, der die Positionen der »Querelle des anciens et des modernes« und die spätere Antithese von Kultur und Zivilisation schon anklingen läßt, werden die bestimmenden Züge des schönen Geistes physiognomisch faßbar. Unbeholfenheit und Schwerfälligkeit sollen mit gewählten Ausdrucksformen und Liebenswürdigkeit ebenso unvereinbar sein wie Engherzigkeit und Pedanterie. Mit dieser Figur triumphiert die Metropole über die Provinz, die Elite über die Masse, der Städter über den Bauern. Der Schöngeist befriedigt die intellektuellen Bedürfnisse der großen Welt auf die ihr angemessene Weise. Als Kenner des rechten Maßes beherrscht er souverän seine Mittel, als belesener Kopf genießt er beträchtliches Ansehen, und er gefällt als angenehmer Unterhalter.

Doch trotz der Rettungstat des Père Bouhours wird dem Schöngeist die Leichtigkeit seines Tones auf lange Sicht zum Verhängnis. Sie ist intellektuell ohne weiteres als Leichtgewichtigkeit und moralisch als Leichtfertigkeit diskreditierbar. Die Pflege der Form exponiert den *bel esprit* so sehr, daß er sich fragen lassen muß, ob sie nicht zu Lasten der Inhalte geht oder, was seit dem 18. Jahrhundert nicht minder schwerwiegt, zu Lasten der Kritik.[9] Wer es ernst meint damit, der wird gerade – mit Kants legendärer Formel – im »Zeitalter der Kritik« den Eindruck vermeiden müssen, gefällig wirken zu wollen.

Rousseau bekommt diese Spannung auf sehr bezeichnende Weise zu spüren. Seine Selbstinszenierungen machen ihn zum meistporträtierten Intellektuellen seiner Zeit, und manches spricht dafür, daß er selbst die beispiellose Verbreitung der Bildnisse als Vervollständigung der Autobiographie und ihres Bekenntnischarakters begriffen hat. In seiner bildnishaften Präsenz wirkte er so eindrucksvoll, daß sich sein Porträt, als einziger Bildschmuck überhaupt, sogar in dem ansonsten sparsam eingerichteten Arbeitsraum Kants über viele Jahre halten konnte. Neben wenigem, schlichtem Inventar – einer Kommode, einem Spiegel und meteorologischen Instrumenten – hing es dort über dem Schreibpult. Um welchen Stich es sich handelte, wird sich allerdings nicht mehr feststellen lassen.[10] Am Ende sollte die äußere Erscheinung Rousseaus in über sechstausend Bildern publik gemacht sein, und die große Zahl umfaßt Gegensätze.

Von Anfang an unterstellt sich Rousseau der Autorität der Öffentlichkeit in Wort und Bild, und ebenfalls von Anfang an laufen bildliche und schriftliche Präsentation parallel. Kaum hat der ehemalige Schreiber und Sekretär, Hauslehrer und Komponist mit dem *Discours sur les sciences et les arts* den Preis der Akademie in Dijon gewonnen und sich einen Namen gemacht, als er sein Porträt in Auftrag gibt. Das zarte Pastell aus der Werkstatt Maurice Quentin de Latours von 1753 zeigt einen vornehm gekleideten Herrn, der seinen Betrachter mit offenem Blick freundlich und selbstbewußt anlächelt. Alles Widersetzliche liegt ihm fern. Die weichen Konturen lassen ihn geradezu leutselig erscheinen, ganz wie einen rechten Vertreter des *juste milieu*. Doch Diderot, der Freund und Widersacher, durchschaut die Maskerade. Er sehe nur den Verfasser des *Dorfwahrsagers*, moniert Diderot, »schön gekleidet, schön frisiert, schön gepudert«, wo er den strengen und respektgebietenden Kritiker hätte erwarten dürfen.[11] Diese Assonanz spielt auf die Bedeutungsverschlechterung an, die der Begriff des *bel esprit* bis zu diesem Augenblick erlitten hat. Das kunstreiche Blendwerk hält dem Vergleich mit jener kompromißlosen Intellektualität nicht stand, die den Kritiker auszeichnet. Der Artikel *Esprit*, den Voltaire 1755 in Diderots *Encyclopédie* veröffentlicht, bestätigt diese Tendenz, wenn er dem *bel esprit* den über jeden Zweifel erhabenen *homme d'esprit* gegenüberstellt, um so die Tugenden des Geistes vor dem Zugriff des Dünkels zu bewahren: *Le bel-esprit est une affiche*.[12] Die Neubewertung des Verhältnisses von Innen und Außen betont die Differenz der Einstellungen. Der Schöngeist stellt nicht nur zur Schau, er ist die Zurschaustellung selbst.

Rousseau reagiert entschlossen. Von David Hume läßt er sich zu einem Porträt ermuntern, das ihn nicht länger als Dazugehörigen inszeniert, sondern als Außenseiter. Der Weise, so lautet die Botschaft von Allan Ramsays Bildnis aus dem Jahr 1766, steht abseits. Das gewinnende Lächeln, wie es noch auf dem Bildnis de Latours zu sehen war, ist verschwunden. Der Blick aus dem Bild, den der Betrachter auf sich ruhen fühlt, hat sich verfinstert. Die Stirn ist umwölkt und der Körper abgewandt, eingehüllt in eine armenische Tracht. Die Hand rafft das Tuch des Umhangs zusammen, als gelte es, sich gegen äußere Widrigkeiten zu schützen. Während er sich bei Latour noch dem Betrachter zuzuwenden scheint, zieht sich der Porträtierte nun hier, ein gutes Jahrzehnt später, in das klaffende Halbdunkel des hinteren Bildraums zurück. Damit hat Rousseau sein Erscheinungsbild gefunden. Schon im Dezember 1764, als James Boswell ihn in Môtiers besucht hatte, war das Gerücht vom nachlässigen Aufzug des Philosophen und die leibhaftige Erscheinung unauflöslich ineinandergeglitten: »Gar manches Bild des einsamen Dichters und Denkers entstand vor meinem innern Auge. Zu guter Letzt ging die Türe zu seinem Zimmer auf, und ich sah ihn vor mir, einen artigen Mann in der schwarzen Tracht des Armeniers.«[13]

Man muß Weisheit nicht nur besitzen, sondern sie auch zeigen. Rousseau ist zu sehr Schüler der Moralisten, als daß er die Konsequenzen dieser Einsicht angesichts des jungen schottischen Landedelmannes hätte ignorieren können, der – so zeigt ihn George Willisons Gemälde in der »Scottish National Portrait Gallery« noch heute – ihm im scharlachroten Rock mit Goldborte, einem grünen, pelzgefütterten Überrock und einem Dreispitz unter dem Arm entgegentritt. Obgleich er es abstreitet, ist er der Bär in seiner Höhle, der gegenüber dem dankbaren Zuhörer mit jener feindosierten Verdrießlichkeit, die zielsicher jeden Verdacht von Gefallsucht ausschließt, freimütig das Bekenntnis ablegt, daß ihm die Welt, wie sie ist, gestohlen werden kann. Doch als echter Troglodyt könnte er seine Rolle gar nicht spielen.[14] Rousseau beruft sich auf die unermeßlichen Tiefen der Höhlenwelt, nachdem er das Draußen bereits inspiziert und zu mißbilligen gelernt hat. Die Höhle dient ihm als Zuflucht und Stützpunkt, und von hier aus blickt er in die Welt hinaus. Aber über das Obdach hinaus bietet ihm die Höhle auch die Möglichkeit zur Selbstdarstellung. Rousseau setzt in diesem Augenblick schon voraus, daß man seine rastlosen Wege verfolgt hat und ihn nun dort, auf der Schwelle zum Höhleneingang, aufmerksam beobachtet und beurteilt. Er nutzt diese Situation und macht die Höhle zum Gerichtssaal, zur Bühne und zur Kanzel. Alles, was er fortan verlauten läßt, wird durch die Beredsamkeit dieser Szenerie wirkungsvoll untermalt.

Der Vorbehalt, den Rousseau selbst dieser Einstellung entgegenbringt, darf jedoch nicht übergangen werden. Wie im voraufgegangenen Kapitel gezeigt, macht er die Leugnung der eigenen Rolle zu einem Teil von ihr und steigert so noch einmal ihre Glaubwürdigkeit. Es ist die Rolle dessen, der alle Rollenangebote ausschlägt, um ausschließlich er selbst zu sein. Die Exklusivität steigert noch jenen sozialen Abstand, der unter dem zwingenden Eindruck des kulturellen Niedergangs, wie Rousseau ihn wieder und wieder beschreibt, zur ausschlaggebenden Bedingung der Wahrhaftigkeit wird. Der Abstand allein gewährleistet die Verbindung zu der verborgenen, im Prozeß der Zivilisation verdrängten und verdeckten Integrität des Ursprungs. Auch Rousseau gründet die wahre Erkenntnis auf Epoché. Mit seinem Gebaren düpiert er nun die Welt, um ihr aus der Höhle heraus und damit von außen, vom Standpunkt der Reinheit und Unbelangbarkeit aus, ihre traurige Wahrheit zu sagen. Es ist ein »Standpunkt« *in* der Welt und, mit gleicher Emphase, doch *außer* ihr, der permanente Dissens. Mit ihm trägt er der stillschweigenden Voraussetzung Rechnung, daß über die Qualität eines Urteils die Position und die Einstellung mitentscheiden, über die man zu ihm gelangt ist. Aber er ist weit davon entfernt, diese Brechung der Perspektive als Relativierung zu bedauern, denn sie lenkt die Aufmerksamkeit auf die Instanz, auf die es ihm zuletzt allein ankommt: auf die Wahrheit und Mustergültigkeit des richtigen Lebens. Die schöne Seele wagt auch hier den vollen Einsatz. Sie spricht nicht von Kritik, sie verkörpert sie.

Rousseau steht mit seiner Person für die Wahrhaftigkeit seines Zeugnisses ein. Sein unmittelbar nach der Fertigstellung des ersten *Discours* begonnenes autobiographisches Gesamtunternehmen, dem – ähnlich wie im Falle Goethes – auch das umfangreiche Briefwerk zuzurechnen ist, bringt diese Wendung sinnfällig zum Ausdruck. Der in der Bildersprache der beiden Porträts verdeutlichte Abstand betont die in den sechziger Jahren zur begriffsgeschichtlichen Alternative verfestigte Grenze zwischen *bel esprit* und *belle âme*, deren Partei der Bürger von Genf nun auch in seinem Habitus gewählt hat, nachdem er schon auf der ersten Seite des ersten *Discours* festgestellt hatte, er suche weder den Schöngeistern noch den Modegecken zu gefallen – *ni aux Beaux-Esprits, ni aux Gens à la mode* (*OC* III, 3). Daß die Seelenschönheit gerade mit ihm weithin sichtbar in Erscheinung tritt, deutet er als einen der ihr von der Öffentlichkeit auferlegten Widersprüche, den er nun mit abweisenden Blicken quittiert. Der *vrai philosophe* repräsentiert den Geist, der gegen den Zeitgeist aufbegehrt, und setzt alles daran, ihn den Begriffen des Konformismus zu entziehen. »Was soll man von einer Gesellschaft halten«, fragt er, »in der ein jeder durch das Unglück anderer auf seine Kosten kommt?« (*OC* III, 202) Diese Rhetorik attakkiert außer den Zuständen auch die Haltung und das Wissen, das die Menschen mit ihnen aussöhnt, kurz: den *point de vue du groupe* (Maurice Halbwachs) und seinen über die Einzigkeit des einzelnen allzu rasch hinweggleitenden Blick. Es liegt im Wesen der Künste und der Wissenschaften, so lautet das Bedenken, zwischen dem Denkbaren und dem Lebbaren zu trennen und uns über alles besser zu unterrichten als über uns selbst. »Immer fordert die Höflichkeit und gebietet der Anstand, immer folgt man angenommenen Gebräuchen und niemals seinem eigenen Sinn.« (*OC* III, 8) Die Zivilisation hat eine tiefere Harmonie zerstört, und sie tut dem einzelnen, nachdem sie ihn isoliert hat, das weitere Unrecht an, ihn sich selbst zu entfremden. »Man wagt sich nicht mehr zu zeigen, wie man ist«, fährt Rousseau fort, »und unter diesem beständigen Zwang handeln alle Menschen, welche diese Herde, die man Gesellschaft nennt, bilden und sich in einerlei Umständen befinden, immer einförmig, wenn nicht mächtigere Beweggründe sie davon abhalten.«

Der Korruptionsverdacht richtet sich gegen die Sozialförmigkeit eines Denkens und Handelns, das zur Unwahrhaftigkeit verleitet und zu einem falschen Leben. Rousseaus bleibender, teils antiintellektualistischer, teils antisozialer Affekt ist moralischen Ursprungs. Zu keiner Zeit findet er sich damit ab, daß die hedonistische Gesellschaft als Kollektivveranstaltung all die Tugenden verachtet, deren Respektierung sie von den einzelnen verlangt, und daß die ihr sekundierende Wissenschaft mehr und mehr dem Mythos verfällt, indem sie ihn im Namen der Vernunft bekämpft. Wenn er darum, am Ende des ersten *Discours*, die Tugend selbst als Wissenschaft bezeichnet, als *science sublime des âmes simples*, dann ist der polemische Unterton dieses Einwurfs kaum zu überhören. »Dieses ist die wahre Philosophie, damit wollen wir uns begnügen lernen.« (*OC* III, 30) Nicht in die neuerliche Bekräftigung des Fortschrittsversprechens, wie Turgot es zu gleicher Zeit abgibt, nicht in visionäre Ideen kleidet sich dieser Einspruch, sondern in die Lapidarität ostentativer Genügsamkeit. Die Formel: *Souveränitätsgewinn durch Anspruchsverzicht* bewährt sich auch hier. Rousseau entwickelt aus dieser Grundfigur eine ganze Skala darstellerischer Möglichkeiten, deren Formen und Formeln seiner Kritik Nachdruck und Wirkung sichern.

Erleuchtung und Erweckung

Der literarische Erfolg, der Rousseaus Interventionen beschieden war, verstellt im Rückblick leicht die Schroffheit ihrer Einwände. Rousseau verlangt die Neubestimmung der Gegenwart in der historischen Entwicklung, die Humanisierung des Wissens und ein Denken im Dienst der Seelenführung, des *métier de vivre* (vgl. *OC* IV, 253).

Die hierarchische Ordnung des Seins, deren Gefälle einst der neuplatonischen Idee der Seelenschönheit den Anstoß gab, wird nun in die Zeit verlegt. Hier wie dort vertritt die schöne Seele als Stimmführerin der moralischen Wahrheit in einer Welt des Scheins das wahre Sein. Daran ist zu ermessen, wie anstößig die Reminiszenz denen erscheinen mußte, die – in der Tradition Bacons – von der ständigen Vermehrbarkeit des Wissens und der Legitimität der damit verbundenen Glückserwartungen überzeugt waren. Diesseits der Epochenschwelle setzt Rousseau die zu Beginn der Neuzeit behauptete Konvergenz von Wahrem und Tatsächlichem nun ihrerseits dem Zweifel aus. Seine Intervention beruht auf der These, daß *verum et factum*, anstatt zu konvergieren, im Verlauf der Kulturentwicklung immer weiter auseinandergetreten und allenfalls durch die Integrität der Person wieder einander näherzubringen sind. Die Welt und ihre Einrichtungen sind scheinhaft, aber auch unser Wissen davon. »Die Menschen sind verdorben (*pervers*), und sie würden noch elender sein, wenn sie das Unglück gehabt hätten, gelehrt geboren zu werden.« (*OC* III, 15) Die Lage scheint aussichtslos. Die Instrumente des Fortschritts, die Wissenschaften und die Künste, die den Glauben an die Überwindbarkeit von Mißständen und bedrückendem Elend lebendig gehalten hatten, sollen nun selber von Übel sein. Unter dem »Schleier der Höflichkeit« haben zudem Mißtrauen, Furcht und Kälte um sich gegriffen und das soziale Klima derart verschlechtert, daß man sogar der Tugend mißtrauen muß, die allzu häufig nur der Ausdruck eines verborgenen Lasters ist. »Man rühme mir, wie man will, die Mäßigkeit unserer Weisen, ich halte sie für eine raffinierte Unmäßigkeit, welche ebensowenig zu loben ist wie ihre gekünstelte Einfachheit.« Gerade dieser letzte Befund ist nicht unverfänglich, denn der darin geäußerte Verdacht ist ganz dazu angetan, auf den Kritiker und seine Maske zurückzufallen. Und warum sollte auch gerade er im Recht sein, wo doch, wie er sagt, alle Welt sich irrt und sich immer tiefer in Irrtum und Täuschung verstrickt?

Rousseau läßt sich auf diese Frage ein. Bereits mit dem ersten *Discours*, mit dem er – von einigen kleinen Gelegenheitsarbeiten abgesehen – als knapp Vierzigjähriger debütiert, sieht er sich vor die Schwierigkeit gestellt, in einer verblendeten Welt die Stimme der Wahrheit glaubhaft zu machen. Er findet die Lösung im Konzept der Seelenschönheit. Rousseau formt die säkulare Gestalt zu einem Denktypus, der es ihm erlaubt, das Problem der Wahrheit (*vérité*) als Problem der Wahrhaftigkeit (*véracité*) zu reformulieren. »Die Natur hat sie geschaffen«, schreibt Rousseau über die schönen Seelen, »eure Einrichtungen verderben sie« (*OC* II, 27). Aber es besteht Aussicht, daß sie von jenen Hintergrundverschiebungen unberührt bleiben, denn als Zeuginnen einer höheren Wahrheit haben sie nicht nur nichts zu verbergen, sondern bleiben auch davor bewahrt, den Lockungen der Zivilisation und dem korrumpierenden Prinzip schlechthin, der Bedürfnisvermehrung, nachzugeben.

Die Diagnose der Herkunftsferne gibt den Umfang und die Subtilität der Maßnahmen vor, die es in einer solchen Situation zu treffen gilt. Die Herausforderung ist beträchtlich. Der Widerstand gegen die Verblendung, in der die Zeitgenossen gleich welchen Lagers und welcher Fraktion gefangen sind, verlangt nach außerordentlichen Erfahrungen – um nicht zu sagen: nach der Erfahrung des Außerordentlichen. Überdies fordert sie die Bezeichnung jenes Ortes, der geeignet wäre, als Fundament einer solchen Kritik zu genügen. Für Rousseau ist dieser Ort des intakten Sprechens der Ursprung. Seine Besinnung auf den *wahren* und nicht, wie er ein um das andere Mal betont, auf den *historischen* Ursprung (*OC* I, 132f., 935) wird es ihm erlauben, sich aus den Verstrickungen des Niedergangs zu befreien und ihn von außen zu untersuchen und zu beschreiben. Dieser Prozeß beginnt mit einer intellektuellen Erschütterung, deren aufwühlende Dramatik sich der Aufgabenstellung würdig zu zeigen hat. Dem eminenten Anspruch genügt die Krise von Vincennes, die Rousseau wiederholt zum Augenblick der Resipiszenz stilisiert, zum Zeitpunkt der Einkehr und des Neubeginns. »Ich besuchte Diderot«, heißt es im zweiten Brief an Malesherbes,

> »der damals in Vincennes gefangensaß. Ich hatte ein Heft des *Mercure de France* in der Tasche, in dem ich unterwegs zu blättern anfing. Ich stoße auf die Frage der Akademie zu Dijon, die zu meiner ersten Schrift Anlaß gab. Hat jemals etwas einer schnelleren Eingebung geglichen, so war es die Bewegung, welche in mir vorging, als ich diese Frage las. Auf einmal fühle ich, daß mein Geist von tausend Lichtern geblendet wird, ganze Massen lebhafter Gedanken stellen sich ihm mit einer Gewalt und in einer Unordnung dar, die mich in eine unaussprechliche Verwirrung (*un trouble inexprimable*) versetzt; meinen Kopf ergreift ein Schwindel, welcher der Trunkenheit gleicht. Ein heftiges Herzklopfen beklemmt mich, hebt meine Brust empor; da ich gehend nicht mehr atmen kann, lasse ich mich am Fuß eines Baumes am Wege hinsinken und bringe eine halbe Stunde dort in einer Bewegung zu, daß ich beim Aufstehen den ganzen Vorderteil meiner Weste mit Tränen benetzt finde, ohne gefühlt zu haben, daß ich welche vergoß. Ach, mein Herr, wenn ich jemals den vierten Teil alles dessen, was ich unter diesem Baume

gesehen und empfunden habe, hätte niederschreiben können, mit welcher Deutlichkeit hätte ich alle Widersprüche des gesellschaftlichen Systems gezeigt, mit welcher Kraft hätte ich alle Mißbräuche unserer Einrichtungen dargestellt, mit welcher Einfachheit hätte ich gezeigt, daß der Mensch von Natur gut ist, und daß es lediglich von ihren Einrichtungen herrührt, wenn die Menschen böse werden. Alles, was ich von dieser Menge großer Wahrheiten behalten habe, die mich eine Viertelstunde unter diesem Baum erleuchteten, ist sehr schwach in meinen Hauptschriften verstreut erschienen, nämlich in jener ersten Abhandlung, in der über die Ungleichheit und dem Traktat von der Erziehung, welche drei Schriften unzertrennlich sind und zusammen ein einziges Ganzes bilden. Alles übrige ist verloren gegangen, und an dem Orte selbst wurde nichts niedergeschrieben als die Prosopopöie des Fabricius. So ward ich, als ich am wenigsten daran dachte, beinahe ohne es zu wollen, zum Schriftsteller. Es ist leicht zu begreifen, wie mich die Verlockung meines zuerst erhaltenen Beifalls und der Tadel der Sudler auf immer in diese Bahn führte. Hatte ich irgend eine wirkliche Gabe zum Schreiben? Ich weiß es nicht. Eine lebhafte Überzeugung hat mir stets die Beredsamkeit ersetzt, und jederzeit schrieb ich matt und schlecht, wenn ich nicht stark überzeugt war.« Und: »Wenn ich nur aus Lust zu schreiben geschrieben hätte, so bin ich überzeugt, daß man mich niemals gelesen hätte.« (*OC* I, 1135f.)

Mit dieser Erleuchtungsszene, aus der er rückblickend seinen ersten literarischen Erfolg hervorgehen läßt, stellt Rousseau die Beziehung zu einer höheren Instanz her, in deren Namen er zeitlebens sprechen wird. Bis in die Schlußwendung des Berichts hinein fühlt sich der Verfasser genötigt, den Verdacht der Beliebigkeit und Leichtfertigkeit, der dem *bel esprit* anhängt, zu zerstreuen. »Lebhafte Überzeugung« und nicht »Beredsamkeit« gibt seinen Gedanken Form. In diesem antirhetorischen Gestus bekundet sich die Idee der moralischen, der von höchster und unerreichbarer Stelle garantierten Wahrheit. Wenn Rousseau in der ersten Person als Kritiker seiner Zeit und der Kulturentwicklung überhaupt auftritt, dann versteht sich dieses sprechende »Ich« auch und vor allem als Repräsentant dieser Autorität. Sollte auch er sich gut und geschmeidig erklären, so nicht aus Lust oder Gefallsucht, sondern um der unermeßlichen Wahrheit einen Dienst zu tun. Gewiß, auch die schöne Seele wird, anders als das herbeizitierte *clare et distincte* der Cartesianer es verlangt hätte, die Wahrheit nicht vollständig *aussprechen* können, aber – und das ist hier entscheidend – sie kann sie *bezeugen*. Rousseau will seine Schriften als schwachen Abglanz jener Vollkommenheit verstanden wissen, die selbst im Augenblick der Inspiration nur indirekt, nämlich mit der geliehenen Stimme des Fabricius [15], aus dem Erschütterten spricht.

Alles kommt deshalb darauf an, neben dem Akt der schriftlichen Beurkundung auch den Wert der Urkunde selbst erkennbar zu machen. So ist es nur folgerichtig, wenn Rousseau seinen Text nachträglich noch einmal beglaubigt und ihm, nachdem er ihn im achten Buch der *Confessions* beinahe wörtlich wiederholt hat, rückblickend einen Sonderstatus in seinem Werk einräumt. Diese vier Briefe an Malesherbes, »ohne Konzept niedergeschrieben, so schnell, wie die Feder lief, und nicht einmal mehr durchgelesen, sind vielleicht das einzige, was ich in meinem ganzen Leben mit Leichtigkeit verfaßt habe, und, was recht erstaunlich ist, inmitten meiner Leiden und tiefster Niedergeschlagenheit« (*OC* I, 569).

Mit dieser Versicherung, deren Stellenwert gar nicht überschätzt werden kann, wird jene Kluft zwischen Wort und Wahrheit, wie sie im Gebaren der Schöngeistigkeit offensichtlich wird, auf die für Rousseau bezeichnende Art und Weise überbrückt. Weder das Widerfahrnis der Konversion noch der Bericht darüber genügen, um die Exponiertheit der gewonnenen Position zu rechtfertigen. Erst als der Inspirierte seine Krise und ihre Beschreibung ein weiteres Mal reflektiert und sich erinnert, wie er die Szene lebendig und gleichsam *al fresco* und *di prima intenzione* gemalt hat – ohne abzusetzen, ohne Retusche und ohne Umbesinnung –, wird der Vorgang der Niederschrift in seiner Einmaligkeit dem unerhörten Augenblick ähnlich, auf den er sich bezieht. In diesen wenigen, von einem einzigen Akt der Improvisation getragenen Zeilen spricht er sich unmittelbar aus. Ohne Vorbehalte schöpft er aus dem eigenen Fundus, spontan, bedenkenlos und direkt. Die protophänomenologische Kleinmalerei der *moindres faits*, die Exklamationen und der jähe Wechsel ins erzählerische Präsens tun das Ihre, um die Szene mit der Plastizität unvermittelter Gegebenheit auszustatten. Die nachgetragene Beschreibung der Beschreibung macht aus dem Leser unvermerkt einen Zuhörer und Beobachter, dessen innerer Blick einer schreibenden Hand folgt, wie sie von einer übermächtigen Kraft und beinahe – Marcel Proust und Walter Benjamin werden das Pathos des *mouvement involontaire* aufgreifen – ohne eigenes Zutun bewegt über den Papierbogen eilt.

Diese Autorität, von der Rousseaus Aufzeichnungen die ihre borgen, steht für die Wahrhaftigkeit des Berichts wie des Erlebten ein. Es ist die Autorität der Sprache, und Rousseau verschreibt sich ihr in diesem Augenblick ganz und gar. Doch muß man sehen, daß seine Unterwerfung, sein Anspruchsverzicht, jederzeit der Erhebung, der Erzielung von Souveränitätsgewinnen dient. Der schreibende Rousseau setzt den lebenden ins Recht, so wie umgekehrt der weithin sichtbar neben sein Werk hintretende Autor die Glaubwürdigkeit seiner Schriften bezeugt. Die Schrift zeigt ihn, wie Hegel bemerkt, »in seiner reinen durchsichtigen Einheit«, nicht nur als »die Anschauung des Göttlichen«, sondern als »die Selbstanschauung desselben«[16]. Mit dieser Identifizierung finden der Authentizitätsanspruch der Person und die Unumstößlichkeit der *vérité morale* zueinander. Als Modifikation des unmittelbaren und als solchem niemals vollständig mitteilbaren Erlebens partizipiert die in der Schrift gebannte Erinnerung an der alles Sagbare überbietenden Aura jener Vision und sanktioniert das autobiographische Unternehmen insgesamt – die zu verschiedenen Zeiten entstandenen Abschnitte der *Confessions*, überdies die *Dialogues* und die *Rêveries*. In der wiederholten Spiegelung konstituieren die verschiedenen Stufen der Rekapitulation gemeinsam den Nimbus der Authentizität und damit zugleich dieses Subjekt, das sich rückhaltlos den Augen der Leser preisgibt. Rousseaus wachsende Skepsis und sein entsagungsvoller, bald verzweifelter, bald genußvoll zelebrierter Rückzug in die Isolation ändern nichts daran, im Gegenteil. Er, der Mittelpunkt und Arrangeur all dieser Aufmerksamkeit, wird gerade in seinem Zögern und Widerstreben zu dem Seher, dessen Herz – so Hölderlin in seiner Ode *Rousseau* – ›die Boten fanden‹.

Mit der Autorisierung des Erlebnisses bestätigt die literarische Vergegenwärtigung sich selbst, denn sie ist ganz von gleicher Art. Umgekehrt affirmiert die Beglaubigung des Textes jene Wahrheit, an deren Vollkommenheit die Schrift, die von ihr zeugt, nicht heranreicht. Rousseaus abweisende Gesten und seine Vergeblichkeitsbeteuerungen bringen jenen Eindruck der Transzendenz hervor, die jenseits dessen zu liegen kommt, was die Sprache vermag. Gerade weil sie stets fehlgreift, kann sie auf die »Fülle des Lebens« nur deuten, aber sie kann sie nicht aussprechen. Rousseaus Sprechen und Schreiben ist ein Auslegen und Verweisen.

So viel – oder, wenn man so will: so *wenig* Plausibilisierung genügte, um das höhere Recht der Fiktion gegen die Übelstände des Gegebenen zu behaupten. Der Bericht über das Ereignis von Vincennes ist literarisch so stark durchgearbeitet, daß von Unmittelbarkeit und Lebensfrische gerade hier nicht die Rede sein kann. Minutiös hat der Schriftsteller Rousseau sich an die Vorlage des im übrigen gleichfalls anspielungsreichen augustinischen Berichts gehalten, wie ihn die *Confessiones* im achten Buch überliefern, und den unerhörten Augenblick zum *reditus in se ipse* stilisiert: Die natürliche Umgebung, der zufluchtgewährende Baum, die weise Fügung einer höheren Macht, das Alleinsein, die Aufwallung der Gefühle, die heißen Tränen und nicht zuletzt das aufgeschlagene Buch, dessen Worte mit einem Mal die ganz eigentlich zu verstehende Erleuchtung und damit die Wendung des Lebens hervorrufen – das aus der Schilderung Augustins bekannte Inventar ist auch in Vincennes nahezu vollzählig. »Ich sah eine andere Welt«, so erinnert sich der Autobiograph jener tiefsten Zäsur in seinem Leben, »und ich wurde ein anderer Mensch« – *je vis un autre univers et je devins un autre homme* (*OC* I, 351).

Gewiß, die Erinnerung mag konstruiert und stellenweise sogar fingiert sein, doch die Eingebung der Wahrheit nimmt dadurch keinen Schaden. Im Gegenteil, diesseits der Schwelle erscheint der unerhörte Augenblick als die Initiation des kritischen Schriftstellers, zu dem Rousseau sich jäh gemacht sah und der er seither geblieben ist. Die Wahrheit, die er mitzuteilen hat, liegt nicht in der Rekapitulation der Fakten zutage, sondern wird in ihrem erzählerischen Arrangement hervorgebracht und als präexistent behauptet: »die absolute *Alterität* der Schrift« sucht »in ihrem Innern die lebendige Rede« zu »affizieren«[17]. Tatsächlich ist das Reich des Authentischen eine Sphäre unumschränkter Kommensurabilität. In dem Maße, wie die Schranke zwischen Fiktum und Faktum, zwischen Erdachtem und Gegebenem niedersinkt, verfestigt sich der Sinn dieses Daseins, seine Einzigartigkeit, als rekurrente und allumfassende Konstruktion. Geradezu idealtypisch gilt dies für die autobiographische Miniatur jenes Erlebnisses von Vincennes. Es bezeichnet den Moment, in dem Rousseau die Wahrheit sah, und zugleich den Augenblick, in dem die Weisung erging, das Gesehene aufzuschreiben. Rousseau tritt vor den Leser hin und macht sich zum rückwärts gekehrten Propheten seiner selbst. Diese Minuten der Erschütterung und Verwirrung sind ihm von nun an ein Quell immer neuer Erregung. Sie weckten, wie der Autobiograph erklärt, in dem philosophischen Debütanten »den ersten Keim von Heldentum und Tugend«, sie stellen seinem ganzen Schreiben die Grundlage und das Motiv bereit, sie machen ihn zum Zeugen und Gesandten, sie geben seinem Werk den Auftrag und den Charakter des Dokumentarischen.

Dennoch gibt es Momente, in denen Rousseau die Konversion bedauert. Um seiner Aufgabe gerecht zu werden, mußte er das Schreiben lernen: die Regeln der Logik, der Beweisführung, des Rhythmus, des Wohlklangs und eben die Kunst des Zitats. Er verschweigt die Zweideutigkeit dieses Vorgangs nicht, der ihm einerseits die Augen für die erhabene Wahrheit öffnete und ihn andererseits in seiner Einfalt aufstörte und zum Schreiben zwang, und zwar genau so, wie einst auch die Menschheit insgesamt die »glückliche Unwissenheit« verlor, in welcher »die ewige Weisheit« sie gelassen hatte (*OC* III, 15). Mit seinem Zögern präsentiert sich Rousseau nun als der, der dieses Schicksal an sich selbst erlitten hat und somit sein Leben in des Wortes doppelter Bedeutung beispielhaft führt. Die Krise von Vincennes ist eine Erwekkung, aber keine Erlösung. Von diesem Augenblick an, sagt er in den *Confessions*, »war ich verloren. Mein ganzes übriges Leben und meine Leiden waren die zwangsläufige Folge dieses Augenblicks der Verwirrung« (*OC* I, 351). Tatsächlich sind in diesem Pensum Glück und Verzweiflung in lebensgeschichtlich wechselnden Anteilen gemischt. Es spricht daraus die Freude dessen, der die Wahrheit erkannt hat, als er sie in überwältigender Klarheit und Einfachheit vor sich hatte, und dem das Herz daraufhin in »feuriger Liebe zum Großen, Wahren, Schönen und Gerechten« entflammt ist, aber auch die Verzweiflung darüber, seither nicht mehr anders zu können, als diese Wahrheit schreibend zu verbreiten und wieder und wieder an dieser Aufgabe zu scheitern. So ist Rousseau nicht nur ein Missionar, er ist auch ein Märtyrer. Niemals zweifelt er an der Wahrheit, die er gesehen hat, um so mehr aber an dem Publikum, dem er sie sagt, und, grundsätzlicher noch, an den Mitteln der Mitteilung, das heißt an der Tauglichkeit von Sprache und Schrift. »Ich habe stets gesagt und gefühlt, daß der wahre Genuß sich nicht beschreiben läßt.«

Die Paradoxie seines Ursprungsdenkens[18] wiederholt sich hier. So wenig der Ursprung in Kontinuität mit der gegenwärtigen Verfassung der Menschheit gedacht werden kann, so wenig repräsentiert auch die Schrift jenen flüchtigen Moment der Wahrheit, der sie motiviert. Das Sagen steht wie das Gesagte im Zeichen der Negativität. Um sich auf den Ursprung berufen zu können, durchtrennt Rousseau die Verbindung zu ihm, und um sich mitteilen zu können, verwirft er die Schrift. Von hier aus ist es zu der im Spätwerk wiederholt vorgetragenen Klage, daß es ihm an Lesern fehle, die willens und in der Lage wären, die Bruchlinie seines Schreibens wahrzunehmen, nur ein Schritt. Das in den *Confessions* noch schwankende Urteil des Schriftstellers über sein Schreiben wird eindeutig, als er Mitte der siebziger Jahre, also wiederum annähernd zehn Jahre später, erneut auf jenen Sommertag zu sprechen kommt. Enttäuscht resümieren die *Dialogues*:

> »Eine unglückliche Aufgabe einer Akademie, die er in einem Heft des *Mercure* las, öffnete ihm auf einmal die Augen, entwirrte das Chaos in seinem Kopfe, zeigte ihm eine andere Welt, ein wahres goldenes Zeitalter, menschliche Gesellschaften, deren Mitglieder einfach, tugendhaft, glücklich waren, und ließ ihn auf die Verwirklichung aller seiner Visionen hoffen durch die Ausrottung der Vorurteile, denen er selbst unterworfen gewesen war, in denen er aber in diesem Augenblick den Ursprung aller Laster und allen Elends des Menschengeschlechts zu sehen glaubte. Aus der lebhaften Gärung, die damals in seiner Seele vorging, kamen Funken von Genie, die man in seinen Schriften zehn Jahre voller Phantasie und Fieber hindurch hat leuchten sehen [...]. Eingewiegt von der lächerlichen Hoffnung, endlich Vernunft und Wahrheit über Vorurteile und Lügen triumphieren zu lassen und die Menschen durch die Darstellung ihres wahren Interesses weise zu machen, diktierte ihm sein Herz, das von der Vorstellung des künftigen Glücks des Menschengeschlechts und durch die Ehre, dazu beizutragen, ganz erhitzt wurde, eine Sprache, die eines so großen Unternehmens würdig war. Dadurch gezwungen, sich stark und lange mit dem nämlichen Gegenstand zu beschäftigen, unterwarf er seinen Kopf der Ermüdung des Nachdenkens, lernte tief meditieren und setzte Europa für einen Augenblick in Erstaunen, weil er Werke ans Licht treten ließ, in denen gemeine Seelen nur Beredsamkeit und Geist sahen, worin aber die, die unsere ätherischen Regionen bewohnen, mit Freuden eines der ihrigen erkannten.« (*OC* I, 828 f.)

Mit jeder neuen Vergegenwärtigung der Urszene gewinnen die Belange der Darstellung an Gewicht. Die Ausdrucksmöglichkeiten von Schrift und Sprache, der *froide entremise de la parole* (*OC* II, 560), haben den Anforderungen nicht genügt. Weder vermochten die »Worte der Seele« die Wahrheit zu sagen, noch haben sie die Menschen überzeugt, die sie nicht verstanden und wohl auch nicht verstehen konnten. Rousseau weiß es und gesteht es ein, daß ihm nur allzu leicht Kunsthandwerkliches und Geistreicheleien von der Hand gehen, wenn er zu sprechen anfängt, ohne wirklich etwas zu sagen zu haben. Die Stimme seines Herzens war zu wohltönend, als daß man ihn, allein seines Erfolgs wegen, nicht als einen von denen hätte ansehen müssen, die mit schönen Worten nur die Aufmerksamkeit auf sich selbst lenken wollen. »Nur Beredsamkeit und Geist« – für den, der die Wahrheit aussprechen möchte, sind diese Qualitäten, die dem Schöngeist genügen mögen, allemal zu wenig. Der Vorbehalt setzt dem eine Wahrheit entgegen, deren Ort innen und außen zugleich, nämlich eine Welt in der Welt ist. Rousseau unterscheidet zwischen der Spontaneität des Schreibens, die jene Minuten von Vincennes immer neu evoziert, und der Sprödheit der Schrift, die von dieser Lebendigkeit nur noch den Abglanz einfängt. Doch auch diese Beschwerlichkeiten gehören zur Inszenierung der Wahrheit. Ihre Behauptung gerät um so überzeugender, je heftiger Rousseau rückblickend den Erfolg schmäht, der ihm in den ersten Jahren seiner schriftstellerischen Tätigkeit beschieden war. In der Retrospektive verwandelt sich die Gunst des Publikums, die ihm einst so wohlgetan hatte, in den Beweis des Scheiterns, beruhte sie doch auf Mißverstand und Fehlurteil. Und nichts anderes als diese Fehlschläge der Kommunikation gewähren eine stille Genugtuung: Die Wahrheit blieb bei alldem ebenso unbetroffen wie unerkannt.

Der durch Ramsays Porträt publizierte Groll und der Widerwille, mit dem der späte Rousseau gerade dieses Bildnisses gedenkt, gehören deshalb zusammen. Zu keiner Zeit, und auch in London nicht, nahm man ihn für den, der er war. Rousseau schreibt *contre le courant* und »den Menschen zum Trotz« (*OC* I, 1001, 1136). Mit dieser Haltung erinnert er sich der Neugierigen, die, wie einst der junge Boswell, in seine Klause eindrangen, nur um ihn zu *sehen* und das Bild, das man sich überall von ihm gemacht hatte, bestätigt zu finden. Ausführlich legt er in den *Dialogues* die Umstände dar, wie Hume ihm die Einwilligung entlockt habe, sich von Ramsay malen zu lassen, wie man ihn dann bei den Sitzungen unvorteilhaft kostümierte, wie man ihn unglücklich postierte und in schlechtes Licht rückte, so daß seine Züge verzerrt erscheinen mußten, und wie schließlich eben dieses Bild, das ihn in der Gestalt eines *Cyclope affreux* zeige, gestochen, vervielfältigt und über die ganze Welt verstreut wurde (*OC* I, 779 f.). Freilich widerruft auch der bilanzierende Autobiograph das Kostüm jener Tage keineswegs. Er wolle sich nicht schöner machen, als er ist, versichert er, und beschreibt sich zum Beweis als klein und kurzsichtig, mit unregelmäßigen Zügen und schlechten Zähnen.[19] Er posiert als der, der nichts umsonst will; er fordert allein das Minimum an Wohlwollen, das nötig wäre, um ihn wahrzunehmen, wie er ist. Aber er verlangt es im Bewußtsein der Vergeblichkeit. Wenn die Menschen ihn verehren, so doch nicht dafür, wofür er anerkannt sein will. Die Anerkennung, dessen ist er sich gewiß, wird man ihm, wie stets, so auch diesmal verweigern, und er macht ein paradoxes Deutungsangebot: Die Maske, in der ihn die Welt kennt, ist die Maske der Aufrichtigkeit. »Es ist wahr, daß kein Mensch auf der Welt Abneigung und Verachtung gegen diejenigen, die sie ihm einflößen, weniger verbirgt als er. Das ist aber nicht sein natürlicher, obgleich jetzt sehr häufiger Empfang, und diese verächtliche Behandlung, die Sie ihm vorwerfen, ist für mich ein Beweis, daß er sich nicht so verstellt wie die, die den Zutritt zu ihm suchen, und daß weder auf seinem Gesicht noch in seinem Herzen Falschheit liegt.«

»Er« – das ist Jean-Jacques in der Perspektive Rousseaus, des expliziten Sprechers. Das Arrangement ist inzwischen so kompliziert, daß Jean-Jacques als Akteur nicht mehr in Erscheinung tritt, sondern – durch die Stimme Rousseaus – nur mehr »verheißen« wird.[20] Die Verklammerung der verschiedenen Darstellungsebenen wird sichergestellt allein durch die Zeichensprache (*langue des signes*; *OC* IV, 647), durch Geste und Gebärde. Rousseau veranschaulicht diese stumme Elementarität mit einer Episode, die er wiederum dem Fundus römischer Geschichte entnimmt. Danach wurde die Größe des römischen Soldaten nicht durch Ruhmredigkeit erwiesen, sondern durch die im Feld erlittene Verwundung. Rousseau liest die Wunde als Spur und die Spur als Zeichen, und zwar vor allem: als ein dem Wort überlegenes Zeichen. »Beim Tod Caesars stelle ich mir einen unserer Redner vor, wie er das Volk rühren will, indem er die gängigen Gemeinplätze ausbreitet, um eine bewegende Beschreibung seiner Wunden, seines Blutes und des Leichnams zu geben. Doch der so beredte Antonius sagt nichts von alldem; er läßt den Leichnam bringen. Welch eine Redekunst!« (*OC* IV, 647f.)

Die Selbstpräsentationen der schönen Seele folgen diesem Muster heroischer, und das will hier auch sagen: *antirhetorischer* Rhetorik. Die erhabene Geste erstickt das Gerede, die Form steht höher als irgendein positiver Bezug. Wie konsequent dieses Lob des Schweigens jener Tradition folgt, die – wie Erasmus – in der Timanthes-Anekdote den Musterfall eines Lakonismus erkannte, der viel und sogar das Unmögliche zu sagen vermag, indem er wenig oder nichts sagt[21], zeigt ein Vergleich mit der zeitgenössischen Timanthes-Deutung Lessings. Ausdrücklich verwahrt sich Lessing im *Laokoon* gegen die überlieferte Lesart des demutsvollen Verzichts und erklärt, er sehe in der Verhüllung des trauererfüllten väterlichen Antlitzes »weder die Unvermögenheit des Künstlers, noch die Unvermögenheit der Kunst«[22], sondern im Gegenteil den Erweis wahrer Könnerschaft. Ohne ihn zu nennen, folgt

Lessing dem Deutungsangebot Montaignes, wenn er in Timanthes das Urbild des Künstlers erkennt, der mit seinem Darstellungsverzicht dem *decorum* und der Schönheit opfert, und der begreift, daß die charakteristischen Züge des Agamemnon durch das willfährige Vorweisen des Extrems nur Schaden genommen hätten. Die Verhüllung ist für Lessing »ein Beispiel, nicht wie man den Ausdruck über die Schranken der Kunst treiben, sondern wie man ihn dem ersten Gesetze der Kunst, dem Gesetze der Schönheit, unterwerfen soll«.

Anders Rousseau, der die Berechtigung des von Künstlerhand geformten – und sei es auch des huldigend zurückgenommenen – Ausdrucks als Mißverständnis abweist. Wenn er überhaupt einen positiven Begriff von künstlerischer Darstellung anerkennt, dann findet er ihn in dem, was weggelassen ist. Für Rousseau ist Bedeutung das Resultat der Negation. Wie alle Evidenz, so ist auch die künstlerische trügerisch, und was zuletzt allein zählt, ist das »Wortlose in unsagbar reiner Macht«[23]. Auf ebendiese Weise, nämlich in seinen Unausgesprochenheiten und rhetorischen »Verschleierungen«, verlangt auch Rousseau in seinen Selbstinszenierungen wahrgenommen zu werden. Alle seine Bekundungen reagieren auf den elementaren Befund, daß man sich nicht zeigen dürfe, wie man ist. Rousseau kompensiert diesen Ausschluß, indem er ihn zur Vorenthaltung umdeutet und darin die Spur des Ausgeschlossenen freilegt. Der Musterfall der Ausschließung ist er selbst. Seine Paradoxien und Pointen, seine Anklagen und Mahnreden deuten auf Wunden, die man ihm zufügte, als man ihn isolierte und vertrieb. So ist sein Sprechen immer auch ein Vorweisen von Spuren und Zeichen. Zugleich bezeugen sein Mißmut und seine Sprödheit jene Unverdorbenheit, die die anderen, nachdem sie sie verloren und vergessen haben, inzwischen nicht einmal mehr wahrnehmen können. Mit diesem Kunstgriff setzt Rousseau sich ab und tritt geschunden, aber moralisch unbelastet vor sein Publikum hin. Wenngleich aus vermeintlich zweifelhaften Motiven entstanden und verbreitet, liefert auf diese Weise selbst die Karikatur, mit der man sich über ihn mokieren wollte, noch den Beweis seiner Aufrichtigkeit und Integrität. Indem er den Leser in das System seiner Selbstzweifel einweiht, legt Rousseau fast beiläufig den Grund für die Behauptung der Wahrheit, so wie er es bereits in der Apologie seiner ersten Abhandlung angekündigt hatte: »Tugend, Wahrheit, werde ich unaufhörlich ausrufen: Tugend, Wahrheit! Wenn einer darin nur Worte vernimmt, dann habe ich ihm nichts mehr zu sagen.« (*OC* III, 33) Das Erscheinungsbild des Philosophen steht im Dienst dieser Vermittlungsaufgabe, und der Schriftsteller Rousseau wendet seine ganze Kunst daran, die Offensichtlichkeit seines Sagens zu widerrufen und die Aufmerksamkeit des Zuhörers und Betrachters auf dasjenige zu lenken, was er auf dem Umweg über die Form zu verstehen gibt.

Die Integration von Tugend und Wahrheit verlangt mehr als nur die Bereitschaft zu verstehen, sie verlangt eine »Einstellung«. Die optische Metapher ist hier durchaus am Platz, denn das Arrangement appelliert gleich zweifach, in Schrift und Bild, ans Auge. Der an den Oberflächen haftende Gesichtssinn soll sich der Autorität des inneren Auges beugen. Für Rousseau zählt das Äußere nichts oder doch nur insofern, als es sich auf die verborgene Wahrheit seines Inneren in offenkundiger Negativität bezieht. Es ist Zeichen, nicht Symbol. Die Maske des Bären untermalt den Dissens, der eine der Voraussetzungen für die Wahrhaftigkeit seines Sprechens ist, und sie erleichtert ihm die Verbindung zu denen, die wie er selbst den Schein verachten und die höheren Regionen, die *régions éthérées* bewohnen[24]. Überdies bekräftigt sie das Versprechen der Aufrichtigkeit und durchkreuzt die landläufige und selbst von ihrem Träger gelegentlich erwogene Ansicht, die schöne Seele wandle für gewöhnlich in einem schönen Körper.[25] Die Maske soll weniger verbergen als Andersheit bedeuten. Rousseau ist auch jetzt und jetzt vielleicht mehr denn je daran interessiert herauszufinden, »was ein Mensch von dem wissen kann, was die anderen von ihm denken«[26], aber weit mehr noch liegt ihm an der Versicherung, daß dieser Eindruck – was immer es im einzelnen sein mag – falsch ist. Dies Ich ist ein Anderer, dessen Existenzgrund sich unter allen Umständen dem Gesetz des Augenblicks entzieht: Anpassung wäre Unterwerfung. Weithin sichtbar und ohne ein Wort macht Rousseaus Aufzug deutlich, wie man ihn mißkannt hat und was man ihm schuldig blieb, um doch zugleich in der augenscheinlichen Unerheblichkeit seines Äußeren auf das Entscheidende hinzuweisen, auf sein Herz, das so durchsichtig ist wie ein Kristall – *cœur transparent comme le cristal* (*OC* I, 446). »Je mehr ich die Welt kennenlernte«, so lautet das Bekenntnis der spröden Seelenschönheit, »desto weniger habe ich mich in ihren Ton finden können« (*OC* I, 156). Rousseaus Affront reagiert auf eine Welt, die es in ihrer indezenten Schaulust durchaus nicht anders verdient hat. Er kompensiert die Zumutungen der öffentlichen Zurschaustellung, indem er den »inquisitorischen Blick« ständiger Umlauerung[27] mit düster-forschenden Augen zurückgibt und der Welt das Mißtrauen, das er ihr entgegenbringt, unverhohlen ausspricht. Mit seinem Kostüm macht sich Rousseau zu einer Figur in einer von ihm selbst erzählten und verbürgten Geschichte, die in der Episode von Vincennes ihren unvorgreiflichen Anfang genommen hat. Die Technik dieser Evidenzerzeugung ist exemplarisch. Der Rousseauismus überzeugt nicht durch die logische Unanfechtbarkeit des Arguments, sondern durch den Stil und die Art und Weise, mit der er es zu Gehör bringt.

Gedeutete Welt

Parallel dazu wird in der *Nouvelle Héloïse* der Versuch gemacht, die Sprache der Seelenschönheit zu vervollkommnen. Bereits die Vorreden kündigen das Vorhaben an, die Spur des Außerordentlichen, und das konnte angesichts solcher Präliminarien nur heißen: des Außersprachlichen in die Sprache zu tragen.

Auch hier verdankt sich die Evidenz einem subtilen Arrangement. Die zweite, als Dialog konzipierte Vorrede stellt Seelenschönheit und Schöngeistigkeit gegenüber und weist dem Leser die Rolle des Richters zu. Zur Klärung der unter den gegebenen Umständen nicht ganz uninteressierten Ausgangsfrage, welches die Sprache der Leidenschaft sei, empfiehlt der fiktive Autor ein Experiment, das jeder Leser in seiner privaten Lektüre gedanklich ohne weiteres nachvollziehen kann.

> »Lesen Sie einen Liebesbrief, der von einem Schriftsteller, von einem Schöngeist, der glänzen will (*par un bel esprit qui veut briller*), in seinem Zimmer aufgesetzt wurde. Er mag noch so wenig Feuer in seinem Kopf haben, so wird sein Brief doch, wie man zu sagen pflegt, das Papier verbrennen; doch weiter wird die Hitze nicht reichen. Sie werden bezaubert, vielleicht sogar bewegt werden; allein, es wird eine vorübergehende und trockene Bewegung sein, die Ihnen nichts als Worte als einzige Erinnerung hinterlassen wird. Ein Brief hingegen, den die Liebe wirklich in die Feder diktiert hat, ein Brief eines wahrhaftig leidenschaftlich Liebenden wird nachlässig, weitschweifig, voller Unordnung und Wiederholungen sein. Sein von Gefühlen überströmendes Herz sagt immer wieder das gleiche und kann nie ein Ende finden; wie eine lebendige Quelle, die ohne Aufhören fließt und sich niemals erschöpft. Da ist nichts Hervorstechendes, nichts Bemerkenswertes; man behält weder Worte noch Wendungen, noch Sätze; man bewundert nichts, man wird durch nichts erstaunt. Indessen fühlt man doch seine Seele gerührt; man fühlt sich bewegt, ohne zu wissen warum. Wenn die Stärke der Empfindungen uns auch nicht trifft, so rührt uns doch ihre

Wahrheit; und auf solche Art kann das Herz zum Herzen reden. Diejenigen aber, welche nichts empfinden, diejenigen, welche nur das mit Leidenschaften geschmückte Geschwätz zur Verfügung haben, kennen dergleichen Schönheiten nicht und verachten sie.« (*OC* II, 15)

In dieser Sprachkritik überlagert sich vielerlei. Sie stimmt auf das folgende ein und autorisiert eine Gattung, deren Ansehen beim Publikum hoch und dafür bei den Philosophen nur um so geringer war.[28] Sie konfrontiert die Sprachebenen, um in den Roman jene reflexiven Elemente hineinzutragen, die dann im Hauptteil durch das Widerspiel von dichterischer Beschreibung und ethischer Spekulation aufgenommen und fortgeführt werden, und sie stellt schließlich auch über die Vorlieben des sich in der Herausgeberrolle verbergenden Verfassers Eindeutigkeit her. Als Lob der Einfachheit stiftet sie den thematischen Bezug zu seinen früheren und parallel erscheinenden Schriften, und mit großem Aufwand wirbt sie um ein Publikum, das seine Gunst noch zu vergeben hat. Jener, dem Bouhours als charakteristisches Merkmal das *briller* zugeschrieben hatte, produziert »nichts als Worte«, dem anderen führt die Liebe die schreibende Hand. Der schöne Geist sitzt im Zimmer und muß erkünsteln, was – wie die zeitgenössischen Illustrationen von Gravelot, Moreau und Crusius nach Rousseaus detaillierten Anweisungen bestätigen sollen – die schöne Seele unter freiem Himmel und unter ihresgleichen auslebt.

In dieser Weise geht es immer weiter fort. Wo das Feuer des einen – Bouhours' *plein de feu* – gerade hinreichen mag, das Papier mit zierlichen Wendungen zu füllen, da läßt die Wahrheit der Empfindung den anderen stocken. Das Schreiben und selbst die intimere Briefstellerei ist nicht das Mittel, der Unmittelbarkeit der Gefühle Ausdruck zu geben. Infolgedessen spricht die schöne Seele, deren Begriff die Vorrede als *beau mot* hervorhebt, durchweg *lâche, diffuse, toute en longueurs, en désordre, en répétitions*. Die *Préface* übertreibt nicht: Genau so tönt die Stimme des Herzens, jene Sprache, die der Schriftsteller Rousseau vorgeblich erst erfinden muß, um dieses Chaos der verschiedensten, »oft so geringen und oft so erhabenen Empfindungen« zu entwirren. Die schöne Wahrheit der schönen Seelen durchkreuzt die Antithetik von Häßlichkeit und Schönheit, die im Verdacht steht, der Gefälligkeit Vorschub zu leisten. Die gesuchte Schwäche seiner Sprache – *la faiblesse du langage* (*OC* II, 15) – ist die Gestalt einer schon nicht mehr schönen Kunst. Sie wendet sich an die Empfindungen, die Leidenschaften und Sehnsüchte der Leser, um die Verbindung von Schein und Schönheit zu widerrufen. Wenn die Schönheit der Tugend ein Werk der Kunst wäre, erklärt Rousseau, dann wäre sie schon längst entstellt. Auf jeder Seite des Romans geht es um die Dinge, zu denen das Wort den Weg versperrt. Erst die nach dem Abschied von der gefälligen Form entwickelte und von Diderot postum namhaft gemachte *magie du style* gibt den Blick auf jene fiktiven Landschaften frei, in denen sich das wahre Ich der schönen Seele in schöner Geselligkeit entfalten darf.

Weitergehender poetologischer Bemühungen bedarf es nicht. Es genügt eine Sprache, die es erlaubt, »jede Sache so auszusprechen, wie ich sie empfinde, wie ich sie sehe, ohne Prüfung, ohne Scham, ohne mich an Stilbrüchen zu stören« (*OC* I, 1153f.), und es ist kaum zu entscheiden, ob der Verfasser mit dieser Anweisung über seine Figuren spricht oder über sich selbst: »Ich habe das Mittel verändert, nicht aber den Gegenstand« (*OC* II, 17). Unsagbarkeitsbehauptungen und dieser spezielle Tonfall der schönen Seele bilden gemeinsam das Pendant ihrer sozialen Exklusivität. Er macht sich als Abwesendes und »Unbestimmtheit«[29] geltend, nämlich als Mangel an Schmuckwerk und rhetorischer Vollendung. Schwulst steht gegen Innigkeit und Tiefe, der verführerische Wohlklang der schönen Rede gegen die geoffenbarte Schlichtheit der lauteren Empfindung. In den mehr als 160, meist mehrseitigen Briefen des Romans stellt dieser Ton die Geduld der Leser auf eine harte Probe, und sie sind begeistert. Die *Nouvelle Héloïse* ist Rousseaus größter publizistischer Erfolg, ja sie ist überhaupt einer der größten literarischen Erfolge des 18. Jahrhunderts. Das Publikum nimmt den Roman auf und erkennt ihn, wie ein Rezensent bemerkt, als einzigartiges Gemälde des menschlichen Herzens. Man glaubt es und findet sich durch die Schroffheiten der umstehenden Texte nur bestätigt, daß die Rauheit des *langage du cœur* (*OC* II, 131), der Sprache des Herzens, den Blick auf die tieferen Dinge des Daseins freigibt. Die Freiheiten der Erzählform nutzend, vergegenwärtigt diese Sprache die Innenansichten und – in der durch die Briefform vorgegebenen Perspektive des Gegenübers – das Porträt der schönen Seele.

Das Unmittelbarkeitsversprechen dieses Tonfalls ist das Ergebnis gesuchter Formlosigkeit. Doch so kunstvoll der bravourös über das Instrumentarium der Antirhetorik gebietende Rhetoriker Rousseau auch an seinen Worten und Bildern feilt, um ihnen das Ansehen jener bedeutsamen Unvollkommenheit zu verleihen, die die Stimme des

Herzens verrät, so sehr sind sie ihm von Belang nur als »Hilfstruppen des Gefühls«[30]. Der Naturmensch, so hatte er im zweiten *Discours* wissen lassen, kommt ganz ohne Bilder aus, und sein Herz ist frei vom Bedürfnis nach Objektivation. Ist der unumkehrbare Schritt in die Erkenntnis erst einmal getan, kann es nur noch darum gehen, den Schleier der Worte hier und da einzureißen, um die Möglichkeit jener Verständigung »von Herz zu Herz« durchscheinen zu lassen, deren imaginäre Schauplätze die *Nouvelle Héloïse* entwirft. Dies hat Folgen nicht nur für eine Sprache, die sich als Sprache des Herzens zu bewähren hat, sondern auch für die Haltung derer, die sich ihrer bedienen. Die Sympathie für die Wahrheit, auf die es ankommt, verlangt von ihnen die Preisgabe allen Herkommens und damit auch ihrer selbst, damit sie sie möglichst rein verkörpern. Julie und St. Preux verbringen ihre intensivsten Momente außerhalb von Raum und Zeit. Wenn sie sich zur Unermeßlichkeit des höchsten Wesens erheben wolle (*élever à lui*), sagt Julie, dann wisse sie nicht, wo sie sei. »Ohne eine Beziehung zwischen ihm und mir zu erkennen, weiß ich nicht, wie ich ihn erreichen soll, ich sehe und fühle nichts mehr, und ich befinde mich in einem Zustand der Vernichtung.« (*OC* II, 590) Die für die schöne Seele typische Elevationserfahrung ist jedoch schon zu sehr calvinistisch geprägt, als daß sie nun auf die Selbstkundgabe der Wahrheit allein vertrauen könnte. Mit Sympathiebekundungen und Bereitschaftserklärungen ist es nicht getan. Wenn, wie Julie sagt, Gott sein Angesicht verhüllt hat und die Wahrheit den Menschen entflieht, dann muß man sie mit den vorhandenen Mitteln konstruieren, und seien sie noch so unvollkommen. Auf diesem Schluß beruht die paradoxe Selbstrechtfertigung des Romans als Gattung und zugleich die philosophiekritische Geste des literarischen Schriftstellers: Die *vérité morale* triumphiert als Fiktion.

Die dem gemäße Haltung, die Haltung Rousseaus, ist die »Lösung von der übrigen Welt«. Die Distanz bleibt im Roman gänzlich unaufgeregt. Sich der Einreihung ins Konventionelle ebenso leise wie beharrlich entziehend, vergegenwärtigen die schönen Seelen beiderlei Geschlechts ein Zeitalter der »Transparenz« und ohne Geheimnis[31], in dem die Menschen ihren Frieden darin finden, einander ohne weiteres zu durchschauen. Der Roman legt dem Leser diese Welt vertrauensvoll ans Herz. Nachdem er die »Süßigkeit der Einkehr in sich selbst in einer Gesellschaft von Freunden« besungen hat, kommt St. Preux auf eine Erziehungspraxis zu sprechen, welche die Geheimnislosigkeit zu ihrem Inbegriff gemacht hat. Von einer zwanglosen Erziehung ist die

Rede, die auf der Annahme gründet, daß der Zögling überhaupt erst befähigt werden müsse, erzogen zu werden – *à être élevé* (*OC* II, 562). Nur Gemäßes und Zuträgliches wird dem Kind abverlangt, und seine Anlagen gilt es behutsam zu fördern. Diese Pädagogik des *être-élevé*, das dann in Hegels Begriff der ›Aufhebung‹ zitiert und identitätsphilosophisch reformuliert wird, und ihr semantisches Oszillieren zwischen ›Bildung‹ und ›Erhebung‹ hält die Herkunft des Gedankens gegenwärtig. Angesichts des versperrten Rückwegs in die Frühzeit weichen die Eingeweihten auf Erziehungsprojekte aus, deren Lernziele der Idee der Seelenschönheit direkt nachempfunden sind – bei Rousseau nicht weniger als bei seinem enthusiasmierten Publikum. Die gattungseigene Spannung der Autobiographie zwischen Chronik und Kunstform steht Modell für eine Bildung, die fraglos als Selbstbildung aufgefaßt wird. Doch weit davon entfernt, das Andere zu leugnen, behauptet Rousseau seine untergründige Existenz, um es im Verlauf seiner Selbstbeschreibung Zug um Zug freizulegen und den Deutungsangeboten und Außenbeschreibungen der Gesellschaft, in denen er sich nicht wiedererkennt, entgegenzusetzen. Zur Emphase der Innerlichkeit tritt der Mimesisgedanke, zur Idee der Selbstbildung das Gebot der Nachbildung hinzu. Die Pointe besteht in der Versöhnung dieser beiden Tendenzen. Die schöne Seele ermittelt das Andere nicht draußen, nicht im Gegenüber, sondern in sich selbst und in der erinnerten Geschichte. Die intime, im Schreiben einzuholende Referenz hat den Charakter eines Bündnisses. Der in jenem nachdrücklichen Verständnis Gebildete ist wie die schöne Seele ein Kunstwerk von eigener Hand. Zusätzlich aber erhält die Erziehung – deren Grundsätze Rousseau parallel zur *Nouvelle Héloïse* im *Émile* entfaltet – den Rang einer Methode, die langfristig sicherstellt, was zu leisten den einzelnen, ja selbst eine ganze Generation überfordern würde. Die in der Formel von der »Erziehung des Menschengeschlechts« sinnfällig werdende Parallelisierung von Geschichts- und Bildungszielen hat darin einen ihrer wichtigsten Beweggründe. Der unter Rousseaus maßgeblichem Einfluß lautwerdende Appell an die »Activitaet der Seele« möchte – der hintergründigen Begriffsopposition von *bel esprit* und *belle âme* eingedenk – »keine Polyhistores, keine Sophisten, keine aufgeblasenen Neulinge« fördern, »wohl aber, mit dem Beystand Gottes, redliche Liebhaber der Wahrheit und Freyheit, Menschen-Freunde und Tugendhaffte Leute«. Mit diesen Worten reformuliert Wieland die »wahre Schönheit der Seele«[32] als Bildungsideal.

Der wohlmeinende Blick des Erziehers, den die Liebe zur Wahrheit vom Geist der Systeme geheilt hat, will offen und frei sein, ganz anders als jene bedrückende Umlauerung und Nachstellung, von der die schöne Seele sich bedroht glaubt. Doch diese parallel und im Einvernehmen mit den Entwürfen des *Émile* entstandene Aussicht läßt leicht vergessen, daß der Versuch, durch Zeichenverweigerung ein Zeichen für das Unbezeichenbare zu setzen, sich unter allen Umständen der Positivität entzieht. Die Anerkennung des Fiktiven ändert daran nichts: »Das Land der Trugbilder ist in dieser Welt das einzige, das bewohnt zu werden verdient; und so groß ist das Nichts menschlicher Dinge, daß es außer dem Wesen, das durch sich selbst ist, nichts Schönes gibt als das, was es nicht gibt.« (*OC* II, 693) Das Glück der schönen Seelen bleibt unverfügbar, und nicht von ungefähr ist der Zirkel um Julie und St. Preux in arkadische Landschaften entrückt. Die ungestellte Frage, mit der Rousseau Kulturkritik und Autobiographik zusammenführt, lautet: Wie ist Widerstand möglich? Doch anders als die Transzendentalphilosophen wählt Rousseau nicht den Weg über das Prinzip, er inszeniert die Tat und bekundet seine Aussage in einer Schrift, die, wie die Eingeweihten bald erfahren, von vornherein gegen den Strich zu lesen ist.

Rousseaus Negativismus vertraut der Kraft der Evidenz, und gerade deshalb wird er zum Antiphysiognomiker. Weit davon entfernt, wie Lavater von der Physiognomik die Aufschlußkraft einer »mathematisch bestimmbaren Wissenschaft« zu erwarten und Inneres und Äußeres, Gesicht und Seele in tiefer Harmonie zu sehen, ist Rousseau von der Unlesbarkeit der Zeichen überzeugt, oder genauer: von der Verfehlung ihres Sinns. Diese Wendung bestimmt auch seine Pose als Antiheld. Während Stendhal, im dritten Kapitel der *Kartause von Parma*, seinem jugendlichen Protagonisten Fabrizio vor dem Defilé der siegreichen Militärs den Gedanken eingibt, er werde nie ein Held sein können, denn er werde »nie so aussehen« wie sie, schlägt Rousseau aus der Offensichtlichkeit der Diskrepanz Gewinn. Auch für ihn ist ein Held, wer aussieht wie ein Held. Doch im Vergleich zu Stendhal zieht er den gerade entgegengesetzten Schluß. Die von den Physiognomikern erneuerte Signaturenlehre, die noch einmal das eindeutige, Lesbarkeit verbürgende Verhältnis von Zeichen und Bezeichnetem unterstellt, täuscht sich über die Undurchdringlichkeit der sichtbaren Welt, von der Rousseau bereits ausgeht. Statt, wie die Aufklärer auf die eine und die Physiognomiker auf die andere Weise, seine Gedanken in neuer

Positivität auszubreiten, beschränkt er sich darauf, *via negativa* zu sprechen. Darum sucht er die Abweichung, die Subversion des Wissens, gerade auch im Bereich des Sichtbaren, also im Stilistischen, in der Geste, im Habitus. Und wie einst der Maler Timanthes setzt Rousseau auf Beobachter, die bereit sind, die Unähnlichkeit der Zeichen zu deuten.

Einigen seiner deutschen Anhänger ist der Rousseauismus ebendarum besonders teuer gewesen. Von Johann Heinrich Merck, dem Jugendfreund Goethes, hat sich die Beobachtung erhalten, daß »es dem großen Manne nichts benehmen kann, wenn man weiß, daß er in einem Stall geboren ist, und zwischen Ochs und Esel in Windeln lag«[33]. Das war ganz im Geist jener Weltdistanz gesprochen, für die die armselige Erscheinung als stillschweigende Versicherung wahrer Überlegenheit gelten konnte. Doch die Kostümierung der Weisheit ist keine Neuerung Rousseaus gewesen, ja sie war nicht einmal christlich. Die mythentiefe Szene der Heiligen Nacht erscheint als der ins Existentielle gewendete Ausdruck des Mangels, den Diogenes von Sinope, der Bewohner der Tonne, längst virtuos verkörpert hatte. Der Zerlumpte kehrt den Affront seines Auftretens gegen den flüchtigen Glanz der Idole, die selbst in ihrer imposantesten Gestalt nicht darüber hinauskommen, allenfalls den Schein der Sonne zu trüben. Wer wollte sich mit dem anlegen, der – so verachtenswert er auch auftritt – mit dem fernen und doch allgegenwärtigen Zentrum der Welt eine geheime Verbindung unterhält? Wie die Hirten fühlen sich selbst Könige gedrängt, die scheinbare Niedrigkeit zu verehren. Von der Höhe seines Speichers herab, schreibt Voltaire am 1. Oktober 1772 an Katharina II., habe Rousseau sich angemaßt, alle Könige zu beurteilen. Dem Weisen, der noch stets zwischen Sein und Schein zu unterscheiden vermag, verschlägt es nichts, wenn seine Schuhe lose sind, sein Mantel nicht zugeknöpft und seine Nägel ungepflegt. All dies ist von Belang nur als Zeichen, als Maske der Aufrichtigkeit und der moralischen Wahrheit. Die *vérité morale* macht sich in einem Medium geltend, das gerade nicht das ihre ist. Es gibt, daran läßt Rousseau niemals einen Zweifel, keine sinnliche Ähnlichkeit zwischen dem Zeichen und dem Bezeichneten. Doch die Eingeweihten entdecken in den Abgründen dieser Diskrepanz die Spur einer eigenen, durch die beigemischten Herbheiten der protestantischen Ethik gehobenen Eudämonie. Was wäre die Tugend, fragt Julie im 39. Brief, wenn sie nicht Opfer von uns forderte.

Vor derart handgreiflich verdichteten Authentizitätsbeweisen mußte der Schöngeist kapitulieren. Er war keine schöne Seele, dazu fehlte ihm die Unbedingtheit, er war kein Genie, denn es mangelte ihm an Originalität, und er war schließlich auch kein *philosophe*, kein *homme de lettres* oder *savant*, denn dafür hätte er mehr Ernst, mehr Scharfsinn und mehr Sorgfalt besitzen müssen. Doch scheiterte er weniger an seiner Mittelmäßigkeit als am Konflikt zwischen Sein und Schein. Der nunmehr beschlossene Sturz des *bel esprit*, dessen Begriff am Ende kaum mehr die Ambitionen erkennen läßt, mit denen er einmal angetreten war, begünstigt den Erfolg der schönen Seele.

In der Ausprägung, die Rousseau dieser Figur gegeben hat, gleicht sie dem Silen, von dem Erasmus in der dritten Ausgabe seiner *Adagia* erzählt, einer grotesk anzusehenden Puppe, deren Lächerlichkeit für jedermann offensichtlich ist. Doch dies Äußere ist nur Schein. Im Innern ist die Puppe hohl, und wer sie aufklappt, wird überrascht durch den Anblick des Götterbildes, das sie beherbergt. Das durch den Kontrast zwischen Innen und Außen gesteigerte Erstaunen, sagt Erasmus, läßt die wahre Figur nur noch lieblicher erscheinen. Er selbst interpretiert sie gleichnishaft und historisch. Sind nicht, so fragt er, Antisthenes und Diogenes, die Schüler des Sokrates, wie dieser selbst dem Silen auffallend ähnlich? Ist nicht auch Christus so etwas wie ein großartiger Silen (*micificus quidam Silenus*) gewesen?[34]

Der Büdner von Môtiers, der im September 1765 von den Bauern der Gegend mit Steinwürfen verjagt wird, der Eremit von Montmorency und *Vicaire Savoyard*, sah sich zweifellos in diese Ahnenreihe hineingestellt. Die Revolution braucht dieses Deutungsangebot nur aufzugreifen und Rousseau als den neuen Diogenes zu feiern.[35] Schon die ersten Seiten des ersten *Discours* berufen sich auf Sokrates, von dem man lernen könne, die *vaines Sciences* zu verachten, und der, würde er heute leben, »statt aller Gebote seinen Schülern und unseren Enkeln bloß das Beispiel und das Andenken seiner Tugend« hinterließe (*OC* III, 14). Auch hier ist der Lakonismus des guten Beispiels und der Verzicht auf schriftliche Kundgaben vorbildlich. Wie seine Vorgänger deutet Rousseau die Wahrheit, die in der Selbstdarstellung des Weisen mittelbar zum Ausdruck kommt, als die Wahrheit des richtigen Lebens. Daß die Maske der Geringfügigkeit und des Elends obendrein in einer Umgebung, die das Bedürfnis nach sozialer Expressivität in unvergleichlicher Weise gesteigert hatte, eine erhöhte Wirkung entfalten würde, wird ihm weder entgangen noch ungelegen gewesen sein. »Wo wir eine gemeine Hülle sahen, glänzt eine strahlende Perle, wo Niedrigkeit sich zeigte, strahlt eine erhabene Seele, wo Gebrechen waren, ist nun bewundernswerte Tugend, und wo es galt, Prüfungen zu bestehen, herrscht nun der vollkommenste Friede. Selbst sein grausamer Tod steht nun als Quelle der Unsterblichkeit vor uns« – so die Erscheinung Christi in der Beschreibung des Erasmus.

In den *Rêveries* zeichnet sich Rousseau rückblickend als Gestalt des Lichts und versichert, schon immer die Finsternis gehaßt zu haben (vgl. *OC* I, 1007). Solche Anspielungen mögen wie der Mythos des Anfangs, den die Minuten von Vincennes vergegenwärtigen, zitiert sein. Aber das Wissen darum ist schon Teil der Aufmachung, mit der Rousseau den Begriff der Seelenschönheit und des *s'éclairer en dedans* als Einheit von Wahrheit und Selbstbesitz vergegenwärtigt hat. In der Natur gibt es keine vollkommenen Wesen, heißt es in den *Confessions* (*OC* I, 435), »und ihre Lehren sind uns nicht nahe genug«. Die Bemerkung faßt die ganze Zweideutigkeit dieses Unterfangens zusammen, die Klage über den Verlust mit einem Ausgleich durch die sprachliche Neuschöpfung, mithin durch Fiktion zu verbinden. Sie stellt die Maske der Gewöhnlichkeit in den Dienst eines Bildungsprogramms, das darauf angewiesen bleibt, seine Lebensnähe erkennbar zu halten. Die durch die suggestive Kraft beredter Antithesenfolgen nur mühsam überdeckte Paradoxie seines Anspruchs zwingt zu permanenter Reformulierung, mit einem Wort: zu lebensbegleitender Selbstdeutung und Reflexion. Den alle Textstücke Rousseaus durchziehenden roten Faden bildet die Rücksicht auf jene Interessen, von denen das Wissen weder abgetrennt werden kann noch abgetrennt werden darf. Die Konsequenz des Gedankens zeigt sich nicht nur in der Wertschätzung der Formfrage, die die Tatsache der Darstellung und des Dargestelltseins gegenwärtig hält, sondern auch in der unablässigen Interpretation des Vorgefundenen, in der Übersetzung von Wahrheit in Wahrhaftigkeit.

Rousseau zeigt die Welt im Modus ihrer Deutung und Interpretation. Aus Rückzug wird Vertreibung, aus Anpassung Selbstbehauptung, aus Ergebung Erhebung, aus der kunstvoll gefertigten Maske eine Art Transparenz. Sein Schreiben ist der Versuch, den künstlichen Schleier, der sich über Dinge und Menschen gesenkt hat, auf dem Weg über die öffentliche Introspektion zu durchdringen. Doch rührt die damit aufgestellte Überlegenheitsbehauptung zugleich an die Legitimität jener Grundlagen, die der Selbstdeutung den Weg weisen. Rousseaus Auftreten ist, um es mit Friedrich Schlegel zu sagen[36], im

Grunde auch theatralisch – sein antirhetorischer Gestus ist rhetorisch. In dieser Vermengung besteht Rousseaus schärfstes, da unvermeidbares Paradox. Die von den Zeitgenossen sogleich bemerkte Dynamik seiner Texte ist Ausdruck dieses Ungenügens an sich selbst. Die Notoreität seiner Aufrichtigkeitsversicherungen und sein Beharren auf der Uneigentlichkeit seines Sprechens lassen sich gar nicht begreifen ohne die wachsende Beunruhigung darüber, daß das, was einmal nur die Kulisse virtuoser Weisheitsverhüllung hatte sein sollen, den Referenzpunkt der *vérité morale* bereits verloren haben könnte.

ERSTE UND LETZTE DICHTUNG

Toutes mes idées sont en images.
Rousseau, *Les Confessions* IV

Von seiner Würzburger Reise, deren Anlaß und Umstände teilweise bis heute im dunkeln liegen, berichtet ein Brief Heinrich von Kleists im September 1800 über einen Tagesausflug in die Umgebung der Stadt. Seine Wege hatten ihn, offenbar gemeinsam mit dem ihm freundschaftlich verbundenen Ludwig von Brockes, auch in das von katholischen Ordensleuten geleitete Julius-Spital geführt, wo er von manch merkwürdiger Krankengeschichte erfuhr. Der an die Verlobte adressierte Bericht verfährt, wie in Kleists Brautbriefen nicht ungewöhnlich, teils unterhaltend, teils belehrend. Die Aufmerksamkeit des Besuchers gilt den apathisch, »wie Klötze« Daliegenden ebenso wie dem sprichwörtlich verrückten, die Besucher mit etwelchen Verstiegenheiten in Erstaunen versetzenden Professor.

Kleist, der eben einige Semester Physik, Kulturgeschichte und Philosophie studiert hat, schildert die Anstalt als eine Versammlung medizinischer Kuriositäten. Sein Bericht verrät zunächst wenig mehr als jenes für die Interessenlage des aufgeklärten Naturhistorikers und Anthropologen so bezeichnende Nebeneinander von sympathisierender Teilnahme und nüchtern beobachtender Distanz. Doch die Tonlage wechselt jäh, als ein spezieller Fall zur Sprache kommt:

> »In einer Zelle saß, schwarz gekleidet, mit einem tiefsinnigen, höchst ernsten und düstern Blick, ein Mönch. Langsam schlug er die Augen auf uns, und es schien, als ob er unser Innerstes erwog. Dann fing er, mit einer schwachen, aber doch tönenden und das Herz zermalmenden Stimme an, uns vor der Freude zu warnen und an das ewige Leben und an das heilige Gebet uns zu erinnern. Wir antworteten nicht. Er sprach in großen Pausen. Zuweilen blickte er uns wehmütig an, als ob er uns doch für verloren hielte. Er hatte sich einst auf der Kanzel in einer Predigt versprochen und glaubte von dieser Zeit an, er habe das Wort Gottes verfälscht.«[1]

Wer die Geschichte im Zusammenhang des Berichts über den Würzburger Spital-Besuch aufnimmt, wird sogleich bemerken, wie stark in diesen Zeilen plötzlich die Präsenz des Beobachters zurückgenommen ist. Besonders auffällig wird diese Veränderung im Anschluß an jene zentrale Passage, in der es heißt, der Insasse habe angefangen, die Hinzugetretenen »vor der Freude zu warnen und an das ewige Leben und an das heilige Gebet« zu erinnern. Auf diese syndetisch kumulierenden Appelle haben die Besucher nichts zu erwidern. Ihr ausdrücklich vermerktes Verstummen – »Wir antworteten nicht« – ersetzt mit einem Mal jene Empfänglichkeit für die Schönheit des Schrecklichen, der sich der Briefsteller eben noch, im sicheren Abstand des Rückblicks, überlassen hatte.

Die durch die unvermittelte Zurückstellung der Zeugen entstandene Situation ist vieldeutig. Einerseits tritt das Berichtete, dem nun die distanzschaffenden Vermittlungen fehlen, direkt an den Leser heran; andererseits gewährt diese Annäherung keinerlei Aufschlüsse. Denn statt sich aufeinander zuzubewegen, beginnen sich die folgenden Beschreibungen zu überlagern und voneinander zu isolieren. Die von der parallelen Satzkonstruktion – »mit einem tiefsinnigen Blick«, »mit einer schwachen Stimme« – geweckte Erwartung der Einmütigkeit von Wort und Gebärde erfüllt sich nicht. Die Sprache der Augen, die die von der Atmosphäre der *gothic novel* getragenen Mahnungen des Mönchs vorderhand zu untermalen scheint, nimmt ihren eigenen Weg. Was von den Besuchern, der wenig anheimelnden Umgebung zum Trotz, für sich genommen als paränetischer Zuspruch aufgefaßt oder, einfacher noch, achselzuckend hätte beiseite geschoben werden können, erhält durch die Gebärde des Redners eine eigene Färbung: »Zuweilen blickte er uns wehmütig an, als ob er uns doch für verloren hielte.« Die Ausdrucksstärke des Mienenspiels macht alle Aussichten, die sich an die Befolgung der mündlich erteilten Ratschläge hätten binden können, sogleich und ein für allemal zunichte.

In dieser ganz auf die Schauseite des Vorgangs konzentrierten Passage gibt der Schreiber seinen bis dahin ungefährdeten und durch den lehrhaften Duktus der Brieferzählung gesicherten Abstand auf. Die Darstellung des wiederholt als unterbrochen und »langsam« geschilderten Verlaufs – »Er sprach in großen Pausen« – hebt den Auftritt des Mönchs aus den umstehenden Schilderungen heraus. Die semantisch dichte Adjektivreihe des Eröffnungssatzes – schwarz, tiefsinnig, ernst, düster – markiert einen Einschnitt, dessen Wirkung durch den parallel geführten Wechsel von der Erlebnis- in die Zustandsbeschreibung weiter verstärkt wird. Der Fluß der Erinnerungsbilder und Impressionen stockt für einen Augenblick, um dann erst ganz allmählich wieder in Gang zu kommen.

Mit dieser Zäsur aber ist die Lage vollkommen verändert, nämlich ganz und gar zurückgenommen auf die Äußerungen jenes Unnahbaren, an den jetzt die Initiative endgültig übergeht. Schritt für Schritt zieht er die Aufmerksamkeit auf sich, um den Blick sodann erneut, doch vollkommen verändert auf die Hinzugetretenen zu lenken, deren jähe Befangenheit ein einziger kurzer Hauptsatz zusammenfaßt: »Langsam schlug er die Augen auf uns.« Befallen von einer albtraumhaften Lähmung, unterwerfen sich die Besucher der Gewalt dieses ständig an Stärke und Intensität zunehmenden Blicks, der durch die bemerkenswerte Wendung der »auf sie geschlagenen Augen« eine nahezu physische Präsenz gewinnt. Derart in den Bannkreis des Insassen hineingezogen, ist der Status der Besucher nicht länger neutral. Noch in der gleichen Bewegung, die von jenem düsteren Augenpaar zu ihnen hinüberleitet, gleichsam »geführt am Strahl seines Angesichts«[2], fühlen sie unvermittelt ihr »Innerstes« erwogen und sind, nachdem sie kaum die Aufmerksamkeit erregt haben, sogleich in die Rolle von Beurteilten gedrängt. Unerbittlich und ohne erkennbare Motivierung verschiebt jenes gebieterische Augenpaar die Positionen. All dies – die Miniatur umfaßt ja nur sechs Sätze – sind augenblickliche Effekte einer ebenso behutsam wie gezielt operierenden Regie, die ihre Entscheidungen mit den sparsamsten Mitteln verwirklicht.

Die Zurücknahme des Erzählers und seines Begleiters ist das äußere Zeichen der Empfindung, von jenem Blick nicht nur getroffen, sondern tatsächlich auch gemeint zu sein. Der Insasse fängt die Blicke der Schaulustigen auf und wirft sie verändert zurück. Die damit einhergehende Wandlung vom »tiefsinnigen« zum »schlagenden« Blick ist verbunden mit einer Verlagerung von innerem zu äußerem Sehen. Die Besucher verlieren die ihnen aufgrund der Situation zu Anfang noch gewisse Blickdominanz. Der Text untermalt ihre Überwältigung durch die schwankende Erzählform, die zwischen historischem und epischem Präteritum die unbestimmte Mitte hält: »Er hatte sich einst auf der Kanzel in einer Predigt versprochen und glaubte von dieser Zeit an, er habe das Wort Gottes verfälscht.« Mit diesem Satz schließt die literarische Miniatur. Die Schwebe zwischen Bericht und Erzählung, das unbestimmte Maß an Fiktionalität, gibt diesem Finale seinen besonderen Rang. Denn statt die Einlieferung jenes Insassen und damit die ganze Begegnung mit einer konventionellen Begründung zu versehen und die Episode durch eine nachgereichte Erläuterung zu einem für die Adressatin des Briefes beruhigenden Abschluß zu führen, wirft seine sibyllinische Auskunft nur neue Fragen auf, von denen einige weit über die Grenzen des Erlebnis- und Reiseberichts hinausreichen: Wird mit jenem Hinweis auf das Versprechen eine Impression des Besuchers wiedergegeben oder eine Mitteilung des Patienten? Wurde sie erbeten oder spontan geäußert? Handelt es sich überhaupt um eine medizinische Auskunft oder nicht vielmehr um eine theologische, psychologische oder philosophische? Oder begreift sie sich, in einem weiteren Verständnis, als Kommentar zur »Physiognomie des Augenblicks« (II, 385)? Welche Absichten verfolgt sie hinsichtlich der Leserin? Und wie stark spekuliert der Bericht bereits auf eine anonyme Mitleserschaft?

Offenbar integriert dieses Textstück mehrere Bezugsebenen. Der Leser, sei er nun berufen oder nicht, bleibt über die Quelle des Befundes im unklaren. Aber gerade diese Unbestimmtheit erscheint als funktional, wenn sie weniger als epistolarische Botschaft aufgefaßt wird denn als Teil einer literarischen Konfession. Tatsächlich ist sie viel zu sparsam, um als lebensgeschichtliches Motiv der Erzählfigur zu überzeugen. Die unbestimmte Zeitangabe (»von dieser Zeit an«) öffnet die Situation um einen Spaltbreit, indem sie eine fremde und ferne Vergangenheit andeutet. Durch diese Öffnung fällt Licht ebenso auf die erzählte Geschichte wie auf die Geschichte des Erzählers. In dieser Sentenz kreuzen sich die Perspektiven jenes Mönches, auf dessen Pathographie sich der Befund vorderhand bezieht, und das Interesse des Briefstellers, der seine Episode mit der resümierenden Klimax beschließt. Die in einem einzigen Atemzug vollendete Exposition nimmt der Anamnese die Zufälligkeit eines privaten Schicksals – ja sie gibt ihr den Anschein einer Nobilitierung. Das erzählerische Arrangement ist keineswegs neutral. Die Kulisse der katholischen Anstalt und, wie Kleist mit lebhafter Anteilnahme schildert, der katholischen Stadt verstärkt den durch die offenkundige Erschütterung der Besucher ohnehin bereits geweckten Eindruck, daß hier nicht ein, mit Kleists Ausdruck, »Verrückter« einsitze, sondern ein Geistlicher und Weiser, ein rigoroser Verfechter des wahren Worts. Die Ortsangabe, also der Hinweis auf die »Zelle«, und die Identifikation der Zentralfigur als »Mönch« gewinnen durch diese Dramatisierungen ihre Wortwörtlichkeit zurück. Von der augenzwinkernden Herablassung, die jenem »Professor« den Titel als Spottname ließ, ist nichts mehr zu bemerken. Indem die Szene mit dem Auftreten des Mönchs die Gestalt jener einsam Forschenden und Grübelnden zitiert, die, wie einstmals Montaigne, in der Zurückgezogenheit ihres Kabinetts stiller Beschäftigung nachgingen, vermittelt sie das Nachbild melancholischer Intellektualität. Die Stilisierung nimmt der Szenerie freilich jenen Anstrich von Weltbürgerlichkeit, den Montaigne stets zu wahren gewußt hatte.[3] Der Würzburger Insasse gewinnt sein Prestige nicht aus überlegener Weltdistanz, sondern aus Rückzug und Einsamkeit. Die »Zelle«, in die die Besucher hineinblicken, ist ein Ort der Divination, der Akteur ein Seher. Requisite, Kostümierung, Sprachführung, Rollentext, nicht zuletzt auch die anekdotenhafte Sparsamkeit der Rahmenhandlung – alles zielt auf diesen Permutationseffekt in Kleists »erstem Stück«[4], wie man das geheimnisumwobene Unternehmen der Würzburger Reise einsichtsvoll genannt hat. Ohne dem Offensichtlichen direkt zu widersprechen, vermittelt die Darstellung den Eindruck, daß nicht Siechtum oder ein psychischer Defekt, sondern Konsequenz und Unbeirrbarkeit den Patienten in die Abgeschiedenheit dieses Ortes geführt hätten. Die zeitgenössische und auch Kleist geläufige Gedankenverbindung von Genie und Irrsinn[5] untermalt diese Erhebung über die Maßstäbe der Normalität. Die Zurückgezogenheit des Kranken gewinnt den Anschein einer Berufung, die es unentschieden sein läßt, ob sie auf gesellschaftlicher Ausgrenzung beruht oder auf besonnener Wahl. Freilich kommt auch diese Zweideutigkeit dem Nimbus des Außerordentlichen zugute. Sie sichert der ungeheuren hieratischen Auskunft Bedeutung über die zeiträumliche Begrenztheit des Augenblicks hinaus.

Der Fall ist für Kleist von tieferem Interesse. Schon zu Beginn seiner Reise hatte er der Braut erklärt, seine Briefe dienten durchaus der Selbstverständigung, als deren Zeugin er sie, die Adressatin, begreifen wolle. Tatsächlich »formt« er sich an ihr weniger, wie er ihr gleichfalls aus Würzburg schreibt, »eine Gattin« (IV, 135) als eine geduldige Zuhörerin. Dabei ist die Mönchsszene hinsichtlich der Stoffwahl schon beinahe konventionell. Der Besuch und die Beschreibung von Irrenanstalten waren im 18. Jahrhundert nichts Außergewöhnliches, und einige Institute ließen gegen Eintrittsgeld Schaulustige ein.[6] Johann Jakob Engel hatte 1777 eine Erzählung mit dem Titel *Das Irrenhaus* geschrieben, Matthias Claudius folgte mit einem *Besuch im St. Hiob zu*** (1783), und eher theoretisch hatten sich Ende der achtziger und in den neunziger Jahren Pockels, Knigge und Lichtenberg vernehmen lassen. Kleists Bericht unterscheidet sich jedoch von diesen Vorgängern sowohl durch den Stellenwert, den er der literarischen Bearbeitung verleiht, als auch durch die inszenierte Umkehrung der Situation, in der sich die Beobachter unvermittelt angesehen finden. Der Eingriff sichert der Episode ihre Eigenständigkeit gegenüber jenen Vorläufern, er verleiht ihr aber auch im Kontext des Briefberichts einen ganz besonderen Rang. Sie ist ein für die allemal aus der Erwartung ihrer Bildsamkeit wahrgenommene Leserin aufgenommenes und festgehaltenes Fundstück, aber sie ist – und dies ist die These des Folgenden – auch und ganz unabhängig davon eine Probe auf das schriftstellerische Talent des Verfassers.

Im Zusammenhang der Briefe betrachtet, wie sie sich erhalten haben, verdankt dieser Text seine Eminenz der Vielzahl möglicher Lektüren, die sich in ihm kreuzen. Die Chronologie des Lebensgangs plaziert ihn überdies an einer Schlüsselstelle. Bis zu diesem Augenblick hat Kleist für die Schublade geschrieben, für Freunde und Verwandte. Noch deutet nichts auf den künftigen Essayisten, Dramatiker, Lyriker, Journalisten und Erzähler. Erst mit dieser kurzen Szene fällt die folgenreiche Entscheidung. Sie ist eine Etüde des kommenden Autors, der seiner Leserin wenig später ausdrücklich mitteilt, er bilde sich »jetzt für das schriftstellerische Fach« (IV, 159), und sie ist darüber hinaus eine Parabel für die ins Auge gefaßte Existenz. In diesen wenigen Sätzen von irreführender Einfachheit gewinnt Kleists Vision vom Dichter konkrete Gestalt. Der Mönch im Gehäus, diese erste seiner mit doppelgängerischen Zügen ausgestatteten Figuren, liefert dem künftigen Schriftsteller das Stichwort seiner Autorschaft, noch bevor auch nur eine einzige Zeile veröffentlicht ist.

Ästhetische Subjektivität

Von jenem anamnetischen Befund, der die Mönchsszene beschließt, fällt ein bezeichnendes Licht auf die kommende poetische Praxis. Kleists Dichterdasein beginnt mit dem Mißtrauen gegenüber dem Wort, mit dem Bedenken, daß die Sprache, in des Wortes mehrfacher

Bedeutung, nicht mehr sein könnte als ein *Versprechen*, das sich, wie jene idiosynkratische Lästerung, an der einen und einzigen Wahrheit immer neu vergeht. Damit zeigt bereits dieser im September 1800 gemachte Anfang jenes irritierende Nebeneinander von Präzision und Abgründigkeit, das für Kleists Text- und Gedankenfabrikation überhaupt bezeichnend bleiben wird.

Doch er ist zugleich ein Schlußpunkt, ein Abschied von der im Jahr zuvor gegenüber Christian Ernst Martini vorgetragenen Erwartung, »ein sicheres, tiefgefühltes, unzerstörbares Glück« zu erleben, wie es sich aus der »Zufriedenheit unsrer selbst« hätte ergeben sollen (IV, 21 f.). Schon damals, im März 1799, war das Verlangen nach Glück auch als Sprachproblem erkennbar geworden, als nämlich Kleist die Frage aufgeworfen hatte, ob »Reichtum, Güter, Würden und alle die zerbrechlichen Geschenke des Zufalls« den »Namen« des Glücks gleichfalls verdienten. Die Antwort und, was seinerzeit vielleicht schwerer wog, die Beantwortbarkeit der Frage hatte damals noch beruhigen können: »So arm an Nüancen ist unsere deutsche Sprache nicht.« Der Reichtum der Wörter war das Mittel, sich in der Welt, aller Mißverhältnisse und Beschwerlichkeiten zum Trotz, wohnlich einzurichten, um darin auch sein Glück – wenn nicht zu *machen*, so doch zu *finden*. Während die Aufklärung gerade in ihren populären Spielarten das Glück als Recht und Verdienst aufgefaßt hatte, konzipiert es Kleist schon hier als Widerfahrnis. »Da waltet ein großes unerbittliches Gesetz über die ganze Menschheit, dem der Fürst wie der Bettler unterworfen ist. Der Tugend folgt die Belohnung, dem Laster die Strafe« – mit einem Wort: »*der Beste ist der Glücklichste.*« (III, 440, 436) Der Unterschied zur Aufklärung besteht freilich weniger in solcher Skepsis als in einem unbedingten Vertrauen in die »Ordnung der Dinge«, das sich seine tapfere Zuversicht gegen innere und äußere Anfeindungen bewahren möchte. Der Zweiundzwanzigjährige illustriert seine Spekulation auf die Wohlgeordnetheit der Welt, die ihn sogar den kühnen »Entschluß« wagen läßt, den sozialen »Mittelpfad zu verlieren«, durch die Genreszene einer von stoischer Lebensweisheit und protestantischer Werkmoral getragenen Idylle. Man sehe, so schließt er seine briefliche Abhandlung vom 18. März, »einen armen Tagelöhner sich im Schweiße seines Angesichts sein Brot erwerben. Mangel und Armut umgeben ihn: sein ganzes Leben scheint ein ewiges Sorgen und Schaffen und Darben. Aber die Zufriedenheit blickt aus seinen Augen, die Freude lächelt aus seinem Antlitz, Frohsinn und Vergessenheit umschweben die ganze Gestalt. – – –«[7]

Die Gefälligkeit dieser »Suche nach dem Glück des Mittelmaßes«[8], dessen regressive Züge der Kontrast zu jenem finsteren Insassen des Würzburger Spitals grell hervorhebt, täuscht leicht darüber hinweg, wie wenig hier gefordert war, um solchen Erwartungen eine vollkommen neue Wende zu geben. Die Konstruktion des Ausblicks, deren Fragwürdigkeit der Brief unumwunden zugesteht – »ich [...] tröste mich mit unseren Philistern« (IV, 20) –, war von vornherein zweifelhaft. Verstärkt wird diese Tendenz durch die Gedankenstriche, die das Genrebild im nachhinein ironisieren. Das unvermittelte Innehalten der Rede lenkt den Blick auf die Kluft zwischen Erwartung und Erfahrung, die auch dieser frühe Brief nur augenblicksweise überdeckt. Doch gerade das emblematische Idyll kann die Wendung dieser Monate fast unbeschadet überstehen. Das Bild der anspruchslosen Zufriedenheit, das die später in einem *Phöbus*-Epigramm und dann noch einmal in der 58. Ausgabe der *Berliner Abendblätter* vergegenwärtigten Züge des Philosophen in der Tonne durchscheinen ließ, durfte erhalten bleiben, sofern es nur auf den Anspruch verzichtete, die individuelle »Vollkommenheit seines innerlichen und äußerlichen Zustands«[9], die den Bildungsprogrammen der Aufklärung vorgeschwebt hatte, in einer Welt der Gleichen mit der Harmonie des Ganzen auch wirklich einmal verbunden zu sehen. Einige wenige unscheinbare, aber nachhaltig wirkende Retuschen genügten, um aus den Requisiten der vorausschauend konstruierten Weltharmonie eine pure literarische Reminiszenz und aus dieser die emphatische Haltung des Außenseiters und Rebellen zu formen, der den spekulativen Bund mit dem Glück gelöst hat, um dafür die Idee einer reineren Wahrheit zu gewinnen.

Tatsächlich hebt bereits das Idyll die durch ein adversatives »aber« akzentuierte Diskrepanz von äußerem Dasein und innerem Befinden hervor. Die seelische Ausgeglichenheit dieses Verklärten ist äußeren Mißhelligkeiten abgetrotzt. Damit ist schon an dieser Stelle jene Differenz markiert, deren Konturen dann in der Würzburger Anstaltsszene deutlich hervortreten werden. Die Sensibilität für die Leistungen und Wirkungen der Sprache; die Auffassung von der Zufälligkeit des Glücks; sodann das Vertrauen in »eine geheime göttliche Kraft« (III, 438) der Tugend in ihrer »schöneren Gestalt« (IV, 20); schließlich die Überzeugung von der Unerbittlichkeit des Gesetzes und das Ideal der Genügsamkeit säumen den Weg zu jener Krise, in der Kleist sich zum Schreiben entschließt.

Allein der zuvor gegenüber Martini geäußerte und seinerzeit noch erkennbar um Moderatheit bemühte Gedanke, »daß es das Eigentum einiger wenigen schöneren Seelen« sein könnte, die Tugend nicht um des erhofften Glücks, sondern »allein um der Tugend willen zu lieben« (IV, 20), mußte noch von Vorbehalten und Zweifeln befreit werden. An die Stelle der schlichten Spekulation auf das von der Tugend herbeigeführte Glück tritt ein Entwurf, dessen Rigorosität nach Bedingungen und Konsequenzen nicht weiter fragt. Kleists dann nicht weniger als dreimal geäußerte Versicherung, daß er nunmehr sein Ziel verloren habe (IV, 200; ebenso 201 und 203), schließt den Abschied von den populären Grundsätzen des aufklärerischen Weltverständnisses ein. Die Düsternis des Mönchs ist ein Widerruf; sie bekräftigt die durch die Sehnsüchte des Idyllikers nur überspielte und doch längst verfügte »Verlorenheit«. Für die bedingungslose Tugend »der wenigen schöneren Seelen« (III, 435) findet sich das Glück nur an den beiden Enden der geistigen Stufenleiter – entweder, wie es schließlich im *Aufsatz über das Marionettentheater* heißt, bei dem bewußtlosen Gliedermann oder bei einem Gott (III, 480). Das soeben noch einem jeden zugedachte Glück wird darüber ganz und gar zum Vorrecht derer, die entweder alles oder gar nichts davon wissen.

Kleists Entschluß zur Schriftstellerei artikuliert sich dementsprechend mit einer ans Paradoxe grenzenden Verhaltenheit – also einmal als Ekel vor allem Schreiben (vgl. IV, 218) und dann als brüske Zurückweisung der Üblichkeiten und zivilen Pflichten. »Ich will kein Amt nehmen«, erklärt er am 13. November 1800, und wenige Tage später heißt es: »Es wäre zwar wohl möglich, daß ich lernen könnte, es wie die andern zu machen – aber Gott behüte mich davor.« (IV, 144, 163) Der widersetzliche Ton dieser Weigerungen ist kaum zu überhören. Ihre Schroffheit wird durch Kleists Herkunft aus einer adeligen Offiziersfamilie, aus der bis zur Jahrhundertwende sechzehn Generale und zwei Feldmarschälle hervorgegangen waren, nur gehoben, und die Entschiedenheit des Bruchs wird keineswegs gemildert, als Kleist seiner Familie mit dem Begriff des »Ruhms« eine kontinuitätsstiftende Formel anbietet, die das Ausscheren aus der Tradition als den »Versuch« relativieren und rechtfertigen soll, »zu so vielen Kränzen noch einen auf unsere Familie herabzuringen« (IV, 315 f.).

Das intellektuelle Pendant dieser Wendung ist die Abkehr von der Philosophie, ist Kleists Enttäuschung über die Unzulänglichkeiten der Gelehrsamkeit und des Wissens überhaupt. Die Kritische Philosophie, deren Grundsätze er Wilhelmine noch im Mai 1800 umständlich erläutert hatte, wertet Kleist im Verlauf des folgenden Jahres mehr und mehr als Verlust und, was schwerer wiegt, als eine innerhalb ihrer Grenzen unwiderlegliche Legitimation des Verlustes. Er hat die Philosophie jederzeit im Kontext von Erwartungen und ihrer Realisation wahrgenommen, aber nun verwickelt sich diese Beziehung in der Aporie. Kleist widerspricht nicht im einzelnen, er widersetzt sich im Grundsatz. Mit dem Nachweis, daß eine universale Wahrheit über die Welt und die Prinzipien, die sie im Innersten zusammenhält, mit letzter Gewißheit nicht erreicht und gesichert werden könne und sich mithin »nicht entscheiden« lasse, »ob das, was wir Wahrheit nennen, wahrhaft Wahrheit ist, oder ob es uns nur so scheint« (IV, 200), hat das Instrumentarium der zeitgenössischen Philosophie für ihn jeden Reiz verloren. Den Maßstäben, die mit dem Bericht über das Schicksal des Klausners vorgegeben waren, hielt die rationale Bescheidung in den Grenzen der Vernunft, die Geheimnislosigkeit und »armselige Blöße« (IV, 194) der Evidenz, nicht stand. Eine Wahrheit, deren Wesen gerade das Unbedingte war, mußte durch die Verschiebung der Aufmerksamkeit auf die kaum jemals ausschöpfbaren Bedingungen der Erkenntnis von vornherein verfehlt werden.

Die Bilder der Enttäuschung, der Niedergeschlagenheit und Versehrung, die in den Briefen dieser Monate immer wiederkehren, lassen erkennen, wie sehr Kleist engagiert gewesen war. Seine Verarbeitung ist ausgesprochen »unkantisch«, ja sie ist nicht einmal theoretisch. Dennoch ist sie von theoretischem Belang: In dieser Philosophiekritik trennen sich die Wege der – von Karl Heinz Bohrer begrifflich unterschiedenen – »ideengestützten« und der »ästhetischen« Subjektivität.[10] Kleists Abwehr beruft sich auf überwältigende Erfahrungen. Hatte er im Jahr zuvor noch den Ton der akademischen Philosophie angeschlagen und von den »Gründen«, den »Gesetzen« und der »Herrschaft der Vernunft« gesprochen (IV, 36ff.), so nimmt er die Philosophie nun beim Wort und fragt nach ihrem Nutzen für ein Leben, dessen höchster und einziger Maßstab die Glückseligkeit ist. Diese auch nicht entfernt als Herabsetzung begriffene Inanspruchnahme, die dann bei Nietzsche in der Bestimmung der Vernunft als »Werkzeug« aufgenommen ist, wird besonders deutlich in der von der Kritik prompt als mutwillig zurückgewiesenen Pointe aus dem ersten Auftritt der *Penthesilea*, in der, mit einer im Deutschen leicht nachvollziehbaren Anspielung auf das Namensinitial, die Vernunft »keilförmig« genannt wird. Solche Umstellungen, die der Surrealismus später unter dem Begriff des *dépaysement* vielfältig variieren wird, sprengen die Kohärenz der Ordnungen auf, in denen die Weltwahrnehmung sich für gewöhnlich bewegt, und zwar mit Vorliebe anhand von Bezugnahmen, die – wie jene sinnliche Verwandtschaft zwischen dem Buchstaben V und einem Keil – jedermann unmittelbar einleuchten. Es entstehen dadurch ebenso neue wie überraschende Verbindungen, während die vertrauten Zusammenhänge gründlich verändert werden. Kleist propagiert den zentralen Begriff der idealistischen Philosophie, den Kant als »intelligibles Vermögen« und »oberste Erkenntniskraft« vom Sinnlichen und den »empirisch-bedingten Kräften« wohlweislich unterschieden hatte, nun als das Mittel, der »rasenden Entschließung« (II, 14) aufzuhelfen und beizustehen.

Das Sakrileg ist deutlich. Statt sich »rein« zu halten und sich mit den Bedingungen der Möglichkeit ihrer selbst zu befassen, statt beiseite zu stehen und die Positionen zu verteilen, findet sich die Vernunft im Handgemenge wieder. Die damit vollzogene Verschiebung erfaßt auch die Erwartungen, mit denen Kleist der Reflexion einmal gegenübergetreten war. Im Blick auf die Philosophie der Zeit entdeckt er nun die Seele als Fragmentenschatz, ihre Fremdheit gegenüber der Sprache der Begriffe, gegenüber der Geschlossenheit der Systematik und gegenüber der Strenge der Deduktion. »Die Welt«, so lautet die Distanzierungsformel, »ist nicht so rund wie dein Wissen.« (III, 304) Um so größer wird die Neigung, sich auf eine Weise der Reflexion einzulassen, die Denken und Handeln, Erkennen und Leben nicht länger mit jener Nachdrücklichkeit unterscheidet, die Kant demonstriert hatte, als er der *Kritik der reinen Vernunft* – und dieser Titel hatte ja zu verstehen geben sollen: der Vernunft *vor* aller Erfahrung – als Motto das Wort Francis Bacons aus der *Instauratio magna* voranstellte: *De nobis ipsis silemus*, »von uns selbst schweigen wir«. In demselben Schreiben an Wilhelmine schließlich, das erstmals und in bewegten Worten die Konsequenzen der Kritischen Philosophie ausmalt, fällt jener Name, der die Wendung dieser Tage begleitet und bestimmt. »Es hätte sich nicht leicht ein Umstand ereignen können, der imstande wäre, Dich so schnell auf eine höhere Stufe zu führen, als Deine Neigung für Rousseau.« (IV, 198)

Als Alternative zu der als *pars pro toto* wahrgenommenen Kritischen Philosophie – eine Positionszuweisung, die der Rousseau-Verehrer Kant in dieser Form wohl nicht hingenommen hätte[11] – konnte Rousseaus emphatischer Wahrheitsbegriff nur willkommen sein. In der Erklärung, daß die Wahrheit der einzige des Besitzes würdige Reichtum sei (vgl. IV, 199), übernimmt Kleist in Inhalt und Färbung die Selbstverpflichtung des *vitam impendere vero* – jene aus Juvenals Satiren übernommene Devise, unter die Rousseau seine 1782 und 1787 auf deutsch erschienenen *Lettres écrites de la montagne* und, darüber hinaus, sein ganzes Schaffen gestellt hatte. Bereits Rousseau hatte Literatur und Existenz thematisch verbunden, als er seinen Wahlspruch in jenem Traktat über die Wahrhaftigkeit, zu dem sich der vierte Gang der *Rêveries* entwickelt, eingehend erwog. Im Kontrast zu jener »Verwirrung der Gefühle« (*délire*)[12], die einst eine kindliche Lüge bei ihm angerichtet habe, proklamiert Rousseau die unbedingte Geltung einer Wahrheit, bei der es, anders als bei der Klugheit, fortan darauf ankommt, von Opportunitätserwägungen grundsätzlich abzusehen. Wahrheitsbezeugung und Verwirrung sind dabei keine Gegensätze, sondern verhalten sich komplementär. Die Wahrhaftigkeit erscheint in dieser Operation als das Resultat eines bewältigten Irrtums, den die approbierte Philosophie nicht nur nicht erkannte, sondern geradezu verkörperte.

Für Kleist ist diese Pointe wegweisend. Als förmlicher Ausdruck einer Zäsur, welche die Phase des Weltvertrauens und die Zeit der Weltdistanz lebensgeschichtlich voneinander trennt, eröffnet die Konversion die Zeit der Läuterung, die im Zeichen einer anderen und höheren Wahrheit steht, die nun nicht mehr »sachlich« und »begrenzt« ist, sondern »persönlich« und »absolut«. Rousseaus *veracité* ist eine Idealform. Ihre ausformulierte Lebensregel erklärt den wahrhaftigen und – wie sich gezeigt hat – ebendarum dem Rollenspiel der sozialen Welt tief abgeneigten Menschen in einem besonderen Sinn für unfehlbar, denn es ist ihm eigentümlich, daß er niemanden täuscht und »der Wahrheit, die ihn anklagt, ebenso treu ist wie der, die ihn ehrt«. Die Vielzahl der an Bedingungen und Rücksichten gebundenen Aspekte, die gewöhnlich das Handeln leiten, wird durch einen absoluten Standpunkt überboten, der dem Wahrhaftigen die Maßstäbe seines Lebensentwurfs vorgibt. Das Leben der Wahrheit widmen – als Pointe der nachwirkenden Eindrücke aus dem Würzburger Spital bot sich diese Formel um so mehr an, als sie, auch dies durchaus im Einklang mit den Auskünften des Orakels, den Einsatz dieser Moral gleich mitbenennt.

Rousseau hatte nicht nur die außerordentliche Geltung der Wahrheit betont, er hatte auch die randständige Position beschrieben, welche ihr durch den Niedergang der Gattungsgeschichte zugewiesen war. Dieser Prozeß, in dem die Menschheit aus dem Stand der Natur in den Stand des bürgerlichen Lebens gewechselt war, hatte Rousseau zufolge die Erinnerung an die Wahrheit weitgehend ausgelöscht und sie einer kleinen Schar von Außenseitern vorbehalten, die sich dem Verfall (*corruption*) entgegenstellten, ohne ihn aufhalten zu können.

Kleists Hinweis auf die »wenigen schöneren Seelen« trägt dieser Sonderstellung gleichfalls Rechnung. Schon Rousseau interpretiert die Ausgrenzung der Ausnahmewesen als Zeichen. Auf der sozialen Ebene bezeugt sie jenen Abgrund, den die Entfernung vom Ursprung hatte entstehen lassen und der sich im Fortgang der Geschichte immer weiter vertiefte. Zur Erläuterung des Kontrastes konstruiert Rousseau eine eigene Genealogie. Wer den Unterschied der Generationen in ihrer historischen Aufeinanderfolge eingesehen habe, der – so heißt es in der *Abhandlung über die Ungleichheit* – werde begreifen, »warum Diogenes keinen Menschen gefunden hat, nämlich, weil er unter seinen Zeitgenossen Menschen aus einer längst verstrichenen Zeit hat antreffen wollen. Cato, wird er sagen, ist mit Rom und mit der Freiheit zugleich untergegangen, weil Cato in seinem Jahrhundert zur Unzeit gelebt hat. Fünfhundert Jahre vorher würde dieser größte Mann die Welt beherrscht haben, und jetzt tat er nicht mehr, als daß er sie in Erstaunen setzte.« (*OC* III, 192) Die Genealogie bezeugt die Illegitimität des Gegebenen. Die Einsamkeit des Protokynikers ist für Rousseau ein ebenso eindrucksvolles Geschichtszeichen wie die Verkennung des Stoikers, dem seine Zeit ihr Unverständnis nicht deutlicher hätte aussprechen können als dadurch, daß sie ihn bloß bestaunte. Das darin zum Ausdruck gekommene Unvermögen, seine Außerordentlichkeit und die Wahrheit, für die er einstand, zu begreifen, illustriert die Größe der Entfernung vom Ursprung. Es vermittelt dem Leser Rousseaus zugleich eine Ahnung davon, wie es, nachdem nun weitere vier Jahrtausendhälften verstrichen sind, um seine Zeit bestellt sein mag. Wenn Rousseaus Kulturkritik die Zustände und Werthaltung der Gegenwart verwirft – »Ehre ohne Tugend, Verstand ohne Weisheit, Vergnügen ohne Glückseligkeit« –, dann stellt er sich damit zugleich selbst in die Reihe jener Randexistenzen, die für eine höhere Wahrheit einstanden, indem sie das Superlativische verkörperten. Dieser Aspekt ist wörtlich zu nehmen. Die für Rousseau ebenso wie für Kleist bezeugte Nachlässigkeit in der äußeren Erscheinung ist das sichtbare Zeichen einer inneren, gar nicht anders als in dieser Regelverletzung dokumentierbaren Überlegenheit.[13] Die Alternative zwischen Selbstausgrenzung und Ausschließung wird unerheblich angesichts der Vorzüge eines Standorts, der Einsichten gewährt, wie sie nur wenigen, dem Autor und dem mitverschworenen Leser, erreichbar sind. Rousseau etabliert das Prinzip der Überschreitung im Text, die Gewißheit des Unzeitgemäßen und der Exterritorialität, um seinem Leser nicht nur als *Sprecher*, sondern auch als *Zeuge* der Wahrheit gegenüberzutreten.

Die Berufung auf die Geste des Kynikers ist besonders aufschlußreich. Wie Sokrates vor und Christus nach ihnen haben die Kyniker ihrer Mit- und Nachwelt keine Texte hinterlassen, jedenfalls keine Texte von eigener Hand. Jede in ihrem Namen erfolgte Textualisierung ist belastet durch die Irregularität der medialen Präsentation. Die unzeitige Zeichensprache des Habituellen, wie sie Rousseau demonstrierte, trägt dieser Verlegenheit Rechnung. Unter den Bedingungen der entfalteten Kultur ist der Kyniker der Sachwalter und Repräsentant der mit dem Naturzustand verlorenen menschlichen und moralischen Unbescholtenheit. Die Zentralfigur der Würzburger Episode nimmt diesen Gedankenhintergrund erneut auf. Die Verbindung lag um so näher, als die französischen Aufklärer von Bayle bis Diderot mit Diogenes die Urgestalt des Zönobiten gefunden zu haben glaubten. Diogenes sei einer dieser außerordentlichen Menschen, schreibt Bayle, »die in allem ausschweifen, auch die Vernunft nicht ausgenommen, und welche den Grundsatz bekräftigen: *daß es keinen großen Geist giebt, in dessen Character sich nicht ein wenig Narrheit einschleicht*«.[14] Der heidnische Kyniker und der christliche Mönch begegnen sich in dem existentiellen Einsatz und in der Unbeirrbarkeit, mit der sie für die einmal als unumstößlich erkannte Wahrheit eintreten. Das Psychogramm des kynischen Mönches, der den sozialen Bindungen und Verbindlichkeiten seine Unabhängigkeit und höhere Einsicht abtrotzt, verleiht jener Seelenschönheit ihre eigene Färbung, von der Kleist noch kurz zuvor geargwöhnt hatte, ihre Unbedingtheitsprätentionen könnten die Maßstäbe des Normalen ungebührlich übersteigen. Rousseau hatte empfohlen, das Risiko nicht nur zu tragen, sondern konstruktiv zu nutzen. Aus dem Idylliker, der in den Briefen an die Braut die Idealformen bürgerlicher Lebensführung durchspielt und Stück um Stück verwirft, wird nun unversehens ein Held, der ernsthaft bestrebt ist herauszufinden, »auf welche Höhe der Mensch sich stellen, wie nah er an die Gottheit treten kann« (III, 447).

Schon hier, in diesem mit dem Brief an Martini in weiten Teilen identischen *Aufsatz, den sichern Weg des Glücks zu finden*, hatte das Verhältnis zur Wahrheit die Form eines stillen Bundes angenommen. Diese Rücksicht wird in absehbarer Zeit die an die Gleichsetzung von Tugend und Glückseligkeit geknüpften Hoffnungen schwächen, bis sie schließlich ganz verschwinden. Zug um Zug konzentriert sich die Aufmerksamkeit auf »die Schönheit des Einzelnen« (III, 444), auf die herausragende und über die Zeiten erhabene Figur. Auch Kleist entwirft eine Genealogie. Christus und Sokrates, Leonidas und Regulus bedurften demnach nur zuträglicher Umstände, damit »die Schönheit ihres Wesens wie eine Sonne« (III, 447) daraus hervorsteigen konnte. Die hier noch ausgesprochene Zuversicht, daß solche Charaktere und vor allem: solche Begleitumstände sich zu allen Zeiten finden würden, verfliegt indes rasch. »Selbst die größten Helden der Tugend, die jede andere Belohnung verachteten«, hätten doch auf den Lohn gerechnet, verstanden zu werden, heißt es schon im November; »und wer weiß, was Sokrates und Christus getan haben würden, wenn sie vorausgewußt hätten, daß keiner unter ihren Völkern den Sinn ihres Todes verstehen würde.« (IV, 43) Die Vorbehalte, die schon hier den Akzent auf die Inszenierung des Todes legen, ebnen den Weg, auf dem Kleist das Verhältnis von Ich und Welt im Sinne Rousseaus reformuliert. Aber er führt die einmal angebahnte Loslösung weiter, indem er selbst diejenigen zurückstößt, die Rousseau noch als Eingeweihte hatte gelten lassen. Auch darin ist die Schroffheit der Würzburger Episode exemplarisch, daß sie zeigt, wie wenig Kleist bereit ist, mit dem Leser zu paktieren. Das Bild der Exklusivität und die Sakralisierung des Sprachraums greifen unvermittelt ineinander, als er, schon auf dem Weg nach Würzburg, am 5. September 1800 gegenüber Wilhelmine von jener »Tugend der Helden« spricht, die darin bestehe, »auf sein Selbstbewußtsein zurückgewiesen zu sein, nirgends ein Paar Augen zu finden, die uns Beifall zuwinken – und doch *recht tun*« (IV, 102). Was vordem noch als Privileg der schöneren Seelen gegolten hatte und als kaum erreichbar erschienen war, nämlich ohne Aussicht auf Zuspruch oder Anerkennung das Gute zu wollen und zu tun, rückt nun in die Reichweite exklusiver Lebensführung.

Die Tugend des Helden ist Seelenschönheit. Die zuvor skizzierte Genealogie aufgreifend, fährt Kleists Brief fort: »Aber wer weiß, ob Christus am Kreuze getan haben würde, was er tat, wenn nicht aus dem Kreise wütender Verfolger seine Mutter und seine Jünger feuchte

Blicke des Entzückens auf ihn geworfen hätten.« (IV, 103) Die Christologie, deren Gedankenhintergrund jener Insasse durch seine Paränese gleichfalls vergegenwärtigt, liegt ebenso auf der Linie Rousseaus wie die Reverenz an den Habitus des »weinenden Saeculums« und die zweideutige Stellung der Tugend zwischen Ausgrenzung und Dissens. Die Tugend, die nicht die ihr gemäße Umgebung findet, weiß sich ernsthaft bedroht. Aber – und darauf kommt es an – sie ist verehrungswürdig gerade dadurch, daß sie sich im Augenblick des ausbleibenden Zuspruchs bewährt und an den äußeren Widerständen wächst. Es liegt, schreibt Kleist (III, 438), »in der Tugend eine geheime göttliche Kraft«, und sie sei der Sonne gleich, »die nie so göttlich schön den Horizont mit Flammenröte malt, als wenn die Nächte des Ungewitters sie umlagern.«

Die schöne Seele ist unabhängig von Bestätigung, und »Unrecht leiden«, weiß der Schiller-Leser, »schmeichelt große Seelen« (III, 439). Das Naturbild der »Sonne«, die den »Nächten des Ungewitters« trotzt, vermittelt eine Vorstellung von der Archaik ihres Widerstandes und von der zeitlosen Elementarität ihres Gesetzes. Entsprechend wendet sie das Bild ihrer Vollkommenheit nicht nach außen, wo ihr ohnehin nur Mißhelligkeiten und Unverstand begegnen, sondern nach innen. »Das Gefühl, *im Innern schön zu sein*«, liest Wilhelmine im Oktober 1800, also einen Monat nach Eingang des Berichts über das Julius-Spital, »und das Bild das uns der Spiegel des Bewußtseins in den Stunden der Einsamkeit zurückwirft, das sind Genüsse, die allein unsere heiße Sehnsucht nach Glück ganz stillen können.« (IV, 137) Die ostentative Gleichgültigkeit gegenüber sozialer Anerkennung verbindet sich mit der Behauptung eines höheren Selbst, das sich allein genug ist und dessen Wahrhaftigkeit sich im Dissens bewährt, in einer sozialen und historischen Ortlosigkeit, die, erhaben über Idee und Begriff, sich allenfalls in der Fiktion noch indirekt auszusprechen vermag. »Erhalte Dir die Ruinen Deiner Seele«, schreibt Kleist am 7. Januar 1805 an Pfuel, »sie sollen uns ewig mit Lust an die romantische Zeit unsres Lebens erinnern.« (IV, 333) In der forcierten Spannung zwischen Zeitlosigkeit (»ewig«) und Verfall (»Ruine«), von Begehren (»Lust«) und Melancholie (»erinnern«) überdauert die kaum mehr positivierbare und tatsächlich auch unausgesprochene Erwartung. Eine über die harte Fügung der Form hinausgehende Lizenz besitzt diese Seelenschönheit nicht mehr. Sie bekennt sich zu ihrer »Pflicht«, und »wenn der Gedanke an Gott und Unsterblichkeit nur ein Traum wäre« (III, 451). In solchen unter dem Eindruck der Kant-Lektüre formulierten Einsichten wird die Haltung der Seelenschönheit aporetisch. Sie handelt fortan auf eigene Rechnung und ohne metaphysische Sanktion.

Die Stilisierung der Existenz verleiht dem Sinneswandel dieser Tage den Nimbus der Rettung, deren wirksamstes Mittel die Heilung des Gleichen durch das Gleiche ist; »ich bin«, so heißt es am 28. März 1801, »durch mich selbst in einen Irrtum gefallen, ich kann mich auch nur *durch mich selbst* wieder heben« (IV, 205). Bei Kleist beansprucht die Seelenschönheit nicht den Status eines Begriffs. Bereits zur Zeit Rousseaus und unter seiner maßgeblichen Mitwirkung hatte das semantische Feld seinen Zusammenhalt verloren und neben einer *theologischen* Variante, die Goethes *Bekenntnisse einer schönen Seele* aus der Mitte der neunziger Jahre noch einmal aufgreifen, eine *heroische* Variante entstehen lassen[15], die gleichfalls die unumschränkte Geltung einer höheren Ordnung betont, ohne dabei allerdings auch weiterhin ontologisch zu argumentieren. Die heroische Seelenschönheit beruft sich einzig und allein auf die Authentizität des Selbsterlebten und des Selbsterzählten. Mit ihrem theologischen Pendant teilt sie allerdings die Wertschätzung der *fabula*, dazu die Neigung zu einer antithetisch strukturierten Rhetorik – Weisheit versus Buchwissen (vgl. IV, 153) – und zur Konfession. Doch weiß niemand besser als diese schöne Seele, daß die Herzenstöne *gemacht* sind. Ihr Medium, darauf insistiert gerade Kleist, ist die Reprise, die dadurch, daß sie die Anleihe durchscheinen läßt, die Verfehlungen ihres Sagens bewußt hält. Dies zu wissen und zu sagen ist an sich schon ein Dissens. Jene ihrerseits zitierte Genealogie, die Sokrates, Diogenes, Cato und Christus zu ideellen Vorläufern macht, ist zugleich eine Reihe von Widerständen gegen den im übrigen unaufhaltsamen Verfall. Die »*heroische* Epoche« der griechischen und römischen Antike, schreibt Kleist, sei »ohne Zweifel die höchste« gewesen, »die erschwungen werden kann«. Dann aber folgte der Abstieg: »als sie in keiner menschlichen und bürgerlichen Tugend mehr Helden hatten, *dichteten* sie welche; als sie keine mehr dichten konnten, erfanden sie dafür die *Regeln*; als sie sich in den Regeln verwirrten, abstrahierten sie die *Weltweisheit* selbst; und als sie damit fertig waren, wurden sie *schlecht.*« (III, 461)

Die schöne Seele, die sich hier noch einmal philosophiekritisch vernehmen läßt, nimmt den genau entgegengesetzten Weg. Ihr Ziel heißt Ursprung, und die einzige Möglichkeit, sich an ihn heranzuarbeiten, ist für sie das Wort. Aber dieses Mittel ist trügerisch. Die Geschichte der Seelenschönheit ist auch die Geschichte des Mißtrauens in die Aufschlußkraft von Sprache und Schrift, die in der augustinischen *tolle lege*-Szene – die ihrerseits nicht ohne literarische Vorbilder gewesen ist – ihren hypothetischen Anfang genommen hatte. Doch während Augustin das wahre Wort noch in der Schrift zu finden hoffen durfte, deren Auskunft es nur zu vernehmen und getreulich zu *wiederholen* galt, wußte sich Rousseau, nachdem er bei Vincennes auf die Preisfrage des *Mercure de France* gestoßen war, vor die Aufgabe und das Problem gestellt, der Wahrheit eine Form zu geben. Nicht länger als für einen kurzen Augenblick hatte er die Wahrheit sehen dürfen, um sie von da an immer nur *darstellen* zu können, und das heißt: in das Medium der Schrift übertragen. Eine der ersten Abhandlungen Rousseaus widmet sich denn auch der Frage nach dem unvermeidlichen Medium, also nach dem *Ursprung der Sprachen* (1755), und es ist eine einzige Mißtrauenserklärung gegen die Schrift. Statt die Wörter festzuhalten, argumentiert Rousseau, verändere die Schrift ihren Geist, und an die Stelle des vielsagenden Ausdrucks setze sie Genauigkeit: *elle substitue l'exactitude à l'expression*[16]. Die Formgebung durch die Schrift, sagt Rousseau, ist eine Verfälschung.

Kleists Würzburger Episode nimmt diesen Vorbehalt auf und erweitert ihn noch um eine Stufe der Reflexion. Durfte sich Rousseau im Besitz jener Wahrheit wähnen und seine gesamte Schriftstellerei bis zuletzt auf diesen im Augenblick der Bekehrung empfangenen Eindruck und seine persönliche Zeugenschaft zurückführen, so ist bei Kleist schon die Eingebung und Urszene als solche mehrdeutig. An die Stelle des Ursprungs und der ursprünglichen Inspiration, deren Geltung weder für Augustin noch für Rousseau jemals zweifelhaft geworden war, tritt hier ein Zeuge, der nicht die Wahrheit spricht, sondern davon, wie sich sein Wort an ihr verging. Entsprechend fehlt in Kleists Prosa nicht nur die Apostrophe, sondern auch die Emphase der ersten Person nahezu vollständig. An eine *reformatio in pristinum* ist gar nicht mehr zu denken, auch nicht über den Umweg einer gewissenhaften autobiographischen Rekonstruktion. Der historische Abstand ist schon zu groß, die Verfehlung zu gewichtig, als daß ernsthaft auf Wiederherstellung zu hoffen wäre. Die trennende Linie verläuft nicht mehr zwischen denen, die die Wahrheit künden, und denen, die im Irrtum leben, sondern zwischen denen, die um die Verfehlungen der Sprache wissen, und denen, die sie ignorieren. Das Glück der schönen Seele ist sprachlos und stumm.

Kleist weiß sich mit jener Tradition einig, wenn er sein Schicksal ebenfalls als exemplarisch begreift und der Auffassung folgt, daß, solange er sich nur »recht frei« ausspreche, sein Werk »auch notwendig darum der ganzen Menschheit angehören müsse« (IV, 480). Die Würzburger Episode zitiert die Requisiten der Seelenschönheit: den in der Abgeschiedenheit der Zelle vollzogenen Abbau des Weltbezuges und das Pathos der Einsamkeit; die Unwiderruflichkeit des Urteils und das Verlangen nach Vollkommenheit; die durch das Verstummen der Hinzutretenden hervorgehobene monologische Struktur; schließlich das Nebeneinander von Demut und Widersetzlichkeit, wie es gerade für die heroische Variante bezeichnend ist. Aber diese Motive werden noch einmal umgeformt durch das Dazwischentreten jener Divergenz von Rede und Gebärde, deren Unvermitteltheit die Erinnerung an das Urwort verdrängt hat. Die Ausdrucksgestalten der *eloquentia corporis*, also die auf die Hinzutretenden »geschlagenen Augen« und die – metaphorisch nicht minder gewagte – »das Herz zermalmende Stimme«, durchkreuzt die *exactitude* des Wortes, ohne zu neuer Positivität zu finden.[17] Die Kommunikation zerfällt in ihre auseinandertreibenden Elemente – die Aussage, die Redemittel, den Redner, die Zuhörer, den Beobachter –, ohne daß ein einzelnes dieser Teile zu privilegieren wäre. Ebenbürtig in ihrer Verfehlung stehen sie nebeneinander, so wie der Text sie formal zusammenfügt. Allein die Kombination und Fixierung des Heterogenen in der formalen Einheit gibt den Blick auf jene Differenzen frei, deren Spannung dem Bericht seine Eminenz verleiht. Das gilt insbesondere für das Nebeneinander der Sprachebenen, die an dieser Stelle zusammentreffen: das Wort Gottes, die Paränese, die Gebärdensprache, der Erzählbericht, der Brief. Kleists Text montiert diese Elemente auf einer Ebene, ohne zu vermitteln. Diese Schroffheit wirkt als Verweisung: die Dissonanz als das Negativ des Wohlklangs, die Divergenz als das Negativ des Einvernehmens, die Diskrepanz als das Negativ der Harmonie. Positiv kommt das Ideal nicht vor, sondern wiederum nur – und wie auch anders – in der Uneigentlichkeit der Sprache: als das »Wort Gottes« hier, dessen Nachbildbarkeit gerade in Zweifel steht, und dann als »Anmut« im *Marionettentheater*, wo es als Ausdrucksgestalt des *je ne sais quoi* – und der schönen Seele[18] – das Unbezeichenbare bezeichnet. Die Schrift ist bei Kleist nicht bloß ein unvollkommener Ausdruck des unsagbaren Wesens, sondern unmittelbare Präsenz. Sie ist ein Äußerstes, das sein Äußeres in sich selbst trägt, und zwar in dem, was es an Konsistenz verweigert, und in dem, was es verschweigt. Im Zentrum des Textes stehen, gleichsam als Aussparung, die sprachlosen Zeugen.

Es sei die »Finesse« des Dichters, so lobt Kleist einmal die »ganz *schöne* Natur« einer Racine-Übersetzung Rühles, auch das zu sagen, »was er *nicht* sagt« (IV, 341). Im Sinne dieses Darstellungsvorbehalts, mit dem der Kunstgriff des Timanthes schon als Regel anerkannt ist, läßt die Würzburger Episode den expliziten Autor verstummen und in den Text zurücktreten. Die poetische Welt verschließt sich zur Immanenz, in der Imagination und Selbstpräsentation ununterscheidbar werden. Der innere »Perspektivismus« (Leo Spitzer) der Erzählung ersetzt die Stimme, die bis dahin das Geschehen begleitete, und lenkt die Aufmerksamkeit auf das einzelne – den Raum, die Geste, den Klang, das Schweigen. Die verstreuten Elemente stellen das Material bereit für die ästhetische Konstruktion und ihre vexatorischen Züge, an die jene emphatische und unaussprechliche Wahrheit sich flüchtig bindet. Die Form ist das Mittel, auf das Ideal der Unverhülltheit, auf jenes »Schöne« (III, 482) hinzudeuten, an das die Wörter nicht heranreichen.

Die Würzburger *pièce noire* ist das frühe Belegstück für diese dann im Jahr 1811 nachgereichten poetologischen Fragmente. Sie beschwört nicht nur das Unergründliche, indem sie ihm Stimme und Gebärde leiht, sie behandelt und bewältigt es auch als Formproblem. Die Idee der Wahrheit überdauert in der literarischen Überbietung des sachlich Mitgeteilten, die Form ihrerseits strebt – einem in Würzburg formulierten Ideal gemäß – nach Transparenz.[19] Kleist reformuliert die ästhetische Subjektivität als eine Subjektivität im Text. Das Verschwinden des expliziten Autors und die Konstitution der Autorinstanz verlaufen parallel. In der Geschichte der Seelenschönheit ist damit eine neue Komplexionsstufe, aber auch eine Klarstellung erreicht. Die schöne Seele ist nun eine rein ästhetische Figur.

In einem literarischen Kritiker-Dialog, der im September 1812 in der *Zeitung für die elegante Welt* erschien, hat Caroline de la Motte-Fouqué die Wirkung beschrieben, die das mündliche Vortragen von Kleists Prosa hervorruft. Dabei hat sie auch den Kontrast angesprochen, der zwischen der Plastizität der Rezitation und der spontanen Vergeistigung der Zuhörer entsteht. Auf die eine Seite stellt sie die »unbestimmte Deutlichkeit der Umrisse«, wodurch »die Dinge, gleichsam wie erhabene Arbeit körperlich nahe gerückt sind«, auf der anderen sieht sie eine Zuhörerin »mit hellen Geistesaugen« sitzen, die wie das übrige Publikum noch lange, nachdem die Stimme des Sprechers verstummt ist, »in sich hinein sehend« schweigt.[20] In dieser Szene findet sich wohl erstmals dargestellt, was später, etwa von Kafka, noch oft bemerkt worden ist, nämlich die Präsenz von Kleists Sprache, deren Fülle sich nur dem erschließt, der sie *hört*. Wer die Augen nicht zum Lesen braucht, dem öffnen sich diese Texte als Landschaft, in der die Dinge eine »*leibliche Vertraulichkeit*« zu bewahren scheinen.

Kleists Beschreibungen sind physiognomisch, ihre Blickregie folgt der Oberfläche der Dinge. Doch der vermeintliche Gegensatz zwischen der gleichsam physischen Präsenz des Erzählten und den nach innen gekehrten Blicken der Zuhörer, mit dem der Kritiker-Dialog ebenso spielt wie mit dem Kontrast von Hören und Sehen, besteht nur zum Schein. Dem Konzept der Seelenschönheit ist das Nebeneinander von Weltdistanz und Gegenstandsnähe keineswegs anstößig. Schon der Platonismus, dessen binäre Weltsicht sich nicht zuletzt in dieser Zweideutigkeit bemerkbar macht, hat den Soupçon gegen die »Welt« durch die relative Anerkennung des Gegenständlichen ausgeglichen, insofern er es auf etwas verweisen und verwiesen sein ließ, was es selbst nicht ist. Zwar darf nach herkömmlicher platonistischer Lesart nur das Ideenreich des Seins, der Inbegriff des Wahren, Guten und Schönen (*Kalokagathia*), die Attribute der Vollkommenheit beanspruchen, und das Empirische hat dahinter zurückzustehen. Aber die Sinnenwelt ist doch zugleich der Ort, der von dieser anders gar nicht wißbaren Überwelt Zeugnis ablegt. Sie erfüllt diese Aufgabe um so besser, je mehr sie »schön« genannt zu werden verdient. Plotin kann deswegen als das Erste die Schönheit ansetzen, welche zugleich das Gute sei, indem sie das Empirische transzendiere. Das Schöne, wie auch Kleist es mit Blick auf die Sixtinische Madonna durch »hohen Ernst« und »stille Größe« ausgezeichnet sieht (IV, 219, 229)[21], erhält damit eine Zwischenstellung, da es zwar dieser Welt entstammt, aber doch zugleich über sie hinausweist. In seinen Weiterungen begründet dieser Schönheitsbegriff eine eigene Moralität des Sinnlichen. »Denn nirgends ist das Reich der reinen Formen, ist das farblose, gestaltlose, unberührbare Sein, das nur durch die Vernunft selbst zu schauen ist, mit größerer Energie verkündet und nachdrücklicher von allem sinnlichen Dasein der Phänomene unterschieden worden«, urteilt Ernst Cassirer über den *Phaidros*. »Und doch hat Platon andererseits die Kraft sinnlich-plastischer Schilderung, die ihm eigen ist, in keinem anderen Werke so wie hier bewahrt.«[22] In der immanenten Welt legt die Schönheit die Spur der Transzendenz.

Bis weit in die Moderne hinein hat dieser Gedanke dafür gesorgt, daß das Schöne nicht auf das Angenehme und Gefällige beschränkt blieb, sondern auch das Widersetzliche und Unbotmäßige umfaßte: »schön werden Gebilde kraft ihrer Bewegung gegen das bloße Dasein«[23]. Im Umkreis der Seelenschönheit erscheint der Gedanke in der Form eines homöopathischen Entwurfs. Darin wird der Erwartung Ausdruck gegeben, daß man das Gift, nachdem es erst einmal erkannt und nachgewiesen sei, als Heilmittel nutzbar machen könne. Auch Kleist folgt dieser Vorstellung, und zwar von Anfang an. In ihrer Ausschließlichkeit und Konsequenz fungiert seine physiognomische Betrachtungsweise als Antidotum gegen die Gegebenheiten des bloßen Soseins und gegen die Macht des Faktischen, deren sich gleichwohl auch die Therapie bedienen muß. Nicht anders ist es zu verstehen, wenn Kleist den Vorsatz ausspricht, die Sprache »zum Verschwinden zu bringen« – und zwar wiederum durch Sprache. Die Paradoxie ist ebenso offensichtlich wie unausweichlich. Da das mythentiefe Ereignis des Versprechens nicht mehr rückgängig zu machen ist, »das Paradies [...] verriegelt und der Cherub hinter uns« (III, 476), werden Rehabilitation und Kritik, Verweigerung und Versöhnung zu komplementären Handlungen. Das Übel, das zu vermehren auch der fernstehende Kritiker nicht ganz vermeiden kann, stellt von sich aus die Mittel bereit, es, wenn schon nicht zu beseitigen, so doch zu lindern. Rede, Sprache, Rhythmus, Wohlklang, sagt Kleist, seien »aus diesem höheren Gesichtspunkt betrachtet, nichts, als ein wahrer, obschon natürlicher und notwendiger Übelstand« (III, 484); aber sie sind auch das Mittel, dem Übel zu wehren. Nichts als die Wissenschaft und die Sprache, so hatte bereits Rousseau dieses Bedenken aufgenommen, können verhindern, daß aus den Lastern, die sie in die Welt gesetzt haben, Verbrechen werden. »Mein Rat ist also [...], die Akademien, die Schulen, die Universitäten, die Bibliotheken und das Schauspiel, sowie alle anderen Vergnügungen, welche von der Bosheit der Menschen eine gewisse Ablenkung geben können, bestehen zu lassen und sie sogar sorgfältig aufrechtzuerhalten, um die Menschen daran zu hindern, ihren Müßiggang an gefährlichere Dinge zu wenden.« (*OC* II, 972)[24] Das Mißtrauen in den allgemeinen Gang der Dinge und in die »gebrechliche Einrichtung der Welt« (III, 156) führt zu einer Umdeutung des Übels, das sich aufgrund der – wie es an gleicher Stelle heißt – »großen, heiligen und unerklärlichen Einrichtung der Welt« (137) in das Mittel der Wahl verwandelt. Über die Wirkung entscheidet allein das Quantum.

Im Kontext der Würzburger Episode benennt das »Versprechen« die Dosis des Übels, die es braucht, um nicht vollends im Verderben zu enden. Die kulturkritische Idee des Superlativischen zeichnet den Schriftsteller dadurch aus, daß sie ihn mit der Bestimmung und Propagierung des rechten Maßes beauftragt. Widerstand und Unverständnis sind dabei durchaus einkalkuliert, ja sie gelten geradezu als Wahrhaftigkeitserweise. In nachgenialischer Zeit gehört die durch die Exklusivität der Ausnahmegestalt provozierte Asymmetrie zum Repertoire: »die Menschen mögen über mich spötteln soviel sie wollen, heimlich in ihrem Herzen werden sie mich ehren müssen« (IV, 270). Wenn der Dichter sich zurückzieht und die Randexistenz sucht, dann tut er das nicht, weil ihn der Schutzraum der Innerlichkeit locken würde, sondern weil für ihn Einkehr und Aufschwung, Rückzug und Erhebung äquivalente Bewegungen sind. Das Gesetz der Seelenschönheit verpflichtet auf Überbietung: auf die uneingeschränkte Wahrheit jenseits des Gegebenen und Überlieferten, auf die uneinnehmbare Moral jenseits von Gut und Böse, auf die reine Schönheit jenseits des Gefälligen und Angenehmen. Kleist hat die pädagogisch-ästhetische, aus der Frühphase der Idee stammende Aufforderung Plotins, stets und beharrlich an der eigenen Büste zu meißeln (Enn. I 6), aufgegriffen und aktualisiert. Sein Autonomiekonzept besteht darin, sein Dasein geradewegs zum Kunstwerk auszugestalten. Doch fordert er diese Autonomie weniger für seine Person als für jenes Konzept, das in der genealogischen Reihe am Rand der Geschichte immer weitergereicht worden ist. »Ich trete vor einem zurück, der noch nicht da ist, und beuge mich, ein Jahrtausend im voraus, vor seinem Geiste. Denn in der Reihe der menschlichen Erfindungen ist diejenige, die ich gedacht habe, unfehlbar ein Glied, und es wächst irgendwo ein Stein schon für den, der sie einst ausspricht.« (IV, 316) Das unvermittelte Nebeneinander von Gegenstandsnähe und Weltdistanz kehrt hier in veränderter Umgebung wieder als Einheit von Stolz und Ergebenheit. Die Zeit des Versprechens ist wie die ganze Historie nur eine Zwischenphase, die beendet ist, sobald das wahre Wort aufs neue erklingt.

Doch spätestens an dieser Stelle muß Kleist die Aporie, die sich zwischen der Selbstverpflichtung auf die Unbedingtheit und Zeitlosigkeit des Ideals und der »essentiellen Vieldeutigkeit des ästhetischen Gegenstandes« (Blumenberg) auftat, als unerträglich empfunden haben. Als er die Sätze Anfang Oktober 1803 niederschreibt, steht er eben im Begriff, den *Guiskard*, für den er von dem hochverehrten Wieland so viel Zuspruch erfahren hatte, zu verbrennen.

Das Versprechen der Wörter

Indem er für markante Zäsuren immer neue Vorzeichen und Ankündigungen zutage förderte, hat der Historismus auch in den Philologien das Vertrauen in die Setzung absoluter Anfänge erschüttert. Das gilt für Epochen ebenso wie für Biographien. An die Geburtsstunde eines Schriftstellers mag heute niemand mehr glauben, und auch das Würzburger Bekenntnis ist alles andere als eine absolute Initiation. Die Rhetorik des Neubeginns und der Erweckung ist ein Zitat. Aber die literarische Vergegenwärtigung des Ursprungsmythos, wie Kleist sie in seiner Würzburger Episode bietet, erzeugt eine ästhetische Verdichtung, die die Unvergleichlichkeit des Augenblicks noch einmal vor der historistischen Abtragung bewahrt.

Das bühnenhafte Arrangement der Würzburger Episode erlaubt die Umgehung der offenen Erklärungen und der Diskursivität. Es suggeriert jenen dann für die Avantgarden des 20. Jahrhunderts charakteristischen Nimbus des absoluten Neubeginns, der keine Vorgeschichte anerkennen mag, es sei denn diejenige, die sich gleichfalls in den Randbezirken abgespielt hat. Die Linie, die Kleists Episode überschreitet, durchquert die soziale Welt ebenso wie den Raum der Sprache, die beide, in der gleichen Bewegung, entkonventionalisiert werden. Krise und Konversion sind Ereignisse eines einzigen Augenblicks, in dem sich, angestoßen durch den Eingriff des Wunderbaren, Zeitlichkeit und Ewigkeit rätselhaft berühren. Dabei zeigt sich, daß auch die Ästhetisierung eine Form der Emphatisierung ist. Die den Reisebericht bis dahin begleitende und zur Adressatin hinsprechende Stimme geht in diesen wenigen Sätzen verloren. Die perspektivische Selbstverdoppelung des Erzählers in einen Erlebenden und einen Kommentierenden wird abrupt zurückgenommen und konzentriert auf die eine Stimme der gegenständlichen Beschreibung. In dieser gleichen Bewegung, in der sich der Text von der elementaren Diskursregel der Briefgattung, und das heißt: von der Adressatin löst, wird er literarisch. Die Perspektive des Erzählers weicht formaler Transparenz. Doch anders als Rousseau, bei dem die *impassibilité* des personalen Erzählens den Triumph der verdeckten Regie ironisch überhöht[25], hat Kleists Erzähler seinen Ort nur einfach verlassen. Die plötzliche Leere, die den epistolarischen Duktus unterbricht, verleiht dem Eingriff den Nachdruck eines biographischen Arguments. Zu jener im Zusammenhang mit der Umwertung des Unsichtbaren thematisierten Dramaturgie des Erhabenen, wie sie der Redakteur der *Berliner Abendblätter* später in der Mönchsfigur Caspar David Friedrichs porträtiert finden wird, ist es von hier aus nur ein Schritt. Er umfaßt die wortlose Anerkenntnis der ästhetischen Existenz.[26]

Ihre Wirkung verdankt diese Apologie der bezwingenden Selbstverständlichkeit, mit der sie das Exzentrische präsentiert. Schroff und bestimmend erscheint sie gerade aufgrund ihrer tautologischen Eindeutigkeit: dieser Mönch ist – ein Mönch. Ohne ein weiteres Wort erscheint der Preis, den jener für seine Verehrung des Wortes zu zahlen hat, als durchaus angemessen. Mit dem neuen Blick auf den Maßstab der moralischen Schönheit kann Kleist die düstere Miene dessen, der selbst ein Verlorener und zugleich, in der Entrücktheit seines Refugiums, ein Geretteter ist[27], auf sich und seine Absichten übertragen. Noch einmal werden hier zwei Perspektiven konfrontiert, nämlich die Figur selbst – die Botschaft, die sie *verkörpert* – und die Bedeutung der Sätze, die sie *spricht*. Beides zusammen erst bildet den literarischen Text und bekräftigt damit, wiederum in der an keiner Stelle ganz außer Kraft gesetzten biographischen Brechung, die Krise, mit der die düstere Prognose des Monologs sowohl umgangen als auch bestätigt wird.

Dies ist die Stelle, an der die Stimme des Erzählers sich doch, wenngleich nur für die Länge eines halben Satzes, noch einmal meldet: »als ob er uns für verloren hielte«. Die konjunktivische Formulierung ist nicht vorbehaltlich gebraucht, sondern vergleichend. Derjenige, der diesen Vergleich anstellt, ist der Erzähler, der sich in dem nun mit hintergründigem Nebensinn versehenen Pronomen »uns« als gemeint zu erkennen gibt. Die augenblicklich vollzogene Wandlung dieses Pronomens ist bemerkenswert. Während es bis dahin erzählimmanent als Adressat und Gegenspieler für die triumphalen Gesten des Insassen fungierte, transzendiert es nun die Binnenstruktur des Textes. An dieser einen Stelle, an der das Pronomen die verstreuten Teile zusammenbindet und das historische Erleben, die literarische Erzählung und den brieflichen Bericht – die Perspektive des Erlebenden, des kommenden

Schriftstellers und des Berichterstatters – übereinanderlegt, erhält die Szene, ohne daß ihr literarischer Rang im mindesten gefährdet würde, offen und unverstellt bekenntnishafte Züge. Die flüchtige Unterbrechung, die viel zu geringfügig ist, um die formale Geschlossenheit der Episode ernstlich zu gefährden, bewerkstelligt die längst schon auf den Weg gebrachte Konvergenz der Perspektiven. Damit verwandelt sich das reine Sprechen des Insassen in eine Botschaft, so als habe sie nur auf den gewartet, der sich jetzt und für immer gemeint weiß. Das diskrete Detail rundet den Vorfall zur Urszene. Das zweideutige und in dieser semantischen Spannung als kleinste homöopathische Dosis zu begreifende Bild des »Versprechens«[28], das in der charakteristischen »Zerstreutheit« von Kleists Figuren sein Pendant finden wird, liefert den heimlichen Titel für die künftigen Vorhaben: Es entmutigt und ermuntert zugleich. Der vom Bewußtsein des Versprechens getragene Text rückt das Werk in die reflexive Optik des sprachlichen Sündenfalls.[29] Die Form, die hier exemplarisch triumphiert, ist ein Provisorium, dessen Repräsentativität und aufschließende Kraft zur Disposition stehen. Als solches ist sie, die selbst schon Überbietung ist, allerdings unüberbietbar.

Angesichts der »Labyrinthe« (IV, 217), durch die Kleist die Fäden seiner Texte gezogen hat, überraschen die Kontinuität der Gedankenfolge und die Konstanz der Motive. Den Nachlebenden, die von jenem Spätsommertag des Jahres 1800 auf die gelegentlich als Abschluß des Werks und, mit guten Gründen, als »letzte Dichtung«[30] bezeichnete Inszenierung des Freitods im November 1811 vorausblicken, teilt sich unabweisbar der Eindruck mit, es sei bei Kleists künftigem Bestreben, den von den Erosionen geschichtlicher Relativierung unerreichten Ausdruck des Lebendigen zu treffen, der Preis des Scheiterns von Anfang an eingerechnet gewesen. Zwei Tage, bevor die Schüsse fallen, erklärt Kleist, er wolle sterben, weil ihm »auf Erden nichts mehr zu lernen und zu erwerben übrig« bleibe (IV, 493). Diese Lapidarität ist bezeichnend. Die Entschlossenheit und wiedergefundene Heiterkeit[31] dieser letzten Briefe verleihen dem Ende einen heroischen Zug, der von einer höheren Einsicht kündet: »in dieser Stunde, da unsere Seelen sich, wie zwei fröhliche Luftschiffer, über die Welt erheben« – so heißt es in dem von Henriette Vogel mitunterzeichneten Abschiedsbrief an die Frau des katholischen Philosophen Adam Müller (IV, 493), dessen Nachruf das Ereignis befremdet kommentiert hat. Die Indignation dieses einstigen Wegbegleiters blieb kein Einzelfall. Die Zeitgenossen haben die von Kleist mit der Unterkühltheit des Häretikers erwogene Konsequenz, diesen Skandal einer letzten Zweideutigkeit, die das Eingeständnis des Scheiterns ebenso zu umfassen scheint wie den Triumph der Vollendung, gemeinhin als Frivolität wahrgenommen und entsprechend mißbilligt. Im Zentrum der Distanzierungen steht ein Bild, das die den Zeitgenossen unbekannte, da noch unveröffentlichte Würzburger Episode bereits nahegelegt hatte: die Metapher der Krankheit. »Er hat also«, wird ein scharfsinniger Generationsgenosse die Tat am Wannsee kommentieren, »nicht bloß in Werken, sondern auch im Leben *Tollheit* für Genie genommen und beide verwechselt.«[32] So konnte urteilen, wer selbst nach beschworenen und durchstandenen Krisen sein transzendentes Obdach gefunden hatte. Kleist war den anderen Weg gegangen – den Weg der Unversöhnlichkeit, des Rigorismus und, mit Arnims Wort, der störrischen Eigentümlichkeit. Es gehört zu den Konsequenzen dieser Haltung, wenn sein letzter Schritt die Grenzen jener Diesseitswelt überwand, deren Raum betreten zu haben seit jenem Würzburger Erlebnis als eine einzige Verlegenheit hatte erscheinen müssen. Seine mit jenem Tag einsetzende Schriftstellerei hat diese Brechung stets gegenwärtig gehalten – in der Stilisierung des Dichters, in der Rhetorik des Unsagbaren, in der *eloquentia corporis*, im Leitmotiv des Versprechens. Sie hat schließlich einen Extremismus erreicht, der als letztes Mittel die Grenzen des Sprachlichen wie des Lebendigen in einem einzigen Akt durchstieß. Das Schweigen, das darauf folgte, war und blieb polemisch.

Fern von moralischen Erwägungen wird erst Nietzsche erkennen, wie beharrlich sich Kleist mit dem Übertritt aus der christlichen in die heroische Seelenschönheit den Imperativen der Selbsterhaltung entzog. Nietzsche wird von Nihilismus sprechen, vom Beginn einer neuen, zu ihrer Selbstüberwindung entschlossenen Vernunft. »Tugend«, wird er sagen, »ist Wille zum Untergang und ein Pfeil der Sehnsucht.«[33] In ihrer explikativen Stellung deutet Nietzsches Konjunktion auf den roten Faden in Kleists poetischer Praxis, die in der hypothetischen Urszene ihr Thema gefunden hatte. Die Allgegenwärtigkeit und Permanenz der Katastrophe stellte die windungsreiche, aber zu keiner Zeit unterbrochene Verbindung her zwischen seiner ersten und letzten Dichtung.

DIE INDUSTRIELLEN REVOLUTIONEN

Les mots rappellent plutôt des idées qu'ils ne les expriment.
Anne Robert Jacques Turgot,
Plan de deux Discours sur l'Histoire Universelle

Zu den mittelbaren Folgen seiner zweiten italienischen Reise gehört Goethes Entschluß, die Laufbahn des Künstlers aufzugeben und Naturforscher zu werden. Von unterwegs meldet er Knebel, sein *Libellus Epigrammatikum* sei jetzt »zusammengeschrieben«, aus der Hand aber könne er es noch nicht geben. Nach der Heimkunft erscheinen dann in Schillers *Musenalmanach für das Jahr 1796* jene *Venetianischen Epigramme*, in denen die bereits dem Freund anvertraute Entscheidung der Öffentlichkeit bekanntgemacht wird. Es ist eine polemisch getönte Absage an die Einfältigkeit des Gemüts, zu dem die Dichtung spricht, und eine Hinwendung zum Gleichbleibenden und zur Verläßlichkeit der Natur. »Ach, die zärtlichsten Herzen! ein Pfuscher vermag sie zu rühren; / Sei es mein einziges Glück, dich zu berühren, Natur!«

Die Sinnlichkeit, die in der Antithese von Rührung und Berührung zum Ausdruck kommt, und erst recht die dann in der *Divan*-Dichtung noch fortgeführte Personalisierung der Natur lassen schon ahnen, daß der Wechsel so unwiderruflich nicht ist, wie er sich gibt. So sehr sich Goethe fortan auf die Wahrheit der Sinne verlegen wird, um Optik, Botanik und Geologie zu treiben, so sehr begreift er sein neues Betätigungsfeld doch emphatisch. Das Sichtbare, das er mit Worten durchmißt, ist ein Schleier. »An des geblümten Schleiers Wiesenteppich, / Allbuntbesternte, schön erkenn ich dich.« Poesie und Naturbetrachtung bleiben ungetrennt. Seine Emphase aber wird Goethe in den Feldzügen gegen Newton die stärksten Formulierungen eingeben und ihn noch im Irrtum, den er niemals zugestehen wird, über die Beschränkungen des Atavismus und der Verbohrtheit hinwegtragen. Die Natur läßt er in der Rolle einer standhaften und edelmütigen Person auftreten, »welche selbst unter allen Qualen bei der Wahrheit verharrt. Steht es anders im Protokoll, so hat der Inquisitor falsch gehört, der Schreiber falsch niedergeschrieben«[1]. Wenngleich aus solchen Sätzen die Erwartung zu sprechen scheint, daß die Grundüberzeugungen der neuzeitlichen Naturtheorie gegen Newton als ihren avancierten Vertreter gewendet und somit der Gegner auf eigenem Feld geschlagen werden könne, dürfte sich der Dilettant über die Vergeblichkeit seiner Interventionen doch jederzeit im klaren gewesen sein. Gleichwohl hat das Wissen um das Unabänderliche seinen Elan nur beflügelt und seinen Ton noch verschärft. In Zeiten, da die Wahrheit nicht durchdringen könne, heißt es in dem zwei Jahrzehnte nach der Konversion beendeten Historischen Teil der Farbenlehre, müsse die Wahrheit »gleichsam eine Protestation« einlegen, »um ihre Rechte, wo nicht zu behaupten, doch zu verwahren«.[2] Was vordem noch als Laune und Verirrung hatte erscheinen können und gelegentlich auch der Rechtfertigung bedurft hatte, findet nun seinen tieferen Beweggrund. Die Selbstbehauptung der Wahrheit ist nicht nur eine Grundfigur der naturtheoretischen Kontroverse, sie birgt auch ein zivilisationskritisches Verdikt. Die wortreich attackierte Lehre Newtons steht als *pars pro toto* und Gipfelpunkt einer Auffassung, die den Menschen mit Descartes als *maître et possesseur* der Natur begreift[3], für einen Standpunkt also, der ihre Unterwerfung verlangt und so die tiefgreifenden Veränderungen der Neuen Zeit zu Ende führt. Goethe, der umgekehrt den wissenschaftlichen und den politischen Fortschritt am Vorbild naturhaften Wachstums und Gedeihens messen möchte, sieht mit der systematisch betriebenen »Absonderung« der Natur vom Menschen das Unheil heraufziehen, den in die lockenden Farben des Fortschritts gekleideten Niedergang.

Dabei leidet er nicht wenig darunter, daß ihn die Dynamik der Zeit ganz gegen seine auf Repräsentation zielenden Absichten dazu nötigt, Partei zu ergreifen und zu widersprechen. Als Ironiker, der ›sein Sach' auf nichts gestellt‹[4] hat, mußte ihm Parteilichkeit ein Greuel sein. Daß sie ihm dennoch, wider Einsicht und Empfinden, aufgezwungen wurde, hat er als die stärkste persönliche Zumutung der Revolutionsepoche ansehen müssen.

Angesichts der Unentrinnbarkeit seiner Lage hat er einigen Scharfsinn daran gewendet, das Unrecht, in dem er sich als Naturforscher befand, in ein Unrecht umzudeuten, das man ihm und seiner Sache antat. Nur selten findet sein Ton noch den Klang freudiger Resignation an den Grenzen der Menschheit, die eine Aufzeichnung des Jahres 1826 festhält. Verbitterung spricht aus den Zeilen, in denen der Sechsundsiebzigjährige jenes zeitgenössische Bündnis von Schnellebigkeit und Mittelmaß charakterisiert, das der Wahrheit das Unrecht der Randständigkeit zufügt. Alles sei jetzt ultra, schreibt Goethe am 6. Juni 1825 an Zelter, alles transzendiere unaufhaltsam, im Denken wie im Tun.

»Von reiner Einfalt kann die Rede nicht sein; einfältiges Zeug gibt es genug. Junge Leute werden viel zu früh aufgeregt und dann im Zeitstrudel fortgerissen; Reichtum und Schnelligkeit ist was die Welt bewundert und wornach jeder strebt; Eisenbahnen, Schnellposten, Dampfschiffe und alle mögliche Fazilitäten der Kommunikation sind es worauf die gebildete Welt ausgeht, sich zu überbieten, zu überbilden und dadurch in der Mittelmäßigkeit zu verharren. Und das ist ja auch das Resultat der Allgemeinheit, daß eine mittlere Kultur gemein werde, dahin streben die Bibelgesellschaften, die Lancasterische Lehrmethode, und was nicht alles. Eigentlich ist es das Jahrhundert für die fähigen Köpfe, für leichtfassende praktische Menschen, die, mit einer gewissen Gewandtheit ausgestattet, ihre Superiorität über die Menge fühlen, wenn sie gleich selbst nicht zum Höchsten begabt sind. Laß uns soviel als möglich an der Gesinnung halten in der wir herankamen, wir werden, mit vielleicht noch wenigen, die Letzten sein einer Epoche die sobald nicht wiederkehrt.«

Die briefliche Eröffnung ist das späte, dem Fatalismus ergebene Resultat einer anhaltenden Auseinandersetzung mit den Veränderungen der Zeit. Goethe wußte sich als Zeitzeuge des Umbruchs und hat auf seine sinnfälligsten Ausdrucksgestalten, die politische und die industrielle Revolution, mit vergleichbarer Ablehnung reagiert. Bereits 1797, viele Jahre also vor dem Entwurf der Handwerksutopie in den *Wanderjahren*, hatte er in dem Aufsatz über *Kunst und Handwerk* den Hingang jener Welt künstlerischen Strebens beschrieben, an deren Resultaten sich Schöpfer und Benutzer einmal gleichermaßen erfreuen konnten. Der Kritiker erinnert an die homerische Welt, in der es einem Künstler geschah, daß er angesichts der Vortrefflichkeit eines Gürtels, den er gefertigt hatte, zeitlebens feiern durfte. Werke wie diese, sagt Goethe, waren für keinen Preis zu haben. Demgegenüber seien die Produkte des mechanischen Künstlers wohlfeil und ohne vergleichbares Interesse, da die Serienherstellung den Nimbus des Originals zerstört habe. Sein tausendstes Werk sei wie das erste, »und es existiert am Ende auch tausendmal«[5]. Zerfallen ist, was Benjamin später die Aura nennt, jenes »sonderbare Gespinst von Raum und Zeit«, die »einmalige Erscheinung einer Ferne, so nah sie sein mag«. Bereits Goethes Kulturkritik hat diesen melancholischen Klang. Wiederum mit Blick auf England, über dessen wirtschaftlichen Aufschwung er sich ebenso wie über das französische Gesellschaftsleben mit Hilfe von Zeitschriften und Reiseberichten auf dem laufenden hielt, setzt er seiner Bestandsaufnahme die Beobachtung hinzu, »daß man in den neueren Zeiten das Maschinen und Fabrikwesen zu dem höchsten Grad hinaufgetrieben hat und mit schönen, zierlichen, gefälligen, vergänglichen Dingen durch den Handel die ganze Welt überschwemmt«. Und als hätte es im Gefolge solcher Bilder noch der Bekräftigung bedurft, endet diese Besichtigung des Zeitalters mit der dann ein Vierteljahrhundert später gegenüber Zelter bekräftigten Wendung, daß das Ganze »mit unaufhaltsamer Gewalt« forteile. Hatte sich schon die *politische Revolution* den Zeitgenossen auf eine Weise bemerkbar gemacht, die Indifferenz verbot, so duldet die nun um sich greifende *industrielle Revolution* überhaupt weder Unbetroffenheit noch den »müßigen Zuschauer«.[6] So früh war aus dem Abstand der Weimarer Provinz zu erkennen, daß die neuen Verfügungsangebote auch neue Unverfügbarkeiten mit sich bringen würden.

Die lange, weit über den Tod hinaus erfolgreichen und von der Umgebung erstaunlich rasch bestätigten Selbststilisierungen Goethes zum »Repräsentanten« erschweren im Rückblick die Wahrnehmung der Sonderstellung, die er seit der Jahrhundertwende in diesen Fragen eingenommen hat. Gewiß gab es, wiederum zu seinem Verdruß, unter den Romantikern Gleichgesinnte – notorisch Unzeitgemäße wie Clemens von Brentano, Eichendorff, Carus, Nerval, Blake –, und mit John Ruskin, den die fortschritts- und industrialismusbegeisterten Futuristen verhöhnen werden, sollte sich eine verwandte Stimme finden, die dem, was er dazu zu sagen hatte, auch in den folgenden Jahrzehnten noch Gehör verschaffte. Die Mehrzahl der Zeitgenossen jedoch empfand den wissenschaftlichen und technischen Fortschritt als Fortschritt schlechthin. Der Sog der Erwartungen überwog die Sorge um Verluste beträchtlich.

Darüber, daß der Fortschritt inzwischen wieder ins Gerede gekommen ist, wird leicht vergessen, worin seine Anziehungskraft einmal bestand. Die Vorstellung des gattungs- und epochenübergreifenden Aufstiegs erleichterte es, Vergangenheit und Gegenwart zur Einheit zu bringen, und wies die Richtung auf Künftiges hin. Dem aber, der sich in dieses Geschehen verstrickt sah, bedeutete sie Halt und Bestimmung. Sie lebte von dem Versprechen, daß die durchlaufenden Ereignisse und Begebenheiten nicht umsonst geschehen, daß Not und Entbehrung nicht vergebens gewesen seien. Der Begriff Fortschritt spielt ein Spiel mit der Zeit: In der Perspektive seiner Erwartung, die den Blick gleichsam von der Zukunft aus hoffnungsfroh auf sich selbst zurücklenkt, erscheint die Geschichte als Vor- und Zwischenstufe eines ferneren Gelingens.

Die Fortschrittskritik hält zu solchen Spekulationen Distanz, aber sie gibt das Modell nicht vollkommen preis. Vielmehr weist sie dem Fortschritt die gemessen an den vormaligen Ambitionen demütigende Aufgabe zu, wenigstens seine Folgen erträglich zu halten. Bereits bei Rousseau, der diesen Gedanken besonders wirkungsvoll vortrug, rivalisieren verschiedene Fortschrittsbegriffe, deren Balance die prekäre Alternative zwischen Progression und Regression überwinden soll. Doch bevor diese Spannungen am Ende der Aufklärung vereinzelt ins Bewußtsein drängen, gelten technische Neuerungen und, damit verbunden, ökonomische Prosperität als Fortschritt schlechthin. Ein gut Teil ihres auftrumpfenden Selbstbewußtseins bezog die Neuzeit aus dem Kontrast, der sie von jenem Mittelalter trennte, das eines ihrer geistesgeschichtlich folgenreichsten Erfindungen ist. Indes verlangte ihre Selbstlegitimation in den Verläufen der selbstkonstruierten Universalgeschichte nach Kontinuitätsgewährleistungen.

Diese sah die Aufklärung verbürgt durch den ingeniösen Geist einiger weniger, denen die jahrhundertelange »Verdunkelung« nichts hatte anhaben können. Die technischen und wissenschaftlichen Neuerer galten als die Träger des Lichts. Ihnen allein sei es zu danken, schrieb Turgot 1749, wenn »inmitten der Unwissenheit, die in Europa und Griechenland seit dem fünften Jahrhundert geherrscht hat, die Künste um tausend neue Entdeckungen bereichert wurden, ohne daß auch nur eine unbedeutende verloren gegangen wäre. Die Schiffahrt hat sich vervollkommnet und selbst die Kunst des Handels. Wir verdanken diesen Jahrhunderten Wechselbriefe, Papier aus Baumwolle, wie es in Konstantinopel gefunden wurde, und aus Lumpen im Abendland; Fensterglas, große Spiegel, optische Linsen, Kompaß, Schießpulver, Wind- und Wassermühlen, Uhren und eine Unzahl anderer Künste, die im Altertum unbekannt waren.«[7] Die Aufklärung stellt dieses in aller Stille zusammengetragene Wissen der *sciences et arts* auf ein breites Fundament und universalisiert die bis dahin erzielten ›Fortschritte‹ zu dem einen, die Gattung in die Zukunft geleitenden ›Fortschritt‹.

Es entspricht dieser Tendenz, wenn die Zeitgenossen die Errungenschaften der Vergangenheit nun auch praktisch anwenden möchten und den Zugewinn an Erkenntnissen und Fertigkeiten mit der Verbesserung der Regierungen und der Hebung ihrer Moral zu verbinden suchen. Turgot, der neben Condorcet einer der konsequentesten Vertreter der Fortschrittsidee in Frankreich war, blickt nach Italien und beschwört den republikanischen Geist der großen Städte. »Italien, ich grüße Dich!« ruft er aus. »Unser Frankreich schaut noch von weitem Deinen Fortschritten zu. Seine Sprache, die noch von den Überresten der Barbarei infiziert ist, kann ihnen noch nicht folgen. Bald schon wird unheilvolle Zwietracht ganz Europa zerreißen, waghalsige Männer haben die Grundfesten des Glaubens und die Reiche erschüttert; werden die knospenden Zweige der schönen Künste, mit Blut übergossen, weiterwachsen? Der Tag wird kommen, und dieser Tag ist nicht mehr fern, an dem sie alle Gegenden Europas schmücken werden.«[8] Für viele Aufklärer, und gerade für die gemäßigten, ist diese Gesinnung vorbildlich. Als Turgot und Adam Smith im Herbst 1766 in Paris zusammentreffen, sind sie darin einig, daß der technische und ökonomische Fortschritt allen Mitgliedern der Gesellschaft zugute kommen, also zum sozialen Fortschritt erweitert werden müsse. Die Entlassung aus traditionellen Bindungen soll durch neue, gerechtere Regelungen aufgefangen werden.

Doch während des halben Jahrhunderts, das zwischen Turgots Erwartungen und Goethes Erfahrungen verstreicht, wird erkennbar, daß die Neue Zeit wohl in Italien ihren Ausgang genommen hatte, nicht aber dort vollendet werden würde. Der Ort der industriellen Revolution ist England – England, die Wirkungsstätte des von Goethe erbittert befehdeten Newton und zugleich der Entfaltungsraum jener Lancasterischen Lehrmethode, eines didaktischen Programms, das die gegenseitige Unterrichtung der Schüler vorsah. Das Gefälle seiner Beispiele verdeutlicht das Ausmaß der Bedrohung, die der Weimarer Beobachter empfunden haben muß. Seine Anteilnahme ist charakteristisch für die Beurteilung dessen, was von nun an die »industrielle Revolution« heißen wird. Sie ist selbst bei dem Sozialreformer Arnold Toynbee noch zu spüren, dessen *Lectures on the Industrial Revolution of the 18th Century in England* von 1884 den Begriff der industriellen Revolution schließlich einer breiten Öffentlichkeit bekanntmachen. Erst in Max Webers *Wirtschaftsgeschichte* weicht die Emphase distanzierter Nüchternheit, wenn es dort heißt, jenes epochale Geschehen sei durch drei signifikante Merkmale gekennzeichnet: durch die *Loslösung der Technik*

»von den Schranken der den organischen Stoffen innewohnenden Gebundenheit«, sodann durch die *Loslösung der technischen Produktion* »von den organischen Schranken der Arbeit«, schließlich durch die *Loslösung der Güterproduktion* »von jeder Gebundenheit an die überkommene Tradition«.[9]

Als der Begriff am Anfang des 19. Jahrhunderts in Frankreich aufkommt, steht er in deutlicher Analogie zu den Ereignissen der politischen Revolution. Die wirtschaftliche sei die umfassende Revolution, kann Alphonse de Lamartine 1836 in der Abgeordnetenkammer sagen, es sei das 1789 des Handels und der Industrie. Bereits 1817 hatte der Minister Jean-Antoine Chaptal von den *révolutions dans l'industrie* gesprochen[10] und damit jenen zeitgenössischen Prozeß wirtschaftlicher Umwälzungen bezeichnet, der die politische Revolution sei es vollendet, sei es korrigiert. Die Attraktivität der neuen Wortverbindung beruhte offenbar auch darauf, daß sie diesen Bezug herstellte, ohne die Frage der Wertung eindeutig zu entscheiden. Freilich lag ein Unterschied der Ereignisse offen zutage: Während man die politische Revolution augenblicklich und spektakulär erlebt hatte, als Ereignis, geschah die industrielle allmählich und unauffällig, als Prozeß. Sie äußerte sich einerseits in der fortschreitenden Neuorganisation der Produktion und der wirtschaftlichen Abläufe, andererseits in den dadurch hervorgerufenen sozialen Veränderungen. So ließ sie sich als Erscheinung jener weitreichenden *révolution morale* begreifen, die nach dem Urteil der Saint-Simonisten und anderer Beobachter[11] spätestens seit Beginn des Jahrhunderts auch in Frankreich auf allen Ebenen der Gesellschaft Wirkung zeigte.

Zu den Merkwürdigkeiten dieser Begriffsgeschichte gehört, daß der Exponent des *industrialisme* auf den Gebrauch der neuen Formel offenbar verzichtet hat. Claude Henri de Saint-Simon spricht nicht von industrieller Revolution. Das überrascht insofern, als Saint-Simon, der mit Condorcet persönlichen Umgang pflegte, 1789 als einer der »ausgesprochensten Anhänger der Revolution« aufgetreten war und auch nach der Jahrhundertwende noch eine soziale Ordnung verlangte, die die alten Privilegien abschaffen und allein die Leistungen »des Geistes wie der Hand«[12] gelten lassen sollte. Saint-Simons Verzicht verliert allerdings alles Befremdliche, wenn man ihn als Vermeidung dessen versteht, was Anfang des 19. Jahrhunderts mit dem Prinzip des Revolutionären an Erwartungen, und das heißt auch: an Unbegrifflichem assoziiert war. »Revolution« hieß Umsturz. Gerade dies aber möchte der Saint-Simonismus vermeiden, indem er die politische Revolution zugleich vollendet und überwindet. Die *positiv* eingerichtete Gesellschaft, die ihm vorschwebt, kennt keine Gegner mehr, es sei denn den Müßiggänger, denn dieser verkörpert den Antitypus zum Idealbild des *homo faber.* Zwar *bedeutet* und *bewirkt* auch die Heraufkunft des industriellen Zeitalters, die Regentschaft der *industriels* und *producteurs*, der Techniker, Wissenschaftler, Fabrikanten und Händler, de facto eine Revolution; doch im Unterschied zu den Anhängern von 1789 hält es der Sozialtechniker für überflüssig, ja für eine irrige Auffassung von der Funktionsweise sozialer Abläufe, wenn dafür eine Revolution *veranstaltet* wird. Das *système industriel* ist ein Resultat des Übergangs, und es ist aufbauend und positiv, wo das Ereignis der Revolution bloß zerstörerisch und negativ war. Saint-Simon löst den Zwiespalt, von dem Goethe seine Zeit beherrscht sieht, indem er politische und industrielle Revolution rigoros trennt. Die neue Ordnung soll frei sein vom Parteigeist der Revolutionäre. Entsprechend leicht fällt es ihm, die Ereignisse von 1789 rückblickend als Bagatelle zu behandeln. »Die bedeutendsten Revolutionen haben mit ihren mehr oder weniger beträchtlichen Eingriffen die eigentliche Natur des Systems nicht verändert. Heute erstmals, als Resultat all dieser vorbereitenden Veränderungen, geht die Menschheit zu einem absolut entgegengesetzten System über, das materiell auf dem positiven Gemeinnutzen basiert, geistig auf den positiven Beweisführungen.«[13] Die Radikalität der Neuerung wird gar nicht geleugnet, wohl aber, daß sie den schmerzlichen Erfahrungen der politischen Revolution auch nur von Ferne gleiche. Die Herrschaft der industriellen Elite ist überpolitisch, darin besteht ihre Positivität. Ganz im Sinne der cartesianischen Formel vom *maître et possesseur* hat sie es unmittelbar mit der Natur und ihrer blanken Objektivität zu tun. Gebt mir Materie, zitiert Saint-Simon den Verkünder des Cogito, »und ich werde euch eine Welt daraus formen«.

Der Saint-Simonismus entfaltet ein Konzept sozialer Herrschaft, das dem frühneuzeitlichen Gedanken einer Naturbeherrschung durch Gehorsam und Regelbefolgung nachgebildet ist. Auch er macht sich die Ansicht zu eigen, daß nur derjenige ein Gott werden kann, der es sich zuvor versagt hat, ein Gott sein zu wollen. Revolutionären wie Antirevolutionären mußte diese Wendung – übrigens aus vergleichbaren Beweggründen – als zynisch erscheinen, und so verwundert es nicht, daß Goethe, von Thomas Carlyle darauf angesprochen, diesem rät, der Société St. Simonienne, diesen »Hausnarren des Tages«, aus dem Weg zu gehen.[14] Doch solche Spötteleien zeigen wenig Wirkung. Der Propagandist des Industrialismus hat den zeitgenössischen Bedeutungswandel von »Industrie« auf seiner Seite, der bereits in Jaucourts *Encyclopédie*-Artikel von 1765 hörbar geworden war. Dort wird auf den Doppelsinn des Wortes hingewiesen, das nämlich zunächst einfach ›Handarbeit‹, *travail des mains*, bedeutete, aber auch ›Erfindungen im Maschinenbereich‹, *inventions de l'esprit en machines utiles*. Im gleichen Atemzug erfolgte die Anbindung an das aufklärerische Fortschrittskonzept. Die Industrie, so Jaucourt in physiokratischem Geist, gründe sich auf die Bestellung von Grund und Boden, auf die Manufakturen und die Künste, sie befruchte alles und verbreite überall Leben und Überfluß. »Wie die zerstörenden Völker Übel anrichten, die länger andauern als sie, so schaffen die betriebsamen Völker Güter, die mit ihnen selbst nicht aufhören.«[15] Das Wort Industrie, das bis dahin im Sinne von ›Fleiß‹ und ›Betriebsamkeit‹ verwendet worden war, erhält nun die Bedeutung der ›gewerblichen Produktion materieller Güter‹ und wird einem visionären Geschichtsentwurf integriert. Saint-Simon folgt dieser Spur. Wenn er ankündigt, daß seine Enzyklopädie diejenige Bacons, sein Weltsystem dasjenige Newtons und seine Methode diejenige Lockes übertreffen werde, so spricht daraus auch die Zuversicht, daß die *eine* Ordnung der Dinge alle denkbaren Fortschritte in Theorie und Praxis vorgreifend und allumfassend in ihrem Entstehungsprozeß vereinigen werde. Die Unumstößlichkeit der totalen Ordnung und der Wahrheiten, auf denen sie fußt, soll politische Händel überflüssig machen, ja, sie zielt auf die Überwindung des Politischen überhaupt. Der moderne Triumph der Technik beginnt mit der Vision einer entpolitisierten Welt, der ihr Verkünder mit einer naheliegenden Metapher Nachdruck verleiht. Alle Menschen werden arbeiten, sagt er 1802 in seinen *Genfer Briefen* voraus. »Sie alle werden sich wie Arbeiter betrachten, die einer Werkstatt zugeteilt sind.«[16] In dieser Welt kennt jedermann seinen Platz, jeder hat seine und nur seine Rolle zu spielen. Die Einrichtung der *grande société d'industrie* verlangt nicht nur die tiefgreifende Neuordnung von Wissenschaft und Wirtschaft, sie umfaßt wie alle großen Ordnungsutopien ein prospektives Konzept endgültiger sozialer Befriedung.

Während Comte, der Schüler Saint-Simons, diese Gedanken aufgreift und zur *physique sociale* fortentwickelt, schwächt der historische Materialismus die Kontrastierung zwischen politischer und industrieller Revolution wieder ab und ersetzt sie durch eine Hierarchie, deren

Spitze die industrielle Revolution als Schrittmacherin bildet. Der historische Materialismus würdigt Saint-Simons Anregungen, seine »geniale Weite des Blicks«, vermißt jedoch, wie Engels 1880 in seiner Programmschrift über *Die Entwicklung des Sozialismus von der Utopie zur Wissenschaft* schreibt, die eindeutig proletarische Perspektive. Als Engels den Begriff 1844 in die deutsche Literatur einführt, erneuert er das revolutionäre Pathos, an dessen Dämpfung Saint-Simon so sehr gelegen gewesen war. In bemerkenswerter Übereinstimmung mit einer frühen Formulierung Alphonse Blanquis erklärt er, die durch Watts Dampfmaschine und Arkwrights Kettenstühle, Kardier- und Vorspinnmaschinen angestoßene industrielle Revolution habe »zugleich die ganze bürgerliche Gesellschaft umgewandelt«. Sie sei »um so gewaltiger« verlaufen, »je geräuschloser sie vor sich ging«.[17] Als einen Effekt der industriellen Revolution nennt Engels die Aufrichtung von Klassenschranken. Erst die industrielle Revolution, so erläutert er die Zweideutigkeit dieses Vorgangs, habe das Proletariat geschaffen, »indem sie die Arbeiter vollends zu bloßen Maschinen machte und ihnen den letzten Rest selbständiger Tätigkeit unter den Händen wegnahm, sie aber eben dadurch zum Denken und zur Forderung einer menschlichen Stellung antrieb«.

In diesen Formulierungen deutet sich bereits jene Erweiterung des Begriffs zum Epochentitel an, der dann die auch späterhin von marxistischer Seite bevorzugt als »wissenschaftlich-technische Revolution« gewürdigten Aspekte der veränderten Produktionsweise hervorhebt und sie der Periodisierung der materialistisch begriffenen Geschichte integriert. In diesem Kontext erscheint die Industrialisierung nicht mehr, wie bei Saint-Simon, als Schlußpunkt einer endlich positiv, also auf die Gültigkeit wissenschaftlicher Befunde gegründeten Geschichte, sondern als Passage auf dem Weg zum letzten Gefecht. Seine Akteure sind Agenten eines über sie hinweggreifenden Prozesses, der auch diejenigen Verluste, die manch ein mitbetroffener Zuschauer beklagen mag, im nachhinein zuverlässig ausgleicht. »Der Fortschritt der Industrie, dessen willenloser und widerstandsloser Träger die Bourgeoisie ist, setzt an die Stelle der Isolierung der Arbeiter durch die Konkurrenz ihre revolutionäre Vereinigung durch die Assoziation. Mit der Entwicklung der großen Industrie wird also unter den Füßen der Bourgeoisie die Grundlage selbst hinweggezogen, worauf sie produziert und die Produkte sich aneignet. Sie produziert vor allem ihren eigenen Totengräber. Ihr Untergang und der Sieg des Proletariats sind gleich unvermeidlich.« (4, 473 f.) Die Revolutionierung der sozialen Verhältnisse erscheint nun als Erfolg der Industrialisierung, die in England ihren Ausgang nahm. Die technische Basis der im 18. Jahrhundert entstandenen modernen Industrie sei revolutionär, bestätigt Marx im *Kapital*, während die Grundlage aller früheren Produktionsweisen reaktionär gewesen sei. »Die Revolutionierung der englischen Industrie ist die Basis aller modernen englischen Verhältnisse, die treibende Kraft der ganzen sozialen Bewegung. [...] Die soziale Revolution ist erst die wahre Revolution, in der die politische« – die französische – »und philosophische« – die deutsche – »Revolution ausmünden müssen.« (2, 566, 550; s. a. 23, 511) Damit ist die industrielle Revolution geschichtsphilosophisch anerkannt und bestätigt. Als Beitrag zur Entfaltung und Dynamisierung der bürgerlichen Gesellschaft gibt sie die entscheidenden Impulse, um mittelbar auch die proletarische Revolution vorzubereiten, die ihrerseits voll entwickelte Produktionsverhältnisse zur Voraussetzung hat. »Es ist die Revolutionierung aller hergebrachten Verhältnisse durch die *sich entwickelnde* Industrie, die auch die Köpfe revolutioniert« – so resümiert Engels schließlich am 31. Dezember 1892 in einem Brief an Sorge.

Aus dieser teleologischen Perspektive kann es nur eine, kann es nur *die* industrielle Revolution geben. Als Teilstück einer widersprüchlichen und von Rückschlägen bedrohten, letztlich aber doch mit dem Ziel der »Besserung« (Kant) voranschreitenden Geschichte mag diese Etappe dehnbar sein – wiederholbar oder wiederholungsbedürftig ist sie nicht. So erklärt sich, weshalb der Begriff einer »zweiten industriellen Revolution«, der Mitte der dreißiger Jahre von Georges Friedmann angeregt wurde und nach dem Zweiten Weltkrieg verstärkt Beachtung fand, als Düpierung derer empfunden werden konnte, die der Idee des unverbrüchlichen Aufstiegs weiterhin die Treue hielten.

Dabei war diese Begriffserweiterung vage genug. Man zögerte, die erste kategorial von der zweiten industriellen Revolution abzugrenzen, und fragte, ob und inwiefern die Tragweite der sozialen Veränderungen der jenes »Kohle- und Eisenzeitalters« glichen. Tatsächlich gab die Bezeichnung, wie gelegentlich eingeräumt wurde, vornehmlich dem unabweisbaren »Empfinden« Ausdruck, »daß etwas anderes, etwas Neues vor sich geht«[18], und ließ jede wirtschafts- oder wissenschaftsgeschichtliche Prägnanz vermissen. Da die faktische Innovation zudem in der Milderung und Rücknahme jener Folgelasten gesehen wurde, die die erste industrielle Revolution hinterlassen hatte, also etwa in der nun als realistisch eingeschätzten »Möglichkeit der Entproletarisierung«, entzündete sich im Gefolge des Wettstreits der Systeme ein Streit um den Begriff. Die 1958 in der seinerzeit auf die Interessen des Kalten Krieges eingeschworenen *Deutschen Zeitschrift für Philosophie* gestellte Frage, ob es eine zweite industrielle Revolution denn überhaupt gebe, war durchaus rhetorisch gemeint. Die Bezeichnung wurde als Affront gegen die »marxistische Weltanschauung« verstanden, die auf globaler Ebene weiterhin am Konzept des Klassenkampfes festhielt und, um Gemeinsamkeiten auszuschließen, für die technologischen Umbrüche der Nachkriegsgesellschaften fortan den Begriff der »wissenschaftlich-technischen Revolution« bevorzugte. Dieser Konkurrenzbegriff verdankte seine Prägung dem Fortschrittsverständnis und Selbsterhaltungsinteresse der materialistischen Geschichtsauffassung.

Demgegenüber erkannte die philosophische Kulturkritik, die sich mit Hans Freyer als die große, das Industriezeitalter begleitende »geistige Widerstandsbewegung« empfand, nach 1945 gerade in den außerhalb dieses dogmatischen Horizonts spürbaren Unsicherheiten Indizien für die besondere Qualität der eingetretenen Veränderungen. Die »Komplizierung der zivilisatorischen Superstrukturen« hatte nach dem Urteil Arnold Gehlens einen Differenzierungsgrad erreicht, mit dem die moralische Anpassungsfähigkeit der Menschen nicht länger Schritt hielt. Der moderne Industrialismus, so Gehlen weiter, widerrufe die überkommenen Vorstellungen und Auffassungen, ihre Konventionen und Begriffe. Der dadurch bewirkte »Umbau« sei allenfalls vergleichbar mit dem Übergang von der Jägerkultur zur Seßhaftigkeit. »In beiden Fällen war die geistige und moralische Revolution offenbar total.«[19] Im Hinblick auf die Gegenwart mied Gehlen den Begriff der industriellen Revolution aus einem den früheren Vorbehalten des Saint-Simonismus gerade entgegengesetzten Grund. Er kennzeichnete ihm nicht entschieden genug den dramatischen Traditionsbruch, der sich mittlerweile vollzogen hatte. Als Erbe der Aufklärungstradition, so Gehlen, hat der Industrialismus allmählich alle »Lebensbedingungen und geistigen Gewißheiten« verändert, soziale Gegensätze umgruppiert, vormalige Luxusgüter allgemein verfügbar gemacht und außer immer neuen Produkten auch immer neue Bedürfnisse produziert. »Maître et possesseur de la nature heißt dabei: daß es keine massiven, nach aller Erfahrung unüberwindlichen äußeren Widerstände der

›Natur‹ gibt, die irgendwie eine letzte Verzichtsbereitschaft aufnötigen könnten. Daß man auch keine unüberwindbaren Widerstände der Sozialordnung zuläßt, die zu Verzichten nötigten, ist selbstverständlich: in dem maître et possesseur de la nature ist das maître et possesseur de la société enthalten.«[20] Die Funktionalität der spätmodernen Gesellschaft, die in ihren soziologischen Selbstbeschreibungen nichts mehr von Qualitäten wissen und sich auf funktionale Aspekte zurückziehen will, ist demnach selbst ein Produkt qualitativer Veränderungen. Die industrielle Revolution und ihre Imperative, so stellt sich nun heraus, bergen die Tendenz, dies, ihre Geschichte, ihr eigenes Hervortreten und die damit verbundenen Umstellungen vergessen zu machen.

Die Pointe und Maßgeblichkeit jener modernitätskritischen Beobachtungen besteht darin, daß sie sich und ihr theoretisches Rüstzeug von den geschilderten Vorgängen mitbetroffen wissen. Darin bestätigt sich die bereits von Goethe vermerkte Unentrinnbarkeit der Zeitgenossen. Die industrielle Revolution ist ein Phänomen, das in seinen Weiterungen Stabilität gewinnt, und dieser Effekt macht neben dem Begriff auch den damit erfaßten Problemzusammenhang für die historische Semantik interessant. Die industrielle Revolution vollendet sich darin, daß sie noch die konventionellen Begriffe erfaßt und untergräbt, in denen man sie beschreibt.

Auf vergleichbare Beobachtungen stützt Günther Anders seine an Formulierungen von Friedmann und die Befunde des englischen Wissenschaftshistorikers John Desmond Bernal anknüpfende Diagnose der »zweiten« und schließlich auch der »dritten industriellen Revolution«. Das damit angedeutete Stufenmodell dient ihm zur Beschreibung und Kritik einer durch die Gebote und Angebote der Technik beherrschten Welt. Von einer ersten industriellen Revolution kann demnach in einem philosophischen Verständnis mit Blick auf solche Verhältnisse gesprochen werden, in denen das »Prinzip des Maschinellen zu iterieren« begann und Maschinen Maschinen erzeugten.[21] Es handelt sich um eine Neuordnung der Produktion. Die zweite industrielle Revolution, die Anders im 19. Jahrhundert entstehen sieht, ereignet sich in der Sphäre der Konsumtion. Sie zeigt sich darin, daß sie diese den Maßgaben der Produktion unterwirft. Die Konsumsphäre schafft dann fortwährend Situationen, die den Vorwand für eine vermehrte Produktion abgeben, indem sie *Bedarf* suggerieren. Nach Anders dauert auch diese Phase noch an: »Um Produkte konsumieren zu können, haben wir es nötig, diese zu benötigen.« Die dritte industrielle

Revolution schließlich vollendet die Technokratie dadurch, daß sie die Angebote der Technik als verbindlich und gesollt vorschreibt, so daß das Gesollte überhaupt zum Unvermeidlichen wird. In der Verbindung mit Technik und Industrie verwandelt sich die revolutionäre Dynamik in eine rein destruktive Kraft. Für Anders besiegelt sie den Niedergang von Geschichte und Kultur. Die dritte Stufe dieses Prozesses ist nicht mehr nur, wie die zweite, notorisch expansiv, sie ist zerstörerisch. Die Vorhaltung der Technik schließt ihre Anwendung unbedingt ein, und die überkommene Unterscheidung von industrieller Technik und gesellschaftlicher Organisation wird hinfällig.

Die Düsternis dieser Vision wurde inzwischen mit dem posthegelianischen Schlagwort vom »Ende der Geschichte« verbunden, ohne sich indes auf breiter Basis durchsetzen zu können. Die Geschichte werde allen Post-Definitionen zum Trotz weitergehen, hat Reinhart Koselleck Mitte 1990 erklärt[22], dafür werde schon die ökologische Herausforderung sorgen und der Zwang, der Katastrophe mittels permanenter Innovation zuvorzukommen. Mit Fug und Recht läßt sich außerdem fragen, ob die Rede vom »Ende der Geschichte« ihre hypothetische Geltung nicht ohnehin auf die nordatlantische Perspektive beschränken muß, da die Geschichte, deren begriffliche Singularisierung ein Ergebnis europäischer Selbstverständigung und näherhin einer Komplexitätsreduktion durch Verzeitlichung gewesen ist, womöglich anderswo anders weitergeht.

Doch entlastet dieses Bedenken nicht von der Aufgabe, die mit dem Hinschwinden des historischen Bewußtseins aufgeworfenen Deutungsprobleme auch an Ort und Stelle zu formulieren. Vor dem Hintergrund der damit aufgerufenen Theoriebestände hat die Rede vom Ende der Geschichte ihre unabweisbare Triftigkeit. Gemessen an den Ambitionen der idealistischen und postidealistischen Geschichtsphilosophien, die in der Vorstellung übereinstimmten, aus der Betriebsamkeit der Gesellschaften die Choreographie einer übergreifenden Vernunft herauslesen zu können, werden jene Ereignisse, die Rousseau »petits riens« genannt und der Unbedeutendheit entrissen hat, den Namen der »Geschichte« kaum verdienen. Es ist diese zur Sinnstiftung fähige Geschichte, deren Ende sich inzwischen abzeichnet – und dies nicht zuletzt im Gefolge jener stillen und wirksamsten der Revolutionen, die den Erfolg der politischen und sozialen Revolutionen vollendete und überwand. Kosellecks Szenario selbst dokumentiert und bestätigt die Verengung der Erwartungshorizonte, welche die industriellen Revolutionen heraufbeschworen haben. Seitdem deutlich geworden ist, daß die Folgelasten des Fortschritts einzig und allein durch weitere Fortschritte kompensiert werden können, ist aus dem *Versprechen* des Fortschritts eine *Verpflichtung* geworden. Damit ist die aufklärerische Universalisierung des Fortschrittskonzepts, die nicht zuletzt Plausibilisierungsgründe hatte, wieder zurückgenommen. Die Geschichte erhält damit eine neue Qualität. Die kulturkritischen Perspektiven Gehlens und Anders' konvergieren darin, daß sie den »metaphysischen« Bruch und die damit verbundenen »Kategorienverluste« für beispiellos und unwiderruflich halten. Die industriellen Revolutionen, argwöhnen sie, haben die politischen und sozialen Revolutionen der Vergangenheit überflügelt und sind dann ganz an ihre Stelle getreten. Ihre dritte Stufe markiert den Beginn des Posthistoire. Der Rat Gottfried Benns, ›Rechne mit deinen Beständen‹, sei nun der Menschheit als ganzer zu erteilen, sagt Gehlen.[23] Die Epoche der Epochenwechsel sei 1945 zu Ende gegangen, bestätigt Anders, und was danach kam, verdiene nicht mehr, Geschichte genannt zu werden. Es handele sich vielmehr um eine *Frist*. Die dritte industrielle Revolution werde die letzte sein.

Stillstand, Entdramatisierung, Realitätsverlust – dies sind die Stichwörter auch der neueren Kulturkritik, die sich konsequenterweise nicht mehr so nennt. Sie hat gelernt, sich nicht auszunehmen. Nichts zeigt deutlicher die Unüberschreitbarkeit der industriellen Revolution als der Umstand, daß ihr Begriff, dessen Name Traditionen und Erwartungen wachrief, zur Beschreibung der Lage entbehrlich geworden ist. Diese Revolution benennt kein Programm, sie enthält keine *promesse du bonheur*, sie stellt sich den Gegebenheiten nicht in den Weg, sondern begnügt sich mit dem, was sich machen läßt. So läßt sie all das vermissen, was bis heute mit dem Revolutionsbegriff assoziiert ist. Sie verwirklicht sich nicht im Augenblick, sondern beschreibt die Permanenz eines Zustands, dessen stationärer Umlauf die ältere, in der Astronomie beheimatete Wortbedeutung von »revolutio« wiederaufnimmt: die zeitlos kreisende Bewegung um einen Mittelpunkt. Das Zentrum des Industrialismus freilich ist leer, und worauf es allein ankommt, ist die durch die Geschäftigkeit des Betriebs kaum gefährdete Universalisierung. Mit ihrem Eintreten ist das gattungseigene Problemlösungsverhalten in Frage gestellt, sind die herkömmlichen Ethiken außer Kraft gesetzt. In gewisser Weise scheint Saint-Simon, auf dessen Schüler Antoine Cournot sich Gehlen beruft, doch noch recht zu bekommen. Mit den großen Umschwüngen endete auch das Zeitalter der Utopien, und neue Institutionen – so lautet die Empfehlung Gehlens – sollen nun einem verbreiteten Bedürfnis zufolge dem Sog der schwindenden Orientierungen, die bis weit in die Moderne hinein von der nun unwiderruflich säkularisierten Geschichte bereitgestellt wurden, widerstehen. Nicht mehr »Aufbruch« heißt die Devise, sondern »Umbau«.

Eher unauffällig vollzieht sich parallel dazu eine skeptische Wendung in der Anthropologie. Die von Bacon untermauerte, schon in der Aufklärung terminologische Rede vom »Mängelwesen« beansprucht mit dem Verlöschen der historischen Visionen eine zusätzliche Dimension: Der Mensch ist nicht nur biologisch und morphologisch indisponiert, sondern auch sozial und kulturell. Künftig muß er einen Großteil seiner Energie daran wenden, die gleichfalls von ihm selbst hervorgebrachten Destabilisierungen seiner sozialen und kulturellen Organisation auszugleichen. Das Szenario fügt sich jener Diagnose Rousseaus: Um das Schlimmste zu verhindern, muß das Schwert in der Wunde bleiben. Für die Bewältigung der Krise stehen keine anderen Mittel zur Verfügung als diejenigen, die das Übel herbeigeführt haben. Unter solchen Voraussetzungen bekommt das vielzitierte Bekenntnis Tancredis aus Lampedusas *Gattopardo*, daß sich alles ändern müsse, wenn man wolle, daß es bestehen bleibt[24], ungeahnte Aktualität. In der politischen Welt ist das vertraute Gefüge der Begriffe »Veränderung«, »Überschreitung«, »Bewahrung« und »Verbesserung« in Bewegung geraten. Die dritte industrielle Revolution, deren zivilisatorische Weiterungen den Takt der lokal begrenzten politischen und sozialen Revolutionen bestimmen, eröffnete die Epoche der Schadensregulierung, die einen ständig vermehrten Aufwand erfordert, damit wenigstens das Erreichte gesichert werden kann. Die Differenz zu jener Aufbruchseuphorie, die selbst den zurückhaltend formulierenden Turgot einst zu den kühnsten Visionen hinriß, könnte krasser kaum sein: Betriebsamkeit ergibt keine Bewegung. Doch birgt dieser Umbruch nicht nur die Gefahr der Lähmung angesichts unabsehbarer Kontingenz, er eröffnet auch die Chance der Entlastung und des Neubeginns, insofern der einst von Bacon mit auf den Weg gebrachte Fortschrittsgedanke sich, nach einem Wort Helmuth Plessners, inzwischen selbst »vor die Möglichkeit des Endes seiner Zeit«[25] bringt. Die großen Entwürfe und Erwartungen werden abgelöst durch das Erscheinungsbild einer Geschichte, die eben dabei ist, sich wieder in Geschichten aufzulösen.

Das Grundmotiv dieser Streuung heißt denn auch nicht, wie das der neuzeitlich singularisierten Geschichte, »Erwartung«, es heißt »Ungewißheit«. Anders als die politische und die soziale Revolution hat die industrielle Revolution kein Programm hervorgebracht, sie hat keines verfolgt oder vollstreckt. Dabei – und zur Demütigung der Visionäre – hat sie ihr Pensum rundum bewältigt. Die industrielle Revolution ist die gemessen an der Durchsetzungsleistung erfolgreichste der Revolutionen. Ungeachtet ihres ständig wechselnden Erscheinungsbildes blieb sie einfach, was sie war – der Anlaß jener ebenso permanenten wie unausweichlichen, für die Aussicht auf Wohlstand und Komfortsteigerung in Kauf genommene Ungewißheit, die sich in dem Maße potenzierte, wie erkennbar wurde, daß dem Gesetz ihrer Bewegung auch der nicht entkommt, der sich, wie einst ihr Weimarer Beobachter und hoffnungsloser Widersacher, an ihren Hervorbringungen reibt.

DER MALENDE PHILOSOPH

Il n'y a pas de vision sans pensée. Mais il ne *suffit* pas de penser pour voir.
Merleau-Ponty, *L'Œil et l'Esprit*, III

Eine bekanntere Künstleranekdote erzählt von dem zu seiner Zeit hochberühmten griechischen Maler Zeuxis von Herakleia. Dieser Maler aus dem fünften vorchristlichen Jahrhundert, von dem keine Arbeit erhalten geblieben ist, hatte eines Tages einen Knaben mit Trauben gemalt. Daraufhin kamen Vögel herbei und pickten nach den Beeren. Der kuriose Vorgang – über dessen Glaubwürdigkeit wir nicht zu befinden haben – stürzte den Maler in einige Verlegenheit. Denn wenn ihm die Trauben so gut gelungen waren, daß sie die Vögel anlockten, mußte dann nicht die Zeichnung des Knaben in eben diesem Maße als mißglückt gelten, da sie die Tiere nicht zu schrecken vermochte?

Der Schritt in die Abstraktion

Plinius hat das Mißverhältnis der Wirkungen in diesem Sinne gedeutet. Nach Lage der Dinge konnte er den Schluß ziehen, die Trauben seien besser gemalt gewesen als der Knabe, anderenfalls die Vögel sich hätten fürchten und die Trauben sein lassen müssen. Aber diese Lesart ist nicht zwingend, das zeigt die Deutung Senecas. Seneca interpretiert die Reaktion der Tiere als Beweis für die künstlerische Minderwertigkeit der Trauben-Darstellung, wenn er daran erinnert, daß Zeuxis die Weinbeeren nachträglich übermalte. Damit habe der Maler auf seinem Bild das unversehrt gelassen, *quod melius erat in tabula, non quod similius* – was besser, nicht was ähnlicher war.[1] Die Ignoranz der Vögel enthielt demnach gerade kein oder doch allenfalls ein indirektes Urteil über die Figurenzeichnung und war in ihrer Unangemessenheit nur folgerichtig. Als Naturwesen mußte ihnen das Zeugnis der Kunst prinzipiell unzugänglich bleiben.

Man mag es nun hintersinnig finden, daß der Maler diese Differenz erst zu würdigen lernte, nachdem er einmal seinem Kollegen Parrha-

Abb. 3 René Magritte, Dies ist kein Apfel,
Öl auf Lw., 140×90 cm, 1964

sios in einem Wettstreit unterlegen war. Obwohl eigentlich Spezialist für die Darstellung der weiblichen Schönheit, hatte Zeuxis in diesem Agon ebenfalls Weinbeeren gemalt, die auch wohl nach allen Regeln seines Faches gelungen waren. Parrhasios aber hatte sich – gleichsam die Materialität seines Mediums reflektierend – listig für das Motiv eines leinenen Vorhangs entschieden. Dieser geriet ihm so täuschend und vollkommen, daß Zeuxis sich im Augenblick der Gegenüberstellung ein wenig vorschnell zu der fatalen Aufforderung hinreißen ließ, sein Gegner möge doch die Bedeckung beiseite nehmen, um endlich das Bild sehen zu lassen, mit dem er sich der Konkurrenz zu stellen gedenke. Damit war fürs erste alles verloren. Obwohl offensichtlich unbeabsichtigt und gleichsam aus der Wahrnehmungsperspektive der Naturwesen gesprochen, war ihm mit seiner Verwechslung ein so überzeugendes Kompliment für die Talentprobe des Parrhasios herausgefahren, daß sich für den Moment jede Nachfrage und erst recht jede weitere Theorieentwicklung verbot.

Selbstverständlich hatte sich Zeuxis in diesem Wettbewerb unter Wert und anhand fragwürdiger Maßstäbe geschlagen geben müssen. Schließlich hatte ihn Parrhasios weniger mit seiner Kunstfertigkeit, seiner *téchne*, als mit List und Situationskomik, also, wie Lukian einigermaßen befremdet kommentiert, mit *sophísmata* übertroffen. Die durch das Verhalten der Vögel provozierte Aufforderung, zwischen der naturgetreuen Darstellung der Trauben und dem kunstvoll gezeichneten Knabenbildnis wählen zu sollen, wird Zeuxis deshalb als Gelegenheit zur Richtigstellung willkommen gewesen sein. Seine Korrektur löste das Kriterium des Künstlerischen aus der Bindung an die sinnliche Autorität des Vorfindbaren.

Dieser Schritt in die Abstraktion ist von weitreichender Konsequenz. Die ästhetische Praxis, darin besteht der nachgeholte Triumph des Künstlers, löst sich von der Maßgeblichkeit des Natürlichen, wie es sich zeigt. Die Differenz schwächt die Position der *veritas*, der Naturtreue, so nachhaltig, daß sie sich nie davon erholen wird. Kunst ist fortan immer mehr, ihr Proprium immer etwas anderes als eine Wiedergabe dessen, was jedermann vor Augen liegt. Die Natur mag deshalb auch weiterhin als Vorlage taugen und dem Maler sogar eine Lehrmeisterin sein, doch der Künstler folgt ihr allenfalls in der Weise ihres Produzierens, also im »Wie«, nicht aber im Gegenständlichen, also im »Was«.

Der eklatante Fall der künstlerisch so gänzlich unbegabten Vögel stellte alles um. Die von ihnen verkörperte Natur ignorierte das Bild des Knaben, gerade weil es so gelungen war – also nicht *ähnlicher* als die Trauben, aber, wie Seneca bemerkt, *besser*. Auf dieser Überbietungsformel, die auf dem kurzen Rezeptionsweg von Plinius Secundus zu Seneca ihre an der *veritas* bemessene Eindeutigkeit verloren hat, beruht das Eigenrecht der Malerei. Das künstlerische und das natürliche Bild sind zweierlei, und nur wer die Stufe der Kunst erklommen hat, bemerkt überhaupt den Unterschied.[2]

Der im Namen der Kunst vorgetragene Einspruch gegen die Evidenz einer von göttlicher Wahrheit und Würde umfangenen Wirklichkeit erscheint aus heutiger Sicht als protomodern. Die Zeuxis-Anekdote schärft die Aufmerksamkeit dafür, wie das natürliche Bewußtsein dies oder jenes als »Wirklichkeit« oder als Teil derselben anzusprechen geneigt ist – etwa als Weintrauben. Sie zeigt außerdem, wie das erweiterte Repertoire der Malerei unterschiedliche Wirklichkeitsbeziehungen stiftet. Im Vergleich zu jener Eindeutigkeit der Trauben, die eben nichts sein sollen als Trauben, repräsentiert der Figurenumriß das für Malerei und Philosophie gleichermaßen inspirierende Minimum an Irrealität, das nötig ist, um Abstand zu halten. Die Differenzerfahrung kann so weit gehen, daß schließlich nichts so sehr frappiert wie die bare Selbstverständlichkeit.

Die Malerei setzt Unterschiede im Bereich des Sichtbaren – davon lebt sie und daraus folgen ihre Veränderungen. In der Rückschau vermittelt der Gang durch das *musée imaginaire* eminente Eindrücke davon, wie vieldimensional und facettenreich diese Bilderwelten sind. Wir schlagen die Augen auf, wenden uns unserer Umgebung zu und bemerken ein Bild. Da wir aber die Dinge, die man uns zeigt (Abb. 3), gewöhnlich nicht zum ersten Mal sehen, identifizieren wir den Gegenstand und sagen: »Apfel«. Das künstlerische Bild ist vielleicht nicht nur, aber doch auch und zunächst ein Angriff auf diese einfache Handlungskette aus Wahrnehmungsbereitschaft, aufmerkender Hinwendung, Erkennen und Benennen. Die Provokationen, mit denen die Avantgarden seit der Jahrhundertwende auf ihr Publikum losgehen, sind offensichtlich Steigerungsformen dieser elementaren Irritation. Ein mit Blick auf das einmal herausgegriffene Motiv des Apfels gewähltes Beispiel aus dem 17. Jahrhundert mag dies bestätigen: Abraham Breughels *Stilleben mit Früchten und Blumen* (Abb. 4).

Die Banalität des Titels, für das Barock gar nicht untypisch, ist pures

Abb. 4 Abraham Breughel, Stilleben mit Früchten und Blumen, Öl auf Lw., 75,5 × 97,5 cm, 2. Hälfte 17. Jh.

understatement. Tatsächlich synthetisiert das Tafelbild mehrere Bedeutungsebenen, die sich im nachhinein ikonographisch Lage für Lage voneinander abheben lassen. Der Prozeß einer solchen Rekonstruktion kann hier nur stichwortartig nachvollzogen werden. Im Blick auf die Gattungsgeschichte fällt auf, daß Breughel seine Komposition nur sparsam kommentiert und die Gegenstände für sich selbst sprechen läßt. Durch diese Beschränkung bleibt offen, ob die Früchte als Produkte des Marktes gepriesen werden, der sich gerade dem zu Wohlstand gekommenen Bürgertum öffnet und dadurch neu belebt wird, oder als Produkte der Natur. Überhaupt lassen sich soziale und funktionale Aspekte nur mittelbar greifen. Das Format des Bildes läßt immerhin vermuten, daß es für die bürgerliche Stube gemacht ist. Aber auch in dieser Hinsicht bleibt es ambivalent. Die Üppigkeit des Tableaus unterstreicht das Selbstbewußtsein der sozialen Aufsteiger, die ihrem Anspruch auf Wohlleben Nachdruck verliehen sehen wollen. Gleichzeitig deutet die Überreife der gezeigten Früchte – besonders auffällig die aufgebrochene, dem raschen Verderb ausgesetzte Passionsfrucht – auf eine katastrophische Grundstimmung, die es den zeitgenössischen, wohl zumeist protestantischen Betrachtern des Bildes kaum erleichtert haben dürfte, die sinnfälligen Früchte ihrer Arbeit zu genießen. So bleibt durchaus unentschieden, ob die reizende Verwirrung des Speiseaufbaus symbolkräftig die Resultate ökonomischer Weltbemächtigung vorweist oder aber, als mahnende Erinnerung, die Hinfälligkeit menschlichen Wissens und Strebens. Das sorgsam inszenierte Gleichgewicht der Tendenzen gibt einem skeptisch gebrochenen *carpe diem* Raum, so als gälte es, die Früchte der Arbeit hier und jetzt zu verzehren. Morgen schon ist die ganze Pracht dahin.

Doch damit nicht genug der Ambivalenzen, denn zweideutig sind schließlich auch die Signalwerte der vorgezeigten Früchte selbst. Bleiben wir bei den »Äpfeln«, wie sie Breughels Stilleben am linken Bildrand und im Vordergrund zeigt. Die Sündenfallgeschichte rückt den Apfel als Mittel der Verlockung zur Unbotmäßigkeit in ein ausgesprochen ungünstiges Licht. Als die Frucht Marias und des Kindes kann der Apfel aber auch ein Symbol der Erlösung sein, ein Zeichen für Fruchtbarkeit, Reinheit und Liebe. Diese Anspielungen und Mitbedeutungen stützen sich auf die Überlieferung der Heiligen Schrift, deren Text Breughel und seinem Publikum gegenwärtig war. Doch es sind Zweifel erlaubt, ob der Reichtum des Bildes sich in solchen Rekollektionen erschöpft. Die Augentäuschung dieses Stillebens will ja nicht nur Illusionen und Symbole heraufbeschwören. Die Zurschaustellung des Artifiziellen gibt unumwunden zu erkennen, daß dies alles Illusionen sind. Die Undurchdringlichkeit der Leinwand rückt die Objekte des imaginären Bildraums, die das Bild dem Betrachter in illusionistischer Vollendung nahebringt, zugleich unerreichbar fern. Überdies verrät Breughels kühne Pinselführung ein waches und stellenweise vielleicht schon überwiegendes Interesse für formale und gestalterische Belange. Damit ist ein erster und überaus gewagter Schritt aus der begrenzten und begrenzenden Struktur der Verweise und Lesarten getan, der die Einsichten der Ikonographie nicht widerlegt, aber doch relativiert. Es deutet sich darin, freilich noch schwach und wenig ausgebildet, eine Tendenz an, die dann erst im 19. Jahrhundert und – am Beginn der Moderne besonders folgenreich von Paul Cézanne – aufgegriffen und verstärkt worden ist.

Um es mit den Motiven der Zeuxis-Anekdote zu sagen: Die ganze Aufmerksamkeit der Malerei gehört nun dem Knabenumriß, während das Darstellungsprinzip der Trauben unwiderruflich unter die Schwelle des künstlerisch Anerkannten sinkt. Cézanne verpflichtet die Malerei auf die Logik der Farben und ihr Gesetz. Dabei beruft sich auch er auf die Natur und zitiert den seinerzeit von den holländischen Malern hoch verehrten Philosophen Francis Bacon[3], um seinen von ihm selbst so genannten »Realismus« zu umreißen. Wie bei Bacon, der das Nachwirken der antiken Weltbilder zu beenden suchte, geht es bei Cézanne um die Abweisung jener Vorurteile und Befangenheiten, die den klaren Blick auf die Ordnung der Dinge trüben. Für ihn ist die Farbe das Medium, das eine Ansicht der Natur eröffnet, wie sie der bloß nachahmenden Kunst verschlossen bleibt. Da er eine gewisse Vorliebe für das Motiv hegte, hat man seinen Äpfeln (Abb. 5) noch einmal erotische Symbolik unterstellen wollen.[4] Aber vielleicht ist die Erklärung viel naheliegender: Cézannes Äpfel sind nicht mehr und nicht weniger als Schöpfungen aus Farbe. Die überbordende Ikonographie droht den Blick auf diese elementare Manipulation zu verstellen. Bei Cézanne ist die Farbe ein Zweck.

Der dem zugrundeliegende Naturbegriff ist der Überwindung des naiven abgerungen. Cézannes Malerei, die sich erklärtermaßen aus der Welt des Körperlichen zurückzieht, um sich ausschließlich auf die Fläche der Leinwand zu konzentrieren, möchte etwas schaffen wie Natur. Dabei verfährt sie konsequent nach eigenem Gesetz und ohne Dazwischentreten eines Dritten. »Wenn ich beim Malen denke«, sagt Cézanne, »dann stürzt alles ein und ist verloren.«[5] So lautet die Reformulierung der frühneuzeitlichen *tabula rasa*-Doktrin auf dem Boden der modernen Kunst.

Dies, so mag man nun einwenden, sind Stilisierungen im Rahmen einer Künstlerästhetik, deren theoretische Dignität allenfalls noch zu erweisen wäre. Doch werden solche Bedenken die Einsicht nicht erschüttern, daß über die in der Zeuxis-Anekdote angebahnte Alternative zwischen Malkunst und Naturtreue nun unzweideutig entschieden ist. Der Wirklichkeitsbezug ist darüber nicht verlorengegangen, aber er bedarf des Umwegs – bei Cézanne des Umwegs über die reine Farbe. Reflektierte *veritas* ist eine Einladung zur Abstraktion. Der Maler muß die Bilder, die ihm nicht geschenkt werden, überhaupt erst schaffen. Malen heißt, Bilder zu *erfinden*, und es heißt weiter – ich variiere einen Gedanken Nietzsches über die Arbeit der Philosophen[6] –, Bilder hinzustellen und zu ihnen zu überreden. Bei Cézanne ist das Mittel der Wahl die Konzentration auf das Farbenschema, das nicht etwas außerhalb des Bildes Existierendes in Malerei »übersetzt«, sondern reine Schöpfung sein will. Die Wertmaßstäbe haben sich umgekehrt. Es geht nun nicht mehr darum, die Kunst durch die Natur sehen zu wollen, sondern darum, daß uns die Kunst – um mit Konrad Fiedler zu sprechen – »die Natur sehen lehre«.[7] Allein der mit diesem Konzept weitergetragene Gedanke der Wiederherstellung, der die Erscheinung der Natur verneint, um mit um so größerer Erfolgsaussicht die Kreation als solche vor Augen zu führen, gestattet es, den Titel des Bildes ohne jeden Anflug von Ironie zu lesen: *Pommes et oranges* – Äpfel und Apfelsinen.

Obwohl er bisher nicht erwähnt wurde, war im Vorstehenden immer auch von René Magritte die Rede. Magritte nimmt an der Debatte über das Selbstverständnis und den Wirklichkeitsbezug der Kunst teil, und er gibt ihr eine charakteristische Wendung. Er beschäftigt sich nicht mit der Wirklichkeit, sondern mit unserer Beziehung zur Wirklichkeit.

Diese Verschiebung wirkt auf den ersten Blick denkbar unspektaku-

Abb. 5 Paul Cézanne, Äpfel und Orangen, Öl auf Lw., 74 × 93 cm, 1895/1900

lär, und die Verehrer des Einfachen und seiner ästhetischen Qualität haben sie seit je hervorgehoben: Nicht die Taten beunruhigen den Menschen, heißt es in Epiktets Handbüchlein, sondern seine Meinungen und Vorstellungen über die Taten. Im Kreis der Surrealisten war Magritte durch die strikte Berücksichtigung dieses Gedankens schnell isoliert, denn offensichtlich verstieß er gegen das surrealistische Prinzip des Universalismus und der Angleichung von »Kunst« und »Leben«.[8] Statt sie spektakulär einzureißen, wählte Magritte die Barrieren zwischen Leben und Kunst, zwischen Sehen und Sein als Thema. Der Wirklichkeitsbezug seiner Malerei wird damit keineswegs aufgegeben, aber er verliert seine Fraglosigkeit. Die von Breton in einer Anmerkung zum *Ersten Manifest des Surrealismus* versteckte Pointe, daß am Phantastischen nichts Phantastisches mehr sei, weil es nur noch das Wirkliche gebe[9], wird durch Magritte modifiziert. Auch er findet sich nicht bereit, die Prosa der Welt lediglich phantastisch zu überhöhen, aber anders als der Sprecher der Avantgarde unterläßt er es nicht, nach den Voraussetzungen der Revolte zu fragen. Der malende Philosoph widersteht der Versuchung, den Umweg, den die Kunst seit den Tagen des Zeuxis zu gehen hat, proklamatorisch abzukürzen. Dieser Vorbehalt prägt auch seinen auf den ersten Blick überraschenden Widerruf des Surrealismus. »Nach einer reaktionären Entwicklung«, notiert er 1947 unter dem anspielungsreichen Titel eines *Manifest des Amentalismus*, »bedeutet Surrealismus heute die Praxis einer unwirksamen Magie, den Kult exotischer oder esoterischer sogenannter Mysterien und das Aufgebot eines Mythos, der von demselben Faß abgezogen ist, das auch das Weihwasser destilliert. Der Ort, an dem die Lust aufleuchten konnte, verengte sich zu sehr, als daß wir es hätten zulassen können, sie uns auf die surrealistische Art zerstören zu lassen.«[10]

Der Surrealismus Magrittes schließt die Absage an den Surrealismus ebenso ein wie die Absage an jenes Bildersehen, das die Dinge der Kunst und die Dinge des Lebens naiv einander gleichstellt. Er hält jene Erfahrungsgrenzen gegenwärtig, welche der Alltagsverstand ignoriert und die Avantgarde überrennt. Mit dieser teilt er freilich das Interesse an Grenzerfahrungen. Daß es wenig förderlich sei, »die rätselhafte Seite am Rätselhaften pathetisch und fanatisch zu unterstreichen« und das Geheimnis – »das Mysterium« – nur durchdrungen werde, wenn man es im Alltäglichen wiederfinde –, diesen mit Blick auf die surrealistische Methode ausgesprochenen Gedanken Walter Benjamins[11] hätte wohl auch Magritte unterschrieben. Die darin zum Ausdruck gebrachte Reflexivität kommt in seinen bevorzugten Sujets ebenso zur Geltung wie in den theoretischen Äußerungen und in den Titeln der Bilder. Magritte hat mit der Kommentarbedürftigkeit des künstlerischen Bildes gerechnet, lange bevor Arnold Gehlen diesen Anspruch oder, wenn man so will, diesen Mangel im Jahr 1960 als Signatur moderner Kunst beschrieb. Die Titel seiner Bilder sind Kommentare oder doch zumindest Abkürzungen von Kommentaren, welche die Ausdrucksgestalt des Optischen, also der Bildtafel, markant akzentuieren. Auch sein spätes Apfel-Motiv aus dem Jahr 1964 ist mit einer solchen, auf einen einzigen kurzen Satz konzentrierten Erläuterung betitelt, und sie ist von bezeichnender Lapidarität: *Ceci n'est pas une pomme* – »Dies ist kein Apfel«.

Wie ein Opponent baut dieser Titel zu dem Bild einen Spannungsbogen auf. Die Ähnlichkeit des Bildes, so gibt er uns zu verstehen, ist bloß der Grenzfall jener Unähnlichkeit, die einmal instinktgeleitete Vögel daran gehindert hat, überhaupt zu bemerken, was sie hätte verschrecken müssen. Auch Magritte geht hinter diese in der Zeuxis-Anekdote berührte Schwelle nicht zurück. *Er malt nicht gegenständlich, er thematisiert Gegenständlichkeit.* Ein Bild, das Bild des gemalten Apfels, mag auf alles Erdenkliche schließen lassen, für einen veritablen Apfel wird man es jedenfalls nicht halten können. Das Bild des Apfels duftet nicht, es ist ungenießbar und seine Welt ist unzugänglich und hermetisch.

Doch ist Magritte taktvoll genug, die Betrachter seiner Feerien nicht einfach ins Leere laufen zu lassen. Auch ohne die durch den Titel veranlaßte Düpierung der natürlichen Einstellung zeigen sich auf der Fläche des Bildes die Spuren des Abstrakten. Die pralle Frucht erscheint umgebungslos, das heißt abstrahiert von den Kontexten, in denen ein Gegenstand – im weitesten Verständnis des Wortes – kommuniziert. Schon der oberflächliche Vergleich mit Breughels schwelgerischer Fülle zeigt, wie sehr diese Bilderwelt konzentriert ist. Das Absehen von dem, was diesen Gegenstand als einzelnen in einem Ganzen ausmacht, verwandelt das Besondere in ein Exemplar, in einen Fall und in ein philosophisches Lehrstück. Die Botschaft dieser Lehre aber ist von so entwaffnender Schlichtheit, daß nun nicht mehr der Titel des Bildes – *Dies ist kein Apfel* –, sondern unser erstes Befremden darüber verwunderlich wird. Bildgegenstände und Realobjekte sind eben zweierlei. Das demonstrative »ceci« in der Titelaussage überspielt diese Differenz, aber es ändert nichts daran.

Abb. 6 René Magritte, Der gesunde Menschenverstand, Öl auf Lw., 48 × 78 cm

Der malende Philosoph nutzt die elementare Irritationskraft des Bildes und wendet sie auf es selbst zurück. Er zeigt Bilder, die das, was sie sehen lassen, immer auch zugleich kommentieren. So führt er uns die Gewohnheit vor, das Bild eines Apfels als Apfel zu sehen. Er erzielt unser Befremden durch eine schlichte Verdoppelung der Betrachtungsebenen, also durch die Beobachtung des Beobachters, wie sie das Bild *Der gesunde Menschenverstand* von 1945 vor Augen führt (Abb. 6). Wir sehen einen reich ornamentierten Bilderrahmen, dessen Kostbarkeit vom Wert des eingefaßten Bildes künden mag und damit scherzhaft auf die Gepflogenheiten einer Gattung anspielt, die in der Moderne, ja spätestens seit Chardin auf die Rhetorik des Frugalen gesetzt hat. Allein die durch leichte Schrägen umrissene Auflage widersetzt sich der im übrigen nahezu ausgewogenen Symmetrie des Gesamtaufbaus, dessen Schlichtheit durch eine ausgesprochen unspektakuläre Lichtführung noch untermalt wird. Dennoch ist alles anders. Platt auf dem Rücken liegend, bildet Magrittes Prunkrahmen eine horizontale Ebene, auf deren Fläche vier Äpfel und eine Schale mit Birnen lose arrangiert sind. Vom Nachwirken barocker Zweideutigkeit ist auf den ersten Blick nicht viel zu bemerken. Die Konvention des Stillebens spielerisch abwandelnd, macht diese Szene gewissermaßen das Tableau zum Tablett, auf dem die Bildgegenstände in Realobjekte rückübersetzt scheinen – also nicht *im* Bild, sondern *auf* ihm. Die herkömmlich als *fenestra aperta* aufgefaßte Bildfläche wird nun zur Ablage für das, worauf sie in der Ordnung der Illusionsmalerei den Blick überhaupt erst freigibt. Aus dem gedeckten Tisch, wie ihn das Stilleben häufig zeigt, wird so etwas wie ein gedecktes Bild. Die Gegenstände sind aus diesem Bild im Bild herausgetreten und werden zu Gegenständen des umrahmenden Bildes, also des *Gesunden Menschenverstandes* selbst.

Magritte parodiert die Überzeugung jener Naivität: als bilde die Fläche eine leere Tafel, die sich beliebig mit den Dingen des Lebens füllen ließe – sei es nun mit Äpfeln, mit Birnen, mit Apfelsinen oder mit Trauben. Nichtsdestoweniger erfüllt auch dieses Stilleben die Hauptforderung des Genres. Lebendiges, vor allem Menschen, sind nicht zu erkennen. So ist es einmal mehr ein Bild, das sich selbst zum Thema hat und damit, der barocken Auffassung gar nicht unähnlich, ein bildkritisches Moment anklingen läßt. Tatsächlich führt es die surrealistische Methode auf ihr Prinzip zurück und bestätigt mit hintergründiger Ironie die These Adornos, die surrealistische Montage sei das wahre Stilleben, das »erstarrte Erwachen«[12]. Freilich ist diese Bildersprache unverkennbar parodistisch gebrochen und seine Intervention viel zu verspielt, als daß sie ernstlich Gefahr liefe, sich dogmatisch vernehmen zu lassen. *Der gesunde Menschenverstand* führt die Dinge vor, um die Uneigentlichkeit aufzuweisen, die sie als Bildgegenstände besitzen. Obgleich dieses Stilleben keine Identifikationswünsche offenläßt, ist es in Wirklichkeit ein Dokument der Unähnlichkeit, und zwar in der geborgten und sich zugleich selbst verneinenden Gestalt der Ähnlichkeit oder, wie Magritte sagt, der *similitude* (Gleichartigkeit). Die vorgebliche Sinnfälligkeit ist maskierte Abstraktion – eine Abstraktion freilich, die ohne diese Entäußerung in der Gegenständlichkeit nicht wäre, was sie ist.[13] Zum Bild geworden, wird das Denken sichtbar.

Wenn wir auf Magrittes Bildern auch etwas zu erkennen glauben, sollten wir uns doch nicht zu dem Schluß verleiten lassen, er male gegenständlich. Abstraktion und Gegenständlichkeit sind keine Gegensätze, und die Domäne der Abstraktion reicht weit in die der Gegenständlichkeit hinein. Magritte ersetzt das denkende Sehen der Philosophen, denen die Augenfeste der Kunst meist suspekt gewesen sind, durch das sehende Denken der Malerei. Diese aber zeigt nicht die Früchte im Bild, sondern das Bild der »wirklichen Früchte« – so als wären sie, wie Magritte mit einem bedachtsam gewählten Vergleich sagt, »nur ein vor meinen Augen hängender Vorhang« (42)[14].

Das sinnlichrohe Leben freilich kommt in den Sphären dieses sinnlichen Intellektualismus niemals vor, und das nicht nur deshalb, weil Bilder eben Bilder sind, sondern auch deshalb, weil die Objekte, die wir sehen, längst zu Versatzstücken geworden sind. Eine gemalte Obstschale, wie sie *Der gesunde Menschenverstand* zeigt, *ist* keine Obstschale, ja sie ist nicht einmal eine *gemalte* Obstschale. An Stellen wie dieser hat Magritte seine Bildkritik verschärft. Der Gemeinplatz, den das Stilleben zitiert, bringt die Wirklichkeit zum Verschwinden. Er verwandelt den Bildgegenstand in einen Stimmungsträger, eine Projektion, in der das dutzendfach Gesehene selbst diejenigen Bilder fragwürdig erscheinen läßt, die sich deutend und auslegend auf die Wirklichkeit beziehen. Anders als Cézanne kehrt Magritte nicht auf Umwegen zu einer mit sich selbst bekanntgemachten, natürlichen Wirklichkeit zurück. Die Welt, mit der uns diese Bilder konfrontieren, ist artifiziell, und die Frage, wie die Malerei, die doch das Sichtbare sei, das Unsichtbare darstellen könne, ist durchaus rhetorischer Natur: »es geht nur um den ewigen Kampf zwischen dem Blick und den Dingen« (186). Magritte macht die Malerei zum Entfaltungsraum eines in der Zeitlosigkeit des Bildes visualisierten, unbegrifflichen Denkens. Die Gegenstände dieses darstellenden und dargestellten Denkens aber sind unsere Beziehungen zur Wirklichkeit.

Mit aufreizend konservativen technischen Mitteln führen die Bilder Magrittes den Betrachter in eine Welt, deren Korrespondenzen auch mit dem Instrumentarium der Ironie nicht zu retten, sondern nur als offenes Problem zu beschreiben sind. Sie zeigen die Dinge zerstreut und isoliert, ihres Namens und ihres Daseins beraubt. Das Verfahren ist einfach, aber wirkungsvoll: zu trennen, was nach aller hergebrachten Erfahrung zusammensteht, und zu verbinden, was wir so, wie es hier geschieht, kaum jemals kombinieren würden.

Mit seiner um Kühnheit nie verlegenen *ars combinatoria* führt Magritte den Betrachter in den Bereich des Grundsätzlichen, in die Welt der Wörter, der Bilder und der Dinge. Es ist der Bereich des Unbefragten und der Üblichkeiten. Es verwundert daher nicht, daß eine um die Lebenstüchtigkeit ihrer Schutzbefohlenen besorgte Pädagogik die Gültigkeit dieser Ordnung seit je und mit der größten Ausdauer bekräftigt hat. Der 1658 erstmals erschienene und alles in allem in wenigstens 245 Auflagen vertriebene *Orbis sensualium pictus* des reformierten Theologen und Pädagogen Johann Amos Comenius[15] hat hier über viele Generationen hinweg stil- und bewußtseinsbildend gewirkt. Noch der späte Goethe erinnert sich dieser Schrift dankbar als seines ersten und einzigen Kinderbuches. In seiner Autobiographie preist er die sinnlich-methodischen Vorzüge des Werks, das nebeneinander stelle, was – und hier ist die metaphorische Färbung des Wortes zu beachten – in der »Weltanschauung« zusammentreffe.[16] Tatsächlich präsentiert Comenius, den man lange Zeit und wohl irrigerweise selbst für den Schöpfer seiner Holzschnitt-Illustrationen gehalten hat, den jugendlichen Adressaten eine wohlsortierte ptolemäische Welt. Der Himmelskreis erscheint als Kosmos, der unter väterlichen Blicken um das irdische Zentrum kreist. Die Tafel über die Malerei zeigt die bühnenhafte Ansicht eines Ateliers. Der Künstler versteht sich vor allem noch als Handwerker und arbeitet inmitten seiner Werkzeuge und Modelle. Die Illustration konzentriert sich ganz auf dieses Ambiente. Ein jedes Stück trägt eine Nummer, zu der die Legende in deutscher und lateinischer Sprache den Namen nennt und in knappen Worten die Funktion erläutert: *Picturae oblectant Oculos & ornant conclavia* – »die Gemälde ergetzen die Augen und zieren die Gemächer«. Der Raum der Bilder, die die Welt vorweisen, und der Raum der Wörter, die die Welt bezeichnen, bilden eine einzige, bloß perspektivisch gegliederte Ordnung. Im Überblick bestätigt die Zweckhaftigkeit der Teile die weise Fügung des Ganzen. Jede Doppelseite dieses Buches deutet über sich hinaus auf die folgende und noch weiter auf die monadische Geschlossenheit einer Geschichte, die sich dem Betrachter beim Blättern eröffnet. Der Bilderbogen des *Orbis pictus* umschließt die Wirklichkeit und ebenso die Ordnung und die Geordnetheit der Wirklichkeit. Akkurat folgt er dem Kreis der Schöpfung, deren Anfang und Ende in einem freilich nur symbolisch bebilderten Ursprung gründen – nämlich im Absoluten.

Man sollte diese Mehrbödigkeit, von der auf den seit Mitte der dreißiger Jahre erscheinenden *Bilderduden* noch ein ferner Abglanz fällt, vor Augen haben, wenn man ein Bild wie den *Schlüssel der Träume* von 1930 betrachtet (Abb. 7). Wie bei jenem »Apfel« ist dem Auge auch hier ohne weiteres erkennbar, worum es sich handelt: ein Ei, ein Damenschuh, ein Hut usw. Das Bild verteilt diese Objekte auf sechs nahezu quadratische Felder, die, ähnlich wie im *Orbis pictus*, als Anschauungstafeln angeordnet sind. Anders jedoch als bei Comenius haben die

Abb. 7 René Magritte, Der Schlüssel der Träume,
Öl auf Lw., 81×60 cm, 1930

Gegenstände dieses Polyptychons offensichtlich nichts miteinander zu schaffen. Es ist keine Geschichte oder Situation verfügbar, die es erlauben würde, sie überzeugend aufeinander zu beziehen. Überdies fällt es schwer, die den Bildern beigegebenen Schriftzüge als Bildunterschriften aufzufassen und das Gelesene dem Gesehenen zuzuordnen: die Akazie, der Mond, der Schnee, die Decke, das Gewitter, die Wüste. Allerdings sind beide Aussageebenen voraussetzungsreich. Die Unterschrift *La Neige* – Der Schnee – unter dem Bild des Hutes kann nur deshalb für Unruhe sorgen, weil die Darstellung eines Hutes unwillkürlich die Vorstellung »Hut« heraufbeschwört und weil wir gewohnt sind, Bild und Text aufeinander zu beziehen. Auf die Bestätigung einer Erfahrung – die gewöhnliche Abbildung eines Hutes – folgt ihre Erschütterung, die Beschriftung des Bildes durch das Wort »Schnee«. Als Modi der Wirklichkeitsbeschreibung sind das gemalte Bild und die gezeichnete Schrift durchaus unanstößig, sie fügen sich nur nicht harmonisch zusammen. Sehen und sagen, sprechen und zeigen sind zweierlei.

Magritte spielt mit Konventionen, mit Denkzwängen und Wahrnehmungsgewohnheiten, und macht sie bemerkbar. Beispielhaft zeigen dies seine verblüffenden *Wahlverwandtschaften* von 1933 (Abb. 8). Magritte hat die Komposition als eines seiner Schlüsselbilder bezeichnet. Wer das Bild eine Weile betrachtet, wird gar nicht verhindern können, daß seine eigene Denkgewohnheit ihn immer wieder zu dem *missing link* hinführt, das die gezeigte Dissonanz zu mildern verspricht, nämlich zu der Vorstellung eines Vogels. Anders als die übrigen Surrealisten, anders auch als Max Ernst, der die Prozeduren der *peinture* und der *écriture automatique* im Prozeß der künstlerischen Produktion einsetzte, um die Schächte des Unbewußten zu erschließen, verlegt Magritte den Automatismus von Anfang an auf die Seite der Rezeption. Das Kunstwerk, erklärt bereits seine erste Programmschrift, *L'Art pur* von 1922, habe die wesentliche Aufgabe, »AUTOMATISCH die ästhetische Empfindung beim Betrachter auszulösen« (1). *Die Wahlverwandtschaften* verwirklichen diese Forderung nach dem bildnerischen Kalkül geradezu idealtypisch. Der Vogel wäre eine Antwort auf die bekannte und durch den Titel des Bildes noch zusätzlich herausgeforderte Scherzfrage, was X und Y, in diesem Fall »Ei« und »Käfig«, miteinander zu tun haben. Aber welcher Art ist diese Lösung? Das Bild zeigt, es fragt nicht, und deshalb gleiten alle Antworten, jedenfalls alle abschließenden Antworten, von ihm ab. Jeder Versuch

Abb. 8 René Magritte, Die Wahlverwandtschaften,
Öl auf Lw., 41×33 cm, 1933

einer definitiven Erklärung müßte irgendwann anfangen, der Manifestation des Bildes zu widersprechen oder, was auf das gleiche hinausliefe, es zu manipulieren.

Der Vogel, von dem so viele Interpreten sprechen, ist darauf jedenfalls nicht zu erkennen. Dieser Widerstand des Bildes gegen eine Deutung, die den Betrachter zufriedenstellen könnte, irritiert jenes unwillkürliche Weltvertrauen, jene scheinbar so festgefügte Ordnung der Dinge, die uns glauben läßt, ein Vogelbauer und ein Ei besäßen einen irgendwie unwiderruflich gültigen, naturwüchsigen Zusammenhalt, dem die übersetzende und ergänzende Interpretation – und welche Interpretation wäre nicht eine Übersetzung und Ergänzung – Dauer verleihen könnte.

Umdeutung des Unsichtbaren III

Die in Magrittes Texten niedergelegte Künstlerästhetik hilft Mißverständnisse zu vermeiden, aber sie tritt niemals an die Stelle der Bilder. Wie die Titel wahrt sie einen deutlich wahrnehmbaren Abstand, indem sie die Einfachheit der Bilder, statt sich ihr anzubequemen, umschreibt, ironisiert und überhöht, so als gelte es der Einsicht Adornos zu entsprechen, derzufolge das reflexive Selbstverständnis der Kunst und ihr praktisches Gelingen unvereinbar seien.[17] Insbesondere die späteren Texte erwecken den Eindruck, der Maler stelle sich zu den Betrachtern hin und erfasse mit ihnen gemeinsam ein bis dahin ungesehenes Werk. Eben damit aber werden die Schriften dem künstlerischen Œuvre überhaupt erst gerecht. Ohne ihm zu nahe zu rücken, ergänzen sie es und unterstützen in ihrer Eindrücklichkeit die mit sicherem Gespür operierende Irritationskraft der Bilder. Hier wie dort widerspricht Magritte nicht etwa den Offensichtlichkeiten des empirischen Daseins, um einen geheimen Sinn auszusprechen, sondern er ersetzt das Modell der Sinnexplikation und der Sinnfindung durch ein Verfahren der Sinnkomplexion. »Für das Denken ist der einzige Wert der *Sinn*, das heißt, das moralische Denken des *Unmöglichen.*«(108)[18] Das surrealistische Gesamtkunstwerk aus Bild, Text und Selbstkommentar ist eine offene Montage und nicht eine geschlossene Totalität.

Hut und Schnee, Käfig und Ei appellieren – darin folgt das Verfahren jenem Kunstgriff des Timanthes – in der Kombination an einen Leser und Betrachter, der aufgefordert ist, das gemeinsame Dritte zu formulieren. Was immer es jedoch sein mag, es ist jedenfalls nicht das, was sich den mitgebrachten Erwartungen zufolge aufdrängt. Die intakte »Weltanschauung« des *Orbis pictus* läßt sich angesichts der Manifestationen dieser Kombinationskunst ebensowenig herbeireden wie die Urteilssicherheit jener Vögel, die der begriffslose Instinkt zum Gehorsam zwang. Die menschlichen Wirklichkeitsbeziehungen sind anfällig und kompliziert. Jener bereits von Montaigne vorgetragenen Beobachtung folgend, daß es nur »einer halben Wirbeldrehung« bedürfe, um den feinsten Geist und den verstiegensten Wahnwitz ineinandergleiten zu lassen[19], hebt auch Magritte hervor, daß schon der geringste Anstoß genügt, um die Ordnung dieser Realitätsbezüge zerfallen zu lassen.

Abb. 9 René Magritte, Der Schlüssel der Träume, 1927

Wenn Magritte trotz seines Abstands zur Gruppe Surrealist geblieben ist, dann vor allem in der Entschiedenheit, mit der ihn seine über Ernst und Spiel gebietende sinnliche Intellektualität vor Larmoyanz bewahrt. Er zitiert das museale Kleid der überlebten Form ohne Wehmut und nur aus Gründen der Zweckmäßigkeit. Ohne Umschweife lenkt er den Blick des Betrachters auf den Zwiespalt zwischen Sagen und Zeigen, der zugleich sein Thema ist. Doch die Gradlinigkeit und Evidenz seiner Eingriffe macht es schwer zu glauben, daß der Impuls dieser Malerei sich in trotzigen Skandalerregungen und Störmanövern erschöpft. Bereits 1927 hatte Magritte den Titel *Schlüssel der Träume* schon einmal verwendet und eine Komposition geschaffen, die der oben betrachteten augenscheinlich ähnelt (Abb. 9). Man erkennt die Anschauungstafeln, die Bilder, und schließlich liest man auch die Wörter: der Himmel, der Vogel, der Tisch und – der Schwamm.

Nun könnte man zu fragen beginnen, welche Bildunterschrift die richtige oder doch zumindest die weniger verfängliche sei – das Wort ›Tisch‹ unter dem Bild des Blattes oder das Wort ›Schwamm‹ unter dem Bild des Schwamms. Die Überspitztheit dieser Alternative ist leicht einzusehen, denn Magritte zeigt eben nicht die Wirklichkeit, sondern Relationen von Wirklichkeit, man darf auch sagen: Übereinkünfte über Wirklichkeiten. Seine Bilder entfernen sich von allem »Wesen« und »Substantiellen« wie nur irgendein Dokument geistiger Abstraktion. Es führt kein direkter Weg vom Bild zum Ding, von der Darstellung zum Gegenstand. Die verführerische Koinzidenz der Bildersprache mit den Konventionen der Alltagswahrnehmung, mit der dieser *Schlüssel der Träume* spielt, ist nur eine Laune der im übrigen vom Zufall bestimmten Verhältnisse. Keineswegs setzt dieses Zusammentreffen den Zufall außer Kraft. Der Kontrast der beiden Einzelmotive auf der unteren Bildhälfte unterstreicht im Gegenteil die Entfernung zwischen Bild und Wort und zwischen Wort und Bild. Doch unversehens nimmt Magritte für sein Medium Partei. Das Wort – ›der Tisch‹, ›der Schwamm‹ – ist der ironische Kommentar zu einem Bild, das das Auge im Moment der ihm angetragenen Entscheidung zwischen Text und Bild, zwischen Lesen und Anschauen, immer schon erfaßt hat. Das Auge »erkennt« das Bild des Schwammes – das wir, insofern wir uns der Sprache der Wörter bedienen, genaugenommen nur vorbehaltlich als »Bild des Schwammes« ansprechen dürfen – in seiner genuin bildlichen Anschaulichkeit »als« Schwamm. Der zusätzlichen Bestätigung durch Wort oder Begriff bedarf es nicht. Die Offensichtlichkeit der Redundanz, die es in einer herausfordernden Weise gleichgültig erscheinen läßt, ob unter dem Bild des Schwammes das Wort ›Schwamm‹ oder, sagen wir, das Wort ›Fahrrad‹ steht, unterstreicht die »spezifische anschauliche Sinnmöglichkeit«[20] jener Welt von Vorstellungen und »bildlichen Äußerungen«, die Nietzsche zufolge die »Vertrautheit« mit jenem »Kern« sicherstellt, von dem »wir selbst« und die »Welt« nur ein »Abbild« sind[21] und den auch Magritte niemals grundsätzlich in Abrede stellt. Doch über seine Verfügbarkeit ist damit noch gar nichts gesagt. Wenn Magritte auch nicht in neuerlicher Vereinseitigung die unbedingte Unübersetzbarkeit von Wort und Bild postuliert, so beharrt er doch auf den Härten der Differenz. Das Übersetzen ist ein unabschließbares Verstehen, das Bildverstehen ein nicht enden wollendes Übersetzen, und die Konvergenz dieser beiden Deutungsweisen – dieser Befund bildet eines der Leitmotive im Œuvre Magrittes – ist ein offenes und als offen begreiflich zu machendes Problem. Wer diese beiden, Wort und Bild, verbinden wollte, der müßte, um eine Metapher Kleists aufzunehmen, »gleichsam durch ein Unendliches gegangen« sein[22], um an sein Ziel zu finden.

Die Welt der Beziehungen ist immer auch die Welt der Deutungen. Näher besehen sind es weder die Bilder noch die Wörter, die jenes Befremden hervorrufen, sondern das Bedürfnis, die gezeigten Situationen und die mitgebrachten Erfahrungen zu verbinden, und das heißt: sie als sinnvoll zu begreifen. Jene Berufung auf Bacon ist denn auch keineswegs zufällig. Mit dem aus der Umwertung des Unsichtbaren gestärkt hervorgegangenen Selbstbewußtsein des *collusor* teilt die künstlerische Moderne den Vorsatz, das Verhältnis von Sichtbarkeit und Unsichtbarkeit zu enthierarchisieren. Freilich verzichtet sie darauf, die Differenz einem homogenen Weltprinzip zu opfern. Tatsächlich geht es hier wie dort um die Überwindung jener Dualität, wie sie als einer der ersten Kritiker der Modernität Franz von Baader mit der ultimativen Formel erneuerte, das Sichtbare sei unwahr, das Wahre unsichtbar.[23] Ähnlich wie Bacon umgeht Magritte die Frage nach der Positivität des Sichtbaren, wenn er das Bild der hierarchisierten Welt durch die Darstellung von Passagen und Durchstiegen, mithin von Übergangsphänomenen ersetzt. Das Ergebnis ist ein Panorama kalkulierter Zweideutigkeiten. Seine zu bequemem Nachvollzug einladenden Bilder lassen den Betrachter in seinem Sinnstreben scheitern, indem sie auf der Unübersetzbarkeit der Sprachen – der Sprache der Laute, der Wörter, der Bilder und der Dinge – unbeirrt beharren. Aber sie tun es ohne Häme. Sie sprechen zum Auge, doch sie täuschen es nicht. Man kann vielmehr sagen: Sie demonstrieren dem Auge seine Bereitschaft, sich zum Komplizen seiner Täuschungen machen zu lassen. Nichts ist konfus, schreibt Magritte 1966 an Michel Foucault, »außer dem Geist, der eine imaginäre Welt imaginiert« (195).

In gewisser Hinsicht gleichen die surrealistischen Vorstöße der Wirkungsweise des Historismus, denn sie erschüttern ebenfalls die Geltung dessen, was allgemein geglaubt wird. Beide begreifen Wahrheit als Konvention. Dabei beschränken sie sich keineswegs, wie allgemein unterstellt wird, auf die Proklamation von Beliebigem. Ihr konstruktiver Beitrag besteht vielmehr darin, von der Autorität des vermeintlich Offensichtlichen und Unbezweifelbaren zu entlasten und, nach einem Wort Benjamins, »am Gebilde noch durch Abbruch zu bauen«[24]. Auf dem Umweg über die Offenlegung von Zuschreibungsprozeduren hier und die Geltendmachung von generativen Prozessen dort wird die Aufmerksamkeit für semantische Übergänge geweckt, werden Spielräume der Veränderlichkeit und Veränderbarkeit ermessen. Deshalb harmonieren beide Perspektiven mit derjenigen der historischen Semantik. Der malende Philosoph seinerseits beschränkt sich darauf, diese Prozeduren darzustellen: die Ansichtsseite der Abstraktion. Während uns seine Bilder in den Taumel der Normalität stürzen, unterstreicht er die Entschiedenheit seines Einspruchs dadurch, daß er die wort- und begriffsferne Autonomie der Dinge, mit seinem Wort, »evoziert«. Seine Bilder stellen nicht nur dar, sie geben auch zu verstehen, und aus der unauflöslichen Verbindung dieser beiden Dimensionen entsteht die visuelle Eindringlichkeit der aufgetanen Bilderwelt. Den Illusionismus der alltäglichen Weltwahrnehmung reflektierend, ahmt sie seine Mittel und Möglichkeiten nach und macht sie zugleich zum Thema.

Die Konfrontation von reflektiertem und naivem Sehen ruft die für die surrealistische Kunst bezeichnende *surprise* hervor und damit den flüchtigen Augenblick unvermittelter Transparenz. In ihm begegnet der Betrachter jenem unauflöslichen Rest, jenem Abstand, um den das reflektierte Darstellen von jeher hinter der Idee des unumschränkten und zeitlosen Bedeutens zurückzustehen hat. Der künstlerische Akt verbindet sich mit der Aufforderung, zu *verstehen*. Damit schließt sich der Kreis. Magrittes Bildersprache zeigt ihn als Nachfahrn der Parrhasios und Timanthes. Er malt Vorhänge.

DANKSAGUNG

Teile dieses Buches wurden bei verschiedenen Gelegenheiten vorgetragen, anderes ist vorveröffentlicht. Sämtliche Beiträge wurden für die vorliegende Zusammenstellung überarbeitet und – teilweise erheblich – erweitert. Das Kapitel über Francis Bacon entstand für die 1992 von Volker Gerhardt und Norbert Herold herausgegebene Gedenkschrift für Friedrich Kaulbach; in das zweite Kapitel sind Formulierungen aus zwei Aufsätzen eingegangen, die im Jahrgangsband 1986/87 des *Archivs für Begriffsgeschichte* und 1989 in der *Neuen Rundschau* (Heft 2) erschienen sind; das dritte Kapitel basiert auf einer Abhandlung aus der *Deutschen Vierteljahrsschrift für Literaturwissenschaft und Geistesgeschichte* (Heft 2, 1992); das vierte Kapitel übernimmt und ergänzt meinen Beitrag zum Sonderband »Heinrich von Kleist« der Zeitschrift *Text und Kritik* (1993); beim fünften Kapitel handelt es sich um einen durchgesehenen Essay für die *Neue Rundschau* (Heft 1, 1991), der in gekürzter Form auch im *Historischen Wörterbuch der Philosophie* (Bd. 8, 1992) erschienen ist; das Schlußkapitel resümiert und erweitert Beiträge in der *Zeitschrift für Ästhetik und Allgemeine Kunstwissenschaft* (Heft 2, 1989) und in der Wiener Zeitschrift *Kunstpresse* (Heft 4, 1991).

Gern ergreife ich die Gelegenheit, um Norbert Herold Dank zu sagen, der mir während meines Studiums in Münster wegweisende Anregungen gegeben hat. Herzlich danken möchte ich Günther Busch, der auch dieses Manuskript großzügig und verständnisvoll betreut hat und bereit war, es ins Wissenschaftsprogramm des S. Fischer Verlages aufzunehmen. Mein besonderer Dank gilt Claudia Brede-Konersmann, Petra Gehring und Kurt Röttgers für ihre beharrliche und aufmerksame Kritik, für ihre Geduld, für Zuspruch und Ermunterung.

ANMERKUNGEN

Einleitung
Zur Sache der historischen Semantik

1 Vgl. C. Plinius Secundus: *Naturalis Historiae.* Buch 35, 72f. (vgl. *Naturkunde*, hg. v. R. König, München 1978, S. 60f.); M. T. Cicero: *Orator*, hg. v. B. Kytzler. 2. Aufl., München 1980, S. 60f. (22, 74).
Zu Timanthes vgl. des näheren *Paulys Realencyclopädie der classischen Altertumswissenschaft*, hg. v. W. Kroll u. K. Mittelhaus, Bd. II, 11, Stuttgart 1936, Sp. 1231f., sowie H. F. Fullenwider: ›Der Schleier des Timanthes. Zum Begriff des *decorum* im barocken Zeitalter‹. In: *Archiv für das Studium der neueren Sprachen und Literaturen* 137 (1985), S. 241–251.

2 Vgl. Ch.-L. de Secondat de Montesquieu: ›Essai sur le *goût* dans les choses de la nature & de l'art‹. In: *Encyclopédie, ou dictionnaire raisonné des sciences, des arts et des métiers*, hg. v. J. d'Alembert u. D. Diderot. Paris 1751ff., Bd. 7, S. 762–767, hier S. 762.

3 F. Schlegel: ›Die Entwicklung der Philosophie in zwölf Büchern‹ (Köln 1804–1805). In: *Kritische Friedrich-Schlegel-Ausgabe*, hg. v. E. Behler. München, Paderborn, Wien, Zürich 1958ff., 2. Abt., Bd. 12, S. 107–323, hier S. 214.
Der letzte, Fragment gebliebene Satz von Schlegels Hand: »Das ganz vollendete und vollkommne Verstehen selbst aber« (›Philosophische Vorlesungen insbesondere über Philosophie der Sprache und des Wortes‹, ebd., Bd. 10, S. 309–534, hier S. 534) resümiert in nuce die Differenz zu Schleiermacher. Dem einschränkenden, auch skeptischen »aber« Schlegels, das den repetetiven und unabschließbaren Charakter des Verstehens festhält, steht die Erkenntniszuversicht der »definitiven Begründung einer wissenschaftlichen Hermeneutik« gegenüber, die Dilthey als Verdienst Schleiermachers ermittelt und hervorgehoben hat (W. Dilthey: ›Die Entstehung der Hermeneutik‹. In: *Gesammelte Schriften*, Bd. 5, Stuttgart 1957, S. 326; vgl. E. Behler: ›Friedrich Schlegels Theorie des Verstehens: Hermeneutik oder Dekonstruktion?‹ In: ders., J. Hörisch [Hg.], *Die Aktualität der Frühromantik.* Paderborn, München, Wien, Zürich 1987, S. 141–160, insbes. S. 145f.). »Alle class.[ischen] Schriften«, betont demgegenüber Schlegel, »werden

nie ganz verstanden, müssen daher ewig wieder kritisirt und interpretirt werden.« (›Fragmente zur Litteratur und Poesie‹. In: *Kritische Friedrich-Schlegel-Ausgabe*, a. a. O., Bd. 16, S. 141 [Nr. 671].)

4 F. Schlegel: ›Über Goethes Meister‹. In: *Kritische Friedrich-Schlegel-Ausgabe*, a. a. O., Bd. 2, S. 126–146, hier S. 140.

5 Plinius bescheinigt Timanthes ein hohes Maß an *ingenium* (*Nam Timanthi vel plurimum adfuit ingenii*; Buch 35, 73) – der einzige Fall in der überlieferten Literatur der Antike, wie Verena Lily Brüschweiler-Mooser in ihrer gattungsgeschichtlichen Synopse vermutet, daß dieser Ehrentitel einem Maler zugesprochen wurde (*Ausgewählte Künstleranekdoten. Eine Quellenuntersuchung*, Diss. Zürich 1973, S. 55).

6 Vgl. P. Valéry: ›Mon Faust‹. In: *Œuvres*, hg. v. J. Hytier. Paris 1960, Bd. 2, S. 276–403, hier S. 344; vgl. H. Blumenberg: ›Ausblick auf eine Theorie der Unbegrifflichkeit‹. In: ders., *Schiffbruch mit Zuschauer. Paradigma einer Daseinsmetapher*. Frankfurt a. M. 1979, S. 75–93, hier S. 83f.

7 Ebd., S. 84.

8 Ebd., S. 80. – Ungeachtet dieser schwerwiegenden Modifikation bleibt auch die *umgekehrte* Hermeneutik eine Hermeneutik. Nur geht sie »nicht auf Eindeutigkeit dessen, was sie ihrer Auslegungskunst unterzieht [...]. Hermeneutik geht auf das, was nicht nur je einen Sinn haben und preisgeben soll und für alle Zeiten behalten kann, sondern was gerade wegen seiner Vieldeutigkeit seine Auslegungen in seine Bedeutung aufnimmt.« (H. Blumenberg: *Die Lesbarkeit der Welt*. 2., durchges. Aufl., Frankfurt a. M. 1983, S. 21.)

9 M. de Montaigne: *Les Essais*, hg. v. P. Villey. Paris 1988, Bd. 3, S. 1049f. (III, 12).

10 H. Blumenberg: ›Paradigmen zu einer Metaphorologie‹. In: *Archiv für Begriffsgeschichte* 6 (1960), S. 7–142, hier S. 11.

11 K. Stierle: ›Historische Semantik und die Geschichtlichkeit der Bedeutung‹. In: *Historische Semantik und Begriffsgeschichte*, hg. v. R. Koselleck. Stuttgart 1978, S. 154–189, hier S. 168.

12 F. Nietzsche: *Zur Genealogie der Moral*. In: *Kritische Studienausgabe*, hg. v. G. Colli u. M. Montinari. 2., durchges. Aufl., Berlin/New York 1988, Bd. 5, S. 245–412, hier S. 317. Nietzsches Exempel ist die Strafe und das Zusammenspiel des »Dauerhaften« und »Flüssigen an ihr« (ebd., S. 316).

13 Vgl. H. Sitta: ›Pragmatisches Sprachverstehen und pragmatikorientierte Sprachgeschichte‹. In: ders. (Hg.), *Ansätze zu einer pragmatischen Sprachgeschichte*. Tübingen 1980, S. 23–35, hier S. 24.
Die Fragestellung der Semantik, also das Interesse für das Überschreitungsphänomen Bedeutung, wurde von den beteiligten Disziplinen, namentlich den Sprachwissenschaften, lange Zeit als Grenzverletzung empfunden und entsprechend ignoriert. Der Forschungsbericht von Hans Wellmann (›Historische Semantik [1968–1973]‹. In: *Wirkendes Wort* 24 [1974], S. 194–213

und 268–285) zeigt am Beispiel einer einzelnen Disziplin, wie schwierig die Vermittlung der theoretischen Zugänge und Konzepte sich vor diesem Hintergrund gestaltet. Die Übersicht bestätigt den Eindruck Reinhart Kosellecks, der der Semantik eine »prekäre Randlage in den Sprachwissenschaften« bescheinigt (*Vergangene Zukunft. Zur Semantik geschichtlicher Zeiten*. Frankfurt a. M. 1989, S. 114; übereinstimmend D. Busse: *Historische Semantik. Analyse eines Programms*. Stuttgart 1987, S. 15ff., 21 u. ö.), und bemüht sich, die germanistische Sprachwissenschaft aus den Befangenheiten einer einseitigen Saussure-Rezeption und der unbedingten Beschränkung auf die *langue* herauszuführen. Immerhin kann das Fach zur Erweiterung seiner Spielräume, wie billig, auf ein Wort Jacob Grimms zurückgreifen: »Jedes Wort hat seine eigene Geschichte und lebt sein eigenes Leben« (s. a. H. H. Christmann: ›Lautgesetze und Wortgeschichte. Zu dem Satz »Jedes Wort hat seine eigene Geschichte«‹. In: *Sprache und Geschichte.* Festschrift für Harri Meier. München 1971, S. 111–124). An gleicher Stelle findet sich eine weitere, von der historischen Semantik gleichfalls in Anspruch genommene Faustformel. Sie besagt, daß keine Regel »sich steif überall durchführen läßt« (J. Grimm: *Deutsche Grammatik*. Erster Theil. Göttingen 1819, S. XIV).

14 Blumenberg, *Lesbarkeit der Welt*, a. a. O., S. 21. – Wie der Begriff des »›Ganzen‹ der Geschichte« (vgl. H. M. Baumgartner: *Kontinuität und Geschichte. Zur Kritik und Metakritik der historischen Vernunft*. Frankfurt a. M. 1972, S. 340ff.) ist auch der Begriff des »Ganzen der Bedeutung« eine jener heuristischen Fiktionen, die es erlauben, die Grenze des Erwartbaren abzustecken.

15 Montaigne, *Les Essais*, a. a. O. (Villey), Bd. 3, S. 1072 (III, 13). – Anders als Montaigne hält Descartes es für möglich und sogar geboten, mit diesem Laster zu brechen. Die Bücherwissenschaften, schreibt er, reproduzierten bloß Meinungen und kämen der Wahrheit längst nicht so nahe wie die schlichten Gedanken, die ein verständiger Mann über die sich darbietenden Gegenstände anstelle – *les simples raisonnements que peut faire naturellement vn homme de bon sens touchant les choses qui se presentent* (*Discours de la Méthode*. In: *Œuvres*, hg. v. Ch. Adam u. P. Tannery. Paris 1904ff., Bd. 6, S. 12f.).

16 *De vray, l'effort d'un desplaisir, pour estre extreme, doit estonner toute l'âme, et lui empecher la liberté des ses actions*. (Montaigne, *Les Essais*, a. a. O. [Villey], Bd. 1, S. 12 [I, 2].)

17 Man erkennt, wie Bacons Umdeutung des Unsichtbaren jene noch von Montaigne wiederholte Devise sowohl bekräftigt als auch verletzt, derzufolge man die göttlichen Wohltaten mißbraucht, sobald man die von der Vorsehung gesetzten Grenzen zu überschreiten sucht – *que c'est abuser des faveurs de Dieu, de leur vouloir faire perdre la mesure qu'il leur a prescripte* (*Les Essais*, a. a. O. [Villey], Bd. 1, S. 282 [I, 47]).

18 I. Kant: *Idee zu einer allgemeinen Geschichte in weltbürgerlicher Absicht*. In: *Ge-*

sammelte Schriften. Akademie-Ausgabe. Berlin 1910ff., Bd. 8, S. 15–31, hier S. 18f.

19 *[...] une étrange impulsion d'horizon* (P. Valéry: ›Regards sur la mer‹. In: *Œuvres*, a. a. O., Bd. 2, S. 1334–1341, hier S. 1335).

20 Vgl. E. Grassi: *Einführung in philosophische Probleme des Humanismus*. Darmstadt 1986, S. 75f.; zur Schriftkultur der mittelalterlichen Welt vgl. I. Illich: *Im Weinberg des Textes. Als das Schriftbild der Moderne entstand*. Frankfurt a. M. 1990, insbes. S. 130ff.

21 K. Röttgers: ›Philosophische Begriffsgeschichte‹. In: *Geschichtlichkeit der Philosophie. Theorie, Methodologie und Methode der Historiographie der Philosophie*, hg. v. H. J. Sandkühler. Frankfurt a. M., Bern, New York, Paris 1991, S. 97–111, hier S. 108. – Wie die Universalsprachenbewegung ihrer Zeit ist auch die cartesianische Begriffskultur eine Kultur des wiederzufindenden wahren Worts, und nicht zuletz impliziert sie eine Irenik. »Neuzeitlich« ist dieses Ansinnen insofern, als es der ternimologischen Anstrengung mit der *praecisio* einen Zweck anweist, den eine Schwellenfigur wie Cusanus noch dem Absoluten – und ihm allein – vorbehalten hatte. (Vgl. W. P. Klein: *Am Anfang war das Wort. Theorie und wissenschaftsgeschichtliche Elemente frühneuzeitlichen Sprachbewußtseins*. Berlin 1992, S. 16ff. u. 41ff.)

22 Ch. M. Wieland: ›Plan einer Academie zu Bildung des Verstandes und des Herzens junger Leute‹. In: ders., *Gesammelte Schriften*, hg. v. F. Homeyer u. H. Bieber. Berlin 1916, Bd. I, 4, S. 183–206, hier S. 185f.

23 Röttgers, ›Philosophische Begriffsgeschichte‹, a. a. O., S. 102.

24 F. H. Tenbruck: ›Zur deutschen Rezeption der Rollentheorie‹. In: *Kölner Zeitschrift für Soziologie und Sozialpsychologie* 13 (1961), S. 1–40, hier S. 9.

25 So die berühmte Formulierung von Descartes zu Beginn der dritten Meditation von 1641: *proinde jam videor pro regulâ generali posse statuere, illud omne esse verum, quod valde clare & distincte percipio* (*Œuvres*, a. a. O., Bd. 7, S. 35). Zur rhetorischen Einbettung des cartesianischen Denkeinsatzes vgl. Ch. Schildknecht: ›Erleuchtung und Tarnung. Überlegungen zur literarischen Form bei René Descartes‹. In: *Literarische Formen der Philosophie*, hg. v. G. Gabriel u. Ch. Schildknecht. Stuttgart 1990, S. 92–120, sowie Th. Keutner: ›Mundus est fabula. Descartes und das Problem der Repräsentation‹. In: *Diagrammatik und Philosophie*. Akten des 1. Interdisziplinären Kolloquiums der Forschungsgruppe Philosophische Diagrammatik, 15./16. 12. 1988 an der Fernuniversität/Gesamthochschule Hagen, hg. v. P. Gehring, Th. Keutner, J. F. Maas, W. M. Ueding. Amsterdam–Atlanta 1992, S. 75–88.

26 Vgl. M. Foucault: *Histoire de la sexualité*. Bd. 2. *L'usage des plaisirs*. Paris 1984, S. 12 (*histoire de la vérité, jeux de vérité*).

27 *Quand j'entends ces choses*, vermerkt Leibniz Ende der siebziger Jahre, *je m'étonne de la facilité qu'il y a de tromper le monde lorsqu'on peut seulement jouer adroitement des paroles agreables, quoyqu'on en corrompe le sens, car*

comme les hypocrites abusent de la pieté et les heretiques de l'écriture et les seditieux du mot de la liberté, de même des Cartes a abusé de ces grands mots de l'existence de Dieu et de l'immortalité de l'âme. (G. W. Leibniz: *Die philosophischen Schriften*, hg. v. C. I. Gerhardt. Berlin 1875 ff. [ND Hildesheim 1960], Bd. 4, S. 300 [Hervorheb. R. K.]; zum gedanklichen Kontext s. a. Catherine Wilson: *Leibniz's Metaphysics. A Historical and Comparative Study*. Princeton 1989, S. 82 ff.)

28 R. Eisler: ›Vorwort‹. In: ders., *Wörterbuch der philosophischen Begriffe*. 4., völlig neu bearbeitete Aufl., Berlin 1927, Bd. 1, S. V–VII, hier S. VII. – Deutlich reserviert äußert sich demgegenüber Joachim Ritter. Das Verhältnis von Philosophie und Wissenschaften sei nunmehr »von neuem offen«, schreibt er im ersten Band des *Historischen Wörterbuchs der Philosophie*, und es könne gar nicht vorausgesagt werden, wie einmal eine neue Synthese aussehen werde und ob sie im Spiel sei oder nicht (J. Ritter: ›Vorwort‹. In: *Historisches Wörterbuch der Philosophie*, hg. v. J. Ritter u. K. Gründer. Basel, Stuttgart 1971 ff., Bd. 1., S. V). Bis heute, also gut zwanzig Jahre später, hat diese Beobachtung Bestand. Die von Ritter in noch ausstehende Kontroversen gesetzten Erwartungen dürften mittlerweile allerdings erheblich gesunken sein. Die Departementalisierung ist auch innerhalb der philosophischen Fächer zu weit vorangeschritten, als daß begriffsgeschichtliche Vieldeutigkeitserfahrung und begriffssprachliches Eindeutigkeitsideal füreinander noch unumgängliche Herausforderungen darstellen könnten.

29 L. Feuerbach: ›Vorlesungen über das Wesen der Religion‹. In: *Gesammelte Werke*, hg. v. W. Schuffenhauer. Berlin 1967 ff., Bd. 6, S. 103 f.

30 Benjamin gibt der Wahrheit eine temporale Struktur und spricht wiederholt vom *Jetzt der Erkennbarkeit*: »Jede Gegenwart ist durch diejenigen Bilder bestimmt, die mit ihr synchronistisch sind: jedes Jetzt ist das Jetzt einer bestimmten Erkennbarkeit.« (W. Benjamin: *Das Passagen-Werk*. In: *Gesammelte Schriften*, hg. v. R. Tiedemann u. H. Schweppenhäuser. Frankfurt a. M. 1972 ff., Bd. V, 1, S. 578.) Die geschichtsphilosophische Pointe des Gedankens ist, daß einer Gegenwart in der Geschichte etwa Bestimmtes, sie in ausgezeichneter Weise Betreffendes zu erkennen und zu nutzen aufgegeben sei; vgl. R. Konersmann: *Erstarrte Unruhe. Walter Benjamins Begriff der Geschichte*. Frankfurt a. M. 1991, S. 47, 157 u. ö.

31 Vgl. J. Starobinski: *Das Rettende in der Gefahr. Kunstgriffe der Aufklärung*. Frankfurt a. M. 1990, S. 355 f.

32 Vgl. E. Auerbach: *Mimesis. Dargestellte Wirklichkeit in der abendländischen Literatur*. 7. Aufl., Bern 1982, S. 412 u. 431; s. a. K. Kosík: *Dialektik des Konkreten. Eine Studie zur Problematik des Menschen und der Welt*. Frankfurt a. M. 1976, S. 133–148.

Das Theorieensemble des Historismus verbindet in diesem Jahrhundert vorderhand so entfernte Positionen wie den hegelkritischen Wertkonservatismus Friedrich Meineckes einerseits und den unorthodoxen Marxismus eines Fredric Jameson andererseits, der Anfang der achtziger Jahre die Devise ausgab: *Always historicize!* (dtsch. in: *Das politische Unbewußte. Literatur als Symbol sozialen Handelns*. Reinbek 1988, S. 7.)

33 Vgl. Th. S. Kuhn: *Die Struktur wissenschaftlicher Revolutionen*. Zweite revidierte und um das Postskriptum von 1969 ergänzte Auflage, Frankfurt a. M. 1979, insbes. S. 10 u. 60.
Bereits die Einleitung zur *Encyclopédie* äußert sich in diesem Sinne. Die geringen Vorteile, heißt es dort, die jene Neigung zur Systembildung derzeit noch bieten könne, wögen die daraus entstehenden Nachteile nicht auf. Wie gefährlich die Anwendung von Systemen nicht nur in den Naturwissenschaften, sondern auch in den übrigen Disziplinen sei, habe die Erfahrung tausendfach bewiesen. Salomonisch rät der Verfasser, über den Geist des Systems zu verfügen, doch nie eines aufzustellen – *d'avoir l'esprit de Système, & de n'en faire jamais* (›Discours Préliminaire des Éditeurs‹. In: *Encyclopédie*, a. a. O., Bd. 1, S. I–XLV, hier S. XXXI).

34 E. Husserl: *Die Krisis der europäischen Wissenschaften und die Transzendentale Phänomenologie. Eine Einleitung in die phänomenologische Philosophie* (Husserliana VI), hg. v. W. Biemel. 2. Aufl., Haag 1962, S. 6. Die universale Wissenschaft, »ideal vollendet gedacht«, sei nichts anderes als »Allwissenheit«, erklärt Husserl an gleicher Stelle weiter, darin erweise sich des Menschen »in gewisser Weise mathematisch idealisierte« Gottesebenbildlichkeit. »Dies ist also für die Philosophen wirklich ein, obschon im Unendlichen liegendes, so doch realisierbares Ziel – nicht für den einzelnen und für die zeitweilige Forschergemeinschaft, aber wohl im unendlichen Progreß der Generationen und ihrer systematischen Forschungen.« (Ebd., S. 66.)

35 So der Schlüsselbegriff des Titels, den Descartes ursprünglich für seinen *Discours* vorgesehen hatte und im März 1636 gegenüber Marin Mersenne mit der traditionsreichen Erhebungsmetaphorik zusammenführt: *Le projet d'vne Science vniuerselle qui puisse éleuer nostre nature à son plus haut degré de perfection* (*Œuvres*, a. a. O., *Correspondance*, Bd. 1, S. 339).

36 F. Nietzsche: *Die fröhliche Wissenschaft*. In: *Kritische Studienausgabe*, a. a. O., Bd. 3, S. 343–651, hier S. 404 (Nr. 34).
Einer Redeweise des 19. Jahrhunderts folgend, hat Nietzsche unter »Historicismus« offenbar die Philosophie Hegels verstanden und deren Quintessenz folgendermaßen wiedergegeben: »Das Recht ist bei den Siegreichen: [...] eine nachweisbare Entwicklung, Sichtbarwerdung des moralischen Reichs« (*Nachgelassene Fragmente*, ebd., Bd. 12, S. 162f.). Nietzsches prononciert »kritische« Geschichtsphilosophie unterscheidet sich zweifellos von Rankes historischem Historismus und insbesondere von dessen Absicht zu zeigen, wie es eigentlich gewesen. Doch treffen sich beide in dem Versuch, die Vielfalt des Vergangenen von der erdrückenden Last weltgeschichtlicher Monumentalität zu befreien und dem einzelnen – und sei es postum – Raum zu geben und Eigenständigkeit zuzubilligen.

37 G. Simon: *Der Blick, das Sein und die Erscheinung in der antiken Optik*, München 1992, S. 14; s. a. ders., ›De la reconstitution du passé. À propos de l'histoire des sciences, entre autres histoires‹. In: *Le Débat* 66 (1991), S. 134–147, insbes. S. 146.
Wie leicht zu sehen, berührt die Maxime unmittelbar das altbekannte Problem des hermeneutischen Zirkels, dem Ethnographie und Wissenschaftsgeschichte ebensowenig ausweichen können wie die philosophischen (philosophiegeschichtlichen), literarischen, philologischen oder psychoanalytischen Deutungen »symbolischer Formen« (vgl. C. Geertz: *Dichte Beschreibung. Beiträge zum Verstehen kultureller Systeme*. Frankfurt a. M. 1987, S. 307).

38 Vgl. J. Starobinski: *Psychoanalyse und Literatur*. Frankfurt a. M. 1973, S. 231.

39 J. J. Rousseau: ›Lettre à d'Alembert sur des spectacles‹. In: *Œuvres complètes*. Paris 1865, Bd. 1, S. 194.

40 Diese Aspekte summieren nach Blumenberg den Anspruch des Rhetorischen: »Form als Mittel« (›Anthropologische Annäherung an die Aktualität der Rhetorik‹. In: ders., *Wirklichkeiten in denen wir leben*. Stuttgart 1981, S. 104–136, hier S. 106).

41 J. Starobinski: *Rousseau. Eine Welt von Widerständen*. München 1988, S. 399.

42 Vgl. H. Niehues-Pröbsting: ›Die Kynismus-Rezeption der Moderne. Diogenes in der Aufklärung‹. In: *Deutsche Zeitschrift für Philosophie* 40 (1992), S. 709–734.
Voltaire und Diderot haben den Vergleich zwischen Rousseau und Diogenes gezogen. Voltaire legt ihm den Wahlspruch in den Mund: »Bewundert meine Lumpen« (vgl. Starobinski, *Das Rettende in der Gefahr*, a. a. O., S. 308) und karikiert damit die irreguläre Ästhetisierung protestantischer Werthaltungen. Das Wort solle man ansehen, hatte Luther gepredigt, »und nicht auff die Person schawen, denn Gott nimet itzt ein Engel, balde Petrum oder Magdalenen oder auch irgends wol ein Esel, wie mit dem Bileam geschahe, durch welche er sein wort redet« (M. Luther: *Werke*. Kritische Gesamtausgabe. Weimar 1899, Bd. 16, S. 38).

43 C. M. Wieland: ›Nachlass des Diogenes von Sinope‹. In: *Sämmtliche Werke*. Leipzig 1795 [ND Hamburg 1984], Bd. 13, S. 3–201, hier S. 42.

44 Anders als der *skeptische* Verstehensbegriff, wie ihn das auf diesen Seiten umrissene Konzept der historischen Semantik favorisiert, ist das Verstehen im *emphatischen*, auf Einfühlung und Identifikation abzielenden Verständnis bemüht, »uns in das Innere anderer Epochen zu versetzen«. Nichtsdestoweniger ist es, wie Arthur C. Danto mit Recht hinzufügt, dazu vollkommen »ungeeignet«, und zwar in genau dem Maße, wie diese Epochen »wirklich ›andere‹ *sind*«. (*Analytische Philosophie der Geschichte*. Frankfurt a. M. 1974, S. 408; s. a. S. 419 ff.)

45 Blumenberg, *Lesbarkeit der Welt*, a. a. O., S. 21.

46 K. Barck, M. Fontius, W. Thierse: ›Ästhetik, Geschichte der Künste, Begriffsgeschichte. Zur Konzeption eines »Historischen Wörterbuchs ästhetischer Grundbegriffe«.‹ In: *Ästhetische Grundbegriffe*. Studien zu einem historischen Wörterbuch, hg. v. K. Barck, M. Fontius u. W. Thierse. Berlin 1990, S. 11–48, hier S. 23.

47 O. Marquard, *Aesthetica und Anaesthetica. Philosophische Überlegungen*. Paderborn, München, Wien, Zürich 1989, S. 75.

48 G. Simmel: *Der Konflikt der modernen Kultur*. Ein Vortrag. 3. Aufl., München und Leipzig 1926, S. 27.

49 L. v. Ranke: ›Geschichten der romanischen und germanischen Völker von 1494–1514‹. In: *Sämmtliche Werke*. Bd. 33/34. Leipzig 1874, S. VI. Man vernimmt die bestimmteren Nebentöne dieses Wortes, wenn man es auf den Tadel bezieht, der Voltaire zu Fleurys Kirchengeschichte eingefallen war: *Ce n'est pas une histoire ce sont des histoires* – »Das ist keine Geschichte, das sind Geschichten.« (›Mon séjour chez M. de Voltaire‹. In: *Œuvres de Prince de Ligne*. Bd. 4, Paris, Bruxelles 1860, S. 13–24, hier S. 13.

50 H.-G. Gadamer: ›Begriffsgeschichte als Philosophie‹. In: *Kleine Schriften III. Idee und Sprache*. Tübingen 1972, S. 237–250, hier S. 250. Zur Vermeidung argumentativer Schieflagen sei betont, daß Gadamer den Vorteil der hermeneutischen Reflexion – im Unterschied zu den wissenschaftlichen Partikularisierungsprozeduren – in demjenigen erkennt, was er das »Geltenlassen des anderen gegenüber sich selber« nennt (›Semantik und Hermeneutik‹. In: *Kleine Schriften III*, a. a. O., S. 251–260, hier S. 260). Als eine Art »umgekehrter Hermeneutik« (s. o. Anm. 8) wird die historische Semantik bei der philosophischen Hermeneutik vor allem dort Anknüpfungspunkte finden, wo diese bereit ist, die Emphase des Verstehens und der Bedeutungsfeststellung »einzuklammern«.

51 H. Blumenberg: ›Die Vorbereitung der Neuzeit‹. In: *Philosophische Rundschau* 9 (1961), S. 81–133, hier S. 91 f.

52 Der sprachwissenschaftlich orientierten historischen Semantik (vgl. insbes. F. Schalk: ›Les tendances actuelles de la sémantique historique: la filiation des significations‹. In: *Lexicologie et lexicographie françaises et romanes*. Orientations et exigences actuelles. Strasbourg 12–16 Novembre 1957. Paris 1961, S. 69–80, sowie S. Ullmann: *Grundzüge der Semantik. Die Bedeutung in sprachwissenschaftlicher Sicht*. 2. Aufl., Berlin, New York 1972, insbes. S. 159 ff.) wurden wiederholt historiographische (R. Koebner: ›Semantics and Historiography‹. In: *The Cambridge Journal* 7 [1953], S. 131–144; R. Williams: *Gesellschaftstheorie als Begriffsgeschichte. Studien zur historischen Semantik von »Kultur«*. München 1972) und gelegentlich auch philosophische (P. Zumthor: ›Note sur les champs sémantiques dans le vocabulaire des idées‹. In: *Neophilologus* 39 [1955], S. 175–183 u. 241–249, insbes. S. 175–178) Einzelinitiativen zur Seite gestellt, ohne daß die in der Zusammenschau erkennbar werdenden und allseits selbstkritisch vermerk-

ten Defizite der theoretischen Grundlegung jemals überwunden worden wären.

Den angesichts dieser Ausgangslage schon als solchen verdienstvollen Versuch, die in der historischen Semantik gebündelten bedeutungsgeschichtlichen Vorstöße auf ein sprachwissenschaftlich avanciertes Niveau zu führen, stellt die bereits genannte Arbeit von Dietrich Busse dar. Im Rahmen der selbstgesetzten Grenzen, nämlich der Methodendiskussion, geht diese Studie die Problemlage in der gebührenden Breite an und gelangt zu wertvollen Einzelbeobachtungen. Der Gesamtertrag der Bemühungen proliferiert indes zu ebenso beeindruckender wie unpraktikabler Monumentalität. Busse verwendet sich für ein Konzept, das »die Vielfalt kommunikativer Sinnmöglichkeiten, die Situations- und Kontextabhängigkeit sprachlicher Zeichenverwendungen«, »die Vielfalt der Geschichten« und die »sprachlichen Konstitutionsprozesse gesellschaftlichen Bewußtseins« ebenso einbezieht wie »die Funktion aller epistemischen Faktoren«, die »für die kommunikative Verständigung und damit für die kollektive Verständigung über die Welt wesentlich sind« (S. 12, 28, 71 u. pass.). Bezeichnenderweise bietet die Darstellung kein einziges Beispiel bedeutungsgeschichtlicher Interpretation. Immerhin scheint Busse, dessen Überlegungen die bereits 1966 von Algirdas Julien Greimas beobachtete Divergenz von »theoretischem« und »anwendungstauglichem« Bedeutungsbegriff (*Strukturale Semantik.* Braunschweig 1970, S. 11) auf unfreiwillige Weise bestätigen, die aus den Komplexitätszuwächsen resultierende Unbeweglichkeit seines Theorieangebots selbst zu sehen, wenn er unterderhand einräumt, daß man in der »Pluralität der Vorgehensweisen natürlich auch etwas Positives sehen« (S. 44) könne.

53 O. Marquard: ›Lob des Polytheismus. Über Monomythie und Polymythie‹. In: ders., *Abschied vom Prinzipiellen*, a. a. O., S. 91–116, hier S. 102; s. a. A. Haverkamp: ›Paradigma *Metapher*, Metapher *Paradigma* – Zur Metakinetik hermeneutischer Horizonte (Blumenberg / Derrida, Kuhn / Foucault, Black / White)‹. In: *Epochenschwelle und Epochenbewußtsein* (Poetik und Hermeneutik XII), hg. v. R. Herzog u. R. Koselleck. München 1987, S. 547–560.

54 J. Mittelstraß: ›Begriffsgeschichte‹. In: *Enzyklopädie Philosophie und Wissenschaftstheorie.* Mannheim / Wien / Zürich 1980, Bd. 1, S. 270f., hier S. 270. Ein besonders markantes Beispiel solcher Naivität gibt Gottlob Frege mit seiner Erklärung, Begriffsgeschichte sei »wohl entweder eine Geschichte unserer Erkenntniss der Begriffe oder der Bedeutungen der Wörter. Durch grosse geistige Arbeit, die Jahrhunderte hindurch andauern kann, gelingt es oft erst, einen Begriff in seiner Reinheit zu erkennen, ihn aus den fremden Umhüllungen herauszuschälen, die ihn dem geistigen Auge verbargen«. (*Die Grundlagen der Arithmetik. Eine logisch-mathematische Untersuchung über den Begriff der Zahl.* Darmstadt 1961, S. XIX.) Die platonistisch-carte-

sianische Perspektive der terminologischen Rationalität ist derjenigen der historischen Semantik gerade entgegengesetzt. Bedeutungsgeschichte setzt da ein, wo die Arbeit der Erkenntnis selber historisiert und damit die Aussicht aufgegeben wird, eines Tages – und sei es nach »Jahrhunderten« – den Begriff »in seiner Reinheit« freizulegen.

55 Was Melvin Richter über die *Begriffsgeschichte* i. e. S. sagt, gilt für die *historische Semantik* ganz allgemein: Sie hat *its own matter and methods, devised to adress distinctive problems, defined within a problematic that differs somewhat from project to project* (›Reconstructing the History of Political Languages: Pocock, Skinner and the *Geschichtliche Grundbegriffe*‹. In: *History and Theory* 29 [1990], S. 38–70, hier S. 39; ich verdanke diesen Hinweis Henning Ritter).

56 E. Rudolph: *Odyssee des Individuums. Zur Geschichte eines vergessenen Problems.* Stuttgart 1991, S. 108; s. a. ders., ›Sprache zwischen Mythos und Erkenntnis. Zu Cassirers Diagnose der Tragik sprachlichen Fortschritts‹. In: *Sagen, was die Zeit ist. Analysen zur Zeitlichkeit der Sprache*, hg. v. E. Rudolph u. H. Wismann. Stuttgart 1992, S. 79–92, insbes. S. 84.

57 Röttgers, Philosophische Begriffsgeschichte, a. a. O., S. 98.

58 *[...] tout d'un coup, tout entier & avec toutes ses Parties [...], comme Pallas sortit toute armée du cerveau de Jupiter.* (J.-J. Rousseau: *Dictionnaire de musique.* Paris 1768 [ND Hildesheim, New York 1969], S. 385.)

59 S. Ascher: *Ideen zur natürlichen Geschichte der politischen Revolutionen.* Leipzig 1802, S. 75.

Das Kreislaufmodell findet sich spätestens seit 1793 auch bei Georg Forster, dem es sich, wie den übrigen Beobachtern der Revolution, als Traditionsgut der älteren Theoriegeschichte zwanglos anbot; vgl. H. Mohnhaupt: ›Spielarten »revolutionärer« Entwicklung und ihrer werdenden Begrifflichkeit seit dem Zeitalter der Aufklärung‹. In: *Revolution, Reform, Restauration. Formen der Veränderung von Recht und Gesellschaft*, hg. v. H. Mohnhaupt. Frankfurt a. M. 1988, S. 1–36, hier S. 13 u. 32, sowie J. Schlobach: *Zyklentheorie und Epochenmetaphorik. Studien zur bildlichen Sprache der Geschichtsreflexion in Frankreich von der Renaissance bis zur Frühaufklärung.* München 1980.

60 Kant, ›Geschichte in weltbürgerlicher Absicht‹, a. a. O., S. 30.

61 Vgl. H. Wölfflin: *Kunstgeschichtliche Grundbegriffe. Das Problem der Stilentwicklung in der neueren Kunst.* Dresden 1983, S. 18.

62 G. Simmel: ›Das Problem der historischen Zeit‹. In: ders., *Zur Philosophie der Kunst. Philosophische und kunstphilosophische Aufsätze.* Potsdam 1922, S. 152–169, hier S. 165.

63 F. Rosenzweig: ›Der Stern der Erlösung‹. In: *Gesammelte Schriften.* 4. Aufl., Haag 1976, Bd. 2, S. 253f.

64 Röttgers, Philosophische Begriffsgeschichte, a. a. O., S. 99.

65 Kant, ›Geschichte in weltbürgerlicher Absicht‹, a. a. O., S. 25.

66 Koselleck, *Vergangene Zukunft*, a. a. O., S. 153. – Roland Barthes hat diese

Fiktion, dieses »Paradox« des »historischen Diskurses«, näher expliziert: »Das Faktum ist immer nur linguistisch existent (als Terminus eines Diskurses), und doch spielt sich alles so ab, als wäre seine Existenz lediglich die einfache und genaue ›Kopie‹ einer anderen Existenz, die in einem extrastrukturalen Bereich liegt, dem ›Realen‹.« (›Historie und ihr Diskurs‹. In: *alternative* 11, Heft 62/63 [1968], S. 171–180, hier S. 179.)

67 *Le rétablissement de la Monarchie, qu'on appelle* contre-révolution, *ne sera point une* révolution contraire, *mais le* contraire de la révolution. (J. de Maistre: *Considérations sur la France*, hg. v. J. Tulard. Paris 1980, S. 102.) Zu den Weiterungen dieser Deutungsformel vgl. R. Konersmann: ›Revolution, konservative‹. In: *Historisches Wörterbuch der Philosophie*, a. a. O., Bd. 8, Sp. 978–988.

68 J. W. Goethe: ›Geschichte der Farbenlehre‹. In: *Werke*. Hamburger Ausgabe, hg. v. E. Trunz. Hamburg 1960ff., Bd. 14, S. 93.

69 Der Autobiograph Goethe kompensiert die Krise durch die Konjunktion von *Dichtung* und *Wahrheit* sowie durch die Abhebung des »Grundwahren« als des Resultats »einer Art von Fiktion« (so in seinem Schreiben an König Ludwig I. von Bayern vom 12. Januar 1830; vgl. *Briefe*. Hamburger Ausgabe, hg. v. K. R. Mandelkow. 3. Aufl., München 1988, Bd. 4, S. 362ff.). Dem entspricht auf seiten der Geschichtsschreibung und des Historismus das Wissen um die Risiken der Exposition, welche die *logificatio post festum* mit sich bringt (vgl. H. White: *Metahistory. Die historische Einbildungskraft im 19. Jahrhundert in Europa*. Frankfurt a. M. 1991).

70 Blumenberg, ›Anthropologische Annäherung‹, a. a. O., S. 107.

71 Karlheinz Stierle macht auf die in der Gegenwartsliteratur vor geraumer Zeit verbuchte »Krise narrativer Darstellung« aufmerksam und deutet sie überzeugend als Indiz für die Unzulänglichkeit überlieferter Erzählformen bei der sprachlichen Organisation komplexer gewordener Erfahrungen. Dementsprechend gestalten sich die Studien der historischen Semantik – und so auch das Folgende – zu immer neuen und immer anderen Proben auf die Darstellungspotentiale »einer multilinearen Narrativität« (›Geschichtlichkeit der Bedeutung‹, a. a. O., S. 189).

72 Epiktet: *Enchiridion. Handbüchlein der Moral*, hg. v. H. Schmidt. Stuttgart 1966, S. 24 (5).
Die von solchen Einlassungen provozierte antirhetorische Devise des *ad res ipsas*, wie sie von Bacon bis Husserl vorgetragen wurde, ist eine Rückäußerung auf diese Gegenüberstellung. Die Geschichte beider ist, soweit ich sehe, noch ungeschrieben. Montaigne stellt die Moralanweisung Epiktets an den Anfang seines »Essai« über den Geschmack an dem Guten und Bösen und ergänzt sie durch den Rat, man möge »nicht auf die Materien, sondern auf die Art des Vortrages sehen«. Sein Kommentar erwägt, ob nicht das Elend des menschlichen Daseins gemindert werden könnte, wenn jene Einsicht als allgemeine Wahrheit überall eingeführt würde. Epiktet hatte

auf das Beispiel des Todes verwiesen, der, anders als die Vorstellung davon, selbst nichts Furchtbares habe. Montaigne greift diesen Hinweis auf. Angesichts der Widrigkeiten des Lebens und der Herausforderung des Todes ergibt sich die Erleichterung aus der Sicherung und Nutzung von Deutungsspielräumen, das heißt aus der Modifikation der Einstellungen. Anders als der Körper, schreibt Montaigne, könne die Seele alle möglichen Gestalten annehmen und alle Empfindungen des Körpers nach Gutdünken lenken. Montaigne, darin ist er für alle nachfolgenden Interpretationsdisziplinen bis hin zur psychoanalytischen Konvergenz von Verstehen und Heilen beispielgebend, erhebt die Auslegung in den Rang eines Apotropäums. »Auf diese Art sind wir nicht vor allen Widerwärtigkeiten sicher, sondern die Widerwärtigkeiten und Unglücksfälle müssen uns so gar, wenn es ihr [der Seele; R. K.] gefället zum besten gereichen und angenehm werden. Sie machet sich alles ohne Unterschied zu Nutze.« (*Versuche nebst des Verfassers Leben*, nach der neuesten Ausgabe des Herrn Pierre Coste ins Deutsche übersetzt von Johann Daniel Tietz. Leipzig 1753/54 [ND Zürich 1992], Bd. 1, S. 477 u. 806.)

73 *L'historien choisit* son *histoire dans l'histoire.* (G. Bachelard: *L'eau et les rêves. Essai sur l'imagination de la matière.* Paris 1942, S. 26.)

74 Marquard, *Abschied vom Prinzipiellen*, a. a. O., S. 17; s. a. ders., ›Schwacher Trost‹. In: *Text und Applikation. Theologie, Jurisprudenz und Literaturwissenschaft im hermeneutischen Gespräch* (Poetik und Hermeneutik IX), hg. v. M. Fuhrmann, H. R. Jauß, W. Pannenberg. München 1981, S. 117–123.

75 Vgl. K. Röttgers: *Spuren der Macht. Begriffsgeschichte und Systematik.* Freiburg/München 1990, S. 48f.

Die Umdeutung des Unsichtbaren

1 Die herkömmliche Interpretation des Kupfers ist außerordentlich heterogen. Eine Reihe von Beobachtern neigt dazu, die Darstellung als *Aufbruchsszene* zu deuten. So erkennt Klaus Heinrich »das Bild der Säulen des Herkules, zwischen denen ein Schiff aufs offene Meer hinaussteuert« (*Tertium datur. Eine religionsphilosophische Einführung in die Logik.* Basel/Frankfurt a. M. 1981, S. 113). Wolfgang Iser spricht vom »Schiff des Odysseus«, dessen »Weiterfahrt« das einst als Weltgrenze aufgerichtete Säulenpaar nun »keinen Einhalt mehr« gebiete (*Das Fiktive und das Imaginäre*, a. a. O., S. 166). Demgegenüber kehrt Philipp Rippel die Perspektive um und erklärt, der Blick des Betrachters falle von hoher See aus auf jenes Binnenmeer zurück, das die beiden Caravellen eben zu verlassen im Begriff stünden. »Das unsichtbare und dennoch gegenwärtige Schiff des Betrachters, das schon über die Grenzen der Alten Welt hinaus ist, repräsentiert somit das vorliegende Werk des Philosophen Bacon, der seinerseits die ange-

stammten Grenzen des Wissens transzendiert hat.« (Francis Bacon: *Die Weisheit der Alten*, hg. v. Ph. Rippel. Frankfurt a. M. 1990, S. 103.)
Die hier vorgelegte Interpretation vertritt weder die eine noch die andere Auffassung. Gegen die Bildlektüren Isers und Heinrichs spricht die einfache Beobachtung, daß die Schiffe dem Betrachter den Bugspriet zuwenden. Würden sie eben auslaufen, müßten sie also rückwärts fahren. Rippels Erläuterung hat dieses Erklärungsproblem nicht, doch dürfte es ihr schwerfallen, die Lichtsymbolik der Horizontlinie zu deuten. Es ist kein Grund zu erkennen und widerspräche auch dem Tenor des *Novum Organum*, wenn die Seefahrer das Zeichen der Hoffnung im Rücken hätten. Überdies meidet Bacon die Position der Avantgarde, die immer schon dorthin vorausgeeilt ist, wo sie die übrigen, die Langsameren, ebenfalls gern hinmanövrieren möchte. Sein Text spricht konsequent aus der Perspektive des Beteiligten. Der ikonologische Befund bestätigt diesen Eindruck. Wellengang und Positionen lassen sich offenbar nur so deuten, daß die Schiffe auf den Betrachter zuhalten. Dies und die verhaltene Lichtdramaturgie des Hintergrundes bestätigt die hier verfochtene These der *Heimkunft*. (Lars U. Scholl vom Deutschen Schiffahrtsmuseum in Bremerhaven danke ich für hilfreiche Erläuterungen.)

2 J. Michelet: *La Mer*. 6. Aufl., Paris 1871; zit. nach der deutschen Ausgabe, Frankfurt a. M. 1987, S. 16. – Carl Schmitt hat diese Anregung aufgenommen und ihre anthropologische Grundformel geschichtsphilosophisch reformuliert: *›La mer contre la terre‹* (*Land und Meer. Eine weltgeschichtliche Betrachtung*. Neue, durchges. Aufl., Stuttgart 1954, S. 8).

3 F. Bacon: *New Atlantis*. In: *Works*, hg. v. J. Spedding, R. L. Ellis, D. D. Heath. London 1857ff. (ND Stuttgart-Bad Cannstatt 1961–63), Bd. 3, S. 129. – Die Nöte der Irrfahrt werden entscheidend gemildert durch die Fügungen einer einsichtsvollen Providenz. Nur *weil* sie von ihrem Weg abgekommen sind, finden die Reisenden das utopische Inselreich – eine Pointe, die historisch nahelag, seitdem der amerikanische Kontinent, begünstigt durch die in der Sprache bis heute konservierten geographischen Irrtümer (»Indios«, »Kariben«), erreicht worden war.

4 Wie andere namhafte Buchillustratoren und Graphiker der Zeit stammte auch Bacons Kupferstecher Simon de Passe aus den Niederlanden, wo See- und Schiffsmotive offenbar besonders stark nachgefragt wurden. An Mahnsprüchen fehlte es dabei nicht: Frans Huys betitelte ein Seestück nach Pieter Breughel als *Kriegsschiff mit Ikarussturz*, und Hieronymus Cock versah 1553 die von ihm gestochene Landkarte der von Meeresungeheuern und havarierenden Schiffen umsäumten Insel Sizilien mit der Inschrift: »Warum solltest du Sizilien unter tausend Gefahren aufsuchen? Was du unstet draußen in der Welt suchst, es ist zuhause.« (*Quid Siculas sequeris per mille pericula terras? Quod vagus externo quaeris in orbe, domi est*; vgl. Abbildung und Text in *Bilder nach Bildern. Druckgrafik und die Vermittlung von Kunst*. Ausstellungs-

katalog, Münster 1976, S. 25f. u. 28f.) Die überkommene Bevorzugung der *stabilitas loci* gehört zur Vorgeschichte der Standpunktmetapher.

5 F. Bacon: *Novum Organum*. In: *Works*, a. a. O., Bd. 1, S. 128 (Vorrede; die Aphorismen werden nachfolgend nach Nummern zitiert).

6 *Certi viæ nostræ sumus, certi sedis nostræ non sumus.* (F. Bacon: ›Thema coeli‹. In: *Works*, a. a. O., Bd. 3, S. 780.) – Bacons Wortwahl verstärkt die Polemik gegen die Unbeweglichkeit im wörtlichen wie im figürlichen Sinn: *sedes* ist die Sitzgelegenheit, die Ruhestätte, die Pfründe, aber auch – dies rückt eine antipapistische Polemik in assoziative Reichweite – der Stuhl Petri. Bereits Montaigne hatte vermutet, die menschliche Sinnesausstattung habe der Vernunft nur den denkbar schlechtesten Platz anzubieten, und Pico hatte dem Schöpfer die Worte in den Mund gelegt, er habe Adam keinen festen Sitz, kein eigenes Gesicht, keine besondere Mitgift gegeben, damit er all dies frei wählen könne: *Nec certam sedem, nec propriam faciem, nec munus (Oratio Ioannis Miranduli Concordiae Comitis; de hominis dignitate*, hg. v. E. Garin. Florenz 1942, S. 103ff.)

7 F. Bacon: *Valerius Terminus*. In: *Works*, a. a. O., Bd. 3, S. 222; s. a. den Kommentar von W. Krohn: *Francis Bacon*. München 1987, S. 87ff.

8 Husserl, *Krisis der europäischen Wissenschaften*, a. a. O., S. 6.

9 Diese *Einstellung* bleibt die Grundformel für alles Begreifen, das Veränderung, das »progressiv« sein will. So schreibt Friedrich Schlegel in dem als »Theorie der Welt« präsentierten ersten Teil seiner »Transzendentalphilosophie« (1800/01): »Dieser Satz, *daß die Welt noch unvollendet ist*, ist außerordentlich wichtig für alles. Denken wir uns die Welt als vollendet, so ist alles unser Thun nichts. Wissen wir aber, daß die Welt unvollendet ist, so ist unsere Bestimmung wohl, an der Vollendung derselben mitzuarbeiten. Der Empirie wird dadurch ein unendlicher Spielraum gegeben. Wäre die Welt vollendet, so gäbe es dann nur ein Wissen derselben aber kein Handeln.« (Schlegel, *Kritische Ausgabe*, a. a. O., Bd. 12, S. 42.)

10 A. Augustinus: *Confessiones* X, 8, 15. Zit. nach der Übertragung von C. J. Perl. 2. Aufl., Paderborn 1964, S. 249; vgl. F. Petrarca: *Le Familiari* IV, 1, 27, hg. v. V. Rossi. Florenz 1933, Bd. 1, S. 159.
Jacob Burckhardt hat daran erinnert, daß Petrarcas Aufstieg einem literarischen Beispiel folgt, das sich bei Livius gefunden hatte, um die wohlempfundene Vermessenheit seiner Tat »zu *entschuldigen*« (*Die Kultur der Renaissance in Italien. Ein Versuch*, hg. v. H. Günther. Frankfurt a. M. 1989, S. 296). Um so wirkungsvoller ist der trotz dieser Vorsichtsmaßnahme angetretene Rückzug. Daß selbst dieser wiederum als *Aufstieg* und *Erhebung* darstellbar war, geht auf eine religiöse Topographie zurück, die in der Bibel durch die wiederkehrende Metapher des heiligen Berges gegenwärtig gehalten wird. Miltons *Paradise Lost* (1667/1674) hebt den Garten Eden auf einen *steep savage Hill* (*Poetical Works*, hg. v. H. Darbishire. Oxford 1952, Bd. 1, S. 77; IV, 172). Eine ganz ähnliche Spekulation findet sich noch in

Carl von Linnés *Oratio de telluris habitabilis incremento* von 1743, freilich mit der in bezeichnender Weise gewandelten Erläuterung, die Artenvielfalt des Paradiesgartens lasse sich nur erklären, wenn man ihn sich als gebirgige Insel vorstelle. – Zur Semantik der Gebirgslandschaft vgl. J. Woźniakowski: *Die Wildnis. Zur Deutungsgeschichte des Berges in der europäischen Neuzeit*. Frankfurt a. M. 1987.

11 Am Beginn der Neuzeit, dies hat Blumenberg wiederholt betont, steht der »fundamentale Verzicht, [...] sich in dem theoretischen Bezug zur Natur fernerhin zu vergleichen mit dem Ideal, die Schöpfung aus dem Aspekt des Schöpfers zu sehen« (Blumenberg, ›Vorbereitung der Neuzeit‹, a. a. O., S. 129).

12 Demselben Muster folgt ein Fingerzeig Bacons, der die noch ungewöhnliche literarische Form seiner *Essays or Counsels Civill and Morall* in einem Brief an den Prince of Wales mit einem Hinweis auf das Beispiel rechtfertigt, das Montaigne mit seinen 1603 ins Englische übersetzten *Essais* gegeben hatte (*The Essayes, or morall, politike and Millitarie* Discourses). Der zweifelhafte Ruf Montaignes verbot es allerdings dem Lordkanzler, es bei einer bloßen Referenz bewenden zu lassen. Bacon schleust seine Neuerung ein, indem er einen anderen Neuerer im Namen und im Geist der Tradition überbietet, deren ungeschmälerte Verbindlichkeit seine Innovation als Kontinuitätssicherung erscheinen läßt: Das Wort sei jung, schreibt er über die Gattung des »Essay«, doch die Sache sei alt. (*The word is late, but the thing is ancient; Letters and Life*. In: *Works*, a. a. O., Bd. 11, S. 340; zu den zeitgenössischen Übersetzungsproblemen des Titels *Les Essais* vgl. Hugo Friedrich: *Montaigne*. Bern 1949, S. 419ff.; L. Rohner: ›Anfänge des Essays‹. In: *Akzente* 12 [1965], S. 303–321; zu Bacons listenreichen »Verbeugungen vor der Tradition« vgl. Charles Whitney: *Francis Bacon. Die Begründung der Moderne*. Frankfurt a. M. 1989, S. 205ff.)

13 Bacon, *De augmentis scientiarum*. In: *Works*, a. a. O., Bd. 1, S. 514. – Als »Philosoph auf dem Schiffe« wird Herder die Zäsur dieser »neuen Denkart« aus eigenem Empfinden bestätigen und aktualisieren. Die Vorbehalte gegen die Buchgelehrsamkeit kommen ihm dabei ebenso gelegen wie das Motiv des Glücks, zu dem man als einer, der sein Wissen aus Büchern hat, nötigenfalls gezwungen werden muß. Alles gebe hier dem Gedanken Flügel und Bewegung, notiert er in sein Reisejournal von 1769 über Seefahrt und Meeresblick. »Das flatternde Segel, das immer wankende Schiff, der rauschende Wellenstrom, die fliegende Wolke, der weite unendliche Luftkreis! Auf der Erde ist man an einen todten Punkt angeheftet; und in den engen Kreis einer Situation eingeschlossen. Oft ist jener der Studierstuhl in einer dumpfen Kammer, der Sitz an einem einförmigen, gemietheten Tische, eine Kanzel, ein Katheder – oft ist diese, eine kleine Stadt, ein Abgott von Publikum aus Dreien, auf die man horchet, und ein Einerlei von Beschäftigung, in welche uns Gewohnheit und Anmaßung stossen. Wie klein und

eingeschränkt wird da Leben, Ehre, Achtung, Wunsch, Furcht, Haß, Abneigung, Liebe, Freundschaft, Lust zu lernen, Beschäftigung, Neigung – wie enge und eingeschränkt endlich der ganze Geist. Nun trete man mit Einmal heraus, oder vielmehr ohne Bücher, Schriften, Beschäftigung und Homogene Gesellschaft werde man herausgeworfen – welch eine andre Aussicht! Wo ist das veste Land, auf dem ich so veste stand? [...] Welch neue Denkart!« (J. G. Herder: *Journal meiner Reise im Jahr 1769*. Historisch-kritische Ausgabe, hg. v. K. Mommsen. Stuttgart 1983, S. 11 ff.)

14 »Hat man sich nicht ringsum vom Meere umgeben gesehen, so hat man keinen Begriff von Welt und von seinem Verhältnis zur Welt. Als Landschaftszeichner hat mir diese große simple Linie ganz neue Gedanken gegeben.« J. W. Goethe: *Italienische Reise* (Palermo, 3. April 1787). In: *Hamburger Ausgabe*, a. a. O., Bd. 11, S. 230 f.
Über den frühneuzeitlichen Prozeß der Umdeutung des Wirklichen zum »*residuum* der Möglichkeit« vgl. A. Koyré: *Études d'histoire de la pensée philosophique*. Paris 1961, S. 40.

15 *Valerius Terminus*, a. a. O., S. 223. – In der Ethnoanthropologie, die sich am Ende der Aufklärung etabliert, ist die Spur des Gedankens noch deutlich lesbar. Der philosophische Reisende, erläutert der *idéologiste* und Bacon-Verehrer Joseph-Marie Degérando in seinen *Considérations sur les diverses méthodes à suivre dans l'observation des peuples sauvages*, der ans äußerste Ende der Erde fahre, durchlaufe die Folge der Menschenalter; »er reist in die Vergangenheit; mit jedem Schritt läßt er ein Jahrhundert hinter sich. Die unbekannten Inseln, zu denen er gelangt, sind für ihn die Wiege der menschlichen Gesellschaft.« (Vgl. S. Moravia: *Beobachtende Vernunft. Philosophie und Anthropologie in der Aufklärung*. Frankfurt a. M. 1989, S. 171 ff.) Interessanterweise hat die Gruppe um Destutt de Tracy, der Degérando zugehörte, die Konsequenz der Außenbeschreibung an sich selbst erfahren müssen. Während die Mitglieder des Kreises sich selbst *idéologistes* nannten, setzte Napoleon, der ihre Marginalisierung betrieb, erfolgreich die bis heute kursierende und abwertend gemeinte Bezeichnung *idéologues* durch.

16 F. Kaulbach: ›Die Kopernikanische Wendung von der Objektwahrheit zur Sinnwahrheit bei Kant‹. In: *Wahrheit und Begründung*, hg. v. V. Gerhardt u. N. Herold. Würzburg 1985, S. 99–130.

17 Um die Tragweite dieses *Verzichts auf das Subjekt* zu ermessen, muß man mithören, daß *humilitas* einst für Augustin die vorbildliche Haltung bezeichnet hatte, die der *impia superbia* und dem *homo superbus* direkt entgegengesetzt ist. Der *homo humilis*, und er allein, tritt die wahre Nachfolge an.
Auf die seit geraumer Zeit mit seltener Verbissenheit geführte Debatte über die neuzeitliche Subjektivität fällt von hier aus ein bezeichnendes Licht. Die Neuzeit beginnt nicht, wie man Nietzsche gern nachspricht, mit einem Triumph des selbstherrlich sich hervortuenden Subjekts, sondern mit seiner Erübrigung. Der von ihm eingeschlagene Weg, sagt Bacon, stelle die

Geister nahezu gleich und lasse für die außerordentlichen Fähigkeiten keinen Raum, da alles »durch bestimmte Regeln und Hinweise« (*per certissimas regulas et demonstrationes*) festgelegt sei (CXXII). Übereinstimmend setzt Descartes sein Subjekt dem »Forum der szientifischen Ergebnisbildung« aus, und es ist ihm dabei keineswegs um die Intimität des einzelnen, um die Stimme des Individuums oder seinen partikularen Beitrag zu tun, sondern um die zügige Ausgestaltung der *science universelle*. Blumenberg spricht angesichts dieser Tendenz von der »Vergleichgültigung der geschichtlich-individuellen Subjektivität« (›Philosophischer Ursprung und philosophische Kritik des Begriffs der wissenschaftlichen Methode‹. In: *Studium Generale* 5 [1952], S. 133–142, hier S. 137).

18 E. Rothacker: *Philosophische Anthropologie*. 4. Aufl., Bonn 1975, S. 62f.

19 A. Koschorke: *Die Geschichte des Horizonts. Grenze und Grenzüberschreitung in literarischen Landschaftsbildern*. Frankfurt a. M. 1990, S. 255. – Es ist nur konsequent, wenn das Verlangen nach dem Sehnsuchtsraum *Meeresstrand* zu einer Geschichte geworden ist, die inzwischen mit Alain Corbin auch ihren Erzähler gefunden hat: *Meereslust. Das Abendland und die Entdeckung der Küste 1750–1840*. Berlin 1990.

20 W. Heinse: *Ardinghello und die glückseeligen Inseln*. 2. Aufl., Leipzig 1907, S. 93. – Zur Konvergenz der Wahrnehmungen im 18. Jahrhundert vgl. K. Richter: *Literatur und Naturwissenschaft*. München 1972, S. 109 u. ö.

21 F. Kaulbach: *Philosophie des Perspektivismus. 1. Teil. Wahrheit und Perspektive bei Kant, Hegel und Nietzsche*. Tübingen 1990, S. IX; s. a. S. 2f.

22 Wie Descartes von Leibniz vorgehalten wurde, daß er nur mit schönen Worten spiele (s. o. Einleitung, Anm. 27), so mußte sich Bacon von Joseph de Maistre nachsagen lassen, seine »leere Poetik« habe wenig mehr zuwege gebracht als »glückliche Bilder« und »amüsante Fabeln«. Die bedeutungsgeschichtliche Zusammenschau macht erkennbar, wie Bacons Hinterlassenschaft rhetorischer Antirhetorik an dieser Stelle auf ihn selbst zurückfällt. Aus der von ihm maßgeblich mitgeprägten Einstellung heraus tadelt de Maistre ihn als den größten Feind der Wissenschaft, der je gelebt habe: *c'est l'esprit le plus faux, le plus détestable raisonneur, le plus terrible ennemi de la science qui ait jamais existé*. (J. de Maistre: ›Examens de la philosophie de Bacon‹. In: *Œuvres complètes*. Lyon 1884, Bd. 6, S. 533.)

23 Bacons Frontispiz bestätigt damit auf eigenwillige Weise die Gattungsmerkmale des Emblems. Es illustriert eine *scriptura*, aber diese umfaßt nicht nur den beigegebenen Bibelvers, sondern erstreckt sich auf die Ausführungen des nachfolgenden Textes insgesamt. Diesen Text stellt es, der konventionellen Priorität des Bildes entsprechend, wiederum *als Text* in Frage. Die Einsicht, die es vermittelt, ist nichts schriftlich Fixiertes, sondern, über die Auskünfte des Textes hinausgehend, etwas mühevoll zu Erringendes (zur »Priorität des Bildes« vgl. A. Schöne: *Emblematik und Drama im Zeitalter des Barock*. München 1964, S. 26).

24 S. Alpers: *Kunst als Beschreibung. Holländische Malerei des 17. Jahrhunderts.* Köln 1985, S. 127; s. a. S. 52ff. u. 199.

25 Vgl. C. Wilson: ›Visual Surface and Visual Symbol: the Microscope and the Occult in Early Modern Science‹. In: *Journal of the History of Ideas* 59 (1988), S. 85–108.

26 Nach einer Abschrift mitgeteilt bei H. Börsch-Supan: ›Berlin 1810. Bildende Kunst. Aufbruch unter dem Druck der Zeit‹. In: *Kleist-Jahrbuch* 1987, S. 52–75, hier S. 74. – Die Affiliation hat zu der an dieser Stelle nicht weiter zu erörternden These Anlaß gegeben, daß die *Instauratio Magna* als »wissenschaftliches Vorbild« der romantischen Universalpoesie aufzufassen sei (U. Gaier: *Krumme Regel. Novalis' ›Konstruktionslehre des schaffenden Geistes‹ und ihre Tradition.* Tübingen 1970, S. 173; zur Stellung Friedrichs vgl. K. Lankheit: ›Caspar David Friedrich‹. In: *Romantik in Deutschland. Ein interdisziplinäres Symposion*, hg. v. R. Brinkmann. Stuttgart 1978, S. 683–707).

27 Vgl. W. H. Auden: *The Enchafèd Flood. The Romantic Iconography of the Sea.* London/Boston 1985, S. 61ff. – Das Meer ist der konventionelle Projektionsraum des Erhabenen. Bereits Pseudo-Longinus erinnert daran, daß sich die von der Natur in die menschliche Seele eingesenkte Sehnsucht nach Überschreitung in der Bewunderung der großen Gewässer bemerkbar mache, am meisten aber in der Bewunderung für den Ozean (vgl. Pseudo-Longinus: *Vom Erhabenen*, hg. v. R. Brandt. Darmstadt 1966, S. 99; 35,4). Einen Eindruck von der zeitgenössischen Verbreitung des Gedankens vermittelt ein Auszug aus einer populären Reisebeschreibung Johanna Schopenhauers: »Erhabeneres hat die Natur nichts aufzuweisen, als diesen Anblick des in seinen tiefsten Tiefen empörten Meeres. Wir staunten in stiller Betrachtung und hatten keine Worte für das Gefühl, das mächtig uns ergriff. Dann blickten wir auf die im Hafen vor Anker liegenden und dennoch wild hin und her geworfenen Schiffe; sie kamen uns so klein, so armselig vor, daß wir nur mit Schaudern daran denken konnten, wie wir uns noch vor wenigen Monaten auf ebenso zerbrechlichen Brettern diesem furchtbaren Element zu vertrauen gewagt hatten.« (*Promenaden unter südlicher Sonne. Die Reise durch Frankreich 1804*, hg. v. G. Habinger. Wien 1993, S. 125.)

28 H. v. K.: ›Erklärung‹. In: *Berliner Abendblätter*, 19. Blatt, 22. October 1810 (ND Leipzig 1925, Wiesbaden o. J., S. 78); der Ausstellungsbericht war Tage zuvor in mehreren Teilen erschienen (vgl. ebd., 12. Blatt, 13. October 1810, S. 47ff.). Die Manuskriptvorlage von der Hand Brentanos und Arnims wurde unredigiert erst 1826 in der Zeitschrift *Iris* veröffentlicht (28. Januar 1826; vgl. Ch. Begemann: ›Brentano und Kleist vor Friedrichs *Mönch am Meer*. Aspekte eines Umbruchs in der Geschichte der Wahrnehmung‹. In: *Deutsche Vierteljahrsschrift für Literaturwissenschaft und Geistesgeschichte* 64 [1990], S. 54–95).

29 Vgl. H. Börsch-Supan: ›Bemerkungen zu Caspar David Friedrichs »Mönch am Meer«‹. In: *Zeitschrift des Deutschen Vereins für Kunstwissen-*

schaft 19 (1965), S. 63–76, insbes. S. 68 f.; s. a. W. Hofmann: *Das irdische Paradies. Kunst im 19. Jahrhundert*. München 1960, S. 78 f.

30 L. Tieck: *Phantasus*. In: *Schriften in zwölf Bänden*, hg. v. M. Frank u. a. Frankfurt a. M. 1986, Bd. 6, S. 33.

31 Der aufmerksame Kleist-Leser begegnet hier der auch in anderen Schriften und namentlich im *Marionettentheater* exponierten Alternative zwischen Unterschreitung und Überbietung, kurz: der *Verfehlung* des Menschlichen. Das Motiv des lider- und wimpernlosen Auges entstammt dem Sohar, wo es auf den raumzeitlich uneingeschränkten Allanblick Gottes verweist. Assonanzen finden sich bei Böhme, Ötinger und Schelling; vgl. W. A. Schulze: ›Das Auge Gottes‹, in: *Zeitschrift für Kirchengeschichte* 68 (1957), S. 149–152.

32 C. D. Friedrich: *Was die fühlende Seele sucht... Briefe und Bekenntnisse*, hg. v. S. Hinz. Berlin 1968, S. 69 u. 112. – In der angeführten Wendung kreuzen sich noch einmal die Motivreihen des Berges und des Meeres. Der langjährige Gesprächspartner Friedrichs, Carl Gustav Carus, verknüpft mit seiner Beschreibung des Berggipfels die gleiche rhetorische Frage: »welches Gefühl ergreift Dich? – es ist eine stille Andacht in Dir, Du selbst verlierst Dich im unbegrenzten Raume, Dein ganzes Wesen erfährt eine stille Läuterung und Reinigung. Dein Ich verschwindet, *Du bist nichts, Gott ist Alles.*« (*Briefe über Landschaftsmalerei, geschrieben in den Jahren 1815–1835*. 2. Aufl., Leipzig 1835, S. 29.) Das ist, wenn man so will, die moderne Freigabe des Naturempfindens zu den Bedingungen der augustinischen, von Bacon vormals so erfolgreich umgangenen Sinnenverachtung.

33 Friedrich, *Briefe und Bekenntnisse*, a. a. O., S. 77.

Welttheater als Daseinsmetapher

1 G. E. Lessing: ›Gedanken über die Herrnhuter‹. In: *Sämtliche Schriften*, hg. v. K. Lachmann. Berlin 1839, Bd. 11, S. 22–30, hier S. 28.

2 C. Schmitt: ›Die Sichtbarkeit der Kirche‹. In: *Summa* 2 (1917), S. 71–81, hier S. 81.

3 L. J. Neiman, J. W. Hughes: ›The Problem of the Concept of Role – A Re-Survey of the Literature‹. In: *Social Forces* 30 (1951), S. 141–149, hier S. 149.

4 Vgl. H. Nash: ›The Role of Metaphor in Psychological Theory‹. In: *Behavioral Science* 8 (1963), S. 336–345, sowie S. Toulmin, ›Die Verleumdung der Rhetorik‹. In: *Neue Hefte für Philosophie* 26 (1986), S. 55–68.
Zur Apologie der sozialwissenschaftlichen Terminologie als objektiver Wissenschaftssprache vgl. A. Bühler: *Bedeutung, Gegenstandsbezug, Skepsis. Sprachphilosophische Argumente zum Erkenntnisanspruch der Geistes- und Sozialwissenschaften*. Tübingen 1987.

5 L. Wittgenstein: *Philosophische Untersuchungen*. Frankfurt a.M. 1971, S. 79f. (§§ 109 u. 115).

6 Foucault, *Archäologie des Wissens*, a.a.O., S. 171.

7 R. Dahrendorf: *Homo Sociologicus. Ein Versuch zur Geschichte, Bedeutung und Kritik der Kategorie der sozialen Rolle*. Köln und Opladen 1959, S. 52; s. a. A.-M. Rocheblave: ›La notion de rôle: quelques problèmes conceptuels‹. In: *Revue française de Sociologie* 4 (1963), S. 300–306; zur neueren Entwicklung der »Rollentheorie« vgl. den gleichnamigen Artikel von H. P. Dreitzel in *Sociolinguistics / Soziolinguistik. An International Handbook of the Science of Language and Society*, hg. v. U. Ammon, N. Dittmar, K. J. Mattheier. Berlin, New York 1987, Bd. 1, S. 114–119. Disziplinengeschichtlich aufschlußreich J. A. Schülein: ›Rollentheorie revisited – Wissenssoziologische Anmerkungen zu einem vergessenen Paradigma‹. In: *Soziale Welt* 40 (1989), S. 481–496.

8 M. Halbwachs: *Les cadres sociaux de la mémoire*. Paris 1935, S. 392.

9 Tenbruck, ›Zur deutschen Rezeption der Rollentheorie‹, a.a.O., hier S. 9.

10 Vgl. R. Konersmann: *Lebendige Spiegel. Die Metapher des Subjekts*. Frankfurt a. M. 1991, S. 18f.

11 N. Luhmann: *Gesellschaftsstruktur und Semantik. Studien zur Wissenssoziologie der modernen Gesellschaft*. Bd. 1. Frankfurt a. M. 1980, S. 37.

12 Vgl. U. Coburn-Staege: *Der Rollenbegriff. Ein Versuch der Vermittlung zwischen Gesellschaft und Individuum*. Heidelberg 1973, S. 9ff.

13 H. v. Kleist: *Werke und Briefe*, hg. v. S. Streller. Berlin und Weimar 1978, Bd. 4, S. 193f. – Daß diese Absage so wenig von ungefähr kam wie die dominante Metaphorik, zeigt einer der seinerzeit weitverbreiteten Briefe des Grafen Chesterfield, der seinem Sohn rät, die Theaterbühne als Schule des Lebens zu begreifen: *Apply this to yourself, and conclude from it, that if you would either please in a private company, or persuade in a public assembly, air, looks, gestures, graces, enunciation, proper accents, just emphasis, and tuneful cadences, are full as necessary as the matter itself*. (Ph. D. St. Earl of Chesterfield: *Letters to his Son and Others*. London/New York 1929, S. 211; 11. Februar 1751.)

14 Vgl. B. Schulte: *Unmittelbarkeit und Vermittlung im Werk Heinrich von Kleists*. Göttingen/Zürich 1988, S. 151; s. a. S. 33.

15 Vgl. C. Geertz: ›The Impact of the Concept of Culture on the Concept of Man‹. In: *The Interpretation of Culturs. Selected Essays*. New York 1973, S. 33–54, hier S. 34f.

16 M. de Montaigne: *Essais*. Auswahl u. Übers. v. H. Lüthy. Zürich 1953, S. 794. Die Originalzitate der folgenden Abschnitte sind entnommen den *Œuvres complètes*, hg. v. A. Thibaudet u. M. Rat. Paris 1962, S. 989. Der lateinische Text lautet in der Übersetzung: »Die ganze Welt treibt Schauspielerei« und wird Petronius zugeschrieben. Der Spruch zierte auch die Stirnseite des 1599 in London eröffneten »Globe Theatre«.

17 Rudolph, *Odyssee des Individuums*, a. a. O., S. 27; s. a. S. 33 f.

18 Marc Aurel: *Wege zu sich selbst*, hg. u. übers. v. R. Nickel. München u. Zürich 1990, S. 30 (III,8). Vgl. J. Sofer: ›Bemerkungen zur Geschichte des Begriffes »Welttheater«‹. In: *Maske und Kothurn*. Vierteljahrsschrift für Theaterwissenschaft 2 (1956), S. 256–268.

19 M. Fuhrmann: ›Persona, ein römischer Rollenbegriff‹. In: *Identität* (Poetik und Hermeneutik VIII), hg. v. O. Marquard u. M. Stierle. München 1979, S. 83–106, hier S. 100; zur Genealogie des Personbegriffs s. a. R. Konersmann: ›Person. Ein bedeutungsgeschichtliches Panorama‹. In: *Internationale Zeitschrift für Philosophie* 2 (1993), S. 199–227.

20 Vgl. M. Horkheimer: ›Montaigne und die Funktion der Skepsis‹. In: *Gesammelte Schriften*, hg. v. A. Schmidt u. G. Schmid Noerr. Frankfurt a. M. 1985 ff., Bd. 4, S. 236–294, hier S. 258; zum folgenden vgl. J. Starobinski: *Montaigne. Denken und Existenz*. München, Wien 1986.

21 Aus den Briefen der Herzogin von Orléans. In: L. v. Ranke: *Französische Geschichte vornehmlich im sechzehnten und siebzehnten Jahrhundert*. In: *Sämmtliche Werke*, Bd. 13, Leipzig 1877, S. 89.
Jene »Natürlichkeit«, mit der Liselotte von der Pfalz zu Nachruhm gelangte, ist allen Gerüchten zum Trotz das Ergebnis der in ihrer umfangreichen Korrespondenz dokumentierten und offenbar vollauf geglückten *Identifikation* von Individualität und Rolle; vgl. K. J. Mattheier, P. Valentin (Hg.): *Pathos, Klatsch und Ehrlichkeit: Liselotte von der Pfalz am Hofe des Sonnenkönigs*. Tübingen 1990.

22 Vgl. K. Cameron: ›Montaigne and the Mask‹. In: *L'esprit créateur* 8 (1968), S. 198–207; zur Bedeutungsveränderung von *sincerity* vgl. L. Trilling: *Das Ende der Aufrichtigkeit*. München, Wien 1980, insbes. S. 21 ff.

23 Vgl. Friedrich, *Montaigne*, a. a. O., S. 22 ff. – Roger Chartier stellt Montaignes Rückzug in den Zusammenhang der zeitgenössischen Lese- und Schreibgewohnheiten; vgl. ders., ›Die Praktiken des Schreibens‹. In: *Geschichte des privaten Lebens*. Bd. 3: Von der Renaissance zur Aufklärung, hg. v. Ph. Ariès u. R. Chartier. Frankfurt a. M. 1991, S. 115–165, insbes. S. 138 ff.

24 *Les plus belles âmes sont celles qui ont plus de variété et de soupplesse*. (III, 3; s. a. III, 12 über die Seelenschönheit des Sokrates.)

25 Blumenberg, ›Anthropologische Annäherung‹, a. a. O., S. 119.

26 Erasmus von Rotterdam: *Das Lob der Torheit*. In: *Ausgewählte Schriften*, hg. v. W. Welzig. Bd. 2, Darmstadt 1975, S. 1–211, hier S. 63; s. a. S. 112 ff.

27 O. Marquard: ›*Sola divisione individuum* – Betrachtungen über Individuum und Gewaltenteilung‹. In: *Individualität* (Poetik und Hermeneutik XIII), hg. v. M. Frank u. A. Haverkamp. München 1988, S. 21–34, hier S. 27.

28 Ranke, *Geschichten der romanischen und germanischen Völker*, a. a. O., S. VIII; vgl. im übrigen die Hinweise bei R. W. Battenhouse: ›The Doctrine of Man in Calvin and in Renaissance Platonism‹. In: *Journal of the History of Ideas* 9

(1948), S. 447–471, insbes. S. 463ff., sowie M. Windfuhr: *Die barocke Bildlichkeit und ihre Kritiker. Stilhaltungen in der deutschen Literatur des 17. und 18. Jahrhunderts.* Stuttgart 1966, S. 363ff.
Die Akzeptanz des Bühnengleichnisses war für das Christentum keine Selbstverständlichkeit; noch Johann von Salisbury nimmt Anstoß an einer Welt, die so selbstvergessen spielt, daß sie es den Menschen unmöglich macht, zu sich selbst zurückzufinden (*Policraticus* III, 8; vgl. A. Borst: ›Findung und Spaltung der öffentlichen Persönlichkeit‹. In: *Identität* [Poetik und Hermeneutik VIII], a. a. O., S. 620–641, hier S. 636).

29 W. Benjamin: *Ursprung des deutschen Trauerspiels.* In: *Gesammelte Schriften,* a. a. O., Bd. I, 1, S. 203–430, hier S. 271. – Zu den Leitbegriffen *caos* und *materiales confusos* vgl. H. Ochse: *Studien zur Metaphorik Calderóns.* München 1967, S. 16ff.

30 F. G. de Quevedo y Vill'egas: *Epicteto y Focíledes en español con consonantes.* Madrid 1635. Zit. nach F. Strich: *Der Dichter und die Zeit.* Bern 1947, S. 96; zum zeitgenössischen Interesse an der Stoa vgl. J. Jacquot: ›»Le théâtre du monde« de Shakespeare à Calderón‹. In: *Revue de littérature comparée* 31 (1957), S. 341–372, insbes. S. 361ff.

31 R. Alewyn: *Das große Welttheater. Die Epoche der höfischen Feste.* 2., erw. Aufl., München 1989, S. 15.

32 Ebd., S. 63.

33 D. C. v. Lohenstein: *Großmüthiger Feldherr Arminius oder Hermann nebst seiner Durchlauchtigsten Thußnelda in einer sinnreichen Staats- Liebes- und Heldengeschichte in 2 Theilen vorgestellet.* Leipzig 1689 und 1690, Theil I, S. 1102.
Leibniz macht etwa in der *Monadologie* (vgl. §§ 75 u. 77) und in den *Principes de la Nature et de la Grace, fondés en raison* (vgl. c. 6) von der Theatermetapher, gelegentlich sogar von der Rollenmetapher Gebrauch. So nahe es auf den ersten Blick gesehen liegen mag, den Zusammenhalt des Monadenkosmos theatermetaphorisch zu veranschaulichen – das Spontaneitätsmoment der Monaden ist mit der Bildlichkeit, wie sie das Barock aktualisiert, ebensowenig verträglich wie die nachdrücklich hervorgehobene Unabhängigkeit der Einzelsubstanz von jeglichem äußeren Zuspruch. Die »fensterlose« Monade schöpft ganz und gar aus eigenem Grund. Gleichwohl schließt ein solcher Vorbehalt Übergänge zwischen der Monadologie und der barocken Programmatik keineswegs aus. Der »freie Sinn«, so erklärt der als *philosophus et poeta* auftretende Gryphius geradezu kryptomonadologisch, »findt alles in sich selbst, / und findt sich selbst in allen« (vgl. M. Wehrli: *Das barocke Geschichtsbild in Lohensteins Arminius.* Leipzig 1938, S. 54).

34 J. B. v. Rohr: *Einleitung zur Ceremoniel-Wissenschafft der Privat-Personen (1728)*, hg. u. kommentiert v. G. Frühsorge. Leipzig 1990, S. 506.

35 Zit. nach der Übertragung von J. v. Eichendorff. In: ders., *Neue Gesamtausgabe in vier Bänden*, hg. v. G. Baumann. Bd. 3, Stuttgart 1958, S. 319–368, hier S. 331.

In seinem Sonett *Ebenbildt unsers lebens* erklärt Gryphius: »Wir sindt zwar gleich am fleisch / doch nicht von gleichem stande // Der trägt ein purpurkleidt / und jener gräbt im sande // Bis nach entraubtem schmuck / der todt uns gleiche macht.« (Zit. und erläutert bei P. Rusterholz: *Theatrum vitae humanae. Funktion und Bedeutungswandel eines poetischen Bildes. Studien zu den Dichtungen von Andreas Gryphius, Christian Hofmann von Hofmannswaldau und Daniel Casper von Lohenstein*. Berlin 1970, S. 51 ff.)

36 J. de La Bruyère: *Les Caractères ou les Mœurs de ce Siècle*. (Des Esprits forts 22). In: *Œuvres*, hg. v. G. Servois. Paris 1865, Bd. 2, S. 244. – Zur Formel: *Mundus vult decipi, decipiatur ergo* vgl. W. Barner: *Barockrhetorik. Untersuchungen zu ihren geschichtlichen Grundlagen*. Tübingen 1970, S. 101.

37 B. Pascal: *Pensées*. In: *Œuvres complètes*, hg. v. J. Chevalier. Paris 1954, S. 1125 f. (Nr. 130); hier in der Übersetzung von E. Wasmuth.

38 Die Philosophen, so Nietzsches Wink, »haben zu allen Zeiten die Sätze der Menschenprüfer (Moralisten) sich angeeignet und *verdorben*, dadurch dass sie dieselben unbedingt nahmen, und Das als nothwendig beweisen wollten, was von jenen nur als ungefährer Fingerzeig oder gar als land- oder stadtsässige Wahrheit eines Jahrzehnds gemeint war« (*Menschliches, Allzumenschliches*. In: *Kritische Studienausgabe*, a. a. O., Bd. 2, S. 382).
Die Bedeutungsveränderung des sozialen Blicks vollzieht sich dann Ende des 18. Jahrhunderts, als der *homme moral* nach dem Vorbild des eben entdeckten *homme physique* bestimmt wird. Im Jahr 1799 vereinigen sich Ethnologen und Anthropologen zur »Société des Observateurs de l'homme«, deren Wahrnehmungsinteresse ein anonymer Sympathisant folgendermaßen beschreibt: »Es gab Forscher, die jahrelang die Gewohnheiten und Tätigkeiten eines Insektes beobachteten und unermüdlich und geduldig auf das Blühen einer Pflanze warteten; aber noch keiner hat bisher aufmerksam und im wahren Sinn philosophisch sein Blick auf die Wiege eines Kindes gerichtet, ein ausführliches Tagebuch über die Fortschritte seiner Intelligenz und die Entfaltung seines Empfindungsvermögens geführt [...].« Auch hier zeigt sich, daß der vermeintlich präpotente Auftritt des neuzeitlichen Subjekts eine Nebenfolge seiner – wie Buffon erkannt hatte – »Demütigung« ist. Laut Moravia konnte die moderne Wissenschaft vom Menschen nur dadurch entstehen, daß sie – die starken Metaphern verdienen besondere Beachtung – »das jahrhundertelange Joch einer anspruchsvollen Anthropologie abschüttelte, die den Menschen als ein ganz besonderes Wesen der natürlichen Ordnung betrachtet hatte.« (*Beobachtende Vernunft*, a. a. O., S. 19; das Zitat aus dem *Magasin Encyclopédique* des Jahrgangs 1800 ebd., S. 18; das Wort Buffons ebd., S. 31.)

39 »Obwohl es keinen logischen Unterschied zwischen ihnen gibt, bezog man die ›simulatio‹ auf die ›res absens‹, die ›dissimulatio‹ auf die ›res praesens‹, m. a. W., während die ›simulatio‹ vorspiegelt, was nicht existiert, verheimlicht die ›dissimulatio‹, was existiert.« (A. Buck: ›Die Kunst der Verstel-

lung im Zeitalter des Barocks‹. In: *Festschrift der wissenschaftlichen Gesellschaft an der Johann Wolfgang Goethe-Universität Frankfurt a. M.* Wiesbaden 1981, S. 85–103, hier S. 85.) – Solch feinsinnige Apologetik wird die *Klugheit* später in Verruf bringen. In der zweiten Auflage seiner *Epigonen* (1836) ersetzt Karl Immermann »Weltklugheit« durch »Nihilismus« (vgl. II, 9).

40 Starobinski, *Das Rettende in der Gefahr*, a. a. O., S. 68.

41 Vgl. K. Stierle: *Text als Handlung. Perspektiven einer systematischen Literaturwissenschaft.* München 1975, S. 182; Hugo Friedrich weist darauf hin, daß Montaigne »nicht das Gesetz« sucht, »sondern das Bild. Damit ist er, wie die ganze Moralistik, tief geschieden von der naturwissenschaftlichen Methode, die nicht das Einzelne und das Bild, sondern das Gesetz sucht.« (*Montaigne*, a. a. O., S. 13.)

42 H. Blumenberg: ›Das Recht des Scheins in den menschlichen Ordnungen bei Pascal‹. In: *Philosophisches Jahrbuch* 57 (1947), S. 413–430, hier S. 419.

43 G. W. F. Hegel: *Vorlesungen über die Geschichte der Philosophie.* In: *Werke*, a. a. O., Bd. 20, S. 48. – Hegels Urteil stimmt auf bemerkenswerte Weise mit Machiavellis Selbsteinschätzung überein, der sich in seinem *Principe* gleich einleitend auf seine *lunga esperienzia delle cose moderne* beruft; vgl. M. Horkheimer: ›Machiavelli und die psychologische Geschichtsauffassung‹. In: *Gesammelte Schriften*, a. a. O., Bd. 2, S. 181 ff., sowie R. Galle: ›Machiavelli und die Moralistik‹. In: *Poetica* 20 (1988), S. 47–78.

44 U. Link-Heer: ›Italienische Historiographie zwischen Spätmittelalter und früher Neuzeit‹. In: *Grundriß der romanischen Literatur des Mittelalters*, hg. v. H. U. Gumbrecht u. a. Bd. 11,1. Heidelberg 1987, S. 1067–1129, hier S. 1103.

45 P. Charron: *De la sagesse.* Trois livres. Dijon 1801, Bd. 2, S. 336.

46 Vgl. R. Galle, ›Machiavelli‹, a. a. O., S. 70.

47 N. Machiavelli: *Il Principe (1513/1532)*, hg. v. F. Castèro. 2. Aufl., Milano 1878, S. 58 (Kap. XVIII); s. a. Kap. XIX. Die deutsche Übersetzung folgt der Ausgabe von R. Zorn; vgl. R. Hess: ›Wandel der Schauspielmetaphorik‹. In: *Studia Iberica.* Festschrift für Hans Flasche, hg. v. K.-H. Körner u. K. Rühl. Bern und München 1953, S. 247–265, sowie M. Stolleis: ›Löwe und Fuchs. Eine politische Maxime im Frühabsolutismus‹. In: ders., *Staat und Staatsräson in der frühen Neuzeit. Studien zur Geschichte des öffentlichen Rechts.* Frankfurt a. M. 1990, S. 21–36.

48 Röttgers, *Spuren der Macht*, a. a. O., S. 499. – Der Erfolg dieser Strategie ist datierbar, nämlich auf die Hundertjahrfeier der Reformation im Jahre 1617, wo der Straßburger Gelehrte Matthias Bernegger den konfessionellen Gegner allein dadurch bloßstellen zu können glaubte, daß er ihm die Inversion der machiavellistischen *regola* vorhielt. Der Papst habe den alten Grundsatz umgekehrt, »und wo der Fuchspelz nicht ausreicht, dort wird das Löwenfell daran genäht« (zit. bei Stolleis, ›Löwe und Fuchs‹, a. a. O., S. 34).

49 Fuhrmann, ›Ein römischer Rollenbegriff‹, a. a. O., S. 102; der naturrechtlich motivierte, auf die egalitären Kräfte der Empfindung vertrauende Antimachiavellismus des 18. Jahrhunderts nimmt nicht zuletzt am Elitedenken Anstoß (vgl. U. Geitner: *Die Sprache der Verstellung. Studien zum rhetorischen und anthropologischen Wissen im 17. und 18. Jahrhundert.* Tübingen 1992, S. 39ff.).

50 Besprechung von »Charakteristik der vornehmsten europäischen Nationen«; J. W. Goethe: *Kunsttheoretische Schriften und Übersetzungen.* In: *Berliner Ausgabe.* Bd. 17. 2. Aufl., Berlin und Weimar 1984, S. 244f.
Zur Semantik von *poli* und *policé* vgl. Starobinski, *Das Rettende in der Gefahr,* a. a. O., S. 26ff. Die hier nur rhapsodisch behandelte Höflingskritik ist wie die höfische Gesellschaft selbst ein gesamteuropäisches Phänomen; vgl. P. Burke: ›Der Höfling‹. In: *Der Mensch der Renaissance,* hg. v. E. Garin: Frankfurt a. M., New York 1990, S. 143–174, insbes. S. 169ff.

51 A. v. Knigge: *Ueber den Umgang mit Menschen.* 5. Aufl., Hannover 1796, Theil II, S. 53f. u. 67; die folgenden Zitate ebd., S. 84f. u. 250; vgl. Th. Pittrof: *Knigges Aufklärung über den Umgang mit Menschen.* München 1989, S. 100ff. u. 115.

52 Mit diesem Argument und der stillschweigenden Zusage der Erschöpfbarkeit aller Aspekte wird Rousseau eine Generation später seine Schreibseligkeit begründen: *Je voudrois pouvoir en quelque façon rendre mon âme transparente aux yeux du lecteur, et pour cela je cherche à la lui montrer sous tous les points de vue [...] afin qu'il puisse juger par lui-même du principe qui les produit* (*Les Confessions.* In: *Œuvres complètes,* hg. v. B. Gagnebin u. M. Raymond. Paris 1964, Bd. 1, S. 175).
Am Ende des Jahrhunderts aktualisiert Georg Gustav Fülleborn ebendiese Vorstellung, um die Möglichkeit anzudeuten, daß sich die verzeitlichungsbedingten Bedeutungserosionen durch Blickpunktvermehrung im doppelten Wortverständnis »umgehen« ließen: »man könnte freylich von allen Seiten herumgehn, um den Gegenstand aus allerley Gesichtspuncten zu betrachten; allein man sezt sich auf diess oder jenes Wort, als eine alte Ruhestätte, und sieht, was andre vor uns sahen und nach uns sehen werden.« (*Beyträge zur Geschichte der Philosophie.* Züllichau 1794 [Repr. Bruxelles 1968], Bd. 2, 4. u. 5. Stück, S. 143; zur zeitgenössischen Abwehr von Temporalisierungstendenzen u. a. auch in der Philosophiegeschichtsschreibung vgl. Wolf Lepenies: *Das Ende der Naturgeschichte. Wandel kultureller Selbstverständlichkeiten in den Wissenschaften des 18. und 19. Jahrhunderts.* München, Wien 1976, S. 25ff.)

53 A. Earl of Shaftesbury: ›Sensus Communis. Ein Versuch über die Freiheit des Witzes und der Laune‹. In: ders., *Der gesellige Enthusiast.* Philosophische Essays, hg. v. K.-H. Schwabe. München, Leipzig u. Weimar 1990, S. 321–380, hier S. 339.

54 Während die französischen Originalpassagen nach der Ausgabe der

Œuvres complètes (a. a. O.) zitiert sind *(OC)*, folgt der deutsche Text der von H. Ritter edierten zweibändigen Ausgabe der *Schriften*, München, Wien 1978.

55 J. N. Götz: *Vermischte Gedichte*, hg. v. K. W. Ramler. Mannheim 1785, Theil 2, S. 214. Die Verse sind ein früher Beleg für die zügig voranschreitende Bedeutungsverschlechterung der übertragenen Rede vom »Schauspieler« (vgl. Geitner, *Sprache der Verstellung*, a. a. O., S. 49f. u. 159f.).

56 J. W. Goethe: *Wilhelm Meisters Lehrjahre*. In: *Hamburger Ausgabe*, a. a. O., Bd. 7, S. 291.

57 F. Schlegel: ›Über Goethes Meister‹. In: *Kritische Ausgabe*, a. a. O., Bd. 2, S. 126–146.

58 D. Diderot: ›Dorval und ich‹ (1757). In: *Ästhetische Schriften*, hg. v. F. Bassenge. Frankfurt a. M. 1968, Bd. 1, S. 159–238, hier S. 183.

59 D. Diderot: ›Paradox über den Schauspieler‹ (1770ff.). Ebd., Bd. 2, S. 481–538, hier S. 489.

60 D. Diderot: Art. ›Cynique‹. In: *Encyclopédie*, a. a. O., Bd. 4, S. 594–599, hier S. 595; vgl. Starobinski, *Das Rettende in der Gefahr*, a. a. O., S. 306ff.

61 Diderot, ›Paradox über den Schauspieler‹, a. a. O., S. 488. Dort heißt es auch: »Was die Leidenschaft selbst nicht hat tun können, das leistet die gut nachgeahmte Leidenschaft (*la passion bien imitée*).« Diderot widerspricht damit der bereits von Lessing als »schöne Metaphysik« glossierten Lehre Rémond de Sainte Albines, der zur Jahrhundertmitte für die *Identifikation* von Schauspieler und Rolle geworben hatte (vgl. E. Fischer-Lichte: *Semiotik des Theaters. Eine Einführung*. Tübingen 1983, Bd. 2, S. 105ff.).

62 Diderot, ›Paradox über den Schauspieler‹, a. a. O., S. 538.

63 Mercier studiert das Leben von Paris mit der Nüchternheit des unbeteiligten Zuschauers (*je n'ai voulu que peindre, & non juger*). Der polemische Zungenschlag, mit dem Rousseaus *Bekenntnisse* im neunten Buch das Pariser Leben als »Schauspiel der Laster« anprangern, liegt hier fern. »Der Anblick der Genüsse (*jouissances*) lädt dazu ein, ebenfalls zu spielen (*à jouer aussi*). Alle Akteure, die ihre Rolle auf diesem großen und bewegten Theater spielen, zwingen Sie dazu, selbst zum Schauspieler zu werden.« (*Tableau de Paris*, Bd. 1, Amsterdam 1782, Repr. Genève 1979, Préface.) Ludwig Tieck – und nichts zeigt deutlicher die Krise der zeitgenössischen Rollenmetaphorik – bezieht dagegen wieder die dann auch von Kleist geteilte Gegenposition Rousseaus. »Es ist eine Welt voller Schauspieler«, so beschreibt sein *William Lovell* (1793) die Metropole, »und wo man überdies noch die meisten Rollen armselig darstellen sieht [...], daß bei manchen keine Täuschung möglich ist.« (a. a. O., S. 269.)

64 I. Kant: *Anthropologie in pragmatischer Hinsicht*. In: *Akademie-Ausgabe*, a. a. O., Bd. 7, S. 117–334, hier S. 151. – Zu Kants Schauspielmetaphorik vgl. M. Sommer: *Die Selbstentfaltung der Vernunft*. Stuttgart-Bad Cannstatt

1977, S. 72ff. u. 176ff.; s. a. ders., *Identität im Übergang: Kant*. Frankfurt a. M. 1988, S. 82ff.

65 L. Strauss: *Naturrecht und Geschichte*. Stuttgart 1956, S. 307.

66 N. Chamfort: ›Caractères et anecdotes‹. In: *Œuvres complètes*, hg. v. P. R. Auguis. Paris 1824/25 (ND Genf 1968), Bd. 2, S. 105.

67 G. v. Graevenitz: ›Innerlichkeit und Öffentlichkeit. Aspekte deutscher »bürgerlicher« Literatur im frühen 18. Jahrhundert‹. In: *Deutsche Vierteljahrsschrift für Literaturwissenschaft und Geistesgeschichte*, Sonderheft 1975, S. 1–82, hier S. 4.

68 H. R. Jauß: ›Gottesprädikate als Identitätsvorgaben in der Augustinischen Tradition der Autobiographie‹. In: *Identität* (Poetik und Hermeneutik VIII), a. a. O., S. 708–717, hier S. 710.

69 Rousseau, ›Brief an d'Alembert‹, a. a. O., S. 414.

70 C. Schmitt: *Politische Romantik*. 3. Aufl., Berlin 1968, S. 115.

71 R. Sennett: *Verfall und Ende des öffentlichen Lebens. Die Tyrannei der Intimität*. 4. Aufl., Frankfurt a. M. 1983, S. 144.

72 Zu dieser Figur ausführlich Starobinski, *Das Rettende in der Gefahr*, a. a. O., S. 186ff. – Rousseaus Konzessionsbereitschaft widerspricht dem Eindruck intellektueller Düsternis, den sein öffentliches Auftreten heraufbeschwört. Tatsächlich ist sein »Erniedrigungsruhm« die Schauseite jener Bedürfnislosigkeit, die sich – ausgehend von Diogenes – zu Lebzeiten Rousseaus bereits zum Ideal wissenschaftlicher Nüchternheit und mathematischer Strenge verfeinert hat. Der Gedanke folgt dem säkularen Beispiel Bacons und dessen Elementarformel: *Machtgewinn durch Anspruchsverzicht* (s. o. das Kapitel über die Umdeutung des Unsichtbaren; zur machttheoretischen Dimension dieser Geste vgl. Michel Serres: *Ablösung*. Eine Lehrfabel. München 1988, S. 119 u. pass.).

73 Vgl. Starobinski, *Rousseau*, a. a. O., S. 117.

74 v. Graevenitz, ›Innerlichkeit und Öffentlichkeit‹, a. a. O., S. 74; das folgende Zitat ebd., S. 76; s. a. W. Lepenies: *Melancholie und Gesellschaft*. Frankfurt a. M. 1969.

75 Vgl. H. Pfotenhauer: *Literarische Anthropologie. Selbstbiographien und ihre Geschichte – am Leitfaden des Leibes*. Stuttgart 1987, S. 32.

76 K. Ph. Moritz: ›Über Selbsttäuschung‹. In: *Die Schriften in dreissig Bänden*, hg. v. P. u. U. Nettelbeck. Bd. 8, Nördlingen 1986, S. 205–208, hier S. 206 u. 207; vgl. R. Bezold: *Popularphilosophie und Erfahrungsseelenkunde im Werk von Karl Philipp Moritz*. Würzburg 1984, S. 152ff.

77 Jean Paul: *Vorschule der Ästhetik*. In: *Werke in zwölf Bänden*, hg. v. N. Miller. München, Wien 1975, Bd. 9, S. 132f.; vgl. W. Preisendanz: ›Humor als Rolle‹. In: *Identität* (Poetik und Hermeneutik VIII), a. a. O., S. 423–434.

78 Jean Paul: *Leben des Quintus Fixlein*. In: *Werke*, a. a. O., Bd. 7, S. 198. – Zum romantischen Thema des »Aus-der-Rolle-Fallens« vgl. die Miszelle

von Anselm Haverkamp in: *Individualität* (Poetik und Hermeneutik XIII), a. a. O., S. 616.

76 M. Kommerell: *Jean Paul*. 4. Aufl., Frankfurt a. M. 1966, S. 252.

80 Stendhal: *Le rouge et le noir* (1830/31). In: *Romans et nouvelles*, hg. v. H. Martineau. Paris 1952, S. 215–699, hier S. 298.

81 *Nachtwachen*. Von Bonaventura, hg. v. S. Dietzsch. Leipzig 1991; im folgenden wird jeweils die Nachtwache angegeben. Durch einen kürzlich geglückten Manuskriptfund dürfte die Autorschaft des Textes definitiv geklärt sein. Als Verfasser muß demnach August Klingemann gelten; vgl. R. Haag: ›Noch einmal: Der Verfasser der *Nachtwachen von Bonaventura*‹. In: *Euphorion* 81 (1987), S. 286–297, sowie das Nachwort zu den *Nachtwachen* von Steffen Dietzsch.

82 Vgl. Dietzsch, Nachwort ›Morgenröte der Moderne‹, a. a. O., S. 158. Dietzsch erkennt in dieser Gebärde den Ausdruck bewahrter Autonomie. Das angesichts der Sinnerosionen ausbrechende Gelächter wäre demnach der letzte Beweis für die Fähigkeit, sich – gleichsam gegen *und* mit Kant – »seines Verstandes ohne Leitung eines anderen zu bedienen«; s. a. S. Dietzsch (Hg.): *Luzifer lacht. Philosophische Betrachtungen von Nietzsche bis Tabori*. Leipzig 1993.

83 Vgl. H. Blumenberg: ›Vorbemerkungen zum Wirklichkeitsbegriff‹. In: *Akademie der Wissenschaften und der Literatur*, Abhandlungen der Geistes- und Sozialwissenschaftlichen Klasse (1973), S. 3–10, hier S. 5f.

84 F. W. J. Schelling: *System des transcendentalen Idealismus* (1800). In: *Werke, nach der Originalausgabe in neuer Ordnung*, hg. v. M. Schröter. Bd. 2. München 1927/1965, S. 602 (III 602); vgl. H. Zeltner: ›Das große Welttheater. Zu Schellings Geschichtsphilosophie‹. In: *Schelling-Studien*. Festgabe für M. Schröter zum 85. Geburtstag, hg. v. A. M. Koktanek. München–Wien 1965, S. 113–130, sowie J. Habermas: *Theorie und Praxis*. Frankfurt a. M. 1971, S. 190 ff.

85 J. Görres: ›Die heilige Allianz und die Völker, auf dem Congresse von Verona (1822)‹. In: *Gesammelte Schriften*, hg. v. W. Schellberg. Bd. 13, Köln 1929, S. 413–486, hier S. 415.

86 Vgl. R. Ottow: ›Modelle der unsichtbaren Hand vor Adam Smith‹. In: *Leviathan*. Zeitschrift für Sozialwissenschaft 19 (1991), S. 558–574.

87 K. Marx: *Das Elend der Philosophie*. In: *Marx-Engels-Werke*. Berlin 1977, Bd. 4, S. 63–182, hier S. 135. Auch die folgenden Zitate nach *MEW* mit Band- und Seitenangabe.

88 Vgl. *MEW* EB 1, 215; *MEW* 8, 149; *MEW* 23, 91. – Dazu J. Matzner: ›Der Begriff der Charaktermaske bei Karl Marx‹. In: *Soziale Welt* 15 (1964), S. 130–139; E. Urbánek: ›Roles, Masks and Characters: A Contribution to Marx's Idea of the Social Role‹. In: *Social Research* 34 (1967), S. 529–562.

89 L. Althusser, E. Balibar: *Das Kapital lesen*. Reinbek 1972, Bd. 2, S. 260 f; zur ubiquitären Metaphorik des Enthüllens, Entschleierns und Entmystifi-

zierens bei Marx vgl. M. Angenot, D. Suvin: ›L'implicite du manifeste. Metaphores et imagerie de la démystification dans la »manifeste communiste«‹. In: *Etudes françaises* 16 (1980), S. 43–67.

90 Es ist in diesem Zusammenhang aufschlußreich zu beobachten, in welche Formulierungsnöte Althusser geriet, als er Mitte der siebziger Jahre versuchte, das Problem auch nur anzusprechen: »die außerordentliche Schwierigkeit«, so versöhnte er noch einmal Krisenbefund und Orthodoxie, »oder bei unserem gegenwärtigen Wissensstand vielleicht sogar die Quasi-Unmöglichkeit, eine wirklich befriedigende marxistische Erklärung einer Geschichte zu liefern, die gleichwohl im Namen des Marxismus verlaufen ist...« (*Die Krise des Marxismus*. Hamburg 1978, S. 56).

91 F. Nietzsche: ›Streifzüge eines Unzeitgemässen‹. In: *Kritische Studienausgabe*, a.a.O., Bd. 6, S. 111–160, hier S. 150. Auch die folgenden Zitate nach dieser Ausgabe.
Es deutet auf tieferes Einvernehmen, wenn Nietzsche in Goethes vielbewundertem *Faust* »das höchste und kühnste Abbild vom Menschen Rousseau's« entdeckt, »wenigstens soweit dessen Heisshunger nach Leben, dessen Unzufriedenheit und Sehnsucht, dessen Umgang mit den Dämonen des Herzens darzustellen war« (1, 370). Zu Nietzsches Rehabilitation der Maske s. a. Kurt Röttgers: ›Die Oberfläche der Seele‹. In: *Zeno. Zeitschrift für Literatur und Sophistik* 14 (1992), S. 57–81.

92 A. Schopenhauer: *Der handschriftliche Nachlaß in fünf Bänden*, hg. v. A. Hübscher. Bd. 4, II, München 1985, S. 13.

93 Vgl. insbes. G. Simmel: ›Zur Philosophie des Schauspielers‹. In: *Logos* 9 (1920/21), S. 339–362; s. a. H. R. Jauß: ›Soziologischer und ästhetischer Rollenbegriff‹. In: ders., *Ästhetische Erfahrung und literarische Hermeneutik* 1. München 1977, S. 190–200.

94 N. Luhmann: ›Individuum und Gesellschaft‹. In: *Universitas* 39 (1984), S. 1–11, hier S. 7; dazu ausführlich ders.: *Gesellschaftsstruktur und Semantik. Studien zur Wissenssoziologie der modernen Gesellschaft*. Bd. 3. Frankfurt a. M. 1989, S. 149ff.
Ähnlich hat sich Arnold Gehlen seinerzeit in seiner Besprechung von Dahrendorfs *Homo Sociologicus* geäußert und die professionelle Interesselosigkeit seines Faches mit derjenigen der Statistik verglichen; vgl. *Zeitschrift für die gesamte Staatswissenschaft* 117 (1961), S. 368–371.

95 Luhmann, ›Individuum und Gesellschaft‹, a. a. O., S. 8, und Foucault, *Die Archäologie des Wissens*, a. a. O., S. 190; vgl. K. Meyer-Drawe: ›Das »Ich als die Differenz der Masken«. Zur Problematik autonomer Subjektivität‹. In: *Vierteljahrsschrift für wissenschaftliche Pädagogik* 67 (1991), S. 390–400.

96 M. Foucault: *Von der Subversion des Wissens*. Frankfurt a. M., Berlin, Wien 1978, S. 95f.; vgl. R. Konersmann: ›Der Philosoph mit der Maske. Michel Foucaults *L'ordre du discours*‹. In: M. Foucault: *Die Ordnung des Diskurses*. Frankfurt a. M. 1991, S. 51–94.

1 Zur Zitierweise vgl. das vorangehende Kapitel, Anm. 54.

2 Ch. M. Wieland: ›Antwort auf die Frage: Was ist eine *schöne Seele*?‹ In: *Gesammelte Schriften*, hg. v. W. Kurrelmeyer. Berlin 1939 (ND Hildesheim 1987), Bd. I, 21, S. 87–91, hier S. 87.
In einer abweichenden Version von 1774 adressiert Wieland sein Referat an einen obenhin urteilenden Rezensenten. »Wenn Sie es nicht auch so fühlen«, schließt der Aufsatz mit protorousseauistischer Apostrophe, »so kann ich nichts dazu; und wenn Ihre Moral Sie daran verhindern sollte, – desto schlimmer für Ihre Moral!« (›Von schönen Seelen‹. In: *Der Teutsche Merkur* 5 [1774], S. 310–319, hier S. 319.)

3 Vgl. R. Konersmann: ›Die Liebhaber der Keuschheit. Der neuplatonische Begriff der Seelenschönheit‹. In: *Deutsche Zeitschrift für Philosophie* 39 (1991), S. 1145–1160.

4 Vgl. L. Messerschmidt: ›Über französisch »bel esprit«. Eine wortgeschichtliche Studie‹. In: *Giessener Beiträge zur Romanischen Philologie* 9 (1922), S. 257–320, und P.-E. Knabe: *Schlüsselbegriffe des kunsttheoretischen Denkens in Frankreich von der Spätklassik bis zum Ende der Aufklärung*. Düsseldorf 1972, S. 93ff.

5 D. Bouhours: *Entretiens d'Artiste et d'Eugène*. Paris 1962, S. 115. Bouhours schließt die Idee einer Verbindung ebenfalls nicht aus und erklärt, *que l'excellence de l'esprit vient de la noblesse de l'âme* (ebd., S. 125).

6 Ebd., S. 131.

7 J. Ch. Nemeitz: *Sejour de Paris*, oder Getreue Anleitung, welcher gestalt Reisende von Condition sich zu verhalten haben, wenn sie ihr Zeit und Geld nützlich und wohl zu Paris anwenden wollen. 2. Aufl., Franckfurth 1722, S. 90f.

8 Bouhours, *Entretiens*, a. a. O., S. 137.

9 Zur Autonomisierung der Kritik im 18. Jahrhundert vgl. R. Koselleck: *Kritik und Krise. Eine Studie zur Pathogenese der bürgerlichen Welt*. Freiburg i. Br. 1959, sowie K. Röttgers: *Kritik und Praxis. Zur Geschichte des Kritikbegriffs von Kant bis Marx*. Berlin, New York 1975, und ders., ›Kritik‹. In: *Europäische Enzyklopädie zu Philosophie und Wissenschaften*, hg. v. J. Sandkühler. Hamburg 1990, Bd. 2, S. 889–898.
Wie wenig der *bel esprit* zum Kritiker taugt, betont Helvétius. Da sie nur auf den Schliff, nicht aber auf den Gedanken eines Satzes achteten, seien die Schöngeister außerstande, einen unglücklich formulierenden Gelehrten angemessen zu beurteilen: »in ihren Augen gilt er immer nur für einen Toren«. Mehr verrät Helvétius freilich nicht – weder, wer die Schöngeister sind (vieles spricht für eine Anspielung auf Buffon), noch, was gewiß nicht weniger aufschlußreich wäre, wen er mit jenen schlecht schreibenden Gelehrten meinen mag. Deren kompensatorische Verachtung für den

Schöngeist sei jedenfalls nicht minder ungerecht, fügt Helvétius hinzu, und erinnert an jenen Mathematiker, der die *Iphigenie* achselzuckend mit den Worten kommentiert habe, sie beweise doch nichts. Die landläufige Verachtung des Schöngeistes macht hier den – bedauerlicherweise gleichfalls ungezielten – Hinweis erforderlich, »daß die schlechte Schreibweise kein Beweis dafür ist, daß man richtig denkt« (*Vom Geist*. Berlin u. Weimar 1973, S. 447ff. u. 521.). Im 19. Jahrhundert treten die Ansprüche der Stilistik und die Signale wissenschaftlicher Reputierlichkeit vollends auseinander. Namentlich das Ansehen Buffons, dem noch zu Lebzeiten der Beiname *Pline français* verliehen worden war, hat nun darunter zu leiden, daß er sich stilistischen Belangen überhaupt gewidmet hatte. Die Wahrheit, nach der nun geforscht wird, braucht keinen Stil, um sich kundzutun. Als einer der ersten nennt Jean Paul Buffon und Rousseau in einem Atemzug und erklärt, die Deutschen hätten an den Franzosen »weniger ihre Sprache als ihre Liebe für ihre Sprache zu lieben« (*Vorschule der Ästhetik*. In: *Werke*, a. a. O., Bd. 9, S. 325; vgl. Lepenies, *Ende der Naturgeschichte*, a. a. O., S. 133ff. u. 148f.).

10 Rudolf Malter bezieht die erste Erwähnung von »Rousseaus Kupferstich« durch Borowski auf die Mitte der fünfziger Jahre, mithin auf das Erscheinungsdatum des zweiten *Discours* (*Immanuel Kant in Rede und Gespräch*, hg. v. R. Malter. Hamburg 1990, S. 40). Eine so frühe Aufmerksamkeit Kants für Rousseau ist jedoch unwahrscheinlich. Hingegen spricht einiges dafür, die Auseinandersetzung mit dem Jahr 1762 beginnen zu lassen, in dem Kant den *Émile* zur Hand nahm.
Die Differenz der Lebensführungen könnte im übrigen deutlicher kaum sein. Augenzeugen sagen dem ortsfesten Philosophen nach, sein sandfarbenes Kleid, der auf dem Goldknopf seines Rohrstocks gehaltene Hut, Seidenstrümpfe und aufwendiges Schuhwerk hätten ihm Stattlichkeit verliehen, und weniges habe ihn so empört wie geniemäßige Nachlässigkeit in Haltung und Erscheinung. Das nach einer schöngeistigen Phase stabilisierte Bild der unprätentiösen Eleganz paßt zu der inszenierten Unauffälligkeit, die, so Norbert Hinske in seiner biographischen Skizze, Kants Alltagserscheinung bis ins Alter bestimmt hat. »Sein Leben ist fast schon in penetranter Weise bürgerlich.« (*Kant als Herausforderung an die Gegenwart*. Freiburg/München 1980, S. 20; vgl. das folgende Kapitel, Anm. 11.)

11 *[...] bien habillé, bien peigné, bien poudré.* (D. Diderot: ›Essai sur la peinture‹. In: *Œuvres*, hg. v. A. Billy. Paris 1951, S. 1113–1171, hier S. 1134.) Diderot erinnert an ein Distichon Marmontels, das die bei Latour vermißten Wesenszüge prägnant zum Ausdruck bringe: *A ces traits par le zèle et l'amitié tracés, / Sages, arrêtez-vous: gens du monde, passez!* Freilich hat Rousseau die Bahn der Respektabilität nicht weiterverfolgt.

12 Voltaire: ›Esprit‹. In: *Encyclopédie*, a. a. O., Bd. 5. Paris 1755, S. 973–975, hier S. 974.

13 J. Boswell: *Besuch bei Rousseau und Voltaire*, hg. v. F. A. Pottle. Frankfurt a. M. 1981, S. 52. Die *Bekenntnisse* motivieren diese Veränderung durch den Erfolg der ersten Abhandlung. »Ich begann meine Umwandlung mit meinem Äußeren. Ich entfernte alle goldenen Litzen und die weißen Strümpfe, ich nahm eine runde Perücke, ich legte den Degen ab, ich verkaufte meine Uhr.« Wenig später sieht er sich auch von seiner *passion du beau linge* vollkommen geheilt (*OC* I, 363f.).

Über das Aufsehen, das Rousseaus Kleidungswechsel in Paris erregt hat, berichtet Melchior Grimm in seiner literarischen Korrespondenz vom 15. Juli 1770. Der vermeintliche Konventionsbruch hat gerade vor dem Hintergrund der Tradition etwas Folgerichtiges, denn längst hatte Baldassare Castiglione die Nachlässigkeit *(sprezzatura, negligence)* hoffähig gemacht. Zu den wichtigsten Aufgaben des Privatpolitikers gehört es demnach, die Künstlichkeit *(affettazione)* zu verbergen. Rhetorische Empfehlungen aufnehmend, rät Castiglione, »zuweilen mit einer solchen, einfältigen Auffrichtigkeit zu reden / welche das Ansehen gebe / als rede die Natur selbst.« (*Der Vollkommene Hofmann und Hof-Dame*. Franckfurt am Mäyn 1684, S. 112.) Als einer der ersten deutschen Leser bestätigt Lessing den Erfolg dieser Verwandlung. Rousseaus »Herz« habe, so versichert er in seiner Besprechung des zweiten *Discours* für die *Berlinische privilegierte Zeitung* am 10. Juli 1755, bei »allen seinen spekulativischen Betrachtungen Anteil genommen«. Er spreche »folglich aus einem ganz andern Tone, als ein feiler Sophist zu sprechen pflegt, welchen Eigennutz oder Prahlerei zum Lehrer der Weisheit gemacht haben« (›Besprechung des *Discours sur l'origine et les fondements de l'inégalité*‹. In: *Werke*, hg. v. G. Witkowski. Leipzig 1934, Bd. 3, S. 95f.).

14 Vgl. H. Blumenberg: *Höhlenausgänge*. Frankfurt a. M. 1989, S. 205f. – Rousseau interpretiert die Höhle nicht als phylogenetischen Ursprungsort, sondern als Zufluchtsstätte, die ihm den Überblick über eine im Niedergang begriffene Geschichte gewährt (vgl. ebd., S. 528ff.). Bereits Diderot porträtiert Rousseau als Höhlenbewohner (vgl. Starobinski, *Das Rettende in der Gefahr*, a. a. O., S. 310f.).

15 Die Wahl des Protagonisten ist konsequent. Der römische Feldherr Fabricius, dessen Bild Seneca und Plutarch überliefert haben, gilt als Muster an Bedürfnislosigkeit, Unbestechlichkeit und Tapferkeit. Es wird erzählt, er habe die Lobpreisung Epikurs, der als Befürworter der Ausschweifung galt, mit dem Wunsch quittiert, daß die Feinde Roms dessen Grundsätzen folgen mögen.

Rousseaus erste Abhandlung präsentiert Fabricius als Sprachkritiker und Bilderstürmer, der den Sittenverfall und die Irrlehren seiner Zeit scharf zurückweist. Was, so lauten die entscheidenden Sätze dieser Prosopopoïe, »ist das für eine fremde Sprache? Was sind dies für verweichlichte Sitten? Was bedeuten diese Bildsäulen, diese Gemälde, diese Gebäude? Unbesonnene, was habt ihr getan? Ihr, die Beherrscher aller Nationen, habt euch zu Sklaven dieser liederlichen Menschen gemacht, welche ihr überwunden habt? Redner sind es, die euch regieren? Ihr habt also in Griechenland und in Asien bloß darum so viel Blut vergossen, um eure Baumeister, Maler, Bildhauer und Komödianten zu bereichern? Die Schätze von Karthago werden einem Flötenspieler zur Beute? Römer, eilt, diese Amphitheater zu zerstören, zerbrecht diese Bildsäulen, verbrennt diese Gemälde und verjagt diese Sklaven, welche euch unterjochen und deren schädliche Künste euch verderben. Überlaßt es anderen, sich durch eitle Talente berühmt zu machen, die einzige Kunst der Römer sei, die Welt zu erobern und die Tugend darin auszubreiten« (*OC* III, 14f.). Zu Recht hat Robert Darnton bemerkt (›Rousseau in Gesellschaft. Anthropologie und der Verlust der Unschuld‹. In: E. Cassirer, J. Starobinski, R. Darnton: *Drei Vorschläge, Rousseau zu lesen*. Frankfurt a. M. 1989, S. 104–114), jede Zeit schaffe sich ihren eigenen Rousseau, und es ist aufschlußreich zu beobachten, wie der Verfasser der *Discours* und des *Contrat social* dem zugearbeitet hat. Fabricius verkörpert den Rousseau Robespierres.

16 Hegel, *Phänomenologie des Geistes*, a. a. O., S. 580. – Diese Beobachtung, die dann in eine rabiate Kritik der Seelenschönheit übergeht, verdankt ihre Treffsicherheit intimer Kenntnis; vgl. R. Legros: ›De la religion du cœur à la religion du peuple‹. In: *Rousseau, die Revolution und der junge Hegel*, hg. v. H. F. Fulda, R.-P. Horstmann. Stuttgart 1991, S. 94–110.

17 J. Derrida: *Grammatologie*. Frankfurt a. M. 1974, S. 537.

18 Vgl. H. H. Ritter: ›Claude Lévi-Strauss als Leser Rousseaus. Exkurse zu einer Quelle ethnologischer Reflexion‹. In: *Orte des wilden Denkens. Zur Anthropologie von Claude Lévi-Strauss*, hg. v. W. Lepenies u. H. H. Ritter. Frankfurt a. M. 1970, S. 113–159, hier S. 131.

19 Um die Pikanterie solcher Vorstöße und ihres antirhetorischen Zungenschlags zu ermessen, muß man die Empfehlungen der zeitgenössischen Rhetoriker im Ohr haben, also etwa die Ratschläge Johann Christoph Gottscheds, der den Erfolg des Redners Alkibiades damit erklärt hatte, daß er »die schönste Mannsperson« Athens gewesen sei. Wenn auch nicht jeder Redner über solche Mittel gebiete, folgert Gottsched, so könne er sich doch um Manierlichkeit bemühen. »Wir wollen hiermit nicht behaupten, daß ein Redner in einem prächtigen Aufzuge erscheinen müsse. Nein, ein ordentliches und reines Kleid, eine saubere Wäsche, und ein nach der Sitte ernsthafter Männer eingerichtetes, eignes oder falsches Haar, ist hier schon genug. Steht aber ein Redner ganz frey, so muß er auch im Absehen auf die Füße sorgfältig seyn, und sich glatter Strümpfe und reiner Schuhe befleißigen.« (*Ausführliche Redekunst. Nach Anleitung der alten Griechen und Römer, wie auch der neuern Ausländer*. 5. Aufl., Leipzig 1759, Bd. 7, 2, S. 436f.; vgl. B. Steinbrink: ›Actio‹. In: *Historisches Wörterbuch der Rhetorik*, hg. v. G. Ueding. Tübingen 1992, Bd. 1, Sp. 43–74, insbes. Sp. 61ff.)

20 M. Foucault: *Schriften zur Literatur*. Frankfurt a. M. 1988, S. 43.

21 Vgl. Erasmus von Rotterdam: ›Parabolae‹. In: *Opera Omnia*. Amsterdam, Oxford 1981, Bd. I, 5, S. 244, und ders., ›Panegyricus ad Philippum Austriae Ducem‹, ebd., Bd. IV, 1, S. 86.

22 G. E. Lessing: *Laokoon*. In: *Sämmtliche Schriften*, a. a. O., Bd. 9, S. 16.

23 W. Benjamin: *Briefe*, hg. v. G. Scholem u. Th. W. Adorno. Frankfurt a. M. 1978, Bd. 1, S. 127.

24 Diese Adressaten sind die Leser, die Rousseau zu Mitwissern und Beteiligten, aber auch zu Richtern macht, wenn er davon spricht, ihnen seine Seele durchsichtig machen zu wollen: *rendre mon âme transparente aux yeux du lecteur* (*OC* I, 175). Dabei steht das Urteil dieses Richters schon fest. Es ist geradezu eine Gattungseigentümlichkeit der Konversionserzählung, vor engagierten Gruppenmitgliedern vorgetragen zu werden, von denen ein grundsätzliches Einvernehmen – man denke an Sartres Übertragung auf den *Pacte de générosité* zwischen Autor und Leser – von vornherein erwartet wird. Rousseau stößt sein Publikum zurück, um dafür den einzelnen Leser zum Vertrauten zu machen und nur um so fester an sich zu binden. Harald Weinrich (›Muß es Romanlektüre geben? Anmerkungen zu Rousseau und zu den Lesern der *Nouvelle Héloïse*‹. In: *Leser und Lesen im 18. Jahrhundert*. Colloqium der Arbeitsstelle 18. Jahrhundert Gesamthochschule Wuppertal. Heidelberg 1977, S. 28–39, hier S. 29) spricht anschaulich von einem *Contrat littéraire*.
Die Vergleichbarkeit zwischen der Krise von Vincennes und der Elementarfigur der religiösen Bekehrung endet freilich dort, wo das religiöse Bewußtsein den neugewonnenen Status lebensgeschichtlich integriert und als Empfinden »neuer Lebenskraft« und als »Geborgenheitsgefühl« endgültig hinnimmt (vgl. W. James: *Die religiöse Erfahrung in ihrer Mannigfaltigkeit. Materialien und Studien zu einer Psychologie des religiösen Lebens.* 4. Aufl., Leipzig 1925, S. 381 f.; s. a. G. Gran: ›La crise de Vincennes‹. In: *Annales de la société Jean-Jacques Rousseau* 7 [1912], S. 1–17). Während der Konvertit typischerweise das neue Arrangement sucht, um dessentwillen er die hergebrachten Verbindlichkeiten aufkündigt, hört Rousseau niemals auf, sich negativ auf die Welt zu beziehen.

25 In der »lyrischen Szene« *Pygmalion* (1762) legt Rousseau seiner Figur die Erwägung in den Mund, wie schön eine Seele sein müsse, die geschaffen sei, einen so schönen Leib zu bewohnen wie Galathea (vgl. *OC* II, 1227). Aber diese Schönheit ist selbst schon nicht mehr von dieser Welt – »ein Abbild dessen, was nicht ist«, heißt es im Stück –, so daß ihre Erweckung fragwürdig wird: *je t'ai donné tout mon être; je ne vivrai plus que par toi.* Galathea darf überhaupt nur ins Leben treten und damit endlich werden, damit ihre Schönheit nicht länger eine Natur beleidige, die zu so sinnfälliger Vollkommenheit nicht fähig wäre. So bleibt unentschieden, ob ihre plötzliche Beseeltheit Erniedrigung bedeutet oder aber Erhöhung.

Zur weiteren Rezeption des Galathea-Stoffes vgl. G. Neumann: ›»... der Mensch ohne Hülle ist eigentlich der Mensch«. Goethe und Heinrich von Kleist in der Geschichte des physiognomischen Blicks‹. In: *Kleist-Jahrbuch* (1988/89), S. 259–279, hier S. 269ff.

26 M. Serres: *Der Parasit*. Frankfurt a. M. 1981, S. 177.

27 Vgl. J. Starobinski: *Das Leben der Augen*. Frankfurt a. M., Berlin, Wien 1984, S. 73ff. Im achten Gang der *Rêveries* wird dann die Widersetzlichkeit dieser Selbstkonstitution ausgesprochen: »In welchem Licht mich die Menschen auch betrachten mögen, es steht nicht in ihrer Gewalt, mein Wesen zu verändern, und ich werde trotz aller ihrer heimlichen Ränke dennoch fortfahren zu sein, was ich bin« (*OC* I, 1080).

28 Gleichwohl haben, von Montesquieu angefangen, die französischen Aufklärer das Romanschreiben gepflegt; vgl. K. Dirscherl: *Der Roman der Philosophen. Diderot – Rousseau – Voltaire*. Tübingen 1985.
Die *Bekenntnisse* gestehen dem Romanlesen eine außerordentliche Wirkung zu, und Rousseau mag sich auch darin als Beispiel für seinen Leser betrachtet haben. In der *Préface* zur *Nouvelle Héloïse* rechtfertigt er den Roman, indem er die Paradoxie zuspitzt und die Klage über die Unsitte des Romanlesens gleich einleitend zu seiner Sache macht – eine Zweideutigkeit, die Kleist übernehmen wird. Kleist trug sich zeitweise ebenfalls mit dem Gedanken, einen Roman zu schreiben, konnte jedoch zugleich erklären, die Romane hätten »unsern Sinn verdorben« (10. Oktober 1801 an Wilhelmine v. Zenge). Daß er sein Vorhaben am Ende doch aufgab, mag auch damit zusammenhängen, daß dieser Beisatz eines Selbstdementis und die damit verbundene polemische Qualität der Gattung am Beginn des 19. Jahrhunderts und der »Romantik« nicht mehr allgemein vorauszusetzen war. Mit den poetologischen Bedenken verliert sich um 1800 auch der gattungseigene Uneigentlichkeitsvorbehalt (vgl. J. Knopf: Roman. In: *Historisches Wörterbuch der Philosophie*, a. a. O., Bd. 8, Sp. 1070–1076, hier Sp. 1072).

29 Mit diesem Wort übersetzt August Ludwig Schlözer Rousseaus Begriff der *perfectibilité*, um damit dessen antiteleologische Geschichtsauffassung zum Ausdruck zu bringen; vgl. G. Buck: ›Selbsterhaltung und Historizität‹. In: *Subjektivität und Selbsterhaltung. Beiträge zur Diagnose der Moderne*, hg. v. H. Ebeling. Frankfurt a. M. 1976, S. 208–302, hier S. 210f.

30 Starobinski, *Leben der Augen*, a. a. O., S. 95.

31 Zur leitmotivischen Funktion der Transparenz bei Rousseau vgl. Starobinski, *Rousseau*, a. a. O., insbes. S. 22ff. u. 379ff.

32 Ch. M. Wieland: ›Plan von einer neuen Art, von Privat-Unterweisung‹. In: *Gesammelte Schriften*, a. a. O., Bd. I, 4, S. 176–182, hier S. 180 u. 182.

33 J. H. Merck: ›Ueber die bei Kunstwerken objectiv gleichgültige Absicht der Urheber‹. In: *Ausgewählte Schriften zur schönen Literatur und Kunst*. Ein Denkmal, hg. v. A. Stahr. Oldenburg 1840, S. 195–199, hier S. 196; zur Umdeutung Jesu zum Helden vgl. O. Rank: *Der Mythos von der Geburt des*

Helden. Versuch einer psychologischen Mythendeutung. Leipzig, Wien 1909, S. 46–53; s. a. C. Süßenberger: *Rousseau im Urteil der deutschen Publizistik bis zum Ende der Französischen Revolution. Ein Beitrag zur Rezeptionsgeschichte.* Bern, Frankfurt a. M. 1974, insbes. S. 247ff. – Germaine de Staël wird so weit gehen, Rousseau zu den deutschen Dichtern zu zählen (*Über Deutschland*, hg. v. F. Buchholz u. a. Frankfurt a. M. 1985, S. 135).

34 Erasmus, ›Adagiorum chilias tertia‹. In: *Opera Omnia*, a. a. O., Bd. II, 5, S. 164; vgl. L. E. Halkin: *Erasmus von Rotterdam.* Eine Biographie. Zürich 1989, S. 109ff. u. 348; das Silen-Motiv und seine Deutung verdankt Erasmus offenbar Platon selbst (vgl. *Symp.* 215). Ähnlich verwendet es auch Pico; vgl. G. Semprini: *La filosofia di Pico della Mirandola.* Milano 1936, S. 208f.
Neben Rousseau (vgl. *OC* IV, 626) stellt auch Diderot die soteriologischen Elemente des Erasmischen Sokrates heraus (*Œuvres complètes.* Bd. 25. Paris 1986, S. 220f.). Die gleiche Schrift spricht anerkennend von Rousseaus *magie du style* (S. 436).

35 Vgl. K. Herding: ›Diogenes als Bürgerheld‹. In: ders., *Im Zeichen der Aufklärung. Studien zur Moderne.* Frankfurt a. M. 1989, S. 163–181.

36 Schlegel, *Goethes Meister*, a. a. O., S. 167.

Erste und letzte Dichtung

1 Kleist, *Werke und Briefe*, a. a. O., Bd. 4, S. 117. Im folgenden wird mit Band- und Seitenangabe nach dieser Ausgabe zitiert.

2 Vgl. II, 131 (*Das Käthchen von Heilbronn*, 1. Akt, 1. Auftritt). Die leitmotivische Funktion des gewalttätigen Blicks bei Kleist bedarf keines Nachweises. Erinnert sei an eine verwandte Szene, in der die Marquise von O »mit einem Blick funkelnd, wie ein Wetterstrahl«, auf den Grafen »einschlägt« (III, 153), oder an die Hyperbel aus der *Penthesilea*: »Du blickst die Ruhe meines Lebens tot.« (II, 531) Solche Verszeilen sind bereits den Zeitgenossen aufgefallen, die sie dann in merkwürdiger Koinzidenz mit der Kulisse der Würzburger Schlüsselszene als »toll« in die Nähe des Pathologischen rückten; vgl. die Kritik aus dem *Morgenblatt* vom 18. Dezember 1810 bei Helmut Sembdner (Hg.): *Heinrich von Kleists Lebensspuren. Dokumente und Berichte der Zeitgenossen.* Frankfurt a. M. 1984, S. 309 (Nr. 373).

3 Tatsächlich denkbar ist eine direkte Anleihe bei Montaigne, dessen *Essais*, einem von Gisela Schlüter überzeugend geführten Indizienbeweis zufolge, Kleist noch vor der Würzburger Reise zur Kenntnis genommen hat (›Kleist und Montaigne‹. In: *arcadia* 22 [1987], S. 225–233, insbes. S. 226f.). Kleists Erinnerungsbericht ähnelt in einigen Zügen der Anstaltsszene, die Montaigne in den zwölften Essai des zweiten Buches eingerückt hat. Dort erinnert er sich eines im Jahr 1580 stattgefundenen Besuchs bei Torquato Tasso,

der – geistig umnachtet und unter Wahnvorstellungen leidend – im Spital von Ferrara einsaß. Montaigne erwähnt die Krankengeschichte als Beispiel für ein Gemüt, das sich durch eigene Stärke ins Verderben stürzte. Anders freilich als Rousseau, der in Tasso zeitweise sein *alter ego* erblickte, anders auch als Kleist, dessen Hingenommenheit ebenfalls unverkennbar ist, reagiert Montaigne mit der Distanz des düpierten Verehrers. Nach eigener Auskunft empfand er »mehr Aergerniß als Mitleiden, da ich ihn in Ferrara sich in einem so erbärmlichen Zustande selbst überleben sahe, so, daß er weder sich noch seine Werke kannte, die ihm unwissend, und dennoch vor seinen Augen, unverbessert und ungestalt heraus gegeben worden sind.« (*Versuche* [Tietze], a. a. O., Bd. 2, S. 123.)

4 H. Politzer: ›Auf der Suche nach Identität. Zu Heinrich von Kleists Würzburger Reise‹. In: *Kleists Aktualität. Neue Aufsätze und Essays 1966–1978*, hg. v. W. Müller-Seidel. Darmstadt 1981, S. 55–76, hier S. 56.

5 Bereits das Hochmittelalter kennt das Kloster als Metapher für Versenkung und Einkehr, als *claustrum animae*.
Die seit der Renaissance kursierende Formel *ogni talento matto* findet sich auch bei Diderot und Schiller; vgl. die Nachweise bei W. Lange-Eichbaum, W. Kurth: *Genie, Irrsinn und Ruhm*. 6. Aufl., München/Basel 1979, S. 218ff.; Jochen Schmidt verweist in diesem Zusammenhang auf den Topos der einsamen und vereinsamten Genialität (*Die Geschichte des Genie-Gedankens in der deutschen Literatur, Philosophie und Politik 1750–1945*. Darmstadt 1985, Bd. 2, S. 9f.).

6 Vgl. J. Osinski: *Über Vernunft und Wahnsinn. Studien zur literarischen Aufklärung in der Gegenwart und im 18. Jahrhundert*. Bonn 1983. – Hans Jürgen Schrader hat auf Kleists Anleihen (Chrie, Diatribe) bei der pädagogischen Aufklärungsliteratur hingewiesen (›Unsägliche Liebesbriefe. Heinrich von Kleist an Wilhelmine von Zenge‹. In: *Kleist-Jahrbuch* 1981/82, S. 86–144); die Chrie (*chreia*) ist eine bevorzugte Überlieferungsgestalt des Kynismus (vgl. H. Niehus-Pröbsting: *Der Kynismus des Diogenes und der Begriff des Zynismus*. München 1979, S. 32).

7 Zur Ausgestaltung dieser Szene mochte Kleist durch Schiller angeregt worden sein, der in seinem 26. Brief über die ästhetische Erziehung rousseauistisch-antirousseauistisch vorgegeben hatte: »Nicht da, wo der Mensch sich *troglodytisch* in Höhlen birgt, ewig einzeln ist, und die Menschheit nie *außer sich* findet, auch nicht da, wo er *nomadisch* in großen Heermassen zieht, ewig nur Zahl ist und die Menschheit nie *in sich* findet – da allein, wo er in eigener Hütte still mit sich selbst und, sobald er heraustritt, mit dem ganzen Geschlechte spricht, wird sich ihre liebliche Knospe entfalten.« (F. Schiller: *Ueber die ästhetische Erziehung der Menschen in einer Reihe von Briefen*. In: *Nationalausgabe*, a. a. O., Bd. 20, S. 309–411, hier S. 398.)

8 Politzer, ›Suche nach Identität‹, a. a. O., S. 59.

9 Ch. Wolff: ›Vernünfftige Gedancken von der Menschen Thun und Lassen‹

(1720). In: *Gesammelte Werke*, hg. v. H. W. Arndt, Bd. I, 4. Hildesheim 1976, S. 78.

10 Die zentrale These der »ästhetischen Subjektivität« wird allerdings nicht von Kleist formuliert, der zur philosophischen Terminologie konsequent Abstand halten wird, sondern von Karoline von Günderode: »Jede Individualität aber ist ein Abgrund von Abweichungen, eine Nacht, die nur sparsam von dem Licht allgemeiner Begriffe erleuchtet wird.« (›Melete‹. In: *Sämtliche Werke und ausgewählte Studien*. Historisch-kritische Ausgabe, hg. v. W. Morgenthaler. Frankfurt a. M. 1990, Bd. 1, S. 315–366, hier S. 354; zur Terminologie vgl. K. H. Bohrer: *Der romantische Brief. Die Entstehung ästhetischer Subjektivität*. Frankfurt a. M. 1989, S. 40 u. ö.)

11 Außer einem Kupferstich-Porträt Rousseaus, berichtet Ludwig Ernst Borowski in seiner Kant-Biographie, das »in seinem Wohnzimmer war, befand sich nichts von dieser Art in seinem ganzen Hause« (*Immanuel Kant in Rede und Gespräch*, a. a. O., S. 40; vgl. das vorangehende Kapitel, Anm. 10). Während Borowski den Fall für so außergewöhnlich hält, daß er ihn nur aus Kants Gefühl der Pflicht erklären kann, das Geschenk eines Freundes zu achten, nennt Herder, ohne auf den Sachverhalt einzugehen, Kant in einem Brief an Hamann mit unverhohlener Reserve »den großen Schüler des Rousßeau« (April 1768; vgl. ebd., S. 68, s. a. S. 70).

12 *OC* I, 1025 (zur Zitierweise s. o. »Welttheater als Daseinsmetapher«, Anm. 54). Die zeitgenössische Übersetzung von Dietrich Leube aus dem Jahr 1783 gebraucht die Wendung »Verwirrung der Gefühle«, die Goethe dann 1807 wiederum auf Kleist beziehen wird, der sie gleichfalls verwendet hat, etwa in der *Phöbus*-Variante der *Marquise von O* (vgl. III, 598). Unter dem Einfluß Rousseaus zählt das späte 18. Jahrhundert die »Verwirrung« zeitweilig überhaupt zum Repertoire des Genialischen (vgl. G. Stanitzek: *Blödigkeit. Beschreibungen des Individuums im 18. Jahrhundert*. Tübingen 1989, S. 192ff.).

13 Augenzeugen wie Johann George Scheffner – der im übrigen auch ein Vertrauter Kants gewesen ist – haben das »Finstere und Sonderbare« in Kleists Äußerem festgehalten (vgl. *Lebensspuren*, a. a. O., S. 117f. [Nr. 142]). Darin scheint sich das Vorbild Rousseaus, der seiner Außenseiterstellung zeitweise durch das Tragen einer armenischen Tracht Nachdruck verliehen hatte, geltend zu machen. Wie Eduard von Bülow berichtet, hat Kleist seit dem Augenblick, als er sich »von allen Menschen« zurückzog und das Studium der philosophischen Wissenschaften aufnahm, auch sein Äußeres vernachlässigt (ebd., S. 24 [Nr. 21]). Aufschlußreich an diesen Auskünften ist neben der Bestätigung der Stilfigur der Hinweis auf die Wertschätzung des Stilistischen überhaupt. An gleicher Stelle (Nr. 22) zitiert August Gottlob Eberhard einen »durchaus *unverdächtigen* Zeugen«, demzufolge Kleist »nach einem Streit über den Anzug« seinen Abschied genommen hat. Daß Kleist sich später mit seinem Porträt höchst unzufrieden zeigte, gehört

ebenfalls zum Repertoire (vgl. 9. April 1801 an Wilhelmine); über die schon für Plotin belegte und in der Philosophiegeschichte immer weitergereichte Verbindung von Seelenschönheit und Bildnisverweigerung vgl. Konersmann, ›Die Liebhaber der Keuschheit‹, a. a. O., S. 1145 ff.

14 P. Bayle: ›Diogenes‹. In: *Historisches und Critisches Wörterbuch.* Nach der neuesten Auflage von 1740 übers. v. J. Ch. Gottsched. Leipzig 1742 (ND Hildesheim / New York 1975), Bd. 2, S. 310–316, hier S. 310.
Solches Lob des Extrems macht die zeitgenössische und bereits von Montaigne in seinem *Essai* über die Mäßigung (I, 30) nahegelegte Bemerkung Montesquieus erklärlich, daß selbst die Tugend der Begrenzung bedürfe (vgl. J. Starobinski: *Montesquieu.* Ein Essay. München 1991, S. 98). Kleist setzt sich über diesen Aufruf hinweg, wenn er in der Präambel zum *Kohlhaas* die »Tugend« des Roßhändlers ausschweifend nennt. Es erinnert an Diderots paradoxe Bestimmung des Kynikers als »unanständig, aber überaus tugendhaft« (*cet indécent, mais très-vertueux philosophe*; ›Cynique‹. In: *Encyclopédie*, a. a. O., Bd. 4, S. 594–599, hier S. 597), wenn Kohlhaas im gleichen Atemzug als »einer der rechtschaffensten zugleich und entsetzlichsten Menschen seiner Zeit« (III, 7) eingeführt wird.

15 Kleist stellt auch diesen Typus gern als Frauenfigur dar, etwa in der Gestalt der Marquise von O. In ihrem Namen – Julietta – zitiert sie die weibliche Hauptfigur der *Nouvelle Héloïse*, mit der sie die Neigung zur Gebärdensprache ebenso teilt wie die symbolisch vorgestellte Reinheit. Als der Graf erstmals ihre abgeschiedenen Räumlichkeiten betritt, in denen sie die pflanzenhafte Unbeirrbarkeit ihrer Haltung – »der ganzen Welt zum Trotz« – kultiviert, erscheint ihr der gleichsam von den Toten Auferstandene »schön wie ein junger Gott« (I, 119 f.). Solche Reminiszenzen, wie sie sich in den Zügen der Littegarde und der hyperbolisch mit einer »schönen Seele« ausgestatteten Toni, aber auch bei Alkmene, Käthchen und Penthesilea finden lassen, geben zu erkennen, daß Kleist die heroische Variante der Seelenschönheit vor Augen stand und nicht das von der Empfindsamkeit propagierte Weiblichkeitsideal, das ebenfalls als »schöne Seele« aufgetreten war. Der Bruch mit den konventionellen Begriffsverwendungen kommt auch darin zum Ausdruck, daß Toni nicht – wie es die Tradition vorschreibt – eine schöne Seele *ist*, sondern eine schöne Seele *hat*. Durch diesen Kunstgriff zeigt sich ihr Wesen erst im Augenblick des Todes, und zwar sowohl dem Leser, der allenfalls durch die schattenhafte Parallelfigur der Mariane (»die treueste Seele unter der Sonne«; III, 190) auf diese Entdeckung vorbereitet ist, als auch – im Binnenraum des Erzähltextes – den übrigen Figuren, die erst mit dem Ende erfahren, wie sehr sie dieses eher an Mignon als an das Fräulein von Klettenberg erinnernde Mischwesen Toni verkannt und, wissentlich-unwissentlich, mißbraucht haben.

16 Jean-Jacques Rousseau: *Essai sur l'origine des langues*, hg. v. Ch. Porset. Paris 1970, S. 67.

17 »Geberden«, erklärt Wilhelm Traugott Krug, der Gatte Wilhelmines noch 1829, stellten anders als das gesprochene Wort »natürliche Zeichen unseres Innern« dar, die »uns die Natur selbst an die Hand« gegeben habe (*Allgemeines Handwörterbuch der philosophischen Wissenschaften nebst ihrer Literatur und Geschichte*. Leipzig 1827 ff., 4. Bd., S. 516 f.). Zur frühneuzeitlichen *raison des gestes* vgl. F.-R. Hausmann: ›Seufzer, Tränen und Erbleichen. Nicht-verbale Aspekte der Liebessprache in der französischen Literatur des 16. und 17. Jahrhunderts‹. In: *Die Sprache der Zeichen und Bilder. Rhetorik und nonverbale Kommunikation in der frühen Neuzeit*, hg. v. V. Kapp. Marburg 1990, S. 102–117; für die deutschsprachige Literatur: A. Košenina: ›Wie die »Kunst von der Natur überrumpelt« werden kann: Anthropologie und Verstellungskunst‹. In: *Anthropologie und Literatur um 1800*, hg. v. J. Barkhoff, E. Sagarra. München 1992, S. 53–71, sowie U. Geitner: ›Die »Beredsamkeit des Leibes«‹. In: *Das achtzehnte Jahrhundert* 14 (1990), S. 181–195, insbes. S. 183 ff.
Weit konsequenter als jene Traditionen, die in der Regel auf Erasmus' *De civilitate morum puerilium* (1530) zurückgehen, beharrt Kleist darauf, daß in der Körpersprache nicht eine verborgene, ungewollt kundgetane Wahrheit zutage tritt, sondern eine mit der gesprochenen Sprache konkurrierende Ausdrucksgestalt, über deren Aussagewert nur von Fall zu Fall und keineswegs immer eindeutig zu entscheiden ist.

18 »In einer schönen Seele ist es also, wo Sinnlichkeit und Vernunft, Pflicht und Neigung harmonieren, und Grazie ist ihr Ausdruck in der Erscheinung.« (F. Schiller: ›Ueber Anmuth und Würde‹. In: *Nationalausgabe*, a. a. O., Bd. 20, S. 251–308, hier S. 288.)
Bezüglich des *je ne sais quoi* bei Kleist sei an den Spruch erinnert, den Kleist am 1. Februar 1802 mitteilt und dann, Jahre später, in der *Hermannsschlacht* (vgl. II, 320) aufgreift: »Ich komme, ich weiß nicht, von wo? Ich bin, ich weiß nicht, was? Ich fahre, ich weiß nicht, wohin? Mich wundert, daß ich so fröhlich bin.« (IV, 294; s. a. ebd., 242.) Das *je ne sais quoi* geht begriffsgeschichtlich auf das *nescio quid magnum et divinum* Augustins zurück (*Confessiones* IV, 16). Vgl. Konersmann, *Lebendige Spiegel*, a. a. O., S. 65 ff.

19 »In Rom war ein Mann«, heißt es am 20. September, »der in Wänden von Glas wohnte, um die ganze Stadt zum Zeugen aller seiner Handlungen zu machen.« (IV, 129 f.; s. a. 77) Auf diesen Fall des römischen Tribunen Livius Drusus war in der *Nouvelle Héloïse* auch Rousseau zu sprechen gekommen, der die Vorlage dafür bei Montaigne gefunden hatte (vgl. *OC* II, 424 sowie Montaigne, *Essais*, a. a. O. [Villey], Bd. 3, S. 808; III, 2).

20 Vgl. H. Sembdner (Hg.): *Heinrich von Kleists Nachruhm. Eine Wirkungsgeschichte in Dokumenten*. Frankfurt a. M. 1984, S. 530 (Nr. 653). Das Beispiel der klangvermittelten Empathie deutet auf den pietistischen Topos der Schmuck- und Sprachlosigkeit; den aufrichtig Empfindenden soll man, notiert 1754 Susanna Katharina von Klettenberg, »bloß glauben; sie wollen es weder mit Worten noch mit Gebärden bezeugen« (›Beobachtung der

sittlichen Pflichten bei einer christlichen Freundschaft‹. In: *Die schöne Seele. Bekenntnisse, Schriften und Briefe*, hg. v. H. Funck. Leipzig 1917, S. 151–166, hier S. 155).

21 Das Zitat ist mehr als eine Bildungsreminiszenz. Winckelmann hat Raffael eine »schöne Seele« genannt, und zwar in unmittelbarem Anschluß an den von Kleist vergegenwärtigten Paragraphen, der »die *edle Einfalt* und *stille Größe*« der griechischen Vorbilder beschwört (vgl. ›Gedanken über die Nachahmung der griechischen Werke in der Malerei und Bildhauerkunst‹ [1755]. In: *Sämtliche Werke*, hg. v. J. Eiselein. ND d. Ausgabe 1825. Osnabrück 1965, Bd. 1, S. 1–56, hier S. 34; §§ 88 u. 89).

22 E. Cassirer: ›Eidos und Eidolon. Die Idee des Schönen in Platons Dialogen‹. In: *Vorträge der Bibliothek Warburg* 2 (1922/23), S. 1–27, hier S. 23.

23 Th. W. Adorno: *Ästhetische Theorie*, hg. v. G. Adorno u. R. Tiedemann. 2. Aufl., Frankfurt a. M. 1974, S. 82.

24 Starobinski zeigt die Tragweite der Figur bei Rousseau (*Das Rettende in der Gefahr*, a. a. O., S. 186 ff.) und verweist auf die Ursprünge des Motivs bei Augustin, der in der göttlichen Weisheit eine Heilkraft erblickt, die selbst durch ihr Gegenteil wirkt (vgl. S. 222).

25 *Il ne me reste plus rien à esperer ni à craindre en ce monde, et m'y voila tranquille au fond de l'abyme, pauvre mortel infortuné, mais impassible comme Dieu même.* (*OC* I, 999; Hervorhebung R. K.) Bekanntlich wird Flaubert diesen Erzähltypus vervollkommnen.

26 Natürlich kann man, wie es die neueren Text- und Literaturtheorien einmütig fordern, auch bei Kleist »Leben« und »Werk« füglich trennen (vgl. H. Arntzen: ›Heinrich von Kleist: Gewalt und Sprache‹. In: *Die Gegenwärtigkeit Kleists. Reden zum Gedenkjahr 1977*. Berlin 1980, S. 62–78). Die Prinzipientreue sollte indes nicht so weit gehen, die Pointe und die gerade auch vom Biographismus verkannte Tragweite dieses Wagnisses zu verdecken, das darin besteht, die soeben fühlbar werdende, von jenem Bacon-Zitat Kants hervorgehobene Grenze ästhetisch zu überspringen.

27 In Frank Wedekinds Münchner Gedächtnisrede vom 20. November 1911 findet sich der Satz: »Welche Wohltat wäre für Kleist zeitweise der Friede eines Klosters gewesen.« (›Heinrich von Kleist‹. In: *Werke*, hg. v. E. Weidl. München 1990, Bd. 1, S. 430–435, hier S. 434.)

28 Im *Phöbus* hat Kleist das Motiv unter dem Titel *Das Sprachversehen* – für heutige Ohren etwas angestrengt – variiert: »Was! Du nimmst sie jetzt nicht, und warst der Dame / versprochen? / Antwort: Lieber! vergib, man verspricht sich ja wohl.« (III, 307)

29 Hinrich C. Seeba zufolge »stellt sich der Sündenfall aus dem Paradies bei Kleist als Sündenfall der Sprache dar« (›Der Sündenfall des Verdachts. Identitätskrise und Sprachskepsis in Kleists »Familie Schroffenstein«‹. In: *Kleists Aktualität*, a. a. O., S. 104–150, hier S. 148).

30 G. Blöcker: *Heinrich von Kleist* oder *Das absolute Ich*. Frankfurt a. M. 1983,

S. 100. Einvernehmlich K. H. Bohrer: *Plötzlichkeit. Zum Augenblick des ästhetischen Scheins*. Frankfurt a. M. 1981, S. 161 f., und ders., *Der romantische Brief*, a. a. O., S. 140 (»letztes Projekt«). Die These vertritt schon Stefan Zweig.

31 Nietzsche hat diesen Schlüsselbegriff Kleists – und Goethes – in einer Weise reformuliert, der Kleists Zeitgenossenschaft und -distanz auf einen Nenner bringt: »Die Verdüsterung, die pessimistische Färbung kommt notwendig im Gefolge der Aufklärung. Gegen 1770 bemerkte man bereits die Abnahme der Heiterkeit.« (*Nachgelassene Fragmente*. In: *Kritische Studienausgabe*, a. a. O., Bd. 11, S. 571.)

32 Friedrich Schlegel am 4. Januar 1812 an seinen Bruder August Wilhelm; vgl. Sembdner, *Nachruhm*, a. a. O., S. 42 (Nr. 33). – Zu den Ambivalenzen der Pathologisierung gerade auch aus frühromantischer Sicht vgl. C. Heselhaus: ›Die Metaphorik der Krankheit‹. In: *Die nicht mehr schönen Künste. Grenzphänomene des Ästhetischen* (Poetik und Hermeneutik III), hg. v. H. R. Jauß. München 1968, S. 407–433; die Identifikationsfigur des Dichters, der sich wie die Seidenraupe zu Tode spinnt, ist Torquato Tasso (vgl. ebd., S. 420 ff.).

33 F. Nietzsche: *Also sprach Zarathustra*. In: *Kritische Studienausgabe*, a. a. O., Bd. 4, S. 17.

Die industriellen Revolutionen

1 J. W. Goethe: *Zur Farbenlehre, Polemischer Teil*. In: *Sämtliche Werke*. Münchner Ausgabe, hg. v. K. Richter. Bd. 10. München 1989, S. 321.

2 Ebd., S. 702; vgl. A. Schöne: *Goethes Farbentheologie*. München 1987.

3 Die Formel findet sich im *Discours de la Méthode* von 1637 (VI, 2); ihre Eindrücklichkeit hat dazu beigetragen, daß auch Bacons Formel *minister et interpres*, mit der die Aphorismenfolge des *Novum Organum* beginnt, für gewöhnlich in ihrem Sinn aufgefaßt wird, und das um so leichter, als das Schlagwort »Wissen ist Macht« diese Deutungsrichtung zu bestätigen scheint. Indessen läßt sich, wie das Beispiel des Bacon-Lesers Goethe zeigt, in jenem Wechselverhältnis von »Gehorsam« und »Niederwerfung«, das Bacon im Umgang mit der Natur empfiehlt (*natura enim non nisi parendo vincitur*; Aph. 3), auch das *parere* hervorheben. Die Pointe der Empfehlung besteht dann darin, beides, *parere* und *vincere*, in paritätischem Verhältnis zu sehen. Goethe selbst gibt das Beispiel, indem er den Sensualismus zur Reizempfänglichkeit der »zarten Empirie« steigert (vgl. Konersmann, *Lebendige Spiegel*, a. a. O., S. 196 ff.).

4 So der Eröffnungsvers des 1806 entstandenen Liedes *Vanitas! Vanitatum Vanitas!* (Münchner Ausgabe, a. a. O., Bd. 6.1, S. 86.) Die Zeile parodiert das barocke Kirchenlied *Ich habe mein Sach Gott heimgestellt*.

5 J.W. Goethe: ›Kunst und Handwerk‹, a.a.O., Münchner Ausgabe, Bd. 4.2, S. 120.

6 Bereits am 8. Januar 1784 schreibt Wieland an Sophie La Roche: »Wir leben in einem so außerordentlich merkwürdigen und mit den größten Revolutionen schwangeren Zeitlauf, daß es ein Vergnügen ist zu leben, wenn's auch nur wäre, um zu sehen, was aus allem noch werden wird. Und doch, wo wollten wir die Weisheit hernehmen, ganz müßige Zuschauer dabey zu bleiben?« (Vgl. F. Sengle: *Wieland*. Stuttgart 1949, S. 440ff.)

7 A. R. J. Turgot: *Über die Fortschritte des menschlichen Geistes*. Frankfurt a. M. 1990, S. 93.

8 Ebd., S. 160. – Noch Leopold von Ranke macht mit seinem Fortschrittsbegriff geltend, »was sich sowohl auf die Erkenntnis als auch auf die Beherrschung der Natur bezieht«, also Wissenschaft und Technik. Er interpretiert diese beiden freilich als Phänomene des allgemeinen, die Episoden der Geschichte durchwaltenden Geistes, der revolutionäre Einbrüche nicht duldet. (*Über die Epochen der neueren Geschichte*. Vorträge dem Könige Maximilian II. von Bayern gehalten [1854]. ND Darmstadt 1989, S. 7; vgl. J. Rüsen: ›Technik und Geschichte in der Tradition der Geisteswissenschaften. Geistesgeschichtliche Anmerkungen zu einem theoretischen Problem‹. In: *Historische Zeitschrift* 211 [1970], S. 529–555, insbes. S. 533ff.)

9 M. Weber: *Wirtschaftsgeschichte*. Berlin 1923, S. 262f.

10 Vgl. die Nachweise bei A. Bezanson: ›The Early Use of the Term Industrial Revolution‹. In: *The Quarterly Journal of Economics* 36 (1922), S. 343–349.

11 Mit Blick auf die Pariser Ereignisse von 1789 sprach Friedrich von Gentz 1793 von der »Total-Revolution«, nachdem Marmontel bereits 1778 in der *Encyclopédie* die Frage aufgeworfen hatte, warum die *révolutions des arts* noch nicht beschrieben seien (vgl. Mohnhaupt, ›Spielarten »revolutionärer« Entwicklung‹, a. a. O., S. 3 u. 20). In einem Schreiben vom 24. Januar 1766 an Katharina II. bezeichnet Voltaire die unter ihrer Regentschaft geleistete Urbarmachung des Landes und die Zivilisierung der ländlichen Bevölkerung als »die schönste und größte aller Revolutionen« (*Correspondance*, a. a. O., Bd. 12, S. 193).

12 C. H. de Saint-Simon: ›L'industrie ou discussions politiques, morales et philosophiques‹ (1817). In: *Œuvres de Saint-Simon & d'Enfantin*. Paris 1865ff. (ND Aalen 1964), Bd. 18, S. 165.

13 C. H. de Saint-Simon: *Du système industriel*. Bd. 2 (1821). In: *Œuvres*, a. a. O., Bd. 22, S. 60f. – Saint-Simons Berufung auf 1789 ist keineswegs illegitim; auch diese Revolution wollte – wie seither noch jede ihrer Nachfolgerinnen – ein ultimatives Ereignis sein, das »letzte Gefecht«. Die protosoziologischen Entwürfe der *science sociale*, die die von Condorcet beeinflußte »Société de 1789« entwickelte, sind in ihren Anfängen von dem Bewußtsein getragen, dem Sturm auf die Bastille diesen Nimbus zu sichern (vgl. U. Dierse: ›Die Anfänge der »science social« bei den französischen

Ideologen und in ihrem Umkreis‹. In: *Frankreich 1800. Gesellschaft, Kultur, Mentalitäten*, hg. v. G. Gersmann, H. Kohle. Stuttgart 1990, S. 104–121).

14 An Zelter, 17. September 1831; s. a. Eckermann zum 20. Oktober 1830.

15 *[...] comme les nations destructrices font des maux qui durent plus qu'elles, les nations industrieuses font des biens qui ne finissent pas même avec elles.* (L. de Jaucourt: ›Industrie‹. In: *Encyclopédie*, a. a. O., Bd. 8, S. 694f., hier S. 694; vgl. W. Schröder: ›Zum Bedeutungs- und Funktionswandel des Wortes »industrie«‹. In: *Lendemains* 1 [1976], H. 4, S. 45–61; s. a. Williams, *Gesellschaftstheorie als Begriffsgeschichte* a. a. O., S. 14f. u. ö.)

16 C. H. de Saint-Simon: ›Lettres d'un Habitant de Genève à l'Humanité‹ (1802). In: *Œuvres*, a. a. O., Bd. 17, S. 55.

17 F. Engels: *Die Lage der arbeitenden Klasse in England* (1845). In: *MEW*, a. a. O., Bd. 2, S. 237; auch die folgenden Nachweise nach dieser Ausgabe. Bereits ein Jahr zuvor spricht Engels in seiner Artikelserie ›Zur Lage Englands‹ von »industrieller Umwälzung« und »industrieller Revolution« (vgl. 1, 563ff.); vgl. E. Nolte: *Marxismus und Industrielle Revolution*. Stuttgart 1983.

18 L. Brandt: *Die zweite industrielle Revolution*. Berlin und Hannover 1956, S. 3; vgl. E. Salin: ›Industrielle Revolution‹. In: *Kyklos*. Internationale Zeitschrift für Sozialwissenschaften 9 (1956), S. 299–317.

19 A. Gehlen: *Sozialpsychologische Probleme in der industriellen Gesellschaft*. Tübingen 1949, S. 18.

20 Ebd., S. 24.

21 G. Anders: *Die Antiquiertheit des Menschen*. Bd. 2. *Über die Zerstörung des Lebens im Zeitalter der dritten industriellen Revolution*. München 1980, S. 15.

22 R. Koselleck: ›Wie neu ist die Neuzeit? Von der Beschleunigung und von der Wiederholung politischer Prozesse‹. In: *Frankfurter Allgemeine Zeitung*, 30. Juni 1990.

23 A. Gehlen: *Studien zur Anthropologie und Soziologie*. Berlin, Neuwied 1963, S. 323; vgl. G. Benn: ›Der Ptolmäer‹. In: *Sämtliche Erzählungen*. Reinbek 1970, S. 189–236, hier S. 213; zur Geschichte der These vom »Ende der Geschichte« vgl. J. Weiß: *Vernunft und Vernichtung. Zur Philosophie und Soziologie der Moderne*. Opladen 1993, S. 174ff.

24 Vgl. G. T. di Lampedusa: *Il Gattopardo*. Mailand 1958, S. 42.

25 H. Plessner: *Die verspätete Nation. Über die Verführbarkeit bürgerlichen Geistes* (Kap. 6 »Der Einfluß der industriellen Revolution auf die unpolitische Haltung des deutschen Bürgertums«). In: *Gesammelte Schriften*, hg. v. G. Dux, O. Marquard u. E. Ströker. Frankfurt a. M. 1982, Bd. 6, S. 96.

1 Wiedergegeben bei P. Bayle: ›Zeuxis‹. In: *Historisches und Critisches Wörterbuch*, a. a. O., Bd. 4, S. 560ff., sowie Brüschweiler-Mooser, *Ausgewählte Künstleranekdoten*, a. a. O., S. 90f. u. 128f., und K. Gschwantler: *Zeuxis und Parrhasios. Ein Beitrag zur antiken Künstlerbiographie*. Wien 1975, insbes. S. 133ff. Zur Kritik des Genres vgl. E. Kris, O. Kurz: *Die Legende vom Künstler. Ein geschichtlicher Versuch*. Frankfurt a. M. 1980.
Goethes erstmals 1798 gedruckter Dialog *Über Wahrheit und Wahrscheinlichkeit der Kunstwerke* überträgt die Alternative auf die Spannung von Kunst- und Naturwahrheit: das vollkommene Kunstwerk sei »übernatürlich«, aber nicht »außernatürlich«. (Vgl. Hamburger Ausgabe, a. a. O., Bd. 12, S. 70f.)

2 Auf die platonistischen Hintergründe dieses Paradigmawechsels kann an dieser Stelle nur verwiesen werden; vgl. E. Panofsky: *Idea. Ein Beitrag zur Begriffsgeschichte der älteren Kunsttheorie*. 3. Aufl., Berlin 1975, S. 12.

3 S. o. »Die Umdeutung des Unsichtbaren«; im folgenden führe ich Gedanken meines Buches weiter: *René Magritte. Die verbotene Reproduktion. Über die Sichtbarkeit des Denkens*. Frankfurt a. M. 1991.

4 Vgl. M. Shapiro: ›The apples of Cézanne. An essay on the meaning of still-life‹. In: ders., *Modern Art. 19th and 20th Centuries*. New York 1978/79, S. 1–38.

5 Zit. nach W. Hess: *Dokumente zum Verständnis der modernen Malerei*. Reinbek 1956, S. 19.

6 Die Philosophen, notiert Nietzsche, »müssen die Begriffe nicht mehr sich nur schenken lassen, nicht nur sie reinigen und aufhellen, sondern sie allererst *machen, schaffen*, hinstellen und zu ihnen überreden. Bisher vertraute man im Ganzen seinen Begriffen, wie als einer wunderbaren *Mitgift* aus irgendwelcher Wunder-Welt: aber es waren zuletzt die Erbschaften unserer fernsten, ebenso dümmsten als gescheitesten Vorfahren. [...] Zunächst thut die absolute Scepsis gegen alle überlieferten Begriffe noth [...]« (*Nachlaß*, a. a. O., Bd. 11, S. 486f.).

7 K. Fiedler: ›Aphorismen‹. In: *Schriften zur Kunst*, hg. v. G. Boehm. 2. Aufl., München 1991, Bd. 2, S. 73.

8 André Breton hat selbst Freud, dessen Autorität für ihn im übrigen unzweifelhaft war, die auch von Magritte hervorgehobene Unterscheidung zwischen psychischem Datum und materieller Wirklichkeit zum Vorwurf gemacht. (Vgl. Starobinski, *Psychoanalyse und Literatur*, a. a. O., S. 147.)

9 *Ce qu'il y a admirable dans le fantastique, c'est qu'il n'y a plus de fantastique: il n'y a que le réel.* (A. Breton: *Manifestes du surréalisme*. Paris 1973, S. 25.)

10 R. Magritte: *Sämtliche Schriften*, hg. v. A. Blavier, München 1981, S. 176f.; im folgenden zitiere ich nach der Kapitelnumerierung dieser Ausgabe.

11 Vgl. W. Benjamin: ›Der Sürrealismus. Die letzte Momentaufnahme der

europäischen Intelligenz‹. In: *Gesammelte Schriften*, a. a. O., Bd. II, 1, S. 295–310, hier S. 307.
Die Wahrnehmungsverwandtschaft wird überdies sinnfällig in einer Sentenz Magrittes, die jener Eröffnung Benjamins, er habe nichts zu sagen, nur zu zeigen (vgl. *Gesammelte Schriften*, a. a. O., Bd. V, 1, S. 574 u. ö.), so nahe steht, als sei sie ihr direkt nachgesprochen: »Die Künstler, die sagen, sie drückten sich aus, sind nicht ganz gesund. Ich habe nichts Interessantes zu sagen: ich versuche, Bilder zu sammeln...« (Magritte, *Schriften*, a. a. O., S. 574); zur surrealistischen Geste des »Donner à voir« vgl. Ch. Lichtenstern: *Metamorphose in der Kunst des 19. und 20. Jahrhunderts. Vom Mythos zum Prozeßdenken*. Weinheim 1992, S. 136f.

12 Th. W. Adorno: ›Rückblickend auf den Surrealismus‹. In: *Gesammelte Schriften*. Bd. 2, Noten zur Literatur, hg. v. R. Tiedemann. Frankfurt a. M. 1974, S. 101–105, hier S. 104.

13 Tatsächlich hat Magritte dem, was man »abstrakte Malerei« nennt, durchaus mißtraut und das Gegensatzpaar »abstrakt«–»gegenständlich« mit Blick auf sein eigenes Œuvre durch das Paar *ressemblance* (Ähnlichkeit) und *similitude* (Gleichartigkeit) ersetzt. (Vgl. *Schriften*, Abschn. 151 u. 178; dazu K. Lüdeking: ›Die Wörter und die Bilder und die Dinge. Foucault & Magritte‹. In: *Ethos der Moderne. Foucaults Kritik der Aufklärung*, hg. v. E. Erdmann, R. Forst, A. Honneth. Frankfurt a. M. / New York 1990, S. 280–307, insbes. S. 282f.)

14 An anderer Stelle heißt es: »Wir sind umgeben von Vorhängen.« (185)

15 Eine detaillierte philologische Übersicht bietet K. Pilz: *Johann Amos Comenius, Orbis Sensualium Pictus*. Eine Bibliographie. Nürnberg 1967; s. a. A. Seltzer: ›Orbis pictus. Einiges zum Bilderduden‹. In: *Merkur* 41, Heft 6 (1987), S. 523–530.

16 Goethe, *Dichtung und Wahrheit*, a. a. O., Bd. 10, S. 25. – Was den *Orbis pictus* gerade auch für den Autobiographen Goethe interessant macht, ist die Fraglosigkeit seines Antikopernikanismus, sein refraktäres Ptolemäertum. Sowohl Goethe als auch Comenius reagieren auf zeitgenössische Erschütterungen mit dem Pathos des Unzeitgemäßen. Im Blick auf Comenius und seinen restaurativen, von den nachfolgenden Pädagogiken als Fortschrittlichkeit aufgenommenen Traditionalismus hat Jan Patočka diese Position eindringlich beschrieben: Das Werk sei »Jesus Christus gewidmet, und in klaren Worten wird gesagt, daß die Enzyklopädie *für Gott selbst* von Bedeutung ist insofern, als sie den Menschen an seine ursprünglichen Pflichten erinnert, welche da sind das Lob Gottes und die Hinwendung von allem auf Gott. [...] Solch eine enzyklopädische Belehrung ist deshalb notwendig, weil der Mensch aus der rechten Ordnung herausgefallen ist. [...] Die den Menschen an seine Pflicht mahnende Harmonie herrscht in der Natur; die Enzyklopädie soll sie den Menschen vor Augen stellen, damit sie eben dasselbe bei sich ins Werk setzen.« (›Comenius und die offene Seele‹. In: ders.,

Kunst und Zeit. Kulturphilosophische Schriften, hg. v. K. Nellen u. I. Srubar. Stuttgart 1987, S. 175–190, hier S. 179f.)

17 Vgl. Adorno, ›Surrealismus‹, a. a. O., S. 101.

18 Gedeckt durch einige suggestive Formulierungen des ersten surrealistischen Manifests von Breton, hat man Magrittes Bilder immer wieder mit dem Motiv des Traums in Verbindung gebracht oder geradezu als Traumbilder entziffern wollen (so R. Tostain: ›Magritte mit Freud‹. In: *Wunderblock. Eine Geschichte der modernen Seele*, hg. v. J. Clair, C. Pichler, W. Pircher. Wien 1989, S. 717–721; ebenso M. Butor: *Die Wörter in der Malerei*. Frankfurt a. M. 1992, S. 64ff.). Das Risiko dieses Deutungsweges besteht in seiner Universalisierung zum Passepartout. Wer Magrittes Arbeiten als Traumbilder sieht, dem scheint mit einemmal alles möglich und plausibel – sogar, wie Butor meint, ein Schrank, unter dem man, wie bei Freud nachzulesen, eine Frau zu verstehen habe. Doch Magritte gehört offenbar zu jenen Künstlern, die sich selbst besser verstehen als ihre Interpreten. »Nehmen Sie dieses Glas«, erklärt Magritte 1965. »Freud sähe darin ein Symbol für die Frau. Für mich ist ein Glas nur ein Gegenstand, der durch Ähnlichkeit zu beschreiben ist...« (190)

19 *Dequoy se faict la plus subtile folie, que de la plus subtile sagesse? [...] il n'y a qu'un demy tour de cheville à passer de l'un à l'autre* (Montaigne, *Essais*, a. a. O. [Villey], Bd. 2, S. 492).
In seinem *Essai* von der Freundschaft vergleicht sich Montaigne mit einem Maler, der sein Gemälde in die Mitte der Wand setzt und den Rand mit Grotesken und Zerrbildern füllt. In der Tat wendet sich die Aufmerksamkeit der *Essais* Schritt für Schritt diesem Rand zu, das Zentrum bleibt leer (vgl. J. Starobinski: ›Montaigne und La Boétie: »Brouillars et papiers espars«‹. In: *Fragment und Totalität*, hg. v. L. Dällenbach u. Ch. L. Hart Nibbrig. Frankfurt a. M. 1984, S. 141–159, sowie G. v. Graevenitz: *Das Ich am Rande. Zur Topik der Selbstdarstellung bei Dürer, Montaigne und Goethe*. Konstanz 1989, S. 14f.).

20 G. Boehm: ›Bild versus Wort‹. In: *In Erscheinung treten. Heinrich Barths Philosophie des Ästhetischen*, hg. v. G. Hauff u. a. Basel 1990, S. 261–273, hier S. 265.

21 Nietzsche, *Nachlaß*, a. a. O., Bd. 7, S. 360.

22 H. v. Kleist: ›Über das Marionettentheater‹. In: *Werke und Briefe*, a. a. O., Bd. 3, S. 473–480, hier S. 480.

23 »Das Sichtbare ist unwahr und das Wahre ist unsichtbar, und es ist dem Geiste unmöglich, dieses unwahre Sichtbare für ein *reines* Zeugniss und Product des wahren Unsichtbaren zu erkennen.« (Brief vom 3. Januar 1798 an Friedrich Heinrich Jacobi. In: *Sämtliche Werke*, hg. v. F. Hoffmann u. J. Hamberger. Leipzig 1857, Bd. 15, S. 177; die Stelle steht offenbar auf eine Notiz Jacobis zurück, deren Diktion die Provenienz des Gedankens klarstellt: »Du sollst nicht versuchen, sichtbar zu machen das Unsichtbare« (vgl. ebd., S. 202).

24 W. Benjamin: *Der Begriff der Kunstkritik in der deutschen Romantik*. In: *Gesammelte Schriften*, a. a. O., Bd. I, S. 7–122, hier S. 87.
Pierre Bourdieu gewinnt aus dieser Perspektivierung die Pointe, die Historisierung der Denkformen eröffne »die einzig wirkliche Chance«, der Geschichte zu entkommen (P. Bourdieu: ›Die historische Genese einer reinen Ästhetik‹. In: *Merkur* 46, Heft 11 [1992], S. 967–979, hier S. 976). Das Korrespondenzverhältnis ist sinnfällig: Im Moment der Ereignishaftigkeit und der Insistenz auf dem unableitbar Erhabenen antizipiert das Kunstwerk die Dramatik des Ausbruchs; s. a. E. Grassi: *Die unerhörte Metapher*, hg. v. E. Hidalgo-Serna. Frankfurt a. M. 1992, S. 104ff.

VERZEICHNIS DER ABBILDUNGEN

Seite 260

Abb. 8 René Magritte, Die Wahlverwandtschaften, Öl auf Lw., 41 × 33 cm, 1933. Sammlung E. Périer.

Seite 262

Abb. 9 René Magritte, Der Schlüssel der Träume, 1927. München, Sammlung Theo Wormland.

NAMEN- UND SACHVERZEICHNIS

Fischer Wissenschaft

Eine Auswahl

Erich Auerbach
Philologie der Weltliteratur
Sechs Versuche über Stil und Wirklichkeitswahrnehmung
Band 11474

Michail M. Bachtin
Formen der Zeit im Roman
Untersuchungen zur historischen Poetik
Band 7418
Literatur und Karneval
Zur Romantheorie und Lachkultur
Band 7434

Pierre Bourdieu
Satz und Gegensatz
Über die Verantwortung des Intellektuellen
Band 11007

Ernst Cassirer
Der Mythus des Staates
Band 7351

Enrico Castelnuovo
Das künstlerische Portrait
Das Bildnis und seine Geschichte in Italien von 1300 bis heute
Band 11005

Ernst Robert Curtius
Balzac
Band 7358
Kritische Essays zur europäischen Literatur
Band 7350

Mary Douglas
Ritual, Tabu und Körpersymbolik
Sozialanthropologische Studien in Industriegesellschaft und Stammeskultur. Band 7365

Vilém Flusser
Die Schrift
Hat Schreiben Zukunft?
Band 10906

Clifford Geertz
Die künstlichen Wilden
Der Anthropologe als Schriftsteller. Band 11279

Friedrich Gundolf
Anfänge deutscher Geschichtsschreibung von Tschudi bis Winckelmann
Band 11241

Herbert Heckmann/ Gerhard Dette (Hg.)
Erfahrung und Fiktion
Arbeitswelt in der deutschen Literatur der Gegenwart
Band 11714

Fischer Taschenbuch Verlag

fi 406 / 13 a

Fischer Wissenschaft

Eine Auswahl

Heidrun Hesse
Vernunft und Selbstbehauptung
Band 7343

Max Horkheimer
Zur Kritik der instrumentellen Vernunft
Band 7355

Alfred Lorenzer
Das Konzil der Buchhalter
Die Zerstörung der Sinnlichkeit
Eine Religionsgeschichte
Band 7340

Bronislaw Malinowski
Magie, Wissenschaft und Religion
Und andere Schriften
Band 7335

Das Denken des Marquis de Sade
Mit Beiträgen von Roland Barthes, Hubert Damisch, Pierre Klossowski, Philippe Sollers, Michel Tort
Band 7413

Herfried Münkler
Gewalt und Ordnung
Das Bild des Krieges im politischen Denken
Band 10424
Machiavelli
Die Begründung des politischen Denkens der Neuzeit aus der Krise der Republik Florenz
Band 7342

Jean Piaget
Biologie und Erkenntnis
Band 11200

Leo Spitzer
Texterklärungen
Aufsätze zur europäischen Literatur
Band 10082

Jean Starobinski
Montaigne
Denken und Existenz
Band 7411

Matthias Waltz
Ordnung der Namen
Die Entstehung derModerne: Rousseau, Proust, Satre
Band 11920

Fischer Taschenbuch Verlag

fi 406 / 8 b

Fischer Wissenschaft

Eine Auswahl

Philippe Ariès/André Béjin/
Michel Foucault u.a.
Die Masken des Begehrens und die Metamorphosen der Sinnlichkeit. Band 7357

Aleida Assmann/
Dietrich Harth (Hg.)
Mnemosyne. Formen und Funktionen der kulturellen Erinnerung. Band 10724
Kultur als Lebenswelt und Monument. Band 10725

Gaston Bachelard
Epistemologie
Band 11703
Poetik des Raumes
Band 7396
Psychoanalyse des Feuers
Band 10253

Roger Chartier
Die unvollendete Vergangenheit
Geschichte und die Macht der Weltauslegung. Band 10968

Pierre Chaunu
Europäische Kultur im Zeitalter des Barock
Band 7421

Georges Duby
Die Frau ohne Stimme. Liebe und Ehe im Mittelalter
Band 11004

Georges Duby
Der heilige Bernhard und die Kunst der Zisterzienser
Band 10727
Wirklichkeit und höfischer Traum
Zur Kultur des Mittelalters
Band 10252

Umberto Eco
Apokalyptiker und Integrierte
Band 7367

Lucien Febvre
Das Gewissen des Historikers
Band 10332

Moses I. Finley
Quellen und Modelle in der Alten Geschichte
Band 7373

Michel Foucault
Die Geburt der Klinik
Band 7400
Die Ordnung des Diskurses
Band 10083
Schriften zur Literatur
Band 7405
Von der Subversion des Wissens. Band 7398

François Furet/Denis Richet
Die Französische Revolution
Band 7371

Fischer Taschenbuch Verlag

fi 513 / 9 a

Fischer Wissenschaft

Eine Auswahl

Inge Habig/Kurt Jauslin
Der Auftritt des Ästhetischen
Zur Theorie der architektonischen Ordnung
Band 10251

Maurice Halbwachs
Das kollektive Gedächtnis
Band 7359

D. Harth/ J. Assmann (Hg.)
Revolution und Mythos
Band 10964

Kultur-Analysen
Beiträge von Hans-Dieter König, Alfred Lorenzer, Heinz Lüdde, Søren Nagbøl, Ulrike Prokop, Gunzelin Schmid Noerr, Annelind Eggert. Band 7334

Ralf Konersmann
Lebendige Spiegel
Die Metapher des Subjekts
Band 10726
Der Schleier des Timanthes
Perspektiven der historischen Semantik. Band 11923

Wolfgang Küttler/Jörn Rüsen/ Ernst Schulin (Hg.)
Geschichtsdiskurs
Band 1: Grundlagen und Methoden der Historiographiegeschichte. Band 11475

Jacques LeGoff/Roger Chartier/ Jacques Revel (Hg.)
Die Rückeroberung des historischen Denkens
Band 12033

Hans Medick
Mikro-Historie
Band 11065 (*in Vorbereitung*)

Charles William Morris
Grundlagen der Zeichentheorie. Ästhetik der Zeichentheorie
Band 7406

Ulrich K. Preuß
Revolution, Fortschritt und Verfassung
Band 11921

Thorstein Veblen
Theorie der feinen Leute
Band 7362

Paul Veyne
Die Originalität des Unbekannten
Für eine andere Geschichtsschreibung
Band 7408

Lew Semjonowitsch Wygotski
Denken und Sprechen
Band 7368

Fischer Taschenbuch Verlag

fi 513 / 8 b

Wissenschaft bei S. Fischer

Philippe Ariès /
Georges Duby (Hg.)
Geschichte des privaten Lebens
5 Bände mit zahlreichen Abb.

1. Band:
Vom Römischen Imperium zum Byzantinischen Reich
Paul Veyne (Hg.)
639 Seiten mit 490 Abb. Leinen
2. Band:
Vom Feudalzeitalter zur Renaissance
Georges Duby (Hg.)
605 Seiten mit 480 Abb. Leinen
3. Band:
Von der Renaissance zur Aufklärung
Philippe Ariès /
Roger Chartier (Hg.)
629 Seiten mit 440 Abb. Leinen
4. Band:
Von der Revolution zum Großen Krieg
Michelle Perrot (Hg.)
659 Seiten mit 420 Abb. Leinen
5. Band:
Vom Ersten Weltkrieg zur Gegenwart
Antoine Prost /
Gérard Vincent (Hg.)
621 Seiten mit 328 Abb. Leinen

Philippe Ariès /
André Béjin (Hg.)
Die Masken des Begehrens und die Metamorphosen der Sinnlichkeit
Zur Geschichte der Sexualität im Abendland
272 Seiten. Broschur

Isaiah Berlin
Das krumme Holz der Humanität
Kapitel der Ideengeschichte
Henry Hardy (Hg.)
340 Seiten. Gebunden

Marc Bloch
Die seltsame Niederlage: Frankreich 1940
Der Historiker als Zeuge
285 Seiten. Gebunden

Fernand Braudel (Hg.)
Europa: Bausteine seiner Geschichte
176 Seiten. Gebunden

Fernand Braudel /
Georges Duby /
Maurice Aymard
Die Welt des Mittelmeeres
Zur Geschichte und Geographie kultureller Lebensformen
192 Seiten. Gebunden

S. Fischer Verlag

fi 405 / 16 a

Wissenschaft bei S. Fischer

Ernst Cassirer
Versuch über den Menschen
Einführung in eine Philosophie der Kultur. *384 Seiten. Geb.*

Pierre Chaunu / Georges Duby
Jacques Le Goff /
Michelle Perrot
Leben mit der Geschichte
Vier Selbstbeschreibungen
246 Seiten. Broschur

Umberto Eco
Apokalyptiker und Integrierte
Zur kritischen Kritik der Massenkultur. *336 Seiten. Broschur*

Jacques Heers
Vom Mummenschanz zum Machttheater
Europäische Festkultur im Mittelalter. *351 Seiten. Leinen*

Lynn Hunt
Symbole der Macht Macht der Symbole
Die Französische Revolution und der Entwurf einer politischen Kultur
336 Seiten. 22 Abb. Gebunden

(Hg.) Jacques Le Goff /
Roger Chartier / Jacques Revel
Die Rückeroberung des historischen Denkens
Grundlagen der Neuen Geschichtswissenschaft
288 Seiten. Gebunden

Claude Lévi-Strauss /
Didier Eribon
Das Nahe und das Ferne
Eine Autobiographie in Gesprächen
262 Seiten. Gebunden

Alfred Lorenzer
Intimität und soziales Leid
Archäologie der Psychoanalyse
221 Seiten. Gebunden

Herfried Münkler
Im Namen des Staates
Die Begründung der Staatsraison in der Neuzeit
428 Seiten. 30 Abb. Leinen

Oskar Negt / Alexander Kluge
Maßverhältnisse des Politischen
15 Vorschläge zum Unterscheidungsvermögen
342 Seiten. Gebunden

Michelle Perrot (Hg.)
Geschlecht und Geschichte
Ist eine weibliche Geschichtsschreibung möglich?
256 Seiten. Broschur

Mario Praz
Der Garten der Sinne
Ansichten des Manierismus und des Barock
272 Seiten mit Abb. Leinen

S. Fischer Verlag

fi 405 / 5 b

Wissenschaft bei S. Fischer

Ulrich K. Preuß
Politische Verantwortung und Bürgerloyalität
Von den Grenzen der Verfassung und des Gehorsams in der Demokratie
295 Seiten. Broschur

Dieter Richter
Das fremde Kind
Zur Entstehung der Kindheitsbilder im bürgerlichen Zeitalter
349 Seiten. 30 Abb. Leinen

Marthe Robert
Einsam wie Franz Kafka
236 Seiten. Gebunden

Elaine Scarry
Der Körper im Schmerz
Die Chiffren der Verletzlichkeit und die Erfindung der Kultur
576 Seiten. Gebunden

Richard Sennett
Autorität
238 Seiten. Broschur
Civitas
Die Großstadt und die Kultur des Unterschieds
343 Seiten. Gebunden

Jean Starobinski
Die Erfindung der Freiheit 1700 – 1789
220 Seiten. 126 Abb. Leinen
Porträt des Künstlers als Gaukler
Drei Essays
168 Seiten. 58 Abb. Leinen
Das Rettende in der Gefahr
Kunstgriffe der Aufklärung
398 Seiten. Gebunden

Michael Walzer
Zweifel und Einmischung
Gesellschaftskritik im 20. Jahrhundert
352 Seiten. Gebunden

Hayden White
Metahistory
Die historische Einbildungskraft im 19. Jahrhundert in Europa
591 Seiten. Gebunden

S. Fischer Verlag

fi 405 / 1 c